分かれ道

ユダヤ性とシオニズム批判

ジュディス・バトラー

大橋洋一＋岸まどか 訳

青土社

分かれ道　目次

はじめに――自己からの離脱、エグザイル、そしてシオニズム批判　7
諸原則の導出
倫理、政治、そして翻訳の使命
二国民主義の悲惨な形態を超えて

第1章　不可能で必要な責務――サイード、レヴィナス、そして倫理的要請　57
ブーバーからアーレントへ――混淆した遺産
レヴィナス
誰が顔をもつか？
ネイションズ

第2章　殺すことができない――レヴィナス対レヴィナス　107
顔は何を命ずるのか？
顔をどこに見出すべきか？

第3章　ヴァルター・ベンヤミンと暴力批判論　133
異なるユダヤ教
暴力、運命、そして法
生ける者の名において
嵐

第4章　閃いているもの――ベンヤミンのメシア的政治　187
第5章　ユダヤ教はシオニズムか――あるいはアーレントと国民国家批判　217
ハンナ・アーレントと国民国家の終焉？
第6章　複数的なるものの苦境――アーレントにおける共生と主権　285
アイヒマンに抗して――アーレントの声、そして複数性の挑戦
複数的な「私たち」
複数的な共生
第7章　現在のためのプリーモ・レーヴィ　343
第8章　「エグザイルなくして、私たちはどうしたらよいだろう」――サイードとダルウィーシュが未来に語りかける　389
原注　428
略号一覧　452

謝辞　454
訳者解説（岸まどか）　457
訳者あとがき（大橋洋一）　482
索引　i

分かれ道　ユダヤ性とシオニズム批判

【凡例】

本書における〔 〕は、訳者による追記、訳注であり、［ ］は原著者による挿入である。

原著におけるイタリックは傍点ならびに〈 〉で表記した。

本書で引用される文献は、既訳のあるものは、参考にさせていただいたが、文体表記の統一上、すべて訳者によるものである。

本文における引用ページ数のあとの〔 〕内は邦訳文献のページ数である。また邦訳文献のページ数の前に数字がある場合には、巻末の略号一覧を参照のこと。

索引は簡単な訳注もかねている。

はじめに——自己からの離脱、エグザイル、そしてシオニズム批判

おそらく形式的にだが、いかなる書物も、直面する困難な課題を検討することで始まるのだが、しかし本書の完成は、明確な解答などないこの困難な課題に対処しえたかどうかにかかっていた。ただ、そうであれ、この課題の困難さは、著述のなかで維持されねばならない、たとえ、それが、たえず著述を停止に追い込みかねない脅威的なものであろうとも。イスラエル国家に対する、いかなる、そしてすべての批判は実質的に反ユダヤ的であるという主張をつきくずそうとする本として始まった本書は、この課題の困難さにどこまでもつきあうことの必要性を考察するものとなった。このことは以下につづく文章で詳《つまび》らかになるだろうが、この困難な営為に明らかに最初からついてまわるリスクについてはっきり言わせてもらおう。もし、国家暴力や、住民にむけた植民地主義的制圧、住民の追放や権利剥奪などを批判できるようなユダヤ的文化資源があると私が証明できるのなら、イスラエルの国家暴力に対するユダヤ的批判が、たとえ倫理的に強制されなくとも、少なくとも可能であることを私は証明しえたことになる。またさらに、非ユダヤ人との共生をめぐるユダヤ的価値観が存在すること、しかもそれは離散ユダヤ性のまさしく倫理的根幹になっていると私が証明するならば、社会的平等や社会正義の実現に関与することは、ユダヤの世俗的・社会主義的・宗教的伝統の不可欠な一部となっていたと結論を下すことができるだろう。このことは驚きでも何でもないはずなのだが、この議論をくり返し何度でも主張せねばならなくなったのは、公的言説において次のような諸前提が存在しているからである。すなわちイスラエルの占領政策に対する批判、イスラェル国内における内的不平等に対する批判、土地収奪に対する批判、まさに〈キャストレッド作戦〉〔ガザ紛争時（二〇〇八年～九年）のイスラエル側の作戦名〕にみられるような、逃げ場のない住民に対する暴力的攻撃に対する批判は、いかなる批判であれ――いやそもそも、イスラエルにおける市民資格に対する異議申し立ても――、反ユダヤ主義的、反ユダヤ的であって、ユダヤ人のためにならず、また私たちが一般にユダヤ的価値観と呼んでよいものに相反するのだということ。言い換えると、社会正義を求めるユダヤ人の闘争そのものが、反ユダヤ的という烙印を押されるということになるのであって、そうなればこれはまたなんとも痛ましいアイロニーということになろう。

　たとえば私が、国家暴力や植民地的排除と封じ込めに反対するところの、れっきとしたユダヤ的伝統があるだけでなく厳格な命令的でもあるユダヤ的伝統があると首尾よく証明するとしよう。そうなると私は、イスラエル国家が、その名のもとに発言しているユダヤ性とは異なるユダヤ性の存在証明に成功したことにもなる。そして私は、以下の証明にも貢献することになろう。すなわちユダヤ人の間にも重要な差異――世俗的、宗教的、歴史的に構築された差異――があるだけなく、社会正義や平等の意味をめぐって、また国家暴力や植民地的征圧への批判をめぐってユダヤ人社会の内部でも激しい闘争が存在すること。現に、もし議論が、ここで止まったとしたら、そして説得力ありと認められたら、政治的シオニズムによって制度化され維持されている国家暴力（これには一九四八年における多くのパレスチナ人の権利剥奪、一九六七年の土地収奪、そして現在も続けられている、壁を築き入植地を拡大することによるパレスチナ人居住区の土地収用を含む）に対する批判を提起することは、反ユダヤ的でもなければ対抗ユダヤ的でもないと立証したことになるだろう。このことだけでも重要である。なにしろイスラエルはユダヤ人を代表すると主張しているし、世論もユダヤ人はイスラエル国家を「支持している」ことを前提としがちなのだから――このとき考慮されないのは、反シオニズムというユダヤ的伝統、ならびにイスラエルによるパレスチナ人への植民地的征圧に反対することによって連帯しているユダヤ人たちの存在である。

こうした観点において私が議論に勝利したとしても、ただちに私は別の問題に直面することになる。正義と平等の諸様式を肯定する重要なユダヤ的伝統が存在すると主張することは、必然的にイスラエル国家への批判につながるのだが、そうすることによって私は、非シオニスト的な、いや反シオニスト的ですらある、ユダヤ的世界観を確立するとしても、危険なのは、シオニズムへの抵抗すらも、ユダヤ的価値観のひとつに組み入れることでユダヤ性にある例外的な倫理的資源をそれとなく主張することになる点だ。しかしシオニズム批判を効果的で実質的なものにしようとするなら、そのようなユダヤ性は例外的に特殊であるという例外主義の主張は断固拒否し、より根源的な民主的価値観を支持すべきである。シオニズムに対するユダヤ的異議申し立ての可能性を立証することは重要であるとしても、これに付随しなければいけないのは、倫理的なものを定義する地平としてユダヤ的枠組――たとえそれが別の選択肢を示す進歩的なものであっても――が、充分に機能するかどうかを問うような批評の動きである。シオニズムへの異議申し立てには、倫理と政治をともに考察するための排他的な枠組としてのユダヤ性からは離脱することが求められるのだ。

この地域の政治形態にかんする正当的な思考法はいかなるものも、この地域における行動や思考や所属様式そして敵対関係の基盤となっている競合する倫理的・政治的伝統から出現したものでなければならないだろう。言い換えると、国家暴力への批判——この批判は、イスラエル国家そのものに拡大されてしかるべきものだが——を可能にするユダヤ的根拠の存在を主張するのは、確かに可能だとしても、ここ数年においてユダヤ的根拠は重要ではあっても偏った意見でありつづけているということだ。もし政治的シオニズムに反対する運動を促す平等と正義の原則が、もっぱらユダヤ的源泉から引き出されるというのなら、それはただちに不適切なもの、矛盾にみちたものですらあるとわかるだろう。実際、シオニズム批判もまたもっぱらユダヤ的なものであるのなら、この地域をめぐる思考におけるユダヤ的ヘゲモニーを拡大することになり、シオニズム効果と呼んでもよいものの一翼を担うことになってしまうだろう。確かにこの地域におけるユダヤ的ヘゲモニーを拡大せんとするいかなる試みも、それが自覚的にシオニズム的か反シオニズム的かにかかわらず、シオニズム効果の一部になってしまう。この難問を回避する道はあるのだろうか。もしユダヤ人とユダヤ性を代表するというイスラエルの主張に抵抗したいならば、またイスラエル国家とユダヤ人そしてまさにユダヤ的価値観との間にかくも多くの人びとがこしらえている繋がりを断ち切りたいのならば。

私が驚きつづけるほかないのは、多くの人びとが、ユダヤ性を主張することはシオニズムを主張することだと信じていること、またシナゴーグに出席する者は誰であれ必然的にシオニストであると信じていることだ。同じく気がかりなのは、イスラエル国家の政策を受け入れることはできないがゆえに、いまやユダヤ性と縁を切らねばならないと考えている人の数の多さだ。もしシオニズムがユダヤ性の意味をこれからも牛耳《ぎゅうじ》るのなら、イスラエルに対するユダヤ的批判《クリティーク》はありえないだろうし、ましてや、ユダヤ的価値観、さらにはまさにユダヤ人を代弁するイスラエル国家の権利を疑問に付すようなユダヤ家系に生まれた人びとあるいはユダヤ的形成を経た人びとが認知されることもなくなる。広く解釈していえばユダヤ的文化資源なるものから、平等と正義と共生の諸原則を導き出す〔derive〕のは可能だけれども、そうすることで、そうした価値観をユダヤ的としながら、返す刀で、他の宗教や文化的伝統や慣習実践に属する価値観の様式を抹消したり貶めたりしない保証など、どこにもないのである。

おそらく、これを回避する方法は、そうした諸原則をユダヤ的文化資源から導き出すとは、そもそもどういうことか、考えることである。導き出すという考えには、結果の曖昧性が付いてまわる。もし上述の諸原則が、ユダヤ的材源に由来するとしても、ひとたびそれがさらなる発展をとげ新たな歴史的形態をとるようになっても、あくまでもユダヤ的原則でありつづけられるのだろうか、それともべつに、ある程度まで、その排他的な枠組から離れることになるのだろうか。いや、もっと一般的に問うてもいい。イスラエル国家に対する、あるいはそれをいうなら同様な不正義に加担している他の国家に対する、いかなる批判にも賭けられている正義と平等の諸原則は、つねに、半ば、さまざまな特定の文化資源や歴史資源から導出されたものでありがながら、そのくせどの文化資源や歴史資源にも「所属」しないでいられるのではないか、と。そのような文化資源や歴史資源のなかに私たちは古典期ギリシアの伝統、フランスの啓蒙主義、二十世紀の脱植民地化闘争をふくめることもできる。このような事例では、まあ、他の事例でも同じだが、そうした原則は、特定の文化資源から導き出されていると言えるとしても、だからといって、その導き出されるおおもとの伝統のみに諸原則が専一的に所属するということにはならない。現に、正義の概念が特定の伝統から導き出されるということは、そもそもその概念が、なんらかの方法でその伝統から離れ、その伝統の外部にも適用可能でなければならないことを意味する。その意味で、伝統からの離脱こそ、いかなる伝統でもそれが今後強力な政治的原則を産出しようとするなら、そのための前提条件である。そこでディレンマが明らかになる。もし国家暴力への批判が、最終的に排他的に根源的にユダヤ的諸原則や価値観——宗教的、世俗的、歴史的伝統として広く多様に理解されたときのユダヤ的諸原則や価値観であるが——に依存するのなら、ユダヤ性は特権的な文化資源となり、いかなるユダヤ的枠組も、国家暴力を考えるときに頼みとなる唯一の、あるいは特権的な枠組となり続けるのである。しかしもし、こうした批判を断行する理由というのが、歴史的パレスチナを統治しているユダヤ人主権の諸原則に反対するものであるとき、またヨルダン川西岸地区やガザ地区における植民地主義的征圧を終わらせ、一九四八年に家や土地から強制的に立ち退きを命じられた七十五万人以上のパレスチナ人たち——しかも引き続き継続的にさまざまな形態の土地収奪にさらされたパレスチナ人たち——の権利を認める政策を支持するものであるとき、求められているのは、その土地の全住民に平等に公正に適用できるような政策である。そうなるとユダヤ的枠組が政治的共生あるいは、まさに二国民主義の基盤となるものを提供すると語っても意味がなくなるだろう。なにしろ肝要なのは、多様な枠組を受け入れる政策を発展させるだけでなく、二国民主義、それも植民地支配が終わったときにはじめて十全たるかたちで考えることができるようになる二国民主義を支持する政策を発展させることでもあるからだ。安易な多元文化主義にくみすることなく、むしろ、私が提案したいのは、政治的シオニズムの広範な暴力的覇権的構造は、そうした土地や住民への支配をやめるべきだということ、またそうした覇権的構造にとってかわるべきは、入植者型植民地主義を終わらせることを前提とした複雑で拮抗的な共生様式を含む新政策であり、すでに存在している悲惨な形態の二国民主義の改善なのである。

そのため人は、ユダヤ性に対するシオニズムの覇権的支配に異議を申し立てねばならないとしても、同じく人は、パレスチナ人民にとってシオニズムが暗示するもの、すなわち植民地主義的征圧支配にも異議を申し立てねばならない。実際のところ、植民地支配の歴史を終わらせることを最優先に考えるからこそ、最初の覇権的な趨勢(ユダヤ性＝シオニズム)に関心を寄せることになるのだ。では、この両面に人は一度にどう立ち向かうのか。

諸原則の導出

最初に、文化的伝統から一連の原則を導き出すとはどういうことを意味するかについて考えてみよう。そして次に、目下の、より大きな政治的諸問題に移行しよう。すでに注記したように、諸原則がユダヤ的資源から「導き出される」と語ることは、この諸原則が、現代の状況のなかで発展させられ、新たな歴史的形態をとるようになってもなお、ユダヤ的でありつづけているかどうかについての問いを提起することになる。あるいはそうした原則は、さまざまな文化的・歴史的資源から導き出されうるし、導き出さねばならず、またつねに導き出されてきた、したがって、特定の文化的・歴史的資源だけに「所属」はしないということなのか。実際のところ、問題となる諸原則の一般化可能性は、それがいかなる文化地区や伝統にも——たとえそこから出現したとしても——最終的には、所属しないことによって支えられるのか。この非所属性《ノンビロンギング》、この故国喪失《エグザイル》は、正義とか平等の諸原則の一般化可能性や移行可能性の構築に役立つのか。

もしそうした諸原則がユダヤ的資源から導き出されるとすれば、こう結論付ける人もでてくるかもしれない。そうした諸原則は、起源においても、基盤においても、さらには最終的にもユダヤ的価値観である、と。この議論からさらに次のような帰結が生ずる。そうした価値観を理解するには、一連の宗教的・世俗的・歴史的伝統に着目し、どの時点で、ユダヤ性が特権的な文化資源となり、ユダヤ的枠組が、共生さらには二国民主義の問題を考えるときの唯一の、あるいは少なくとも特権的な枠組であり続けるようになったのかを精査しなければいけない。こうなってしまうと私たちは、ユダヤ性の排他的文化的枠組から離脱できなくなる。そしてこのことはとりわけ矛盾にみちた容認できない結論をもたらすことになる。とりわけ私たちが、イスラエル／パレスチナにおける平等と正義について考えようとするときには。

このような結論が容認できないものだとしても、さりとてこのパラドクスを回避する安易な道もないように思われる。とはいえ、ある要点だけはすでに明確になっている。平等、正義、共生、そして国家暴力批判は、もしそれが排他的にユダヤ的価値観でなければ、そのときにかぎりユダヤ的価値観でありつづけるということ。つまり、こうした価値観を明確化することは、ユダヤ的枠組の一義性や排他性を否認し、それ自身の離散に耐えねばならないということだ。現に、この離散は、私がこれから証明できればと思うのだが、まさに正義を考えるときの条件、こうした時代に私たちがつねに想起しておくのがよい条件である。これに対し人はいうかもしれない、「ああ、離散ね——ユダヤ的価値観そのもの。メシア的拡散ならびにその他もろもろのディアスポラを意味する神学的比喩から導き出されたもの。あなたがユダヤ性から離脱しようといくらあがいても、あなたにはできっこないのだ」と。しかしながら、もし非ユダヤ人とどう関係するかという倫理的な問いかけそのものが、ユダヤ的であることの定義の一部となっているとしても、私たちは、この関係においてユダヤ的であるものを捕捉もできないし強固にすることもできない。関係性が存在《オントロジー》にとってかわる。それは、よいことだろう。問題はユダヤ人あるいはユダヤ性の存在《オントロジー》を安定化することではなく、むしろ他者性との関係の倫理的・政治的含意を理解することであり、この他者性との関係は変更できない確定的なものであり、この関係なくして私たちは、平等や正義といった根源的な用語を意味づけることはできない。このような他者との関係——たしかにこれは単一のものではないが——こそ、定義となる枠組としてのアイデンティティやネイションを超えて進むべき道程であろう。他者との関係を、アイデンティティの構成要素として樹立すること、とはつまり、他者性との関係が、アイデンティティを妨害するということであり、この妨害こそが、倫理的関係性の条件なのである。これはユダヤ的概念なのか。答えはイエスでもありノーでもある。

　もちろん、そうした提案に対する反論は、通常、ユダヤ人は離散のなかでは生き延びることができない、だから私が倫理へのユダヤ的／非ユダヤ的アプローチとして提案したものは、ユダヤ人を危機に陥れる、というものだろう。しかし倫理的な自己離脱は、自己滅却と同じではないし、民族滅却の危機を犯すことでもない。この種の反論に対しては、いくつかの方法で効果的に再反論できる。第一点。従属民に自己決定という基本的権利を拒む植民地主義的征圧様式を暴力的手段によって制度化することほど、攻撃を誘発するリスクの高いものはない。第二点。離散は、ユダヤ人が実際に生き延びてきた様式であるという確実な証拠があるだけでなく、[1] 離散は、ユダヤ人にとって克服すべき脅威であるという考え方は、しばしば「離散」というと故国《ホームランド》からの追放《エグザイル》形式であるという概念に依存している（この〈ガルート〔追放・異郷生活〕galut〉という状況は、故国《ホームランド》への「帰還」を通して帳消しにできる）[2]。もし離散が地理的状況のみならず倫理的様態でもあると考えるなら、離散は、まさに、イスラエル／パレスチナに「痛感してもらわねばならない〔brought home＝本拠地《ホーム》につきささらねばならない〕」原則そのものとなる。それも、いかなる宗教や国籍も、他の宗教や国籍に対する支配権を主張しないという政治形態——ここでは実際のところ支配権も離散されるだろう——の基礎を置くためには不可欠の。この点は、のちに詳しく論ずることになろうが、さしあたって今のところ、これはエドワード・サイードの、その晩年における、もっとも重要な政治的願望のひとつであったことを注記するにとどめておこう。

　倫理的関係のただなかに他者性あるいは「妨害」を確立するというのはパラドクスに思われるかもしれない。しかし、このことを知るためには、最初に私たちは、こうした用語が何を意味するのかを考えてみるべきである。こんな議論ができるかもしれない。ユダヤ的アイデンティティの際立った特徴とは、それが他者性によって妨害されるということ、異教徒との関係が、そのディアスポラ〔離散〕状況を規定するだけでなく、その根源的な倫理的関係のひとつをも規定するということである、と。このような陳述が真実であるなら（つまり、この陳述が一連の真実である陳述に属しているということだが）、それは先行する主体《サブジェクト》＝主語の述語として〈他者性〉を保有しようとしている。他者性との関係が、「ユダヤ人であること」の述語となっている。これは、まさにその関係を、主体として適切に記述できるところの、静的な存在としての「ユダヤ性」に挑戦するものとして理解することとは別物である。もし、そのような主体で「ある」ことが、ある種の関係性様式《モード》にすでに入り込んだということであれば、「であること《ビーイング》」が「関係づけられる様式《モード》」に道を譲るということである（これはウィニコットと関係付けながらからレヴィナスを考えるという方法を示唆することになる）。存在は関係づける様式《モード》として再考すべきと主張するか否か、あるいは関係づける様式が存在論と競い合うと主張するか否かは、こうした問題について考えるときの関係性の一義性にくらべればさして重要ではない。またさらに、ここで賭けられている関係性の種類は、主体の統一的性格、その自己同一性、その単一性を「妨害する《インタラプト》」か、それに挑戦するものである。言い換えれば、「主体」を世界の中心から引き離すようなことが「主体」に起こるのだ。別の場所からのなんらかの要請が、私に対する権利を主張し、私にのしかかり、さらには私を内部から切り裂くのだが、ありのままの私をこうしてずたずたにすることによってはじめて、私は他者と関係するチャンスをものにする。もしこれこそが、本書で提起されている「ユダヤ的倫理」の公式化であると主張するというのなら、その主張は部分的にしか正しいと言えないだろう。それはユダヤ的／非ユダヤ的の両方にまたがり、その意味は、まさにこの結合した不連続のなかに宿るのだから。こうしたパースペクティヴ、それ自体必然的に二重になるのだが、これを理解することは、なぜディアスポラの枠組が、共存と二国民主義の理論化にとって不可欠かを理解するために重要なものとなる。もちろん、そのような政治状況を批准しない植民地主義的征圧においては「ともに暮らす」ことは実現しえないという但し書きはつくものの。かくして共存プロジェクトは、政治的シオニズムを解体したあかつきに実現にむけて動くことができるのである。

このディアスポラ観は、また、「別の場所」からのパースペクティヴが、なぜ、地域的な話題に関連性をもつことになるのか、その意味を考えるときにも光を投げかけてくれる。イスラエル国家は、パレスチナ人を別の場所に追いやることによってみずからを樹立し、別の場所からやってくる、あるいは発言するユダヤ人のことを、なぜ植民地支配が民主主義の名のもとに継続されねばならないかを理解するのにふさわしい状況にない者たちとみている。外部から来た者は誰であれ、そこで起こっていることに判断を下すべきではないという議論は、イスラエルのナショナリストの枠組のなかにあらゆる議論を抑え込もうとしている。しかし、もし、そこにある「内部」をみるならば、人が見出すのは、「別の場所」がすでに地域の内部に存在し、地域そのものを本質的に規定していることである。パレスチナ人は、確立された国家の境界の内と外の両方にいる。境界そのものは、それが排除し監視している土地や民族と、永続的な関係を樹立している。その関係は、イスラエル国家によるパレスチナ人の移動や土地や政治的自己決定権の剥奪、監視、そして水も漏らさぬ支配によって特徴づけられる。そのため関係性は、こうした方向に固定されてきた。まさに悲惨であった。

同様の問題は、私たちが倫理的関係性の思想をユダヤ的資源から「導き出す〔derive〕」と語るときに生じてくる。いっぽうでは、これは真実の陳述である（つまりこれは、ユダヤ的資源だけが、そうした思想を導き出せる唯一のものだと語るものではないし、またそうした思想は他のいかなる資源からも導き出せないと語るのでもないのだから）。ユルゲン・ハバーマスとチャールズ・テイラーとの論争が明らかにしたように、[3] 重要なのは、（a）ある種の価値観が宗教的資源から導き出され、しかるのちに、それが、いかなる宗教にも最終的に所属しないとみなされる合理性の領域へと翻訳されると主張する（ハバーマスのように）か、それとも（b）私たちがなぜこのように行動するかについて私たちが示す宗教的理由といえども、ある種の慣用語法に所属し、そうした言説領域から完全に引き離して考えることはできないと主張する（テイラーのように）かである。最初の立場をとるか二番目の立場をとるか、いずれにせよ、さらに翻訳の領域に入り込むことが必要となる。なにしろ世俗的内容は、なんらかの手段を通して、宗教的言説から引き離されねばならないか、さもなくば宗教的言説が、同じ慣用語法を共有する人びとの共同体を超えてコミュニケーション可能になるようにせねばならないのかのいずれかなのだから。そのため、たとえある種の概念がユダヤ的資源「から導き出される」としても、その概念が、より広範囲にコミュニケーション可能になるためには、またその有効な関連性が共同体主義的な枠組（宗教的なものであれ、国民的なものであれ）を超えて確立されるためには、翻訳の領域への参入が不可欠となる。慣習実践の起源は、ニーチェが主張しているように、その最終的な用法や意味からは「遠い隔たり〔worlds apart〕」がある――これはニーチェの系譜学概念の重要な貢献のひとつである。[4] またさらにそうした隔たりの飛び越えを可能にすべく、文化翻訳のプロセスが必要となる。伝統の転置は時間的経過をたどる（実際にところ、そうした転置の制度化された反復なくして、伝統は存続することはできないだろう）。そしてこのことが意味するのは、伝統そのものは、自己自身から離脱することを通して、何度も樹立されるということのみならず、資源は、それが翻訳や移行の領域に参入してはじめて、倫理的目的のために「利用可能な」ものとなるということだ。これは宗教的言説から、世俗的言説への翻訳ということ（この場合、「世俗的」なものは、その宗教的公式化を超越すると理解されるわけだが）を含意はしていないし、ましてや、翻訳はそれ自身の共同体主義的な枠組に対してどこまでも内在的であるということも意味しない。むしろ、それが意味するのは、人がなにかを引き出す「資源」としてはじまるものは、引き出される過程で一連の変化をこうむるということなのだ。まさしく、資源が現在時において刺激的あるいは啓発的なものになるには、ある種の時間的経過をたどらねばならない。歴史的資源は一連の転置や移行を経てはじめて、現時点に対して的を射たものとなり、適用可能性を実現しまたその効果を刷新することになる。と同時に、この時間的経過は空間的なものでもある。なにしろ、あるトポスからべつのトポスへの運動に、単一の継続的な安定した地理的な支援基盤などのぞむべくもないからだ。運動は、トポグラフィそのものを再地図化する。とりわけ土地の問題が歴史的主張と緊密にからまりあっているときには。伝統に正当性をあたえているものは、実にしばしば、伝統の有効性に対立するものである。伝統は、有効であるためには、その伝統の正当性を保証する特定の歴史的環境から離脱し、時空間の新たな次元に対しても適用できることを証明せねばならない。ある意味、こうした資源は、歴史的・テクスト的先例に根拠を見出す営みを喪失することによってはじめて効果的なものとなる。とはつまり、過去から受け継がれている倫理的資源は、「根拠を失う」ことによってはじめて、べつのところでも、あらたに、発展することになる、それも収斂し、また競合する倫理的なもろもろの主張のまっただなかで、しかも文化翻訳の過程の一部として。そしてこの文化翻訳が、社会的絆を、あるいは地理空間そのものをも、再マッピングするのである。

翻訳へと向かうことはふたつの異なる種類の問題を生むリスクを背負うことだ。ひとつには翻訳が、宗教的意味を既定の世俗的枠組に組み込むことと想定されてしまうという問題。いまひとつには、翻訳は、個々の言説を超えるような共通言語を見出す努力であると想定されてしまうという問題。しかしもし翻訳こそ、そのなかで所与の認識基盤の限界が露呈され、その限界が他者性を再包摂することのないかたちで再分節化される場であるなら、またそうなるとき、私たちが向きあうことになる領域は、世俗的言説の優位性を前提とすることなく、また個々の宗教的言説の自己充足性を肯定するわけでもない領域である。そしてもし私たちが世俗主義は宗教的言説から出現すること、また宗教的言説は世俗主義の出現過程で十全に克服されたわけでもないことを認知するなら、世俗主義か宗教かで議論を二極化するような方法は、もはや有益とは思われない。

倫理的遭遇における翻訳の場について考えようとする私の努力は、半ばユダヤ的資源から導き出されているが、それらはまた政治哲学のために翻案され再形成されている。かくして私の軌跡は、離脱についてのふたつ意味をしるすものとなる。最初の意味でいう離脱は、ユダヤ的資源を私自身の思考にとっての出発点とするもの。第二の意味の離脱とは、共同体主義論の言説からの決別として理解される。なにしろそのような言説は社会的多元性の世界に生きるための糧となるものをもたらさないばかりか、宗教と文化的差異を横断する共生の基盤を樹立するための充分な糧となるものももたらさないからである。

倫理と政治とのあいだの深い分裂を克服する努力として、以下に続く章では、こうしたふたつの領域の重なりがいかにして絶えず生起するのかを示すことになるだろう。そもそも倫理が、既成の主体に根拠をもつ何らかの傾向とか行為としてのみ理解されるのをやめ、主体の外側に起源をもつ責務に対して応答する関係付けの実践として理解されるのならこのとき倫理は、主体とか、自己同一性の存在的主張といった強力な主権的概念に異を唱えることとなる。いわば倫理は、「私ではない」人びとのための場を確立する際にたよる行為を意味するものとなり、私が他所から受け取っている自己性など打破すべしという支配的主張を超えるふるまいへと私を導くものとなるだろう。他者に対し「場をゆずる」手段、是非、方法をめぐる問いかけが、倫理的考察の本質的な部分となる。換言すれば、倫理的考察は、主体を、彼もしくは彼女自身へと差し戻すのではなく、脱・自的《エク・スタティック》な関係性として——みずからを超えてふるまう方法として、また、自分でよく知っているわけではなく、また承知の上で選択したわけでもない人びとによってなされる主張に応答して、主権と国家と縁を切るありようとして——理解すべきものとなる。倫理関係のこうした概念から、社会的絆ならびに政治的な責務双方の再概念化が続くだろうし、この再概念化は、私たちをナショナリズムを超えたところに連れ出してくれるだろう。

　私は、倫理に関するこの重要な概念を、これまでとは異なる方向にそって再構成できることを示唆したい。〈他者〉の要請——と、とりあえずレヴィナス的用語を喚起すれば——は、つねになんらかの言語や媒体をとおして到来する。そこで、もしこの要請が、私に作用をおよぼす、つまり応答をせがみ、実際のところ、私の責任感覚を呼び覚ますものなら、それはなんらかの慣用語法《イディオム》をとおして「受容され」なければならない。これは、要請は前存在論的であり、いかなる、そしてあらゆる言語に先行すると語ればそれですむということではない。他所からの要請は、言語が人びとを拘束するときの語りかけ構造そのものの一部なのであると語ったほうがもっと意味が通るだろう。さらに、もし私たちが、この最後の解釈を受け入れるならば、私たちはまた、語りかけの構造「そのもの」が、「何らかの」言語、慣用語法、媒体や、こうしたものが共有する何らかの場を通して、つねに知られ経験されていることを認めなければならない。もちろん語りかけの構造は、その運動の軌跡のなかで主体として確立されたかもしれない者たちを見失うこともありうる。ときには、全然、呼びかけられないとか、一連の確立した呼びかけの周辺領域において排泄物のごとく定義されるような「者たち」がいるだろう。そう、人は語りかけられないことがある、しかし、そのことに不平を漏らすためには、人は、自身の語りかけられる可能性についてなんらかの了解をしていなければならない。人は語りかけられうる。もし、語りかけの様式がただひたすら、その人ではなくその人いる方向へと発せられるものであるなら。あるいは言い方なり叙述が、こちらにさしむけられていても、それらがなんとなく「宛先違い」である場合でも、しかし人は自分自身を見出すのだ、偽りと化す呼びかけと、宛先違いであることの感覚とのずれのなかに——たしかにこれは、隙間にあることの苦境である。

ことほど左様に私たちは多様に語りかけられたり、まちがって語りかけられたり、さらには矛盾にみちた首尾一貫しないかたちでもよいので応答するよう求められるのだ——私たちが受けとるある種の呼びかけに対して、また私たちの近隣において感知されているある種の呼びかけに対して。そのうえまた、ある種の呼びかけは回線上の雑音を通してもやってくる。つまり、正確にいって何が私たちに求められているのか、あるいは何をなすべきかについて、私たちは、かならずしもわかっているわけではないのだ（カフカの作品に登場する、さまざまな配達されないメッセージは、この点においてレヴィナスの主張に対する重要な修正を求めるように思われる——アヴィタル・ロネルが、その的をはずした呼びかけにかんする省察でおこなったように(5)）。

戒律は、ここでは明確な事例である。もし私が、自分に送られている倫理的要請をとりあげることになるなら、私は、その戒律が配達される言語を解読でき、その言語表現の連なりを自力で通り抜けることができなければならない。戒律を「受け取ること」にまえもって保証はない。モーセの物語から私たちが知っているように、モーセの追随者たちは戒律が届くことを信じなくなる。またモーセ自身、戒律を人びとにもってゆく前に一度粉々に壊している。私たちはこうした物語のさまざまなヴァージョンをもっている。そしてそれは過去から私たちのもとに届いている。レヴィナスにとって、それは「顔」を通して、ほぼ毎現在時に私たちに届いている。レヴィナスの「顔」は、私たちに殺すなと命じ、いかなる歴史的あるいはテクスト的先例にも依存していない。レヴィナスにとって、これは、無解釈的瞬間である。たとえ、私たちが、何をもって顔として認定するかしないかをめぐって論争することがありうると知っているとしても(6)。傷つけられうることを示す記号なら、いかなるものもそれは「顔」として認知される。もしその倫理的要請が過去から到来する、それもまさしく、現在時において私にとっての「資源」として——なんらかの方法で現在時を啓発するか、あるいは私を、現在時における、ある種の行動様式へと向かわせるかもしれない、いにしえのテクストからのメッセージ、あるいは伝統的な実践として——到来するのなら、それは現在時の用語に「翻訳」されることによってはじめて「取り上げられ」——あるいは「受け止められる」ことになろう。受容性とは、つねに、翻訳の問題である——ジャン・ラプランシュが主張している精神分析的観点がこれである。別言すれば、翻訳がなければ、私は、歴史的な他所から要請を、いわんや戒律を受け止めることはできないし、また翻訳は、それが伝える内容に変更を加えるため、「メッセージ」は、ひとつの時空地平からべつの時空地平へと転移する過程で変化する。ガダマーによれば、こうした地平は、翻訳の瞬間、「溶融する」(7)が、しかし私は反論したい、翻訳は、ガダマーならびにその他、解釈学の伝統で仕事をしている人びとによってあらかじめ想定されている歴史的連続性のまさにその前提に断裂を走らせるものである、と。地平が溶融しなかったり、あるいはそもそも地平が存在しなかったりするとき、何が起こるのか。連続性を支えているようにみえる伝統群すら、ただ同じものでありつづけることによって、時間のなかで、自己再生産をしているわけではない。伝統は、反復されるものであり、そうであるがゆえに逸脱と予測できない帰結に左右される。ある種の亀裂は、伝統が新たなるものとして再登場するときに条件となるものをもたらす。要請が伝えられる特殊言語は、要請が取り上げられる特殊言語と同じではない。とりわけ要請が、ひとつの時代の地政学的条件から別の時代の地政学的条件へと横滑りするとすれば。いまとここに到来する過程で何かが失われ、そして新しい何かが、伝達形態によって、いわゆるメッセージの「内容」と呼ばれるものに追加される。連続性は壊れる。とはつまり過去が現在時に「適用」されないだけでなく、ましてや過去が、さまざまな移動の後に変化することなく出現するということでもない。現在時において活力を失っていないとわかるものは、過去の廃墟の一部にすぎないのである。

そこで、もし私たちが、このことは、今の私たちにどのような意味をもつのか考えようとすれば、私たちは、おそらくすぐにも発見することだろう、この「私たち」によって私たちは何を意味しているのか、あるいは私たちが生きる時間性について、どのように考えるのがベストなのか、私たちは正確には何もわかっていないこと、を。この方向喪失は、嘆くべきものではなく、領域、財産、主権、共存について新たに考える努力の先行条件なのである。結局のところ、もし宗教的伝統という資源が多様ならば、数種類の「要請」が、さまざまな系列の伝統に基づき私たちにむけてなされるかもしれない。これこそが、開かれた議論といえるものとなる——聖典について、タルムード的姿勢について、コーラン読解における解釈上の相違についての開かれた議論。またたからこそ、レヴィナス的戒律は、レヴィナス自身の主張にもかかわらず、解釈や翻訳の要請を後回しにしたり無効にしたりすることができないのだ。私たちが知ってのとおり、解釈学は宗教的テクストを読む最適な方法についての学問であるだけでなく、現時点で宗教的テクストをいかにして読むかについての、また宗教的テクスト誕生の条件とその現時点での適用可能性を特徴づけている時空断裂を超える最適な方法についての学問でもあるのだから。(8)

「ことば〔神の御言葉〕」が時間的に継続すると想定し、この継続を中継する純粋な手段として翻訳のことを考えるような観点に反発しそれを乗り越えるべく、私たちは翻訳を生起させる断裂へともどり、過去から受け継いだある種の倫理的資源が、それとはまったく異なり内的にも錯綜とした伝統から生まれた資源をかかえる翻訳領域に入るとはどういうことを意味するのかについて考えてみる必要がある。なおここで私が言及しているのは、ユダヤ的伝統(これが依然として重要なのだが)における多様な系統だけでなく、ユダヤ的資源が非ユダヤ的言説において取り上げられ練り上げられるようになるそのありようであり、またなぜこの独特の言語横断形式が実際のところユダヤ的資源の現在と可能性にとって中心的なものなのかということである。文化翻訳の領域に入ることによってはじめて、特異な倫理的資源が一般化可能になり実効性を有するものとなる。これはたんに宗教的伝統は他の宗教的ならびに非宗教的な諸制度や言説や価値観との接触をとおしてはじめて栄えるものだという事実だけを記述しているのではない。これはまた、それ自体でひとつの価値観の表明である。ひとつの時空配列から別の時空配列へと転置され変換されることによってのみ、伝統は、他者性と、あの「私ではない」領域と、接触することになるということだ。私がレヴィナスから受け取るのは、他者性とのこうした接触が倫理的場面を活性化することである。そしてこの場面は私に義務を負わせる。このようにして翻訳を生起させる断裂は私の外側にあるものとの接触の条件に、また脱自的な関係性の受け皿に、そしてある言語が別の言語と遭遇し何か新しいことが起こる場面となる。

　伝統とからみあっている倫理的命令がどのようにして現前するのかという問いかけを考えるとき、私たちは伝統がひとつ場所から別の場所へと旅する、その旅程をたどりがちだ。しかし、もし翻訳が、要請が形成されるその言語から、要請が受け止められるところの言語への移動手段として役に立つのなら、私たちは言語と時間性をともに、これまでとは異なる方法で考えねばならない。もし要請が別の場所から来るのなら、そして私自身に固有の慣用語法《イディオム》内部から直に来るのではないのなら、私の固有の慣用語法はこの要請によって妨害される、つまり、倫理そのものが、私にとってもっともなじみ深い言説からの逸脱を要求するということだ。またさらに、もしその妨害が、翻訳の要請を形成するのなら、翻訳は、見慣れぬ／外国語的《フォーリン》なものを、なじみ深い《ファミリアー》ものにただたんに同化するものとはなりえない。翻訳は、見慣れぬ《アンファミリアー》ものへの開かれであり、先行する立脚点からの剥離であり、さらには確立した認識論的領野の内部において直接認知されないものに対する立脚点の自発的譲歩でなければならない。何が知られうるものかは権力体制が規定している。そのためもし私たちが、すでに権威づけられている枠組にすぐにも同化されない主張に反応する準備があるのなら、そうした要請に対する私たちの倫理的態勢は、権力に対して批判的な関係に参与するといっていい。この意味でスピヴァクが主張するように「翻訳は権力の領域なのである」[9]。あるいはタラル・アサドが文化翻訳実践について述べているように、翻訳は「必然的に権力の諸状況に不可避的にからめとられているのである」[10]。

知の未定着で権威づけられていない諸様式《モード》を経由してはじめて、倫理のようなものが、権力の母型のなかに出現するのである。そしてこのことは相反する言説諸領域から出現する主張に応答するなかで伝統が、その継続性と立脚点とを譲歩することを意味する。なにしろ、そうした主張は、伝統的な認識枠組を疑問に付すのだから。まさしく、この意味から、翻訳は、いかなる所与の言説であれ、その認識限界との遭遇を演出できるのであり、また言説を危機的形態へと引きずり込む。この危機的形態から所与の言説は、差異を統合し包摂せんとするいかなる戦略を駆使しても逃れられれない。

私たちが、起源にある一連の要求や禁令にアクセスするプロセスを翻訳として理解するのなら、このアクセスは、オリジナルなものの時間と場所に歴史的に回帰することでは実現しない。いずれにしても歴史的な回帰は不可能なのだが。むしろ逆で、翻訳が私たちに利用可能なものにしてくれるもの、現時点において翻訳が引き出し照らし出してくれるものに、私たちは向かうしかない。そうであるのなら起源の喪失は、ある種の「要求」が言語や時間を経由して受け継がれ存在し続けるための条件となる。生き残るものは、かくして、破壊されたものであるとともに今なお息づいているものである。翻訳の破壊的次元と啓発的次元とが、いまだ活動しているもの、いまだ輝きを失っていないものとなり、そしてこのことは、翻訳が、現在にも関連性をもつ宗教的資源であることを意味する。もしこれがアカデミックな議論としてのみ理解されるとするなら、こう付け加えてもよいだろう、人はベンヤミンの翻訳論を通してのみ、レヴィナス的要求を理解できると――この点は以下につづく議論で立ち返ることになろう。翻訳は、要求を、可能なら、入手可能なものとする。しかし、このことは、つぎのことも意味する。要求はつねに判読可能なものとはかぎらない。もしそれが到来しても、それは、断片的なかたちで到来し、ほんの部分的にしか判読できないかもしれないのだ、と。

　翻訳のプロセスが、もし、このように、倫理的思考のために回顧的に宗教的資源を規定するようになるのなら、そのような資源から、オルターナティヴな政治的想像を導き出すことは、そうした資源を刷新する、いや、それらを散逸させ、変質させることになる。この意味で、人は、デリダの「散種〔dissemination〕」という考え方のなかに、メシア的散逸のある種の〈亡霊＝帰還者《レヴェナント》〉めいたものを見出すかもしれない[11]。おそらく、これは、宗教用語がテクスト的意味〔disseminationには「普及、流布、宣伝、伝播」などの意味がある〕を帯びるようになった実例のひとつであろう（そしてもちろんこの用語は最初からテクスト的意味をいくぶんおびていたのだが）、またこれは、仮設上の起源に回帰する可能性を疑問に付し、またその神聖な光輝のカバラ的散逸という暗黙の意味作用は、デリダ自身の初期の著作の散種の議論から、後期の著作のメシア的なものにかんする議論への変遷を意味づけるものとなる。デリダが、突然、宗教的になったとか、あるいはメシア的なもの、メシア性そのもののような概念すら、彼の著述のなかでひそかに宗教的なものとしてとどまっていたと語れば、私たちはまちがうことになろう。そもそもエクリチュールは、転位と転置の場であって、ただたんに「散逸」の考え方に支えられているだけでなく、散逸という考え方そのものを散逸させるのだから。

最近の論争は、宗教的言説が、公的言説や民主的な様式《モード》の参加と考察に翻訳できるかを問いがちだが、これには、翻訳が、後発のテクスト〔公的・民主的〕を優先して、最初のテクスト〔宗教的〕を無効にするという含意がある。ここにある前提とは、宗教は、個別主義、部族主義、共同体主義の形態であって、公的生活において正当的かつ限定的な場をもつためには、普遍的な合理的言語に「翻訳」されなければならないというものだ。論争の流れのなかで、きわめて頻繁に前提とされるのは、それ自体では宗教的ではなくとも、宗教的主張を媒介するものとして役に立ちうる、あるいは役に立たねばならない、そんな共通の公的言語あるいは世俗的な理性形態である。またそうでないとなると、宗教が、公的言説の基盤に、また政治的参加や国家そのものの正当性を保証する根拠になりかねないというわけだ。こうした観点に疑問を投げかけたのが、たとえばイスラムにかんするタラル・アサドやサバ・マフムードの著述であり、キリスト教に関してはチャールズ・テイラーの著述であり、その他、宗教は世俗主義によって克服されるのではなく、世俗主義の観点そのものをとおしてヘゲモニーを確立すると論じてきた多くの論客たちである。世俗主義は、それ自体が宗教の産物であり、宗教的価値にどっぷり浸かっているか（ペレグリニ、ジャコブセン）、さもなくば、世俗的なものと宗教的なものとの分割そのものが、キリスト教のヘゲモニーを維持し（マハムード、ハーシュカインド）、イスラムを抹消するための道具なのである。

イスラエルの場合、そうした論争は錯綜する傾向にある。なにしろ、それは「ユダヤ性」についての問いを宗教的意味と非宗教的意味の両方から提起するからであり、この問いはさらに、イスラエル国家のユダヤ的立場というのは最終的に宗教的なものかどうかという問いと密接に結びつくからだ。リベラルのなかには、イスラエルがユダヤ人国家であると論じ、国家は世俗的なものでなければならないというリベラルな根本原理に対する例外としてイスラエルは機能すべきか（なにしろユダヤ人に対するナチスによるジェノサイドという例外的な状況ゆえに）、さもなくば、ユダヤ人のためだけのリベラルな民主制として擁護すべきかのいずれかであると論ずる者もいる。ユダヤ人のためだけのリベラルな民主制というのはパラドクスに思えるかもしれないが[12]、そもそもイスラエルの民法は、国境内のユダヤ人には絶大なる特権を付与し、またディアスポラのさなかにあるユダヤ人たちにパレスチナへの帰還を許可し奨励しているのだが、そのいっぽうでパレスチナ人に対しては、イスラエルが一九四八年に、またその後も頻繁に収奪した土地への帰還権を認めていないからだ。左翼シオニストは、イスラエルにおける宗教右翼の台頭を嘆き、自分たちを世俗的選択肢の体現者と理解している。しかしユダヤ国家というコンテクストにおいて、世俗的とは、何を意味するのか。確かに私たちは、「ユダヤ的」というのはユダヤ教への固着を意味しないと論ずることもできよう。まさにこの理由から、ハンナ・アーレントは果敢に「ユダヤ性」とは文化的・歴史的・政治的カテゴリーであると書き、このカテゴリーが、宗教的実践に参加しているかもしれないし、していないかもしれない、あるいはユダヤ教と明白に一体化しているかもしれないし、していないかもしれない、そうした住民の歴史的状況を特徴付けると考えた[13]。事実、アレントの観点で〈ユダヤ性〉は、多様な社会的一体化形態を、意見対立に和解をもたらさずとも、ひとつにまとめられる用語なのである。唯一の定義はないし、またありえない。彼女の観点は、それで問題はなかっただろう、もしそこにヨーロッパ起源の、またヨーロッパとつながりのある前提が付随していなかったなら。なにしろこの「ユダヤ性」という特質は、ミズラヒームとセファルディームを排除する傾向にある。ミズラヒームの起源はアラブ世界にあるし、(14) セファルディームの歴史は、当初、スペイン（この地そのものが、ヨーロッパ的想像力のなかでは周辺に位置するが）からの追放者の歴史でもあり、その後、他の様々な伝統（ほんの一例をあげれば、ギリシア、トルコ、北米の諸伝統）とも切り結ぶ結果になっていた。もし〈ユダヤ的〉が、すでに世俗的用語とみなされているのなら、イスラエルは宗教国家ではなく、そのため宗教的過激派からみずからを守らねばならないことになる。イスラエルにとって、その宗教的背景からユダヤ性を引き離すことは完全に可能なのか、あるいは、その世俗的形態は、ある種の宗教史の結果あるいは効果なのか。またさらに、継続的に、その宗教史から離脱することは宗教——この場合は、ユダヤ教——に固有のことなのか。

私はこうした問いを提起したい。答えをまったく知ることなく。本書をすすめるために私は答えを知るべきかどうかも知ることなく。結局のところ、私は宗教史にかんする本を書いているのではないし、宗教哲学にかんする本を書いているわけではない。むしろ私は理解しようとしているのだ、追放性——あるいはもっと強調していうと〈ディアスポラ〉——がユダヤ的なるものの考え方に、いかに組み込まれているかを（分析的にではなく、歴史的に、つまり時間軸にそって）。この意味で、ユダヤ人で「ある」ことは、自己自身から離脱し、非ユダヤ人の世界に投げ込まれ、修復できないほど異種混淆的な世界の、まさにその内部で、倫理的にも政治的にもみずからの道を切り開いていかねばならないということか。ユダヤ文化におけるエグザイルあるいは〈ガルート〉〔追放・異郷生活〕の概念というのは、ある場所を失い、別の場所に帰還できない人口集団の特徴を語るものとなっている。「帰還」の考え方は、それがシオンとかシオニズムにリンクされているかぎり追放生活の考え方のなかに陰在している。したがってシオニストの言説では〈ガルート〉というのは堕落した状態であり、故国への帰還を通してはじめて、その状態は修正され回復されうる。ディアスポラ的なものは、これとは違う機能をはたし、それが意味するのは、非ユダヤ人との共生に依存し、民族と土地とをつなぐシオニズム的考え方とは一線を画そうとする人口集団さらには「権力」である。[15] この区別は一九四八年のパレスチナ人との、歴史的パレスチナから強制的に追放された全住民との関係では様相が異なる。ユダヤ人集団は、明白に破壊されていないときでも、ナチス体制下では家や土地を奪われていたが、それでもパレスチナから追放されたわけではなかった。強制的に収奪されたことの埋め合わせとして他民族から強制的に収奪するという考え方は、正当に倫理的あるいは合法的な、いかなる理由付けにもつながらない。しかし、ユダヤ人の帰還法の根拠が聖書に依るものと理解されているとしても、パレスチナ人に対する収奪と人口強制移送という国際的に犯罪行為と認知されているものの永続化を正当化するために宗教を使うことに対して、私たちは断固反対の声を上げなければならない。帰還権（パレスチナ人の）については、帰還法（イスラエル人の）との関係で、人は確かに慎重に考えなければならない。とりわけいっぽうのエグザイルを制度化することによって、もういっぽうのエグザイル形態を是正する努力が、犯罪を解消するどころか、明らかにくり返すことになるときには。

私が示すことができればと望むのは、ディアスポラの考え方をパレスチナにもちこむこと――つまり、それが、そこですでに機能している多様な方法をみきわめること――は、共生、二国民主義、そして国家暴力批判を考える方途を探るのに、なぜ有益なのかということである。『フロイトと非-ヨーロッパ人』における重要な考察にしたがって、私が想像しようとするのは、ふたつの転　置《ディスプレイスメント》〔排除、排斥〕の「伝統」が、ひとつに収斂し、ポストナショナル政治組織を生むとき、しかもそれが、難民の普遍的権利や、違法な形態の司法的・軍事的暴力から守られるべき権利のうえに立脚した政治組織になるのなら、どういうことが起こるのかということである。サイードからのこの提案を足掛かりにして考えるために、私たちは、ひとつの転　置《ディスプレイスメント》から別の転　置《ディスプレイスメント》への翻訳の条件を定めねばならない——そして、また、翻訳可能性の限界もみきわめねばならない。故国喪失《エグザイル》と離散《ディアスポラ》という流動的文化形成体は、このような翻訳どれにとっても重要だろう。[16]

　もっともサイード自身は、世俗的理念の擁護者なのだが、にもかかわらず彼は、この地域において新たなエトスや政治へと向かうかもしれないような、諸歴史の収束とか故国喪失者たちの共存近接性といった現象を正しく理解している。この新たなエトスや政治をいかに想像するかについては本書の最終章で触れることになろう。サイードにとって、これは不可能な課題《イムポッシブル・タスク》だが、しかし、そうであればこそ、必要《ネセサリー》なものなのだ。別の観点を提出したエティエンヌ・バリバールは、翻訳の実践を、世俗主義の擁護とディアスポラの政治的希望のこのふたつにリンクさせる。バリバールは書く、「翻訳のプロセスは、宗教的宇宙間において生起しうるが、しかしこの翻訳は、そうした宇宙が純粋に宗教的ではないという事実をまさに含んでいる。「宗教」そのものは、翻訳不可能性の地点である」[17]と。これはほんとうにそうなのかどうか私たちはいぶかる理由をもっている。[18]翻訳は、つねに、取り残されるものと取り上げられるものに関係する。取り上げられないままのものは確かにあるのだが、これはまさにドイツ語からカフカを翻訳するときや、ポルトガル語からリスペクトールを翻訳するときにあてはまるのだが、同じくらい、国連審議事項にもあてはまる。実際のところ、翻訳不可能なものに、なんらかのかたちで左右されることのない翻訳というのはあるのだろうか。もし左右されないというのなら、あらゆる翻訳というのは完璧なものとなろう、つまり最初のテクストのあらゆる要素が、次のテクストのなかにぴったり照応するものをみつけるということだ。実際のところ、この完全翻訳の思想は、新約聖書を、いかなる言語にも、完璧に、とはつまり、取り残されるものがないように翻訳しようとする宗教的伝統に、まさに属している。現実問題として、もし神の御言葉と思われるものが、あるいはもっと一般的にいうと神からの禁止命令が、完全に遺漏なきかたちで伝達できるのなら、完璧で透明な翻訳の可能性が想定されても当然である。ところがバリバールは宗教を「翻訳不可能なもの」と同一視し、宗教は、翻訳という手段を通して宗教的特質を喪失する、かくして翻訳は、いかなる主張からも宗教的要素をそぎ落としてしまうと、そう示唆するのだ(19)。

しかしもし翻訳に神学史があるのなら、その神学史は、翻訳が異なる宗教観の中立的調停者として位置付けられてしまうと消滅するほかないのか。あるいはまた、翻訳が、ベンヤミンの初期の著述が示唆しているように(20)、宗教的価値観そのものであるならどうなのか。そうなると私たちは状況をどのように記述するのか。翻訳は、その宗教的出自を完全に克服したのか。あるいは翻訳は、宗教が私たちにとっていかなる意味をもつかの問題を、異なる一連の観点のなかで作り直すだけなのか。翻訳は、いかなる宗教的「伝播」にも内在する危機として、他律性を確立する。この意味で翻訳は、起源を「散種《ディセミネイト》」し、起源を、非宗教で冒瀆的なものへと作り直し、それを、こういってよければ、諸価値観の他律性の内部に散逸させるのである。この意味で、翻訳は廃墟を横断しつつ、そのとき過去を輝かせるのである。

バリバールが翻訳プロセスに立ち返るとき、彼は、トランスナショナルな市民性の形態を明確にせんとする努力のなかで、翻訳のプロセスをディアスポラとむすびつけるのだ。彼は書いている――「実効的な多元文化主義の条件を形成するかにみえるものは……またハイブリッド化や多様な横断的所属関係の文化横断的プロセスとも緊密にむすびついている。この文化横断的プロセスは「ディアスポラ」にある個人や集団にとって生を不安定なものとする――なぜならそのようなプロセスはエグザイルの憂鬱とむすびついているからである――、しかしまた、異なる文化的宇宙間の翻訳プロセス発展のための物資的条件を形成する」(21)と。けれども、もし私たちが、翻訳の瞬間を純粋に世俗的なものとして正当化することを拒むなら(そもそも世俗主義は自己正当化の様態《モード》をもっているのだが)、そうなると翻訳という機会に、宗教的意味作用が継承され散種され変容されるのが当然の帰結であろう。私たちは宗教的領域を去って非宗教的領域に入るということはなく、かといって自己言及的な宗教宇宙のなかにとどまり続けることもない。宗教的なものは、何か別のものに変質するが、その過程で超克されるということは絶対にない。と同時に、その変質が、なんらかの起源となる意味に回帰することを阻む、つまり宗教的なものはばら撒かれ吹き散らされ、ディアスポラ的軌跡というコンテクストのなかでのみ、ポストナショナルかつ脱アイデンティティ的――つまり肯定的な――不純性を意味することになる。

いっぽうにあるのは、いま私が記述している翻訳という対抗ヘゲモニー的軌跡である。ひとつの言説が、いまひとつの言説によって中断される。ひとつの言説は、自身の了解可能性の枠組をつぶしにかかるもののために空きをつくるべく、ヘゲモニーの領域/根拠《グラウンド》を一部譲渡する。翻訳が、変容的遭遇の条件となる。意味伝播の核において他者性を確立する方途となる。他方にあるのは、いま私が考察しているのが、倫理の形成の方法であって、これは別の言説宇宙——みずからの宇宙に容易に同化することのできない別の言説宇宙——からのメッセージや禁令や命令を受け取ることのできる条件とは何かを最初に問うことではじまるものなのだ。したがって「汝、殺すなかれ」とかさらには「汝の隣人を愛せ」という命令は、それらが、そうなることではじめて理解され取り上げられることのできる条件というものがあり、その条件とは、それらが翻訳されて、人が生きる具体的状況のなかに、歴史的かつ地理的に闘争の対象となった近接領域のなかに、日常茶飯事化した暴力的場面のなかに持ち込まれるということなのだ。この意味から、もし翻訳がないと、他者が私たちにかんしておこなう権利主張に対して、いかなる倫理的反応もなくなる。さもなければ私たちは、私たちがすでに知っている言語のなかで、すでに私たちと同じように話をする人びとのためにだけ倫理的に結びついているということになる。そこから言えるのは、もし私たちが非ユダヤ人や非ユダヤ性と関係をもつことを、ユダヤ性にとっての倫理的義務であり要請であると受け止めるなら、私がここで翻訳の歴史的軌跡として記述しているものは、とりもなおさず、「国民《ネイション》」の一部として認知されていない人びとによっておこなわれうる権利の主張に応答する倫理的運動である。そのような人びととの倫理的立場は、倫理関係の排他的枠組としての国家を排斥することを含意するものだ。この厄介払いから生まれるのが、地域の住民にまんべんなく平等と正義の原則を制度化する政治的統治形態を求める集団闘争であろう。このようになるなら、私たちはこう述べてもいいだろう。社会正義と民主的政治の概念にいたるユダヤ的な道は存在する、と。なにしろ平等も正義も、宗教、人種、国籍、起源に関係なく、あらゆる人びとに享受可能となって当然なのだから。平等が、宗教的所属に関係なく全人口に確保されねばならないという洞察に対するユダヤ的な道があるといえば、パラドクスに思われるかもしれないが、しかし、これこそが、その起源にある形態との離脱であるとともに、その形態の活動的な痕跡を活性化するところの普遍化の帰結なのである。

二国民主義の悲惨な形態を超えて

もちろん、世俗的と自称する枠組のなかで分節された議論のなかにも多くの優れた議論が存在し、それらは、政治的シオニズムに反対し、歴史的パレスチナの地においてパレスチナ人とユダヤ人双方に不利にならない基盤にたって政体を確立し、イスラエルの国境内における市民生活の人種差別的形態に反対し、イスラエル国家による数十年にわたる土地収奪と植民地的入植を中止・撤回させ、パレスチナ人の民族自決権を支持し、不法占領を維持するための、また住民全体から国際的に認定された権利を奪うための、政治と軍事力の暴力的行使には断固反対している。[22]現に、こうした議論は、普遍的と了解される言語で語られるがゆえに、また植民地主義的征圧に反対する権利を訴え、またこの権利の主張が適用されるのは、実効性のある自治や移動の自由や市民権を奪われたすべての住民に対してであるがゆえに、広く支持されるものとなっている。こうした議論は力強い。そして以下につづく章で私も、その種の議論のいくつかを展開できればと思っている。ただし私のなかに、この重要な世俗的伝統から逸脱する部分があるとすれば、それは私が以下のことを示唆する点にある、すなわち、こうした諸原則に、異なる精神形成を経由して到達する者がいること、また、もし私たちが次のような洞察——政治的シオニズムという原則のうえにイスラエル国家を根拠づけるものと理解される主張がなくなれば、この地域に、より広範囲な正義の原則が実現しうるという洞察——に、到達したとしても、この精神形成が使命を達成して消滅するわけではないこと。このとき脇に追いやられてしまうのは文化的シオニズムの問題である。文化的シオニズムは、特定の国家的組織体を防衛することと必ずしもリンクしないし、時としてそれは、国家として理解されている〈イスラエル〉と、土地として理解されている〈エレス・イスラエル〔イスラエルの地〕〉との区別を強調することもある。事実、一九二〇年代と三〇年代の初期シオニストたちは、シオニズムが土地への領土的権利主張を含意するかどうか問題にすることができた。私は政治的シオニズムでも文化的シオニズムでも、どちらの立場に頼ることなく書いている。ただし、思うに、政治的であれ文化的であれ、この区分の歴史をたどることで、こうした立脚点が、いまとなってはほぼ忘れ去られているところの毀誉褒貶を経ていることがわかると信じている。

合衆国ではよくあることだが、「あなたはシオニストか」という問いが提起されるとき、その意味するところは「あなたはイスラエルが存在する権利を信ずるか」ということである。こうした問いがつねに前提としているのは、現存する国家形態そのものが、その国家の存在を正当化する根拠を提供するということである。しかし国家の存在ならびに現存する国家形態そのものに対する現在の根拠は正当化できないかもしれないと論じようものなら、そのような議論はジェノサイドと同断と受け取られよう。この地域のいかなる国家形態に対してであれ、何が正当化するための根拠を構成するかにかんする政治的議論は即座に沈黙させられてしまう。なにしろ正当性について問いを追求すること（しかも、どのように答えられるかについて前もって想定せずに）は、いかなる民主政体に対してであれ本質的内省のための契機となるとは受け止められず、むしろ、所与の住民人口の廃滅をみたいという欲望を偽装するものと受け止められてしまうのだ。あきらかに、このような状況では、正当性に関する思慮分別をもった議論など起こりようもない。そのうえさらに、かつてパレスチナ人によって所有され住まわれていた土地にユダヤ人が支配権をもつという主張がシオニズムと同義となっていることを考慮すると、よりよい問いかけとは次のようなものとなろう。近年にはユダヤ人とパレスチナ系イスラエル人、ならびに占領下で暮らすパレスチナ人が居住地としている土地に対して、また進行中の入植プロジェクトの一部であるところのシステマティックで反復的なパターンの土地収奪をとおして、みずからの土地を奪われた何十万というパレスチナ人がもはや住むことのない土地に対して、いかなる形態の政体が正当的なものとみなされるだろうか？　どのような種類の政体が、土地をめぐるすべての権利主張を尊重することになるのかと問えば、それが、現代における理解の範囲内でいうところのシオニズムではないことだけは確かだろう。ただ、このシナリオにおいて忘れられているのは、領土所有権主張をしないシオニズムの変異体の存在のみならず二国民主義を確立できるような連立的政権を模索していた初期のシオニズムの存在である。二国民主義を選ぶことは、すべてそうだったということではないとしても、いまや明確に反シオニズム的立場ということになっている。いずれにせよシオニズムの現在のありようを考慮すれば、私見によれば、シオニストでありながら、同時に、植民地主義的征圧を正しく終わらせる闘争に参加することなどありえない。キブツ運動というかたちをとった社会主義における実験は、入植計画の不可欠の一部であったのであり、そうであるがゆえに、イスラエル社会主義は、植民地主義的征圧や拡大と矛盾なく両立すると理解されていたのだ。

もちろんユダヤ的精神形成を経たりユダヤ的帰属感をもつ多くの個人が反シオニスト的結論に達し、それゆえに自分たちはもはやユダヤ人ではありえないと結論づけていた。私の考えでは、イスラエル国家は彼らがこうした結論に到達したことを言祝《ことほ》ぐだろう。現に、もしイスラエル国家の最近の政策とか、もっと広くシオニズムに反対することで、人は、もはやユダヤ人として名乗れなくなるというのなら、このような裁定はユダヤ人であれば、そのままシオニストにもなるという概念を実質的に正当化するものとなる。だがこうしたユダヤ人とシオニストとの一体化は、もしユダヤ的なものが正義を希求する闘争とリンクされているのなら、打破すべき歴史的一体化にほかならない。またさらに、ユダヤ的精神形成を経たりユダヤ的帰属感をもちながらも、昨今のイスラエル国家の政治状況によって発言を抑え込まれたと感じている者たちもいる。それは占領政策を忌むべきものとみなし、ガザの民間人に対するイスラエルの軍事攻撃に戦慄をおぼえ、二国民主義の形態を、より正当的で実効性があり非暴力的な政治構造をもたらすかもしれないものとしてこの地域に望むことすらある人びとのことだ。しかし彼らは、そのような批評を公にすることは、反ユダヤ主義を助長するかもしれないことを恐れ、公的な批評行為に対しても、もしそれが反ユダヤ主義を助長し、ユダヤ人への暴力犯罪を増やす道具として使われる可能性があれば許容してはならないと考えている。事実、このダブル・バインドは、ディアスポラにある多くのユダヤ人にとってほとんど骨がらみになっている。

ユダヤ人たち自身の解放《ディサブジュゲイション》＝脱征圧にとってもっとも重要な諸原則を公言できないというのは、どういうことなのだろうか。以下に続く章で、私は、この物言えぬ停滞状況、それもプリーモ・レーヴィとハンナ・アーレント双方の公的言説において作用している停滞状況を考察し、それが現在の公的批判、それがみずからに課す限界、そしてそのリスクに対して、どのような含意があるのかを問うつもりである。というのもイスラエルに対するいかなるそしてすべての批評を実質的に反ユダヤ主義であると認めてしまうと、その都度、私たちに沈黙を余儀なくさせる等式、すなわちイスラエル批判・イコール・反ユダヤ主義という等式を容認することにもなるからだ。この等式に反対する唯一の方法は、明確に、くり返し、そして強力な集団的支持を信じ、イスラエル批判は正当であることを表明しつつ同時にあらゆる形態の反ユダヤ主義は、その他の人種差別ともども絶対に容認できないことも表明することである。この二重の主張が公的言説のなかで理解してもらえるあかつきには、ユダヤ人の左翼、非シオニスト、それゆえユダヤ人／非ユダヤ人の左翼を、「平和へのパートナー」としての資格があるものとして、「ひとつにまとめる」ことが可能になるだろう。

ここまでで私の見解は明確になっているはずだが、それに劣らず重要なのは、私がこうした特定の価値観や原則に、独特の精神形成をとおして、とりわけユダヤ人コミュニティ内で受けた学校教育《スクーリング》や幼年期の教育そして言わずもがなの私のシナゴーグの教育プログラムへの参加（結果的にそれは私に哲学を勉強することを奨励した）をとおして到達しているということだ。私が主張したいのは、子供時代や思春期の一部として形成された価値観のいくつかは、シオニズムに対する私の倫理的・政治的抵抗のなかに顔をのぞかせるということだ。もちろん私にも個人史がある、それも複数の個人史が。しかし、この時点で自伝的なものを導入するのは、そうした特定の歴史を追求するためではない（もっとも、べつの場所で、私は、ナチス体制下での私の家族の喪失について、そしてそれがいかにしてジェンダーに関する私の考察に、さらには写真や映画についての私の理解に、影響をあたえたかについて説明することもあろうかと思う）。けれども、この目的のために、私が指摘したいのはつぎのことである。（a）ディアスポラにあるユダヤ人の価値観にかんする、ある種の理解は、ナショナリズムや軍国主義に対する批判《クリティーク》を形成するのにきわめて重要であること。（b）非ユダヤ人との倫理的関係こそが、倫理的関係性や民主的多元性やグローバルな共生モデルに対する反分離主義的かつ脱アイデンティティ方向のアプローチの一部であったし、いまもあり続けていること。（c）法的かつ国家的暴力の非合法的使用（これはまた経済搾取や貧困化を容認し維持する）に対する抵抗は、ラディカルな民主的社会運動の歴史に属しており、この社会運動で中心的な役割をはたしたユダヤ人は、つぎのことに反対したのである、すなわちヘゲモニー的あるいは全体主義的支配を維持せんとする国家が住民に対して理不尽な破壊行為に及んだこと、また合法的に容認される人種差別形態ならびにあらゆる形態の植民地主義的征圧や強制的な土地収奪が行なわれたことに対し。さらに（d）国家のうしろだてなき者たち、そして難民たちの状態こそが、私の人権問題の理解、また国民国家、投獄と拘留、拷問と、法もしくは政治体制による拷問の容認に対する私の批判において不可欠なものであったし、最終的に私を、数年の遅延ののちにハンナ・アーレントの著作へと導いたのである。アーレントの国民国家批判《クリティーク》、とりわけシオニズム批判《クリティーク》は、ヨーロッパからのユダヤ人排除と、強制的に家や土地や政治的自決権を収奪されたあらゆる人びと（パレスチナ人をふくむ）の正義の要求とを重要なかたちでむすびつけるものであった。そして最後に(e)ユダヤの伝統における喪の行為の実践(シヴァと呼ばれる七日間の喪に服すことやカディッシュという祈りの言葉を唱えること)が固執するのは、死に対する共同体による公的なかたちでの認知が、生を肯定し続ける手段としていかに重要かということである。生はひとりだけでは肯定できなくて、他者の集団を、それもいっしょに、その前で、おおっぴらに嘆くことができるという集団を必要とする。しかし、ある種の住民だけが嘆くことのできる立場にあり、それ以外の人びとはそうでなかったりすると、一定の死者に対する公的な嘆きは、別の一連の死者たちに対する否認の道具となってしまう。もしユダヤ人が、中東での闘争において命を落としたユダヤ人のためだけに喪に服すのなら、ユダヤ人たちは自身の宗教や国家に属する人たちだけを、嘆くに値すると認めていることになる。このような仕分けすなわち価値のある住民と無価値な住民との仕分けは、たんに暴力的闘争の余波として出現するわけではなく、闘争そのものの認識論的条件を提供するものとなる。イスラエルの公的言説において人は何度も耳にする、ひとりのイスラエル人の生命は、数えきれないほどのパレスチナ人の命をしのぐ価値がある、と。けれどもそのような破廉恥な計算が完全に破綻し、全住民が死の嘆きの対象とみなされうるときはじめて、社会的・政治的平等の原則が実効性を帯び始めるだろう。この意味で、嘆きの対象となりうるかは、価値観の前提条件であり、あらゆる生命は暴力と破壊から守られるべき平等の権利をもっているという先行理解なくして、平等な扱いというのはありえないのである。

もっとも私は、ある種の宗教的概念に訴えることになるけれども、それは私の議論を宗教的な基盤に「根拠《グラウンド》づける」ためではない。むしろ私がたどろうとしている一般的諸原則は、特定の宗教的精神形成だけでなく、所属の文化的・歴史的様式や、自己省察と自己分析パターンから、またさらに抵抗の様式ならびに社会的正義の理想の分節を統御する諸慣習から引き出されている。このように形成された被造物、つまり私は、簡単につぎのように主張することができる。すなわち私とは、私の教育や環境から外挿されたものにすぎず、まさにそのような教育や環境から普遍的諸原則にいたるほかはなく、その諸原則の合法性や適用可能性は私がそこにいたるまでにたどった道筋とは別個のものである、と。もしそうなら、私の精神形成――いや、それをいうならいかなる文化的精神形成――も、ある種のゴールにいたるために登る梯子のようなのであるが、ただ、この梯子は、ひとたび目標に到達したら、外れる――あるいは破棄される――ものなのだ。事実、こうした政治問題に関連性のあるものとして私たちがもちこむ価値観は、文化的精神形成から半ば生まれ出てきたものだ。現に私たちが犯す紛れもない間違いの原因は、宗教問題を、主体性を確立した主体が、ある種の「信念」を抱いているかどうか――なにしろ宗教はしばしば実践の集合として、いやまさに主体形成の母型として機能しているのだが――という問題だけに還元することにある。おそらく、いまの私は、宗教における精神形成なくしてありえなかっただろう。この場合、精神形成が含意するのは、神にかんする特定の宗教的信念の集合（形而上的還元）もしくは理性とは一線を画す信仰の様式（認識論的還元）ではない。ある種の価値観は慣習実践のなかに深く埋め込まれているため、価値観を慣習実践から「引きずり出し」、命題のかたちで公式化できる明示的な「信念」に簡単に変形させることなどできないのだ。そうした価値観は、ある種の価値の母型において形成され維持される、具現化された慣習実践の、まさに一部として生きられるのだから。

けれども私は、そうした精神形成に完璧に影響されていないのであって、たとえ、そうした精神形成から生まれる観点によって部分的に方向付けられている（わが意に反して）としても。そのため私は一連の精神形成要素の入れ替えをもって（これは、つねに予見できるものとはかぎらず、あるいはつねに広範囲に共有されているわけでもない）格闘している。同様に、私は、そうした精神形成を共有していない他者のいる世界に生きているので、自分が被っている方向付けのなかで方向を見失い、その枠組からは放逐されていると感じているため、まさに、倫理的かつ対抗ヘゲモニー的動きの脱方向性的軌跡を描くものとなる。私は、競合する枠組と衝突し、このとき認識するのは、私の精神形成のある種の側面を、ヘゲモニー的なもの、あるいは民族的なものの指標として仕立て上げようとする特定の政治的形成（たとえば政治的シオニズム）のはたらきであるため、私への方向付けを特定領域から解放するような文化的翻訳への期待が生まれてくるのである。かくして私は、所与の枠組に対する妨害や枠組の入れ替えをとおして一般化された諸原則へといたる。普遍化のプロセスが、より特殊な翻訳をとおして生起しうる、あるいは生起するがゆえに、最終的に諸言説の複合において（あるいはとして）調整されないような普遍的なものは存在しないのである。[23]

ある種の普遍性の体制は、時として限界のあるものと判明したり、ある種の主張を無効にするための、またある種の主張がなされる様式《モード》を抹消するための道具であったりする。したがって、普遍化のプロセスに対して特殊《イディオマティック》な、あるいは外的なと思われるものが、「普遍的」性格に疑問をつきつけるのだ。もし普遍化のプロセスが、個々の特殊な言説群を、確立された体制に同化吸収するプロセスとなるのなら、その体制のもっている個別特殊性が普遍的という地位に格上げされ、その体制のもつヘゲモニー的権力が実質的に覆い隠されることになる。そうした権力の体制をもっとも効果的にくつがえすような普遍化の様式《モード》というのは、「同化吸収できない

inassimilable」ものを、現在の普遍化の様式の前提条件であると暴きたて、同化吸収できないものの名において、普遍化のプロセスを解体し再公式化することを要求する様式《モード》となろう。肝要なのは、同化吸収できないものを同化吸収できるものに転換することではなく、同化吸収を規範として求めるような体制のありように挑戦することなのだ。そのような規範が解体するときにはじめて、普遍化は、ラディカルに民主的なプロジェクトのなかで、みずからを刷新する機会を手にすることになる。

ユダヤ教ではないとしてもユダヤ性の場合だが、今述べたような反転は、ある種のディアスポラ的な思考の流れの特徴となる。ここで確たるものとなる、一連の倫理的価値観がある。この価値観が、私たちの文化的自己定義を支配する諸規範に対し、お手頃な民族的・文化的・宗教的・人種的な類似性を示すことのない人びとへと私たちを結びつける。興味深いのは、レヴィナスが、私たちは、自分たちが知らない、そして自分たちで選んでもいない人びとに結びついていると主張したことだ。またこのような結びつきは、厳密にいえば、契約以前のものなのである。もちろん彼は、あるインタヴューで、パレスチナ人は顔をもたないと主張していた。[24] 彼が意味していたのは、倫理的責務を求めることができる相手とは、彼のいうところのユダヤ・キリスト教的起源をもち、また古典時代のギリシアを起源にもっていることでひとつにまとめられる西洋人であるということだ。[25] ある点で彼は自分では守らなかった原則を私たちにあたえてくれた。そしてこのことが意味するのは、私たちはその原則をパレスチナの人びとに広める自由があるだけでなく、その原則をパレスチナ人に対しても拡張せねばならないということである。まさに、レヴィナスがそうできなかったがゆえに、ということだ。結局レヴィナスが私たちにあたえてくれたのは、倫理的関係性の概念であり、この概念があればこそ、私たちは倫理的に反応できるのだ、私たちの所属の直接的な領域を超えている人びとに対して。彼らは、そうはいっても、私たちが所属している人びとでもある、なにしろ彼らはいかなる選択や契約に先立って存在する人びとなのだから。

レヴィナスとアーレントとのぼんやりとした接触点が私をここに導いてくれる。アーレントが正しかったこと、それは、アイヒマンが地上で誰と共生するかを選択できると考えていたことを論じた点にある。彼女の観点では、共生は選択ではなく、私たちの政治生活の条件である。私たちは契約に先立って、またいかなる意志行為に先立って、たがいに結ばれている。逆に私たちのそれぞれが故意にまた自分の意志で結ぶことを契約の基盤とするリベラルな枠組の場合、私たちが選んだわけでもない人びとと、また使う言語が私たちのものではない人びとと、すでに暮らしているということは最初から考慮されていないのである。アーレントにとって、ジェノサイドが根源的に許容できない理由とは、私たちは実際のところ地上で共生する人びとを選べないということである。多種多様な人びとが、すでに私たち以前に暮らしている。住民人口はつねに多元的で、多言語的で、広い範囲に散らばっている。住民人口のなかで、地上をみずからのものと権利主張できる人びとは存在しない。そのような権利主張をすることは、ジェノサイド政策に加担することである。つまり望んではいない近接性と選んだわけではない共生とが、私たちの政治的存在の前提条件であるということであり、まさにこれが彼女の国民国家（ならびにその前提となる等質的国民）に対する批判の基盤であり、そこには、必然的に異種混淆的になる人口のために、平等の様式を確立するような政策をもって地上に共存する責務が含意されている。望んではいない近接性と選んだわけではない共生、この原則はまた、住民人口のいかなる部分をも破壊しないこと、あるいは生活を不可能にしないことという私たちの責務の基盤としても役立つものとなる。もしアレントが正しければ、入植型植民地主義は決して正当なものではなかったし、民族性とか宗教を基盤に原住民人口を排斥することも、いわんやパレスチナ人の継続的な財産没収と強制移送も正当なものではなかったことになる。シオニズムは政治的平等の諸原則のなかに自己を正当化するものを見出すことはないし、まさにこの理由から、民主主義の実質的条件にかなうことがないのだ。人はシオニズムの観点のなかに解決を見出すことできない。なにしろ、その観点は、原住民人口の従属と破壊と強制排除を基盤にする国民国家を要求し、それを拡大するものであるからだ。

ナチスによるジェノサイドの期間中とその後において、イスラエルが、ユダヤ人にとって歴史的かつ倫理的に必然的なものになったと、よく教えられるけれども、アーレントや他の論者たちの考えでは、私たちがジェノサイドから学ばねばならない教訓とは、国民国家が自己確立をはかる際に、純粋な国民の理念に合致しない住民すべてから権利剥奪をするようなことは決してあってはならないということだ。民族浄化あるいは宗教浄化の名のもとに住民人口の権利剥奪が行なわれることなど二度とみたくもない難民たちにとって、シオニズムと、それにもとづく国家暴力の形態は、ユダヤ人難民の緊急の要求に対する正当的な解答ではなかった。拘留監禁や権利剥奪という歴史的経験から正義の原則を推測してきた人びとにとって、政治的目標となるのは、文化的背景や教育形成とは無関係に、また言語や宗教を横断して、平等の原則を拡張することである——私たちが誰ひとりとしてこれまで選んだわけではない（選んだとは認識していない）人びとに対して、また私たちが生きるべき道を模索するという永続的な責務を共有する人びとに対して。「私たち」が誰であれ、私たちはまた、選ばれた民ではないし、万人の合意を得ることなく地上にあらわれた民であり、最初から、大きな人口集団に所属し、また生活可能な地上に帰属している民である。そしてこの条件から逆説的に生み出されるものは、みずからを民主的と称する悪辣な植民地主義諸力の強力かつ凶悪な呪縛を超えたところに、新たな様式の社会性や政治を生むラディカルな潜在的可能性なのである。この意味で、私たち全員は選ばれていないとしても、しかし、全員ともに選ばれていないことで連帯している。この基盤にたてば、社会的絆を新たに考察する途につけるかもしれないのである。

アーレントだけでなく、レーヴィ、マルティン・ブーバー、ハンス・コーンらが、イスラエル国家を正当化する言説の一部となっている物語を疑問に付している。第二次世界大戦後、ヨーロッパにおけるユダヤ人難民と非ユダヤ人難民が避難所となる場所を必要としていたと語ることは、まちがいなく正しいが、すでに知ってのとおり、ユダヤ人はどこへ行くことを望んでいるか、またユダヤ人の文化的願望とは何かについては、激しい論争があった。ヨセフ・グロジンスキーの『ホロコーストの影に』は難民キャンプにおける政治的イデオロギーとシオニズム問題をめぐる闘争にかんする重要な記録文書を提供してくれる(26)。その議論によれば、経済的かつ他の強制手段によってパレスチナ行きを誘導された者たちもいたが、パレスチナに行った者たちのなかには、全員が筋金入りのシオニストというわけではなかった。ただ収容所内におけるユダヤ人とシオニストとの闘争は長引き激化した。合衆国や連合王国によってユダヤ人に課せられた移民割り当て数は無効にすべきだと考える者もいれば、ヨーロッパにもどることを望む者たちもいたし、またさらに、共産主義国家に参加しようとする者たちもいた。そして周知のごとく、亡命したユダヤ人たちのあいだで活発な意見交換や応酬があった、パレスチナに連邦当局を置くべきか、二国民主義方式か、国際社会によって運営される連邦制か、あるいはユダヤ人主権にのっとった国家(この場合、ユダヤ人住民のための多数派支配が実質的に確保される)か。しかし一九四八年以降、イディス・ゼルタルやその他の歴史家たちが示したように、物語的つながりは、何度も何度も、捏造されたあげく、いまや、どんな「理性的な」人間でも信ずるようになったのだが、ユダヤ人に対するナチスのジェノサイドが、イスラエル国家の設立を――ユダヤ人主権にかんしダヴィド・ベン＝グリオンによって支持された諸原則にもとづくイスラエル国家の設立を――要請し、これには軍事力による入植型植民地主義の実施も含まれていた、と。まさに、この国家設立は、ナクバと同時発生だった。〈ナクバ〉、すなわちパレスチナの人びとにとっては家屋と土地と帰属とを消滅させせるカタストロフ。

まさに、この時点において、大きな混乱が支配することになる。そのような基盤のもとに国家を設立することこそユダヤ人民を守るための歴史的必然なりと理解されているため、いまや多くの者たちが、イスラエルに対するいかなる批判も、国家の権威失墜に貢献するものであり、歴史的因果関係を逆転させ、ユダヤ人民を新たな破壊へと追いやらんとするものだということを当然視するようになった――それはナチスのジェノサイドにくり返しなぞらえられた。しかし、この歴史をカタストロフの設立として理解し、その偶発的な出現の場を、まさにその特異な国家形成以外の何物でもないものに位置付けることが、歴史的にも政治的にも責務であるとするなら、私たちは、物語の監視と束縛を超えて思考をすることができるかもしれない。国家は、こうした土地には必要であったし、ナチスの収容所からの難民にとって他者の土地において権利は確保されねばならないという主張が生まれておかしくない。またいまひとつの主張によれば、国家は、ユダヤ人が安全に暮らせる土地には必要とされた（これは、それが他のすべての可能な難民たちよりもユダヤ人の安全性を優先させる観点であるとしても、必ずしも政治的シオニストによる議論ではない）。またさらなる主張によれば、パレスチナ人住民の犠牲のうえにユダヤ人の自治を確保する国家が必要とされた。最終的にナチスのジェノサイドと、それが引きずる強制移送のトラウマじみたものをじゅうぶんに理解したうえで、生き残りのユダヤ人はみな難民であり、難民の権利は、法的・政治的手段をとおして尊重されねばならないという観点が育まれた。しかし、ここでもまた、だからといって、なんらかの難民グループの権利が、新たな難民層を生み出すような手段を通して法的に処理されねばならないということにはならないのだ。

この国家設立にまつわる矛盾は、つぎのような因果関係議論によって覆い隠されてしまう。この議論は、ナチのジェノサイドからイスラエル国家設立へと直結するだけでなく、少なくともさらに二段階を経て、こう主張する、すなわち（a）ほかでもない、まさに、こうした根拠に基づいてイスラエル国家を設立することは合法的であった、そして（b）その排斥、占領、土地収奪といった政策に対してイスラエル国家を批判することは、歴史の流れを逆転させユダヤ人を新たなジェノサイドの暴力にさらしかねない「脱合法化」に帰結する、と。こうした議論は、事後的《エクス・ポスト・ファクト》に立てられたのであって、その目的は、国家装置や植民地的軍事占領を正当化し、ナショナリストに権利感覚をはぐくみ、すべての軍事攻撃行為を必要な自己防衛として命名しなおすことにあった。現に、もし人が設立を問題にする、あるいは設立をカタストロフと結びつけると、ユダヤ人民の破壊に対しては無神経であるとみなされる。しかし、そのような前提は、ナチスのジェノサイドが入植型植民地主義を要請し、ナチスのジェノサイドこそが非市民層や準市民層そして無国籍者層を生み出したということを前提としたときにかぎり意味をもつにすぎない。それどころかナチスのジェノサイドに照らして考えると、他の種類の価値観や政治的野望が生じてきたし、これからも生ずるようにも思われる。それは、あらゆる形態のファシズムや、強制的な権利剥奪のあらゆるいとなみを理解し、防止策を講じたいという願望なのだ。こう思われるかもしれない。いま私が提案したのは、ユダヤ的枠組から離れるという提案なのだ、と。これは真実であるとともに、また真実ではない。私の意図のなかには、ユダヤ性が、これまでシオニズムといかに別のものであったか、現在でも別のものであるか、そしてこれからも別のものであり続けねばならないかを解き明かすことも含まれる。また本書における私の企図なかには、シオニズム問題について考えるためにユダヤ性中心の枠組から離脱すること、そしてユダヤ性を次のもののなかに置くことがあげられる、すなわち非ユダヤ的なものとの遭遇の瞬間に、また、この遭遇につづく自己の離散のなかに。まさにこれゆえに、本書に見出されるのはパレスチナの著作家たちとの対話となろう。なかでもエドワード・サイードとマフムード・ダルウィーシュの作品とが俎上にあげられる。

私の主張は、歴史的に形成されたところのこうした共同体的拠りどころから離脱できるようになることは、困難だが必要な目標であること、そしてユダヤ的倫理のなかには、ユダヤ人民の傷つきやすさと運命のみに関心を寄せることから離脱するよう私たちに要求する側面もあるということである。私がここで提起しているのは、このように私たち自身から離脱することは、ある種の倫理関係の条件であり、これは決定的に非我論理的《ノンエゴロジカル》なものであるということだ。これは他者性の主張への応答であり、離散における倫理のための土台を形成するものである。

　ここまで述べたことからすると本書は最初から逸脱的なものであり、感傷的で拘束的な共同体主義《コミュニタリアリズム》なものと袂を分かとうとする闘争である。この共同体主義的なものこそ、ユダヤ的に思考において、シオニズムの枠組みのなかに留まろうと努めるいとなみの多くの特徴となってきたものだ。はたせるかな、本書は、形成《フォーメイション》と断絶をめぐる間接的な記録であり、同様の葛藤を経験してきた他の人びとにとっても有益であることを願っている。本書は、ヨーロッパの非シオニスト的ユダヤ思想史をもくろんでいるのではなく、もっぱら、ヨーロッパの知的伝統のなかから選ばれたいくつかのテクストのみと格闘し、それらを二重の挑戦に供している。すなわちサイードの政治的ヴィジョンと、ダルウィーシュの近接性から生ずる障害を意図的なものと無意図的なものにする詩的操作、そのふたつの挑戦に。テクストは、私自身が経た精神形成によって偏向したものになっているが、自身の精神形成によってできることや、せねばならないこと、いかにして自身の精神形成が新たな方法においても反復されねばならないのか、そしてどこにおいて精神形成からの離脱が（そうした精神形成そのものに対する内的かつ外的理由ゆえに）倫理的・政治的に責務となるのかを記録せんとしている。そうなると、これが記録するのは、私の徴候、私の誤謬、私の希望……

第1章　不可能で必要な責務——サイード、レヴィナス、そして倫理的要請

一国家解決案《ワン・ステイト・ソリューション》や二国民主義《バイナショナリズム》の理想とは非現実的な目標であると一般に語られる、それも、そうした考え方を好意的にとらえている人びとからもそのように語られるとはいえまた疑問の余地なく、真実であるのは、一国家解決案《ワン・ステイト・ソリューション》を提唱する者が誰もいないような世界、そして二国民主義についで考える者がもはや誰もいなくなる世界など、根本的に貧しい世界であろうということだ。同じことは平和主義について語ることができるかもしれないと私など思ってしまう。平和主義の提唱は〈現実政治《レアルポリティク》〉感覚を欠落させているとして信用を失うかもしれないのだが、平和運動家がもはや存在しなくなるような世界に、私たちのなかで誰が暮らそうと思うのだろう。

私にとって驚き《サプライズ》であり、また贈り物でもあったのは、エドワード・サイードの最後の著作のひとつ『フロイトと非‐ヨーロッパ人』[1]を読んだことである。そう感じたのはその本に含まれているモーセ像の活力ある再構築のせいだけではなく、サイードにとって、ふたつの命題を分節化する一契機にモーセがなっていたからであって、確かにそのふたつの命題は私のみるところ考察に値するものであった。第一の命題、それは、エジプト人モーセがユダヤの民の創始者であること。つまりユダヤ教なるものは、アラブとは何かという定義とその含意なしにはありえないということである。[2] このような定式は、ユダヤ性に関して支配的な定義であるアシュケナジーム〔ロシア・

東欧圏出身のユダヤ人」のそれに挑戦するものとなる。しかしそれはまたユダヤ教の起源に、よりディアスポラ的なものを想定することであり、そこから示唆されるのは、ユダヤ性の基盤に、ユダヤ人は非ユダヤ人との関係なくして定義されえないという条件が加わるということだ。これはディアスポラにおいてユダヤ人は非ユダヤ人とともに暮らし、また暮らさねばならないこと、しかもそれは宗教的文化的異種混淆性のただなかにおいて生活するとは正確にどういうことかを考察せねばならないということにとどまらない。ユダヤ人なるものは、非ユダヤ人のあいだでいかに暮らすべきかという問題と最終的には分離できないのだ。しかしながらこのモーセ像は、さらにもっと重要な論点を提供している、すなわち見方によってはユダヤ人もアラブ人も最終的に分離可能なふたつのカテゴリーではないということだ。なにしろ両者は、アラブ系ユダヤ人の生の営みというかたちで生きられ具現化されるしかないのだから[3]。もちろん、なぜ、こんなふうに聖書的かつ隠喩的な起源に訴えるのかについては疑ってよい理由は多々あるが、サイードは、ここでは私たちに異なる考え方をするよう思考実験をおこなってみせる。彼は私たちをモーセ像へと立ち返らせ、ユダヤ教にとって鍵となる創設的瞬間、まさに法がユダヤの民にあたえられるその瞬間の中心に、アラブとユダヤとを確然と区別することができない人物が位置していることを示すのだ。アラブとユダヤは、たがいに、たがいのなかに包含される――これはまた、ふたつのアイデンティティが現在の諸関係を超えた領域において分節《アーティキュレイト》＝接続されることを示す人物《フィギュア》＝形象ではないのか。なにしろ現在時において、イスラエルは、ユダヤ主権の原則に基づく国家を表象すると主張し、パレスチナ人に対しては、もろもろの形式の植民地支配、すなわち公民権剥奪・占領・土地収奪・国外追放を断行しているのだから。

このテクストの第二の重要性は、実質的に、最初の局面から導かれるのだが、それはサイードのテクストが請願めいたものとなり、こう考えてはと提案することにある、すなわち「強制移動《ディスプレイスメント》」こそが、パレスチナ人とユダヤ人双方の歴史を特徴付け、それゆえ両者の可能で望ましい協調関係の基盤を形成するものである、と。言わずもがなであるが双方において転置の形式は、まったく対等なものでもないし正確に類似しているわけでもない。イスラエル国家はパレスチナ人の強制追放《ディスプレイスメント》ならびに隷属状態の継続に責任がある。いっぽうユダヤ人のヨーロッパからの追放《ディスプレイスメント》、ユダヤ人の虐殺は、独自で別個の大惨事的《カタストロフィク》歴史である。ここで前提とさせてもらいたいのは、カタストロフには、共通の、あるいは中立的な基準によって測定されたり比較されたりできない歴史的特殊的様態があることだ。ただ、たとえそうだとしても、みずからの強制追放の歴史を起点として、そこから外挿敷衍《エクストラポレイション》して、他者の強制追放を理解し、またそれに異議を申し立てるような別の方法というのはないのか。

サイードがユダヤ人に呼びかけ求めているのは、土地や権利を奪われたユダヤ人自身の経験を考慮したうえで、イスラエルによって土地を奪われ権利を剥奪された人びととの協調関係を模索してはどうかということだ。彼の呼びかけは以下のことを前提としている。イスラエルに対するユダヤ的抵抗があっておかしくないし、むしろ、あってしかるべきだということ、ユダヤの民は、これまでイスラエルが辿ってきた歴史的軌跡とは異なる軌跡を辿るかもしれないということだ。私たちが、ユダヤ人弾圧の歴史の特殊特異性を、当然のこととして認めるとしても、だからといってあらゆる政治的シナリオにおいてユダヤ人がつねに犠牲者となるということにはならないし、またユダヤ人側からの暴力も、つねに正当防衛として免罪されるということにはならないのである。なるほど、ひとつの歴史の特殊特異性を認めることは、暗黙のうちに、それに類する歴史すべてに同じ特殊特異性があることを認めることになり、そこから人は、別様の問いかけをはじめることができる。要は、シオニズムがナチズムと似ていることを確認することではない。あるいはシオニズムがナチズムを無意識的に反復していること――この場合パレスチナ人がユダヤ人にみたてられている――を確認することでもない。シオニズムとナチズムとのあいだにアナロジーをみることは、国家社会主義と政治的シオニズムそれぞれを特徴づける隷属化や収奪や致死性に大きな隔たりがあることを理解しそこねることになる。問うべき重要なことは、一定の歴史的条件を起点とする外挿敷衍によって得られるかもしれないある種の原則をもって、別の歴史的条件を把握できるかということだ。この一手は、政治的翻訳を必要とするが、ただし、これは、ひとつの経験を別の経験に同化させることは拒みつつも、あわせてかたくなな個別主義を退けることでもある――あれやこれやの歴史的権利剥奪の事例を比較検討したうえで、たとえば難民の権利を考慮するような諸原則を分節化するいかなる方法も拒んでしまう個別主義は退けられるのだ。現に、ナチスのユダヤ人に対するジェノサイド（実際のところは、いくつかのマイノリティ集団に対するジェノサイドでもあるが）からもたらされた道徳的かつ政治的な遺産《レガシー》とは、国家的人種差別と同種の暴力的様態すべてに対して断固反対する姿勢であり、またいかなる人びとにも、たとえそれが（イスラエルにおいて）永続的にマイノリティの立場に固定されている者たちであれ、あるいは占領状態（ヨルダン川西岸地区やガザ地区において）におかれている者たちであれ、土地や権利を収奪されている者たち（一九四八年と一九六七年以降にディアスポラを余儀なくされたパレスチナ人）であれ、いずれの場合の人びとにも、民族自決の権利を付与してしかるべきだと再考する姿勢である。

おそらく二国民主義はありえないかもしれないが、しかし、その事実をもち出すだけでは、二国民主義に反対する理由としては不充分である。二国民主義は、「来るべき」理想――私たちが、より理想的な未来においてなら到達することを望めるようなもの――であるだけでなく、いまわしい事実でもあり、それは、入植型植民地主義の特殊歴史的形態として経験されている。占領下における日常的軍事慣習や規制強化をとおして再生産される接近性と排除性のいまわしい共存として体験されているのだ。「ユダヤ人」であれ「パレスチナ人」であれ、一枚岩的な人口ではないのだが、にもかかわらず両者は、イスラエルの法と軍事的暴力をとおして、いまや、やっかいなかたちでイスラエル／パレスチナとしてひとまとめにされている。しかもこの体制から、抵抗運動が、それも暴力的形態と非暴力的形態とをとりつつ生まれることになった。しかし、サイードは、ユダヤ人とパレスチナ人とがいかにして結び合わされたのかを理解するために、植民地プロジェクトとしてのシオニズムの歴史からはじめるのではなく聖書的起源を再考してはと提案するのだ。いかなる政治的秩序の創設においても聖書が、これまで正当な基盤となってきたからではなく――実際、基盤になどなってはいなかった――、そうではなく私たちが新たな方法で考えることができるよう支援してくれる形象を聖書が提供しているということなのだ。モーセが、彼らの心的エネルギーの備給の形象に、生きた複合状況となる。そしてもし私たちがモーセを非ヨーロッパ人であると考えるなら、このことが意味するのは非ヨーロッパ的ユダヤ人が、アラブ系ユダヤ人が、私たちのユダヤ教理解の起源に位置するということだ――まさに、その内部において「アラブ」と「ユダヤ」とが分離できない人物こそモーセその人である。この事実はまた現代に対して含意するものがある。これによってユダヤの民の歴史を再考できるのである、ヨーロッパ起源を前提とすることなく、また、それゆえにミズラヒーム〔中東・カフカス以東に住むユダヤ人〕やセファルディーム〔スペイン、イタリアなど南欧諸国に定住したユダヤ人〕をユダヤ史の中心に含みつつ。そしてさらに次のことも理解できるのである、「アラブ系ユダヤ人」という考え方が、複合や分裂や共生（他者性との同時調音〔coarticulation：複数の音が同時に発音され、その影響で音が変化すること〕として理解される）をユダヤ的生にとって基盤となる原則として立ち上げられることを。

かくしてサイードは次のように注記する。アシュケナジーム〔ドイツ語圏や東欧諸国などに定住したユダヤ人〕の観点からすれば、非ヨーロッパ人こそユダヤ主義の意味にとって本質的で不可欠である、と。私は、この主題にかんするサイードの言葉を読みながら、サイードの指摘なくしてはユダヤ性に関する理解を得られなかったことに対し感謝の念をいだいた。このように彼は、ユダヤの民をふたたび「創設する」かもしれない「非ヨーロッパ人」としてふるまっている。そしてこのことは神をも恐れぬ高慢《ヒューブリス》な姿勢として読まれるのかもしれないが、これは、起源にあった超越不可能な類似性を思い出せと力強く求める声として私の心を打った。サイードは、ポスト構造主義の熱心な信奉者ではなく、その批判者である（たとえば彼は『オリエンタリズム』においてフーコーによる人間主義批判に対し積極的に警鐘を鳴らしていた[4]）が、サイードがモーセをめぐるフロイトの考察（モーセを非ヨーロッパ人にしてエジプト人でありながらユダヤの民の創始者としてみる）のなかで、もっともお気に入りなのは、モーセ像が厳格なアイデンティティ重視の政治に対する問題提起となっているところである。もしモーセが現在の新しい政治動向の形象であるのなら、その政治動向は、民族性や宗教や民族的アイデンティティの原則にのみ基付いて、みずからが組織化されることを拒むものだろうし、逆に、ある種の不純性や混合性を社会生活の反転不可能な条件として容認するものだろう。またさらにサイードにとってフロイトは大胆にも次のような洞察を例証したのである。すなわち、もっとも強固に定義され、もっとも明確に特定可能で、もっとも堅固な共同体アイデンティティにとってすら——またフロイトにとって、これはユダヤ的アイデンティティにほかならなかったが——、それが完璧に一枚岩的で統合された（単一的で排他的な）アイデンティティに完璧に組み込まれるのを拒むような、なんらかの内的限界というものが存在するということを。サイードは主張する——アイデンティティは独立したものとして扱われたり思考されえないのだ、と。アイデンティティは「根源的な起源にある亀裂あるいは欠陥、それも抑圧されることのない欠陥なくして」みずからを構成することも、みずからを想像することもできない。なにしろ「モーセはエジプト人であり、それゆえに、つねにアイデンティティの外側にいたし、アイデンティティの内側では、きわめて多くのものが存在しせめぎあい——そしてのちに勝利をおさめた」のだから。(5)

ここで注目すべきは、サイードがユダヤの起源について考察しているのだが、そこ、すなわち起源となる場に、彼は不純性《イムピュリティ》を、他者との混淆《ミクシング》（大陸の哲学者たちなら根絶できない他者性と呼ぶかもしれないもの）を見出していることであり、そうした他者性とのまじわりが、その後、ユダヤ人であることの構成要素と判明する。「こうした思考の強みは」と彼は私たちに語っている、「それが他の攻撃されているアイデンティティ群のみならず、……やっかいで意気阻喪させる揺らぎをともなう世俗的な傷において／というかたちで分節化され、またそうしたものに訴えることができるということにある」（FNE, 54〔72〕）と。この「世俗的な傷」というのが何を意味しているのか瞬時にしてわかるものではないが、おそらくサイードは世俗主義を、非世俗的な政治的所属様式を傷つけ切り裂くものとして理解していたのであろう。この意味で、世俗的なものは、伝統的と推定されている社会的絆を傷つける。にもかかわらず、その傷から新たな所属形態が可能になるように思われる。彼は問うている、ともにディアスポラを経験し、いまはともに暮らしている二民族について、このような思索を続けてみてはどうか、と。つまりそうした思考において、ディアスポラは、アイデンティティを、他者とともにあるとき、また他者を通して獲得する方法として理解されるのだが、それが、ある種の二国民主義の基盤となるのである。この思考は、ディアスポラ的生の政治条件となりうるのだろうか。サイードは問うている――ディアスポラ的生は、二国民国家のユダヤ人の地とパレスチナ人の地において、さほどあやうくない基盤となりうるのか、と。そもそも二国民国家において「イスラエルとパレスチナは、たがいに他の歴史の、そしてたがいに底流にある現実のありようにおいて対立するのではなく、その一部なのか」と（FNE, 55［73］）。私はさらにこう問うてみたい。アイデンティティのゆらぎを肯定する政治を経由してもなお二国民主義が思考可能となるのかと。また国家と、ユダヤ／パレスチナの二項対立――この二項対立はアラブ系のユダヤ人とパレスチナ系のイスラエル人双方の存在によって虚偽だとわかるのだが――を超えたところに私たちを連れ出すような二国民主義を私たちは考えることができるのか、と。

こうしたプロジェクト――二国民主義、アイデンティティのゆらぎ、なぜ政治的に両者に着目することが私たちによって価値のあることかもしれないかの解明――に奉仕すべく、私としては、シオニズムに対するユダヤ的抵抗という、現代の知的・政治的現象でもある問題に向き合えればと思う。この脱シオニズム現象には、たんに「古代的」――モーセがその代表例であることから

——という意味だけではない歴史があり、この歴史は、二十世紀のヨーロッパにおけるユダヤ人史を通して一般には認知されていない方法で形成されてきた。人はここに、「ポスト・シオニズム」のいうなれば歴史的予兆ともいうべきものを見出すかもしれないと考えている――「ポスト・シオニズム」で私が言わんとしているのは、シオニズムの基盤において――あるいはシオニズム以前に、またはシオニズムの初期ヴァージョンの一部として――形成されるシオニズムそのものの解体を求める声のことである。

奇妙なことに、古典的リベラリズムの立場は、一般的に「ポスト・シオニズム」とみなされているが、これは、この十八世紀的政治的枠組がシオニズムのプロジェクトに対し将来脅威となって立ちはだかることを暗示している。けれども古典的リベラリズムの立場――とりわけ市民権の条件を人種や宗教や民族性に基付いて定めてはいけないという立場――は、強力な誹謗中傷にさらされている。イスラエル人の誰かが自分は世俗的国家に暮らしたいと公言しようものなら、それが宗教や民族や人種に基付いて差別されないという主張であっても、ふつうに聞かれるのは、そうした立場（あるいは人物）は、ユダヤ人国家の「破壊」を幇助あるいは教唆している、あるいは反逆罪を犯しているという非難である。もしパレスチナ人（イスラエル国内にいても、いなくても）が同じ立場を表明しようものなら、つまり市民権は宗教や民族に関係なく認められるべきだと主張しようものなら、それは「テロ」行為とみなされるかもしれない。いったいどのような歴史的経緯によって、古典的リベラリズムの教えが、二十一世紀初頭のテロリズムやジェノサイドと同等なものになってしまったのだろう。

この「破壊」に言及する非難というものを私たちはどう理解したらいいのだろう。私たちは実にしばしば、それを聞いてきたと思うし、また〈破壊〉という語には、もちろん、それと共振する別のフレーズがある。それはユダヤ人の破壊であって、これはつまるところ、ヒトラーのジェノサイドが明言していた目的であった。シオニズムに批判的な見解を掲げることから生ずる悲しむべき結果として、〈破壊〉という語が耳に届くと、その語と共鳴する言葉たちがいっせいに活性化され、批判者たちへの攻撃に動員されてしまうのである。不正な体制の解消を求めるだけで、国民人口の破壊を求めたりしなくとも、それは不正な体制とみなされるものが、唯一、ユダヤ人口を守る手段であることを見抜けない愚か者の意見とみなされる。かくして人は正義を求めることによってジェノサイドを求める者にすりかえられてしまうのだ。シオニズムに対する批判は、ユダヤ人を標的としたナチスのジェノサイドに対する根本的な無自覚なくして、あるいはジェノサイドそのものとの共犯関係なくして、生まれないとされてしまうのだ。シオニズムと、そのシオニズムに構造的につながっているマイノリティー住民への国家暴力、その両者に対する批判そのものが、こうして、ユダヤ人に対する大掛かりな暴力、言語に絶するカタストロフの再来、ヒトラー政治そのものとの、もっとも無自覚な共謀関係と結びつけられてしまう。実際のところ、こうした結びつきが確定してしまうと――この結びつきはたいてい瞬時にして確定すると私は言いたいのだが――、そこで対話は終わり、はなはだ奇妙なことだが、容認可能な政治的発言の領域からはじかれてしまう。もし、シオニズムに反対する批判者が求めているのが、古典的リベラリズムのなかで育まれた諸原則――すなわち、たとえば宗教にかんして、それは形式的なものであれ実質的なものであれ市民権のいかなる条件からもきちんと分離されねばならないのだが、この種の主張をするために人は、ロックやモンテスキューのことを詳しく知る必要はまったくないのである――に準拠した政治形態だとすれば、古典的リベラリズムはイスラエル国家を脅かすものと思われてしまう。したがって宗教と市民権の諸条件とは分離されねばならないという見解から、イスラエル国家の「破壊」が帰結として生じてしまうのなら、市民権の非排他的諸基準をこの地域において打ち出すことができるかどうかをめぐる公的な議論そのものが実質的に排除されてしまうのだ。なるほど、たとえその人が、古典的リベラリズムに沿った見解を表明し、同時に、徹底した平和主義者であるとしても、あるいはそうした見解を表明し、なおかつ新しい政治体制への移行は絶対に非暴力的手段をとおして、すなわち新たな法形態の錬成《エラボレーション》ならびに、数十年におよぶ土地収奪を埋め合わせるような土地再配分プロジェクトをとおして、おこなわれるべきだと固く信じているとしても、そうした事例では、そのような見解をいだく者は、「暴力」と「破壊」につながると非難されるのである。たとえば「こうした見解はユダヤ国家の破壊につながる」として。

けれども、私たちが、この方向性を慎重に検討すれば、みえてくるかもしれないこと、それは「こうした見解がイスラエル国家の破壊につながる」という非難は、「こうした見解がユダヤ人民の破壊につながる」という非難を、もっと省略していえば「ユダヤ人破壊につながる」という非難を、暗黙の裡に引き寄せ、またそこに誘導しているということだ。しかし、ユダヤ人と非ユダヤ人とが対等の立場で平和に暮らすことができるかもしれない政治的・経済的条件について模索し、現体制から別体制――一国家解決や連邦政府形態を構成するような体制――への移行を求める統治形態について考えることと、国家を暴力的に破壊することを求めたり、あるいはその国家の既存の住民に対して暴力を行使することを求めたりすることとは、まったく別物である。また、確かにシオニズム以後の新たな政治体制を構想するための根拠は、いかなる国家といえども、その国土に暮らす原住民あるいはマイノリティ人口の暴力的隷属化をとおしては、決してみずからの存在を正当なかたちで維持できないという認識に基づくものとなろう。むしろシオニズム以後の政治体制を構想することこそ、暴力と破壊から脱出する唯一の道となってもおかしくない。

こうした見解を公の場で述べるということは、とりもなおさずこう問うことなのだ、すなわちイスラエル国家は、平等性をより包括的に確保するような、そしてパレスチナ人に対する差別行為、排他的暴力、日常的におこなわれている嫌がらせの現代的諸形態を終わらせるような、正規の行動をとることを考えているのか、と。こうした見解が求めているのは、新しい市民概念であり、その国にとっての新たな国家形成基盤であり、そして土地区分や不法な財産分配の抜本的再編成であり、また微細なことだが、その土地のユダヤ系住民やアラブ系住民そしてキリスト教徒系住民にまで拡大される多元文化主義の概念なのである。このような提案に対して、それは理にかなってはいないないしナイーヴであるという反論がぶつけられるかもしれないが、その場合でも、私たちはこう問わねばならないだろう、平等、暴力からの保護、そして土地の正当な再分配という原則に基付く政治体制を再組織することを拒むのは、そのこと自体が、ユダヤ人の人口統計上の優勢を希求する暗黙の、いや明示的な欲望に基付くものであり、またユダヤ人の文化的・宗教的純粋性重視の概念に基付いているのではないかと。この点ではナショナリズムの情動的関与が許容可能な政治的言論を実質的に制限しているように私には思われる。

同様に、「あなたはイスラエルの存在する権利を認めるのか」という問いがパレスチナ人に対して（くりかえし）むけられるとき、この問いはしばしば、「あなたはイスラエルの物理的破壊を支持するのか、この場合イスラエルというのは、分解不可能な全体としてみなされるところの、イスラエル人の財産であり人命でありイスラエル国家の制度であり既存の領土であると理解されるものだが」という主張と、しばしば同義と受けとめられる。ただし、存在する「権利」にかんする問いは次元がちがう。なぜなら、それが問おうとしているのは、領土的主張と国家装置とが正当的な根拠に基付いて樹立されたかどうか（そして分離壁と新入植制度のために設けられた新たな途をとおして生じている継続的な領土拡張が不法な土地奪取と異なるものかどうか）である。たとえば、次のような議論があってしかるべきである。国家樹立は、いかなる意味においても正当的ではなかったが、現実政治ではイスラエル国家と折り合いをつけることが必要となり、またパレスチナ人と既存のイスラエル国家との間に協調関係様式《モード》を確立することも必要となる、と。このようなリアリストの見解はまたつぎのような議論に帰結するかもしれない。すなわちイスラエル建国は非合法的であったとしても、現実的に考えればイスラエルは、一九四八年以降奪ってきた土地や退去させられた住民たちのために賠償をすることができるし、そうすべきである、と。言い換えれば、イスラエル建国ならびにある種の土地に対する継続的な所有権主張の正当性について論争しても、現存するイスラエル国家の暴力的破壊を支持することにはならないのだ。むしろ、ここで含意されているのは、領土拡張、住民殺害、住民強制移送という不正が国家の設立を特徴づけているだけでなく、国家の再生産とその正当性宣伝の基本的様式として継続してきたし、これからも継続するということなのだ。こうした慣習実践をやめるように求め、この地域に新たな政治体制を望むことが、政治的見解の提示となるのであって、それはハイファやテルアヴィヴに向けて砲弾を撃ち込むことと同等ではありえない。こうした分析は、なぜ一民族が、財産を剥奪され軍事力の前に隷属を余儀なくされ、彼ら自身の軍事的手段に訴えて、不正に抵抗し、不正を正すことを求めるのか、そこのところに光をあてるかもしれない。しかし、ここでの私の目的は、ただ次のことを指摘することにある、もしイスラエル国家の正当性とその政策の政治的根拠にかんする問いに私たちが関与するならば、その国家を新たな正当的な根拠のうえに設立するための手段となりうるのは、政治的考察と交渉であるとみても、あながちまちがいではない。ところが、もし正当性の問いを提起することが、宣戦布告とみなされてしまうと、正当性の問いは政治の領域に入って議論されることが許されなくなり、そのあげくその問いかけを却下し返す刀で、戦争を、政治的展望を主張するのに必要な表現様式に制定することになるのだ。

ブーバーからアーレントへ——混淆した遺産

ハンナ・アーレントが一九四〇年代後期から一九五〇年代初期にかけて、ユダヤ人主権概念に基付く国家としてのイスラエルに反対したとき、彼女は武器をふりかざしていたわけではなかった。いま彼女はポスト・シオニズムにとっての拠り所、さらにはポスト・シオニズムの歴史的はじまりに先立って存在した先駆的痕跡ともなっている。おそらくアレントはシオニズムに対する二十世紀においてもっとも辛辣なユダヤ人批評家であって、イスラエル国家の設立を非合法とみなす理由をいくつも明示できたが、かといってイスラエル政体との戦争を呼びかけたりはしなかった。彼女を世俗的ユダヤ人と呼ぶ場合は説明を要する。なにしろ彼女が提唱していた世俗主義のヴァージョンは、宗教的ユダヤ主義を背景としつつそれに抵抗するものとしてしか理解できないからだ。たとえば彼女は世俗的なキリスト教徒ではなかったが、世俗的キリスト教徒の場合は意味するものがちがう。彼女のいう世俗主義は、彼女が否定していた特定特殊の宗教性との関係においてのみ理解されるものだろう。言い換えると、ユダヤ教のなかにみずからを位置付ける彼女のやりかたとは、その世俗主義を通してであったし、私はさらにこうも主張したい、彼女は、みずからの世俗主義に対して特殊なユダヤ的志向性を維持していた、と。この志向性は彼女の場合、亡命ドイツ系ユダヤ人のアイデンティティをみずからに許容するものだった。この意味で彼女の世俗主義は、みずからのユダヤ教を否定するのではなく、その特定の生の様式を継続させるものであって、そうであればこそ、「世俗的ユダヤ人」というのが用語の矛盾ではなく、むしろ二十世紀中期以降、歴史的にみて適切な記述となるのである。

イスラエル建国に対するハンナ・アーレントの容赦ない批判は彼女の著書『パーリアとしてのユダヤ人』にまとめられており、もっと最近ではショッケンから『ハンナ・アーレントのユダヤ論集』としても出版された。彼女はユダヤ人だったけれども、イスラエルはユダヤ国家であってはならないと主張し、イスラエルが国家暴力をもって土地所有権の主張を合法化する努力については、植民地主義の人種差別形態であり、そのような植民地主義は永久闘争につながりかねないとみなしていた。彼女はまた超大国が、いうなれば一九四八年解決案作成において演じた狡猾な役割にも強く異議を唱えていた。彼女によれば、いかなる政体も、民衆の民主的な解放行動なくして設立したり維持したりはできないからである。現に一九四八年、つまりその土地に居住していない者たちの国家群によって、その地の共同体になかば押し付けられた解決案を実現させた一九四八年は、彼女が『革命について』のなかで素描してみせた民主的革命、すなわち連立による合法的かつ政治的な秩序を樹立するために、多数派が一丸となって協調的行動を起こすことの、まさに対極そのものだった。

アーレントは一九三〇年代はシオニズムと一体化していたけれども、一九七二年のインタヴューで明言したように、それ以後はそうした一体化はありえないものとなった――「私は、いかなる集団にも所属していません。シオニストたちは、私がこれまで所属していた唯一の集団です。充分におわかりのようにヒトラーゆえに、そうなったのです。ただし、それも一九三三年から一九四三年のあいだだけです。それ以後、縁を切りました(6)」。

イスラエル国家に対する彼女の批判は、国民国家や植民地主義に対する彼女の批判から生まれたものだ(7)。それに対してマルティン・ブーバーは文化シオニストであり、世俗主義者ではなく、また彼は住民との協調的事業の唱道者であったけれども、イスラエルを、入植型植民地形態であるとして批判はしなかった。ブーバーの考えるシオニズムは、同時代のシオニズムの枠組からみると受け入れ難いものに変質し、いまの目からみると「ポスト・シオニズム」あるいはたんに反シオニズムとみなせるものとなっていた。彼の政治的立場は、一九四八年のユダヤ国家としてのイスラエル建国によってかなりの痛手を受けたのだが、それは彼が、イスラエル建国をシオニズムそのものにとって決定的に有害なものとみていたからだ。当時イフード運動〔アラブとユダヤの両民族が、民族性・宗教性を主張せず平和に共存する国家の建設を目指した運動〕に参加していたブーバーらは、ユダヤ国家としてのイスラエルの政治的主権にかんするベン゠グリオンの一九四八年宣言の正当性をめぐって議論していた。ユダ・マグネスやハンナ・アーレントとともにブーバーも一九四六年から四七年にかけて、連邦モデルに基づく統治運営という二国民主義政策を求めて声をあげていた。当時アメリカもイギリスも、自国へのユダヤ人移民に対し、そろそろ門戸を閉ざそうかというところにきていた。また、いまではよく知られているように、この間ずっとベン＝グリオンは主要大国に対して、その国に移住しようとするユダヤ人には、門戸を閉ざすようにと要求していた。これは充分な数のユダヤ人がパレスチナだけに避難所を見出すこと、ひいてはユダヤ人の数をふやして、ユダヤ人口が同地でアラブ人口をしのぐ多数派となることを保証するためだった。そしてその後一九四八年、彼はユダヤ人主権の原則に基づいてイスラエル国家建国の宣言をしたのである。

ブーバーの観点は理想主義的であると却下されるのが常だった。たとえ、それが初期のキブツ運動を支援する風潮を形成したことは認められてはいても。しかしながら彼の立場においてもっとも重大な瑕疵ともいえるのは、入植型植民地主義によって確立された状況のもとで協調関係の理想を育もうとしても不可能であることを彼が見抜けなかったことだ。入植型植民地主義の計画が、土地収奪やパレスチナ人労働者の搾取をともなうため、彼の理想とする協調関係の可能性を損なうことを彼自身は理解していなかったようだ。たとえ、その初期の著作において、土地所有権やナショナリスト国家から一線を画す精神的シオニズムを説いていたとしても、その後、土地に働きかける実践を理想化するようになり、土地収奪のために新ロック主義的合理主義を、その思想に導入したのである。実際のところ彼は、入植こそシオニズムの理想であると考えていた。たとえ彼が、ユダヤ人に有利な政治的主権の主張には断固反対していたとしても。それどころか彼が想像したのは、協調的な農作業こそが将来のいかなる政策においても、その基礎となるということだった。彼は苦し紛れにではあるが、ユダヤ人入植を中立的な観点から「植民地化」として記述し、植民地化にもよいところはあるという考え方を容認していた。逆説的なことだが彼は「膨張主義的」植民地主義ではなく植民地主義の人間主義的形態を希求し、彼のいうところの凝集的《コンセントラティヴ》な［concentrative］植民地主義を提唱していた。[8] ただ、一九四〇年代初期において〈凝集的〉という語の使用には、どことなくおぞましい共鳴をともなったにちがいない。なにしろ、その語は、ドイツ語の〈強制収容所《コンツェントラツィオーンスラーガ》〉［Konzentrationslager］を連想させるからだ。しかし凝集的植民地主義の「成功」を私たちがヨルダン川西岸地区に、さらにもっと大々的にガザ地区に見出すとき、この表現はさらにもっと不吉なものとなる。西岸地区やガザ地区では生活条件が凝集的植民地モデルに一致するような拘束的なものになり、いちじるしい貧困化を招くことになったからである。

ブーバーには、植民地主義批判をおこなう準備ができていなかったことは明らかだが、彼の名誉のためにいえば、彼が支持していたのは、ユダヤ人文化とパレスチナ文化の自律性が確保され、また多数派が少数派を専制支配することのないような連邦制国家であった。彼はまた協調的経済活動を求め、また一九四八年に収奪され一九五〇年に非合法的に再配分された土地をアラブ人に返還することを要求し、イスラエルの民衆に対し、なぜパレスチナ人がユダヤ人に暴力的攻撃をしかけるのか理解するように訴え、以下の点でイスラエルを告発したのだ――すなわち、アラブ人の信頼を踏みにじり、アラブ人に協調的な自治を認めず、耕作に適した土地の公正な配分や、財産権の公正な司法判断、近隣住民の人間性の認知を拒否したという理由によって。[9] ブーバーが想像していたのは、市民の経済協力のモデルが、いずれ、アラブ人とユダヤ人とが共有する生活様式に基づくような統治形態へと有機的につながることであった。彼は和平と協調のプロセスとが文化レヴェルにおいて生活の組織化そのものとともに始まることを要求し、国家形態を押し付けるべきではないと考えていた。彼の見解では、その地域に組織された共同生活から、内的に複雑な連邦統治形態が誕生することになっていたし、また誕生する可能性は充分にあった。[10] ブーバーが見抜くことができなかったのは、いかなる「共通の」プロジェクトも、すでに起きてしまった土地収奪に目をつぶったままでは決して実行できないということ、そして彼が語るユダヤ人の土地への権利というのは、彼の協調概念の心臓部に結局のところ攻撃的なナショナリズムが組み込まれていることの証左だった。興味深いのは、彼は政治的シオニズムの目標を理解していたことだ。それは彼のいう文化的シオニズム形態が目指すものとはちがい、シオニズムの精神を「転倒させた」ものにすぎなかった。一九四八年以前の、彼の著述においては、シオニズムが政治的な領土や政治的国家とはなんら関係のないことを明言していた。同様に、フランツ・ローゼンツヴァイクも『救済の星』のなかで、ユダヤ人の生は、その定義からして放浪と待機の生であると書いていた。土地に到達すること、ユダヤ性を財産と国家の問題とすることは、彼にとって、ユダヤ的価値観のディアスポラ的基盤に対する誤解そのものであった。

レヴィナス

サイードが公式化したものにもどるなら、私たちにわかるのは、モーセの形象が提供するのは、ブーバーの「協調《コーポレイション》」概念のなかに見出したものとは異なる「共生《コーハビテイション》」概念であるということだ。モーセ形象は、その人格のなかに、ユダヤ系と非ユダヤ系どちらもふくむ多岐にわたる伝統を集《つど》わせている。もしユダヤが、ユダヤ的生の条件として非ユダヤと緊密に結びつけられているのなら、ユダヤも非ユダヤも分離できない。少なくともユダヤ人は非ユダヤ人なしでは考えられない。たとえ非ユダヤ人もユダヤ人なくして考えられないかどうかについては未知数だとしても。ただ、いえることは、ユダヤ人であることは、非ユダヤ人との関係性のなかで生きていること、アイデンティティの完結閉止《クロージャー》を拒む途をみつけていることを意味する。この点において、おそらくサイードは、ブーバーよりもレヴィナスの倫理的立場にずっと近い。結局のところレヴィナスにとって、主体とは他者によって構成されるものであり、そして彼は時として「無限の」他者についていわんとしているとしても、彼はまた明言もしている、無限性は顔をとおしてみずからを知らしめることになる、と。この顔というのは、そのなかに不確定な要求をたずさえている他人の顔のことである。こうもいえるかもしれない。他者は「あそこ《オヴァー・ゼアー》」にいて「私ではない《ノット・ミー》」ため、明確に場所を特定できる意味において「他性」である。しかし同時に――そして次のような思考もまた、なんらかのかたちで思考されねばならないのだが――他者はまた私を構成しているし、私は、内側から、次のような倫理的要請に引き裂かれている、すなわち「あそこ《オヴァー・ゼアー》」と「ここに《イン・ヒア》」とが、私自身を構成する条件として、分かちがたくある倫理的要請に。

この立場は、ブーバーの「我と汝」関係とは異なる。なにしろ「我と汝」関係のほうは、別個のアイデンティティを、つまり文化的に明確に区分されるが、にもかかわらず、協調的な対話と共同事業として連動するアイデンティティに固執している。いっぽうレヴィナス的立場は主体と〈他者〉との関係の非シンメトリー性を前提としている。それはまた、この他者が、すでに私であること、それも私の「一部」として同化吸収されるのではなく、私自身の連続性を妨害《インタラプト》するものとして、また「自律的な」他者と一線を画す「自律的な」自己を不可能にするような同化吸収しえぬものとしてあることを前提としている。かくして、レヴィナス的立場を正しいものと受け止めれば、それは、ブーバーの哲学的対話概念を否定するものとなるだろう。たとえ二人のあいだに認められる皮相的類似性にもかかわらず。私がここで示唆したいのは、レヴィナスのいう他者による「妨害《インタラプション》」、つまり自己の存在が、それに先立って起こる、私の深奥における他者の噴出を基盤として構成されることが、自律的な主体概念に対する批判を含意すること、またさらに、文化を自律的領域とみなし、その領域の責務とは、他の諸文化との対話を確立することだと考えるような類の多文化主義に対する批判も含意するということだ。レヴィナスの観点では、私の誕生に先行して異種混淆性があり、これは、私がそうであるように思われている自律的な主体というものをたえず脱中心化するのである。これはまた、位置の問題をたえず複雑なものにする。どこで「私ははじまり、終わるのか、そして「他者」の特定可能なパラメターとは何か?」この立場は、ブーバーよりもサイードのそれに近いものといえる――奇妙に聞こえるかもしれないが。結局のところ、サイードがモーセの例をつかって示唆した異人種混淆の政治は、ラディカルな選択肢を構成するように思われるのだ。

実のところ、私が最初のうち予想したのは、他者に対して倫理的責務を負うことについての最強のユダヤ的言明をレヴィナスから導き出せるということだった。なぜなら、そうした責務は偶発的なものではありえず、他性による、そして他性というかたちでの主体形成から生まれるであろうから。もちろん左翼政治のためにレヴィナスを利用することは、彼自身のシオニズムにさからい、またパレスチナ人がユダヤ人に対して合法的な倫理的要求をつきつけていることを断固として認めない彼の姿勢にさからって、彼を理解することにほかならない。哲学的にレヴィナスが概略を示している倫理的場面において、私たちは、ほとんどの状況下で、他者の命を保護する責務を負う――私たちがこうした場面において遭遇する他性から、この責務は生まれる。しかしながらレヴィナスの議論を仔細に検討してみると、この場面、つまり私たちに普遍的なものとして責務を課すかにみえるこの場面が、文化的にも地理的にも限られたものであることが判明する。他者の顔に対する倫理的責務は、人が、あらゆる顔に対して感ずることができる、いや、感ずる責務ではない。現に、デリダは、カリフォルニア大学アーヴァイン校の講演のある時点で、次のように主張していた、すなわち、もし自分があらゆる顔に反応せねばならないとしたら、自分は、どうしても無反応／無責任になるほかはない、と。また、もしこの倫理的要求と顔をめぐる主張が正しいのなら、倫理的要求は自律的文化の諸概念に先立つものではなく、まさに文化や倫理や宗教の諸概念によって、あらかじめ形成され、そして限定されていることになる。このことには具体的な含意があり、それは「汝、殺すなかれ」という命令の実態を理解するのに役に立つ。レヴィナスにとって、暴力に対する禁止は、その顔が私に対して要求をつきつけてくる人びとにかぎられるのであり、しかもこの「顔」は、その宗教的・文化的背景によって差異化される。したがって、これはあらたな問いを投げかけるものとなる。彼の観点では「顔がない」ように思われる人びと、あるいはレヴィナスの論理を敷衍すれば、顔をもたないがゆえに、そもそも出現もしない人びとの命を守るという責務は存在するのか？

私たちはレヴィナスにおける「顔のない」ことにかんする研究に、まだお目にかかったことはないのだが、それを、いままさに生まれ出る途上にある研究と想定してみよう。パレスチナ人がレヴィナスにとって顔のない存在でありつづけるという事実（彼らが顔のない存在のパラダイムであるという事実）は、かなりやっかいなディレンマを生み出す。なぜならレヴィナスは、多くの理由をあげながら、殺すことに対する禁止から、いろいろな政治的立場を外挿敷衍《エクストラポレイト》すべきことを説いているからだ。たとえばレヴィナスにとって、メシア的伝統が、復讐の政治に対抗すべきものであることは明白であり、読者は、ここから彼が非ナショナリズム的政治学へ、あるいは暴力を極力抑える道へとすすむだろうと当然のことながら結論づける。彼が復讐に反対するとき、彼が論ずるのは、みずからにもっとも近しい人びとを殺した人びとを殺すことに、あるいは人が自分を殺しかねないと恐れる人びとを殺すことに、なんら正義はないということだ。レヴィナスは述べている、正義の名のもとにおこなわれる暴力が生み出す苦難は、最終的審判として機能しない苦難である、と。これは奇妙な発言であり精査するにあたいする。苦難は、「審判が下ったことの証し」ではないし、ましてや審判を処理したり審判を行使したりするための行為でもない。したがって、その結果、人は、自分自身の苦難を、自分に下された審判として解することなどできないし、他人に対しても、他人の苦難が、真実で正しいことに関する審判が下ったことにほかならない証左でもあるかのようにして、他人を苦しめることもできない。レヴィナスによれば、暴力の被害を受ける人びとのことを、悪いことをしたから報いを受けるのだと考えるのはまちがいである。ギリシア悲劇を支える前提は、きわめてユダヤ的な苦難観によって反駁される。歴史上の犯罪は、必ずしも無辜の民だけにふりかかるわけではない。ときには罪ある者にもふりかかる。

しかし、たとえそうでも、それはあくまでも偶然のなせるわざであって、審判を下す側の秩序と苦難に耐える側の秩序（こちらは歴史の秩序に属している）は根本的に異なっている。犯罪者が苦しみ、「打倒されるとき、その打倒行為に神の手は加わっていない。「打倒」の諸形式は、「審判」と同じではない。このような歴史的事件は聖なる諸目的を、あるいは歴史的経緯の倫理的正当性を伝播するものではない。打倒されるとき、自分は間違っていると判定されたとは言うことができない。また打倒そのものが審判の裁可ということもできない。「ヒレルは歴史が判定を下さないことを知っていた」（DF, 23〔1-43;2-32〕）。歴史におけるいかなる出来事も、良心を裁くことはできない。出来事がいかに計算されたものであっても、出来事そのものは「精神をもたない」とみなすことができる。つまり、いかなる形態の審判もふくまないし含意しないのである。

そうなると、レヴィナスにとってメシアニズムがリンクしているようにみえるのは、次のこの事実である。すなわち審判は、歴史のなかで起こらないし、起こりえないという事実。道徳性の秩序は、歴史的に展開する諸事件のいかなるシークエンスにおいても立証されないし、私たちは歴史的諸事件を、それがいかに恐るべきものであっても、あるいはいかに幸運なものであっても、何らかの種類の道徳的審判を具現し露呈させるものとみなすことはできないのだ。けれども、いうなれば人間が召喚されるような審判の形式があり、それは問答無用の指定形式をとる。それは年代記のなかでも歴史のなかでも起こる指定ではなく、歴史的時間とは異なる様式から生まれ、独自の先行性を帯びる指定である。人は倫理的に反応するように要請されるが、この要請は、メシア的なものが人間の生に対して起こす効果的な作用である。もしメシアニズムが待望の形式と、すなわちメシアに対する待望、そしてまさに正義に対する待望と関わるのなら、そのメシアニズムはまさに、歴史的時間のなかで成就されえない類の待望にほかならない。メシアニズムは終末論とは区別される。(11)もしメシア的なものに意味があるとすれば、それは、その外部にある何かによって、歴史的時間が妨害されることによって成立するものだろう。ベンヤミンもまた、その「歴史哲学テーゼ」において、同様の歴史観を抱いていたように思われる。そして疑問の余地なく私たちは、こうした考え方の指標をカフカのなかにも見出す。

『困難な自由』においてレヴィナスが提示する解釈が対象としているのは、ラシによる注解だが、そのなかでタルムード学者たちの間でたたかわされた議論が報告されている。彼ら学者たちは問う、「私たちはどのようにしてメシアが誰であるかを知るだろうか」と。そして彼らのなかのひとりがこう結論を下す、「メシアは私かもしれない（私であってよい）」（DF, 89〔1-120;2-117〕）。この提案に対しラシは沈黙というかたちで反応し、問題を宙づりにする。確かに、それは永遠に答のでない問いの一種である。メシアは私かもしれないのか？　そこで「誰が、私が？」が、疑問符をともなう一文となって到来する。これは確定的に答えることができるのではなく、ただくり返されるだけの問いである。なぜなら、問題提起する、ありとあらゆる「私」が、そのつど異なる者であるからだ。これは修辞的な操作によって、レヴィナス的意味でいう倫理的要請の「無限性」を示すことになる。もしメシアが、この特定の注解によれば苦難をこうむる義の人であるのなら、彼はまた他者の苦難を引き受ける人でもあるし、メシア的なものの特徴となっている無限に配分される責任のなにがしかを身に帯びるかもしれぬ人である。

私たちの苦難は審判を反映していないけれども、他者の苦難は、私たちに絶えずつきつけられる倫理的要請の実体となるものを練り上げる。レヴィナスにとって、この責任からの「回避」はない――「他者の苦難によって課せられる重荷を回避できないという事実が自己を規定する」。つづけて彼はこう述べる、「自己〔私〔Moi〕〕とは、世界の全責任を引き受けると自任した人である」（DE, 89〔1-120;2-118〕）。

　メシア的なものは、かくして、待望とか苦難という経験のみならず戒律を望まぬながらも無限定に受け入れることでもある。ここでいう戒律は、自己と共存する他者に対する責任をつくりだす。確かに他者に対する責任が、自己の脱＝自《エク・スタティック》構造を構成するのであって、これは私が私の外部から召喚されるという事実であり、他者とのこの関係が私を本質的に規定するという事実である。私たちが「誰がメシアかもしれないのか」と問い、「私なのか」という問いを提起するとき、この最後の問いをとおして私たちが示唆しているのは、他者の苦難は、私たち以外の誰でもない、私たち自身の責任となるほかないということだ。私たちは問う、「私は誰かの苦難によって呼びかけられているのか、そしてもしそうなら、誰の苦難なのか」と。かくして、メシア的な存在は、しばしば単一の個人、それも肝心な時に間に合うかもしれないし間に合わないかもしれない個人として同定されるが、レヴィナスにとってメシア的存在は、私たちが「誰、私が？」と問うその瞬間瞬間に生起する。そのような瞬間は、彼にとって、厳密に歴史的なものではない。つまり、それは特定の、あれやこれやの苦難に反応して生起するのではないということだ。要請は歴史的時間を横断し、歴史的位置付けの力によって「相対化される」ことはありえない、というか、相対化されないかたちであらわれる――もし私たちが彼の議論を、その論理的帰結まで辿るとするならば。メシア的なものは、共時的な時間のなかに出現しない。そして「誰が」メシアかについて最終的な確証となるものはない。なにしろメシア的なものの要諦は、「誰が」という問いを閉じないことにあるからだ。メシア的なものは倫理的要請を分節する問いの形式、すなわち誰、私、が？において、間接的に限りなく輝きわたるのだ。実際のところ、それが私であるはずだと思う理由は、この問いの外側には見出せない。ただその問いが私を巻き込むのである。ちょうど、その問いが、その問いを向けられる誰をも巻き込むように（そしておそらくその問いは万人に向けられているのである）。

しかしもしこの要請が脱歴史的領域——彼が、出来事の秩序、すなわち歴史と区別して審判の秩序と呼ぶものから到来するのなら、私たちが応答せねばならないものは正確に何であるのかを理解しがたくなる。それは私たちの歴史的環境でもなければ歴史特殊的な苦難の形態でもないようだから。レヴィナスによればメシアニズムが確立する展望とは、それをとおして、歴史と政治とがともに恣意的なもの、正当化もできず、不条理ですらあるものとみなされる展望なのだ。もし私たちが歴史における不条理な要素を感ずることができなければ、私たちのメシア的感性の一部が失われているのである。

『困難な自由』において明らかなのは、レヴィナスが言及しているのは、特定の集団の、すなわちユダヤ人のメシア的感性である。ユダヤ人は、彼の観点では、歴史的出来事の恣意的な暴力を経験してきたのだから。そして私たちには、この倫理的展望は歴史的時間を横断すると語られるのだが、レヴィナスは、みずからの教えを忘れているようで、すぐに、歴史的な場所であり民族であり国家であるところのイスラエルについての議論に移ってしまう。それどころか彼はこうまで主張するのだ、ユダヤ人の運命は、普遍主義的個別特殊主義の関係性のなかで作用する、と。これは恣意的な運命ではなく必然的な運命である。そして彼の見解では、歴史的出来事はユダヤ人に対して恣意性をもつのだが、ユダヤ人の責務——その運命——は、個別特殊的なものを普遍的なものとを一致させることである。いっぽうで、この責務は運命であり、「歴史のなか」では生起しない。それは選ばれた独自の責務あるいは運命であり、それは頻出しても、個別の歴史的出来事に対しては無関与のままである。他方で、この脱歴史的「運命」が、シオニズム——歴史的・同時代的現実としてのシオニズム——びいきの彼の議論に確たる根拠をあたえるのだ。もしこの運命が必然的で脱歴史的であるのなら、それは歴史と同じではなくなる。歴史とは、審判と道徳性の領域から区別される偶発事件の恣意的な連続と領野として理解されるのだから。人間的出来事の不条理性は、かくして、次の目的のために喚起される、すなわち歴史的苦難が、苦難をこうむる人びとに対して下される道徳的にみて必然的な「審判」の形式であるという考え方を払拭するために。

　かくして重要な問いが出現する。シオニズムは歴史的に形成された運動であり、一連の信念と実践の集合体か、それとも脱歴史的な「運命」で、ある種の必然性の力で歴史のなかに頻出するものなのか？　もしそれが歴史的なものならば、それが存在する道徳的理由などないことになる。しかしもしそれが脱歴史的なものならば、それが構成する道徳的必然性は、歴史的時間を横断し、いかなる歴史にも属さず、歴史の外部に意味をもつ。同様に、私たちが見出すのは、倫理関係をめぐるレヴィナスの記述は、自己喪失を求めているが、これはシオニズムに関する彼の記述とは矛盾する。なにしろシオニズムの記述において彼は、ユダヤ人のための、自立、アイデンティティ、自己喪失の克服という確立された概念に訴えようとするのである（ただし自己喪失の克服といっても、万人のためではなく、あくまでもユダヤ人が暗黙のうちに普遍的存在であり、そのため個別主義の特権的形態であるという限りの話である）。たとえばと、レヴィナスは書く、「シオニズムとイスラエル国家の創造は、ユダヤ思想にとって、語のあらゆる意味における自己への帰還を意味し、また千年続いた疎外の終わりを意味する」（DF, 164〔1-217-18;2-187〕）。メシアニズムは、もっと早い時期には、歴史に無関心なものとして定義されていたが、それが今になってシオニズムはメシアニズムからはずれることで、たとえばメシア的伝統とシオニスト的政治的自己合法化戦略との間に堅固なつながりをつける、ジャックリーン・ローズの『シオンの問い』における読解に対しては、問題を惹起することになる。(12) レヴィナスは書く、たとえば「イスラエルの精神的人格は、イスラエルが世界史へ参加することがなかったことについて、迫害された少数民族だったという理由をあげて何世紀ものあいだ弁明につとめてきた——すべての人間が、迫害されたからといって、一度として手を汚さなかったということはないだろうが——、そのいっぽうでイスラエル国家は、正しい世界をもたらすことによって、歴史に参入する最初の契機となろう」（DF, 164〔1-218;2-188〕）。

しかし、イスラエル国家がもたらすとされるこの正しい世界というのは何か。レヴィナスにとっては、それは、そのなかで、個別特殊性によって体現された普遍主義の事例が形式を付与される世界のことであり、とりもなおさずそれは、この民族、すなわちユダヤ人が、彼らの固有の運命としての普遍主義を、時間を超えてたずさえてきているということなのだ。この普遍主義、この正義が、歴史に「参入する」。そこから示唆されるのは、この普遍主義、この正義は、無歴史的関係を起源とする共時的存在であり、それが歴史的な世界つまり通時的世界へと入り込むということなのだ。

この倫理的関係とは何か？　そしてレヴィナスは、この様式の倫理性を分節し保持するのがイスラエルの特殊な責務だと主張しているのか？　留意すべきは、責任をめぐる私たちの通常の思考法は、レヴィナスの公式のなかでは変容をこうむることだ。私たちは、〈他者〉の苦難の原因をつくった時にだけ、〈他者〉に対して責任をとればいいということですまされなくなる。いいかえると、私たちは、自分のおこなった明白な選択と、それがもたらす結果に対してのみ責任をとればいいというわけではない。もちろん、そのように責任をとる行為は、責任にかんするいかなる説明においても重要な構成要件であるとしても、そうした責任のとりかただけが、もっとも根源的な構造となっているわけではない。レヴィナスによれば、私たちと他者との関係の核心において存在する不自由を私たちは認定し、このように相手に譲歩することによって、私たちは責任について理解するようになる。言い換えると、私は〈他者〉に対する関係を否認することはできない、たとえ他人が何をしようが、私が何を望もうが。実に、責任とは、意志を育む問題ではなく（カントにおいてはそうだったが）、〈他者〉に応答するようになるための手がかりとして、意図せずとも相手を受け入れる許容性があることを再認識する問題なのだ、〈他者〉が何をしようが、それでも〈他者〉は、私に倫理的要請を突き付けてくる者であり、私が応答せずにはいられない「顔」をもつ者であり、つまりは私は、私が選択したわけではない他者たちに対し応答する関係にあるがゆえに、いうなれば報復の連鎖からは免れているのである。

もちろん、人が責任をとることを選択しない人びとに対して倫理的に責任を負うというのは、あってはならないことのように思われるが、まさにこの点においてレヴィナスは、他者の生に組み込まれるという、いかなる可能な選択条件にも先立ち、その基盤となる様態《モード》に注意を向ける。

アーレントは、すでに言及したように、同様な立場を発展させるだろう。つまり望まぬかたちの共生こそ、私たちの政治的生活の条件であり、それを私たちは勝手に壊す資格などないのである。地上で誰と共生するかについて、誰も選択はできない（選択できると考えたところにアイヒマンの深い過ちがあった）。レヴィナスにとって、他者の「顔」に反応することがおぞましさを感じさせ、むりだという思いをさせる状況というのは存在する。それは報復的殺人への欲望がどうしようもなく抗いがたいようにさえ感じられる状況である。しかし〈他者〉との原初的で望まぬ関係こそが私たちに身を引くように要請するのである、すなわち自律主義から、そしてまたエゴイズムの自己保存的目的から生ずる衝動的攻撃性から。かくして「顔」は、迫害者に対して衝動的攻撃に出ることを強力に禁止する命令を伝達するのである。「倫理と精神」においてレヴィナスはこう書いている――

顔は、それに関していえば、犯すことができない。目、まったく無防備な、人間身体のなかでもっともむき出しの部分である目が、にもかかわらず、所有支配に対する絶対的な抵抗を示すが、この絶対的抵抗には殺人への誘惑も登記されている。〈他者〉とは、人が殺したくなるよう誘惑される唯一の存在である。この殺人への誘惑と、この殺人の不可能性が、顔のヴィジョンそのものを構成する。顔をみることは、すでに、「汝殺すなかれ」を聞くことであり、「汝殺すなかれ」を聞くことは、「社会正義」を聞くことである。（DF, 8〔I-17;2-11〕）

もし〈他者〉による「迫害」が指示するのは、私たちの意志とは関係なく、ときには私たちの意志に反して一方的に私たちに課せられる、一定範囲の諸行動のことであるなら、レヴィナスにとってそれはより文字どおりの意味を帯びることもあり、はたせるかな彼は不正や、最後にはナチスのジェノサイドについて語るのである。レヴィナスは、驚くべきことに、こう書いている——「迫害のトラウマにおいて」倫理的なものは「憤怒を耐えることから迫害者に対する責任への移行と……苦難から他者への罪滅ぼしへの移行」のなかにある、[13]と。この場合、迫害された者たちの側に責任が生まれる。彼らにとって中心的なジレンマとは、迫害に対する反応のなかで殺してもよいか否かということだ。これは、こう言ってよければ、殺すことの禁止のありようにおける限界例であり、このような条件下では、殺すなかれを正当化することが疑問に付されるようにも思われるのだ。

一九七一年レヴィナスは迫害と責任とを考察するために、ホロコーストのもつ意味を真正面から取り上げることになる。確かに彼は気づいていた。迫害されたという体験から責任を導き出すことは、危険なまでにある種の人びとと共鳴することになる——すなわちユダヤ人やナチスのジェノサイドの他の犠牲者たちを、彼らの運命ゆえに非難するような人びとと。このような者たちの見解をレヴィナスは明確に否定している。けれども彼は、迫害を、ある種の倫理的な場面として、あるいは少なくとも乗り越え不可能な倫理的な次元として起ち上げている。彼は迫害と責任からなる特殊なつながりをユダヤ教の核のなかに、イスラエルの本質としてすら位置付ける。「イスラエル」という言葉で彼が曖昧かつ間接的なかたちで言及しているのは、この語の両方の意味である。ユダヤの民ならびにパレスチナの地。彼は次のような議論の余地のある公式を提示する——

イスラエルの究極的本質は、望まぬ犠牲に向かう生まれ持った［innée］傾向、迫害への身のさらけ出しから導き出される。私たちはなにも生贄によって成就されるような神秘的な贖罪について考える必要はない。迫害されること、いかなる罪を犯してもいないのに有罪になること、それは原罪ではなく、普遍的な責任の裏面、〈他者〉［l'Autre］に対する責任――この責任は、いかなる罪よりも古い――の裏面なのである。それは不可避の普遍性なのだ！　それは選択行為の逆であり、選択されることを受け入れるかどうかが自由である以前に、〈自己〉［moi］を推薦するのである。ここから、利を得よう［abuser］と望んでいるのかどうかをみきわめるのは他者たちである。この責任の限度を定めるか、あるいは全責任を負うかは、自由な自己［moi libre］次第である。しかし、それは原責任の名において、このユダヤ教の名においてのみおこなうことができる。（DF.225〔1-300〕）

右の一節は、複雑で問題ぶくみなのだが、その理由はたくさんある。なかでも、問題なのは、ナチス政権下でのユダヤ人の苦難とイスラエルの苦難――この場合、イスラエルは、一九四八年から一九七一年というこの文章の執筆時における国土と国民の両方の意味で解される――との間に彼がもうける直截的なアナロジーである。イスラエルの運命がユダヤ人の運命と同一化されるのは、それだけでも議論の余地があり、ここではユダヤ教のなかのディアスポラ的・非シオニズム的伝統が排除されている。もっとあからさまに言えば、そうした年月のなかでイスラエル国家だけが迫害の苦難を耐え忍んできたという主張は端的にまちがっているということだ。一九四八年だけをとってみても大量の強制移送がおこなわれ、七十五万のパレスチナ人が家や村を追われた。また、それ以降につづく戦争、占領政策、そして何千ものパレスチナ人の命を奪ってきたいわゆる超法規的殺害のことはいうまでもない。奇妙かつ問題があるのは、レヴィナスがここで「迫害」を、具体的な歴史的な諸相から引き離して、ユダヤ教のみかけたところ無時間的な本質へと仕立て上げたことだ。結局、彼は、ヨーロッパのユダヤ人を根絶するナチスの組織的活動を歴史的事件として参照し、そしておそらく、修正主義のいかなる可能な含意をも受け流すべく明確にこう述べるしかなかったのだろう。もし「迫害」が、こうしてユダヤ人の「運命」として特徴付けられ、ユダヤ人の存在のくり返される脱歴史的次元としても特徴付けられてしまえば、ユダヤ人はつねに迫害される状況にあるわけではないことを示唆するいかなる歴史的議論も、ユダヤ人の定義から外れた議論として、ただそれだけで反駁できてしまうのだ。ユダヤ人が迫害者の側にまわるはずがない。なぜならユダヤ人は、その定義からして迫害される側なのだから。迫害を、アイデンティティにとって必要かつ定義にかかわる特徴として「イスラエル」の属性としてしまうことは、主体の前存在論的構造にかんする彼の見解によって確立されたようにみえる。もしユダヤ人が、普遍性のメッセージをたずさえているがゆえに「選ばれた」と考えられるのなら、またレヴィナスの考えでは「普遍的」とは、迫害や倫理的要請をとおして主体を創出的に構造化することだとすれば、それに従って、ユダヤ人はこの前存在論的迫害のモデルであり実例となる。したがってユダヤ人はもはや歴史的ではない。実際のところ、問題なのは、ユダヤが、歴史的・文化的に構成された存在論に属する一カテゴリーであるということだ（ユダヤ人というのが、無限そのものにアクセスする名前であるというのなら話はべつだが）。そこでもしユダヤ人が倫理的反応性との関係で「選民」の地位を維持しているのなら、前存在論的なものと、存在論的なものとの大きな混乱が、レヴィナスの著作のなかで生じていることになる。ユダヤ人は、存在論の一部でもなければ歴史の一部でもない――ユダヤ人は歴史的時間の秩序に属するものと理解されることはなくなる。けれどもこの例外化こそ、それ自体歴史的に形成され維持されているイスラエルの役割を、永遠かつ排他的に迫害されるもの、そして定義からして決して迫害しないものとしてレヴィナスが主張するのを可能にする。その結果、私たちが求められるのは、この歴史的政治的国家を、無時間的に迫害を受け続けるものとしてみなすことである――それを特定の歴史（そこにはパレスチナ人に対する迫害もふくまれる）をもつ国家としてみなしてはならないし、また現在（ここには、レバノンにほぼ百万におよぶ難民をつくりだしていることも含まれる）としてみなしてもならないし、さらに、それをありうべきさまざまな未来像としてみなしてもいけないのである（この未来像には、報復の政治ならびに、これまでのようにただひたすら迫害されているという自己正当化の主張だけを延々と繰り広げることから脱却し、迫害を存立条件として前提とせず強調もしない新たな関係性の概念へと向かう努力も含まれる）。

このふたつの領域の混同と同じものは他のコンテクストでも見出され、そこでレヴィナスはユダヤ教とキリスト教が、倫理的関係性そのものの文化的・宗教的前提条件になっていると主張し、露骨な人種差別をともなって、「アジア諸民族と低開発国の諸民族の無数の大衆［des masses innombrables de peoples asiatiques］」の台頭が、ユダヤの普遍主義という「新たに見出された真実性を脅かす」（DF, 165〔1-219;2-189〕）と主張している。これがひるがえって、倫理は「異国文化」に基付かせることはできないという彼の警告と共鳴することになる。彼は、こう主張する、倫理的にいえば人は他人の飢えを非難してはならないが、しかし、と彼はこうまでいってのける――

「希望をもち生きたいと望むこの無数の群衆たちの飢えた眼差しのもとで、私たち、ユダヤ教徒とキリスト教徒は歴史の周辺に追いやられ、早晩、誰も、カトリックとプロテスタント、ユダヤ教徒とキリスト教徒とを弁別する労をとることもなくなるだろう」と。マルクス主義ですらと、彼は書く、その普遍主義は、かつては、こうした諸宗教をまとめて新たな統合体をこしらえたかもしれない勢いがあったのだが、「異種文明の広大さと、過去のもつ不透過の厚みのなかに、いずれ失われてゆくことだろう」(DF 165〔1-189;2-219〕)。「野蛮主義としか呼びえないものにおける」こうした傾向の台頭と戦うために、彼はキリスト教徒とユダヤ教徒とが新たな親族関係をむすぶよう呼びかけるのである。

私がここで強調したいのは、レヴィナスにとっては、「迫害」——いかなる存在論にも先行して起こる侵害と結びつけられる——の前存在論的な意味と、民族の「本質」として定義されるようになる「迫害」の徹底して存在論的な意味との間に揺れが存在することだ。同様に、一節の最後の並置をとおして「原責任の名」が「このユダヤ教の名」と肩を並べ〔本書八四頁参照〕、この時点で、この起源にあり、それゆえに前存在論的といえる責任は、ユダヤ教の本質と同じであることが明らかになっているようだ。このことが、ほかでもないユダヤ教の弁別的特徴となるためには、それがあらゆる宗教の弁別的特徴とはなってはおかしいのであり、この点を彼は「聖人たちの歴史や、アブラハム、イサク、ヤコブ」(DF 165〔1-189;2-219〕)の名を知らぬあらゆる宗教の伝統に警鐘を鳴らしながら強調するのである。この彼独自の解釈において私たちが受け取るのは、イスラエルと問題のあるかたちで同一化されたユダヤの民の、そして迫害されても迫害することのないものとして形象化されたユダヤの民の、およそありえない常軌を逸した説明であるが、ここで、いうなれば、レヴィナスに抗してレヴィナスを読み、異なる結論に到達することもできる。現にレヴィナスの言葉はここで傷や憤怒をたずさえていて、それらは、読者に倫理的ジレンマを引き起こすのだ。彼は特定の宗教の伝統を、倫理的責任の前提条件として特化し、そうすることで他の宗教的伝統を倫理性に対する脅威に仕立て上げているのだが、私たちが、いうなれば面と向かった遭遇に固執することには意味があるのは、まさにレヴィナスは面と向かった遭遇はありえないと主張しているからだ。またさらに彼の言葉は私たちを傷つけるけれども、おそらく彼の言葉がここで私たちを傷つけるがゆえに、私たちは彼に対して責任を負う。たとえこの関係は、互酬性がなく、痛ましいものだとわかっていても。

迫害されることは、彼が私たちに語るところによれば、他者への責任の裏面である。ふたつのことは根源的においてつながっていて、私たちは、このことの客観的相関物を顔の二重の誘発性に見出す――「この殺人への誘惑と、この殺人の不可能性が、顔のヴィジョンそのものを構成する」。迫害されることは、報復としての殺人につながりうる。さらには、復讐へと駆り立てるような危害をなんら加えてはいない人びとにまで、殺人的な攻撃性が転置され振り向けられることもある。しかしレヴィナスにとっては、まさに顔の人間化から倫理的要請が生まれる。私が自己防衛的に殺人へと誘惑されるこの顔が「私にその主張をつきつけ、私が反動で迫害者になることを妨げる」のである。もちろん責任が、迫害されるという状況から生まれると論ずることがあってもいい――それは有無をいわせぬ、そして反直観的な主張である、なにしろ責任といっても自分自身は他人の破壊的行動の原因ではないのだから。しかし歴史的に構成されたいかなる集団であろうとも彼らはその定義からしてつねに迫害されるし、決して迫害者にはならないと論ずることは、存在論的かつ前存在論的次元を混乱させるだけでなく、容認できない無責任を、また「自己防衛」の名のもとに限りなく攻撃へと訴えることを許してしまうように思われる。なるほどユダヤ人の文化的に複雑な歴史には、反ユダヤ主義がもたらした苦難、ポグロム〔帝政ロシア時代におこなわれたユダヤ人虐殺〕、そして六百万人を超えるユダヤ人が虐殺された強制収容所がふくまれる。しかしシオニズム以前の、宗教的・文化的伝統や慣習からなる歴史もあるし、また問題ぶくみの、容認しがたいものですらある理念的・政治的形態としてのイスラエル国家との関係の歴史、それも通常考えられているよりもはるかにやっかいな歴史もある。迫害がユダヤ教の本質であると語るのは、ユダヤ教の名のもとに遂行されている活動や攻撃行為を無視するばかりか、特殊な前存在論的状況に訴えることで、ふつうなら複雑で特殊なものとならざるをえないような文化的・歴史的分析を回避し、この前存在論的状況を、普遍的なものとして解し、ユダヤ民族の歴史横断的で確定的な真実として特定してしまうのだ。

誰が顔をもつか?

では、レヴィナスによるこのエッセイのなかで顔に何が起こったのか? どこに、顔の人間化が、どこに、他者の不安定《プリケアリアス》な生に波長をあわせよという命令が、またどこに、他者を優先する関係性のなかで私に非所有・非支配へと向かうよう求める要請が、あるのか? 突然、出現するのは、顔をもつ人物ではなく、顔のない群衆であり、この群衆が、この私だけではなく、集団的

「私たち」――普遍性の精神そのものを、単独で、あるいはキリスト教徒という同類とともに伝えるという歴史的立場のなかに、メシアニズムに反して、みずからの居場所を見出してきた、この集団的「私たち」――をのみこもうとするのだ。ここには名指しできるようなイスラム教徒は存在しないし、名指しできるアラブ人もいない。あるのはア、ジ、ア、的とただぼんやりと名指しされる、顔をもたない、すべてをのみこむ脅威的存在だが、それだけではなく、彼らは普遍性をたずさえることを、選ばれた民としての責務としている人びとを脅かし、その結果、普遍性そのものをも脅かす存在となる。この他者の顔から発生する命令は存在しえない。なぜならこの他者、顔なしは、顔が発生する全伝統を、命令そのものを伝える全遺産を覆しかねないからである。

ここに私たちがみるのは、アシュケナジーム〔ヨーロッパ北方系のユダヤ人〕中心の前提で、この前提がレヴィナス的倫理場面の基盤となっている。この考え方によればユダヤ史の本流は、ヨーロッパ系ユダヤ人のそれであって、セファルディーム（スペインやポルトガル出身のユダヤ人）のそれでも、ミズラヒーム（北アフリカやアラブ系諸文化出身のユダヤ人）のそれでもない。またさらに私たちが、行間に、あるいは行末に読み取るのは、権力分担や共生が意味するものに対して恐怖するようなイスラエル人が上げる叫び声と同じものである。そのためシオニズムのなかにある共生の哲学としての一面は完全に視野から消されている。レヴィナスは勝手に、ユダヤ教の「例外的運命」について言及し、イスラム教を「創建された宗教」として批判している。つまりイスラム教は、無知な諸民族のあいだに地歩を築きあげた指導者のカリスマ的魅力によって引導された宗教ということだ。しかしレヴィナスがイスラム教の欠陥について、このような主張ができるのは、ただひたすら、つぎの事実を忘れているからにすぎない。すなわちユダヤ教もまた創建された宗教であること、それもエジプト人のモーセによって創建された宗教であること。

この最後の点は、看過できない忘却である。そこで重要になるのは、フロイト（確かにフロイトは忘れていなかった）に立ち返るだけでなく、サイードにも立ち返ることだ。彼は、もしユダヤ教に何か意義があるのなら、それはユダヤ的ではないものが、その創設にかかわったことの含意から生まれるものだと、あらためて注意を喚起した。レヴィナスが恐れる「飢えた群衆」、すなわち新たに台頭し、彼の「文明」観にあるユダヤ・キリスト教の基盤を破壊しかねない者どもは、サイードの観点では、困窮する人びと、それも本来ならディアスポラ的ユダヤ教徒が倫理的連帯を表明してもおかしくない収奪された人びと、難民となった人びとである。逆説的なことに、このような瞬間に、ほかでもないサイードが、ユダヤ教の非ヨーロッパ人的創建者になっている、いや少なくとも、ユダヤ教を、その創建時にあったはずの、ユダヤ人ではない人びとを構成要素に包み込む関係へと差し戻すことを請願している。ユダヤ的生の家なき離散状態へのサイードの言及を思い出してもよい。「大規模な人口移動という私たちの時代において」ユダヤ的生を「難民、亡命者、故国喪失者、移民」と同一視するその記述を（FNE, 53〔70〕）。まさにそのような「群衆」から、レヴィナスは、ユダヤ教を守ろうとするのに対し、サイードにとって、そうした人びとこそ、私たちに倫理的・政治的要請をつきつけてくる人びとにほかならず、彼らに対してこそ、歴史的に迫害と強制移送を受けてきたユダヤ人が、方法はなんであれ、応答するのにじゅうぶんな理由をもっている。こうした応答性は、レヴィナスが倫理という言葉で意味していたことであったはずだが、しかし群衆が「顔なし」なら、いかなる応答も不可能であり、また義務でもなくなる。

義務としての応答をするなら、しかし、私たちがなすべく求められるのは、レヴィナスが明確に提示した政治的未来とは異なる政治的未来を構想した人物としてサイードを理解することである。この場合、他者は、ただたんに、国境――それ自体暴力的に設置され維持されている――のはるかかなたにいるだけではないし、また他者の苦難に応答するという倫理的要請を無効にできる分離壁は存在しない。住民を差別化し、民族の混淆を防止し、全住民を顔のないものに変貌させるべく意図された国境があるとき、その国境を横断して、他者の苦難に応答する倫理的責任を私たちに考えることができるだろうか。ブーバーは分離壁のことを想像だにしなかっただろう。たとえ彼が、「ともに暮らす《リヴィング・トゥゲザー》」の考えに常に反対する者たちがいることを理解していたとしても。ただし、「別々に暮らす《リヴィング・アパート》」ことが、暴力的に管理された国境や壁の存在によって、いまや命令と化した以上、私たちは他者への責務をどう考えるのか――とりわけ顔、文字どおりの顔が、もはや見えなくなっているときに、とりわけメディアがその顔をみせなくなっているときに、とりわけ『ハアレツ』〔イスラエルの新聞〕がイスラエルの貧民救済のために鳴り物入りで募金をつのっても、ガザの暴力的に管理された境界内部において飢餓にさいなまれている人びとのために募金はしないときに、またそうした人びとの苦難がシステマティックに覆い隠されているときに。まちがいなくブーバーの信念には一理あった、すなわち政治的形態の提携は、脱制度的なかたちで、ともに暮らし、ともに働くことを可能にするような生活様式から発生しうること、そしてそのような提携が、いまや手におえないと思えるまでになった対立に対する、まさに非暴力的で正しい解決案を模索する協調的ないとなみの基盤でありモデルを提供できると、そう彼は信じていたのだから。またそのような共同体組織――バイリンガルな教育制度、バイリンガルな劇場公演、協調的な抵抗運動――を形成することは枢要なことであるが、より大きな問題は、支配的メディアにおいて規範と化しているような、ある種の顔なし状態に関係する。もしイスラエルという国家に所属することが倫理的姿勢の前提条件であるなら、国民国家の壁の外側にいる人びとに対する倫理的姿勢などありえないことになる。〔そもそも国境の外側にいることは、〕この時点で、もう他者はいないことになり、つまりそれは倫理的主張が無効になっているということだ。またさらにブーバーは植民地構造の内部における共存を追求できると考え、より多くの土地を求めようとするユダヤ人の権利を肯定した。彼の観点――二国民主義、植民地主義、そして文化的シオニズム――は、植民地主義的征圧構造のなかでも機能しうると考えている共存プロジェクトに今もなお影響をあたえている。だが植民地主義的征圧を解体してはじめて、共存は構想可能であるはずなのだが。

ただそれにしても、何が植民者を突き動かして、平等と社会的多様性を原則として政体を再構築することについて考えさせるのか。サイードは、倫理的・政治的提携を視野に入れて、こう指摘する、すなわち、みずからのナショナリズムに距離を置き、境界を分析の中心に据え、ナショナリズムのエートスの脱中心化を許容すれば、そのときはじめて倫理的・政治的提携が実現されうる、と。さらにこう付け加えようか、これが、軍事化された国民国家のナショナリズムか、国家を知らぬ民族のナショナリズムか、その区別は重要である、と。ただいずれにせよ、私たちは彼の主張を、可能な未来の国家《ネイション》（イスラエル、パレスチナ、イスラエル／パレスチナ）について考え、さらにいかにして、みずからの民族にコミットすることが、それに付随することとして他者との共生にコミットすることにつながるのかを考える方途として受け止めたいのである。

ナショナリズムを解体し、その主張に反駁し、その範囲を超えて考え感じる実践に着手するとは、どういうことを意味するのだろうか。これは、新しい政体のためにディアスポラ的な状況を維持することについてサイードが考えたことと同種のこととなるのだろうか。そうした状況下では、アイデンティティは、みずからのもとに完全に回帰することはなく、差異を消去することも、単純なアイデンティティに回帰することもできない諸関係の網状組織のなかで漂流しつづけるのだ。これは、私が何であるかは、私ではない「あなた」に依存することを発見することであるとともに、私の執着《アタッチメント》の能力、ありていにいえば愛し受け入れる私の能力そのものは、この「私」を終始一貫して収奪させることを必要とするということだ。これは、私が示唆したいことでもあるが、ブーバーの我と汝の概念よりも、はるかにラディカルな思想である。これはディアスポラ的レヴィナスに所属する思想であろうが、私たちが見出すのは、それが、きわめて興味深いことにエドワード・サイードの著作のなかで具現化されていることである。

驚くべきことだが、私たちは最終的に愛することができれば、ナショナリズムの主張の外に出ることになるとはどういうことかと考えなければならない。ここで考察したいのは、ふたつの引用である。ひとつは、ハンナ・アーレントのもの。いまひとつはマフムード・ダルウィーシュのものである。ふたつは、たがいに対話しているようにみえるが、私はこれをナショナリズムに対し距離をおいて生きる方法の実例として提示したい。アーレントは、よく知られていることだが、かつて『エルサレムのアイヒマン』出版後に、ゲルショム・ショーレムらに批判された。アーレントが、当時、ユダヤ人政治の不適切なヴィジョンとしてとりあげたものを集中的に話題にしたショーレムは彼女のことを「心ない」と語ったのである。一九六三年エルサレムからショーレムは彼女につぎのように書き送った――「ユダヤの伝統には、定義しにくく、また具体的に示しにくいのだが、私たちが〈アハバト・イスラエル〉と呼ぶ概念があります、「ユダヤの民への愛」です……。あなたのなかには、親愛なるハンナよ、ドイツの左翼出身の多くの知識人たちについても言えることですが、この愛の痕跡がほとんどみとめられない」。アレントの返答はこうである。まず自分はドイツの左翼出身ではないと反論する（実際彼女はマルクス主義者ではなかった）、次に、ユダヤの民をじゅうぶんに愛していないと批判されたことについて、きわめて興味深いかたちで返答するのだ――

あなたはまったく正しい――私は、この種の「愛」によって動かされていません。理由はふたつあります。私は自分の人生のなかで、何らかの民とか集団を愛したことなどありません――ドイツ人も、フランス人も、アメリカ人も、労働者階級も、その種のものなんであれ愛したことはありません。私がほんとうに愛しているのは、私の友人たち「だけ」であり、私が知っていて信じている唯一の種類の愛とは、個々の人に対する愛です。二番目の理由、この「ユダヤ人への愛」というのは、私がユダヤ人であるからでしょうが、なにか嘘っぽく思えます。私は、私自身を、あるいは私が自分の人格の一部だと知っているものを愛することはできません。このことを明確にするために、私がイスラエルで、ある著名な政治家と交わした会話についてお話させてください。その人物は、イスラエルにおける宗教と政治との非分離――私にいわせれば最悪のものですが――を擁護していたのです。彼が話したことは――私には正確にどのような言葉だったかはもう定かではないのですが――だいたいこんなことでした。「あなたにはおわかりになると思いますが、社会主義者としての私は、もちろん神など信じていません。私が信じているのはユダヤの民です」。これは私には衝撃的な言明でした。衝撃を受けすぎて、その時はすぐに返答できなかったのです。しかし私が返答していたら、こんなことを語ったことでしょう。この民の偉大さというのは、かつては神を信じていたこと、それも神への信頼と愛が、神への恐怖にまさるようなかたちで神を信じていたことにあったのです。それがいまやこの民は、自分自身だけを信じているのですって？　そこからどんな良いことが生まれるというのです？――とまあ、このような意味で、私はユダヤ人を「愛して」いませんし、彼らを「信じて」いません。私は彼らに所属しているにすぎません、あたりまえのこととして、議論の余地も、疑問の余地もなく(14)。

ダルウィーシュの『忘却への記憶』は、一九八二年のベイルート空爆にかんする文学的記述なのだが、そのなかで彼は、ユダヤ人の恋人の女性との一場面を描写している。ふたりは愛の営みを続けたあと、彼のほうは眠くなる。その時、彼は思い出す。イスラエルの警察に出頭せねばならないことを、もし出頭しないと、収監されるか、さもなくば永久追放になることを。彼の語りは、以下につづく引用のなかでは一人称の語りとなる――

私は尋ねた「警察は、この家の住所を知っているの？」
彼女は答えた「知らないと思う、でも、憲兵隊は知っている。あなたはユダヤ人を憎んでいるの？」
私は言った「僕は今、君を愛しているよ」
彼女は言った「それは明確な答えじゃない」
私は言った「それなら質問自体、明確じゃなかった。まるで僕が君に、『君はアラブ人を愛しているの？』と尋ねるようなものだ」
彼女は言った「それは質問じゃない」
私は尋ねた「それじゃなぜ、君の質問は質問なのか？」
彼女は言った「なぜって私たちにはコンプレックスがあるの。私たちって、あなたよりも答えをもっと必要としているの」
私は言った「君は狂っているのか」
彼女は言った「少しね。でもあなたは私に、ユダヤ人を愛しているか嫌っているか話してくれていないわ」
私は言った「わからないね、わかろうとも思わないね。でも、僕にわかっているのは、僕が好きなのはエウリピデスとシェイクスピアの戯曲。僕が好きなのは、魚のフライ、ゆでたジャガイモ、モーツァルトの音楽、ハイファの街。僕が好きなのはブドウ、知的な会話、秋、ピカソの青の時代。そして僕はワインを、成熟した詩のもつ曖昧さを好む。ユダヤ人に関しては、愛とか憎しみの問題ではない」

彼女は言った「あなたおかしいの？」
私は言った「少しね」
彼女は尋ねた「コーヒーはいかが」
私は言った「コーヒーは好きさ、香りも好きさ」
彼女は立ち上った、素っ裸で、私すらも脱ぎ捨てて、そして私は、手足がもぎ取られた者たちの痛みを感じた。[15]

　このあと彼は調子を変える。最後にもう一度変えるために。彼女は尋ねる、「そしてあなた、あなたはどんな夢をみるの？」彼は答える「君を愛するのをやめるという夢を」。彼女は尋ねる、「あなたは私を愛しているの？」彼は答える「いや、君を愛してはいない。君のお母さんサラは、僕の母ハガルを砂漠に追いやったということ知っていたか？」彼女は尋ねる「だったら私が責められるの？　そのためにあなたは私を愛してくれないの？」彼は答える「いや、君が責められることはない。だからこそ僕は君を愛せない、あるいは、〔だからこそ〕僕は君を愛するのか」(235)。

　この最後の一行はパラドクスをたずさえている。僕は君を愛していない。あるいは、僕は君を愛している。私たちは、この最後の結合する不連続を、どう読み解くべきか。これは接近であるとともに忌避でもある。それは不安定で、心穏やかではない。それは不可能で必要な結合の情動であり情緒的な主調音といわれるものかもしれず、それはまた、行きたいと望みつつも、とどまることに固執するという奇妙な論理でもある。たしかに二国民主義は愛ではないが、こういってよければ、必要《ネセサリー》かつ不可能《イムポッシブル》な執着《アタッチメント》それもアイデンティティを嘲笑するような執着《アタッチメント》は存在するのであり、この必要かつ不可能な執着は、ナショナリストのエートスを脱中心化することから発生し、また永続的な倫理的要請の基盤を形成する両面価値性《アムビヴァレンス》でもある。解決されない何か、両面価値性《アムビヴァレンス》の動揺、新たな政体のディアスポラ的状況、不可能《インポッシブル》な責務《タスク》、そしてそれゆえにいっそう必要なもの。(16)

第2章　殺すことができない——レヴィナス対レヴィナス

傷や侮辱に曝《さら》け出されるなかで、責任に対し適切な感情のなかで、自己自身は奮い立たされるのだ、代替不可能なものとして、他者に献身するものとして、辞めることができないままに、そして、かくしてみずからを差し出すために、耐え苦しみ、あたえるために。

――レヴィナス『存在の彼方へ』

顔は何を命ずるのか?

レヴィナスは、いろいろな機会で、「顔とは、人が殺すことのできないものである」と述べていた。この発言はとんでもないものである。ごく控えめにいっても私たちは身体を殺すことのできるものとして、また身体とともに、ある種の顔もまた殺すことのできるものとしてまったく字義どおり承知しているのだから。しかしもしレヴィナスが正しいとすれば――ともかく彼が正しいという前提ではじめさせてもらおう――、身体は殺せても、顔は、身体といっしょに殺すことはできないということになろう。彼は顔は永遠であり、そうであるがゆえに抹消できないとは言っていない。そうではなくて顔は殺すことに反対する命令をたずさえている。この命令は、顔に遭遇する者を拘束せずにおかず、その者は顔が伝達する命令に服するほかなくなる。もしこの命令に背こうとすれば、人は顔を見失うことになる。そしてもし人が顔をみて、命令はみないとするのなら、人はべつのしかたで顔を見失うことになる。顔とは、殺すことを禁ずる命令を意味する別の単語、つまり同義語にすぎないと語ることができれば話は簡単になるだろう、けれども顔は単語ではない、いや単語であるだけではない——たとえ顔は言葉をとおして伝えられるとしても。もし顔が戒律を伝えるのなら、言葉は「顔」をとおして語ることになるし、それどころか戒律を語るものは何であれ顔となる。私たちが、こう問いたくなるもむべなるかな——殺すことを禁ずる命令は、顔以外の手段でも伝えることができるか、と。しかし、この問いでは私たちは顔を、字義どおりにとりすぎている。もし命令が伝達されるのなら、私たちは、その命令に拘束されるようになる。つまり私たちは顔に服従するようになる。そのため最終的に顔と命令そのものを分離する方途がなくなるように思われる。いや、もっと正確にいえば、顔と、私たちが服従するようになる、私たちが服従するしかない、顔との遭遇そのものを分離できなくなる。私たちは自分に押し付けられる命令に拘束されるので、最終的に、それに直面すると選択肢がなくなる。私たちが、ノーと言うことができる命令は命令ではない。言い換えると私たちが顔をそむけることができる顔は、顔ではない。とはいえ明らかに時として私たちは自分でできないことをまさにおこなってしまい、自分で持っていないか、少なくとも自分で持つべきではない力を簒奪することはあるのだが。

そうなると、殺すことを禁ずるこの命令のなかに、なにをすることが「できる」のかという問いが、またそれゆえに能力あるいは力（pouvoir）にかんする問いが潜んでいることになる。私たちが意味付けねばならないのは次のパラドクスである。なるほど人間は常時いろいろな顔から目をそらすのだが、私たちは、この顔から目をそらす力をもっていないというパラドクス。人は顔から目をそらすことができるし、目をそらすとき、人は、この無力さ（sans pouvoir）から逃れようとしたのであり、力ある主体にならんとしたのだ。もし私たちが、人は目をそらすことができる、目をそらした、目を常時そらす、などと語るとすれば、私たちがいわんとしているのは、人は力のないところに力があるかのように言明し、そうすることで人は目をそらすことができないという主張を、顔に応答することは選択に先行するという主張を無効にし、自分に固有のものではない力にすがろうとするということだ。しかし私たちがどのように語ろうとも、私たちに突き付けられるこの倫理的主張を、いかなる力にも、またそれゆえいかなる政治にも先行すると特定するなら、私たちがなすべきは、この目のそらしが、なぜ、いかにして起こるかを解明することである。たとえば私たちが人は常時目をそらすと主張するとき、私たちが語っているのは、人は、力の欠如の状態にとどまれと命ずる要求に直面して、ある種の力を保持しようとするということだ。これはいいかえれば政治が倫理をおしのけるという主張だ。もちろんひとは、こう応答することもできる。誰もが目を常時そらすという事実は、私たちは、この倫理的主張を尊重し、権力の領域や政治の領域を、全員一丸となって否定すべきだということの証《あかし》であり、政治が不可避的に遂行する倫理の歪曲を私たちは考察せねばならないということの証《あかし》である、と。なるほどこの結論は、政治を結果的に拒絶することになるが、いうまでもなくレヴィナスは、そのようなことが可能であるとは考えていなかった。

レヴィナス自身が明確にしていたのは、顔によって要求される倫理的関係は、政治の領域と同じではないということだ。政治がかかわるのは、さまざまな人びとであって、「私」と「あなた」という倫理的一対関係だけではない。この一対関係は「第三者」によって壊される――この「第三者」は、三人称で言及される人びと、それもその顔を私たちが目にすることはないが、私たちを交換可能なものとする契約的状況のもとに、ともに暮らすのを余儀なくされた人びとについて言及するときの簡略な表記法である。第三者とともに、また一対関係の克服によって、私たちは計算可能性という秩序へ、配分される正義の秩序へ、多数派《マジョリティ》によって承認された法の秩序へ、またそれゆえに政治の領域――形式化できる規則の集合として理解できるもの――へと導き入れられる。政治の社会的次元は倫理とその主張を否定はしないけれども、倫理的主張がいかにして社会的領域と政治的領域において生き続けるのか語るのは依然として難しい。結局のところ、倫理は「汝、殺すなかれ」という戒律を軸に動いているように思われる。とはいえレヴィナスは、その政治学において平和主義を信奉していない。顔は政治の領域で生き延びるのか。もしそうだとすれば、顔はどのような形態をとるのか。そしてそれはどのようにして痕跡を残すのか。

　私がこうした問いをたてるのは、誰もが次のように語る誘惑にとらわれるからだ。すなわちレヴィナスにとって「汝、殺すなかれ」という戒律は絶対的かつ基本的なものであり、顔が伝えるのは、ほかでもない、この戒律であり、この戒律は、顔の意味そのもの、顔が「語ること」(le dire) を構成しているということ。彼が他者の「顔」について言及するとき、彼は顔、それも「あらゆる模倣……あらゆる言語表現に先立って存在する［Avant toute mimique . . .avant toute expression verbale］」(EN, 169; EN-F, 175〔235〕) 顔について言及している。そこでは顔は声であり、そこでは声は顔から発生するのではなく、口から発生するのでもなく、声は顔の別名であり、それゆえ決して適切に命名できないものの名前なのである。[1] 私たちはこの顔を声としてあたえられ、そのため、目に見えるものと、耳に聞こえるものとのこの隠喩の独特な混淆を許容するよう求められる。顔である声は、「命令する声」(une voix qui commander; EN-F, 175〔235〕)であり、そしてまた「呼びかけ」である、つまり私に差し向けられ、私に対し「その死に無関心でいるな」と強要する呼びかけである。他者の死は、その顔のなかにあるが、しかしこれによってレヴィナスがいわんとしたのは、ただ、「まなざし」(le regarde)――これによって他者は世界に顔をむける――が二重の意味をたずさえるということだ。つまりそれは、いっぽうで、こわれやすくあやういものであるが、他方で、それは「権威」(une autorité)、すなわち命令そのものの権威でもある。したがって他者の顔のなかで、人は、他者の傷つきやすさを意識し、他者の生は不安定で、むき出しなものであり、死に従属するものと知っているが、同時に、人はみずからの暴力、他者の死の原因をひきおこし、〈他者〉をその解体へとさらすことのできる行為体となる能力についてもまた意識している。したがって顔は〈他者〉の不安定さを意味し、また私自身の暴力によって引き起こされうる損害についても意味する。顔は暴力を禁ずる命令をも意味する。この命令は、私のなかに私自身の暴力に対する恐れを生み出す。その怖れとは、レヴィナスのいう「私の存在が、その意図の無垢性にもかかわらず、犯す危険性をになうところのあらゆる暴力や簒奪に対する恐怖[crainte pour tout ce que mon exister, malgré l'innocence de ses intentions, risque de commettre du violence et d'usurpation]」(EN, 169; EN-F, 175〔236〕)なのである。

私が引き受ける責任、あるいはむしろ、この瞬間に私を要求する責任は、私がみるところの不安定さ《プリケアリアスネス》の結果であり、私が引き起こすかもしれない暴力であり、その暴力に対する恐怖である。その結果、恐怖が暴力の歯止めとなるにちがいないが、これはすぐに起こるというわけではない。実際のところ、私が他者に対して引き受ける究極の責任は、まさしく、この戒律によって私のなかに誘発される恐怖と、私の存在が潜在的に〈他者〉に対しておこなうかもしれない暴力との終わりなき葛藤から生まれるものなのだ。もし私が〈他者〉のために恐れるのなら、それは〈他者〉が私のような存在によって殺されるかもしれないことを私が知っているからである。もし私が、他者の死に対して無関心であってはならないのなら、これは私にとって他者は、あまたいる人間のひとりとしてではなく、私が関心を寄せるまさにその人として、私の前に立ち現れるからである。こうしてレヴィナスは次のように書く――

あたかも人間の多数性において他者は突然に、また逆説的に――類の論理に反して（la logique du genre）――なにもよりも私に関心がある者だと判明するかのようだ。あたかも、私が、よりにもよって私が、私自身――まさに主格である私あるいは目的格としての私――こそ、召喚され（assigné）、命令を排他的に私だけが受容者（destinataire exclusif）として聞く者であるかのように。あたかもその命令は私だけに、何をおいても（avant tout）この私に差し向けられたかのように。あたかも、今後、選ばれ（élu）、唯一無二のものとなった私は、他者の（d'autrui）死に、またそれゆえに、他者の生に答えなければならないかのように。（EN, 193, EN-F, 198-99〔267〕）

〈他者〉の顔は、かくして、あらゆる形式主義を攪乱する。なにしろ形式主義は、私がひとりひとりを等しい関心をもって扱うように求め、そのため誰も、私だけに限定して特別な関係をもつことはないからだ。しかし、私たちは、形式主義なくしてほんとうにやっていけるのか。またもし私たちが形式主義——根源的な平等原理をふくむ——なしでやっていけないのなら、いかにして私たちは、そうした政治的規範との関係で顔について考えるのか。顔はつねに独自のものでなければいけないのか、あるいは顔は複数のものへと拡張するのか。もし顔がかならずしも人間の顔とはかぎらないのなら——音声や叫びである可能性もある——、そして単一の人物の顔に還元されないのなら、顔は、ひとりひとりに対して、そのため、まさに万人が私の関心事であるかのように思われるまで一般化されうるのか（ただし彼の観点では、顔は人間の顔であって、非人間である動物の顔ではないのだが）。これは、私たちの複数性についての考え方に亀裂を生じせしめるものだろうか。それともこれは、倫理が、複数性という公式のなかに参入しうることを暗示しているのか。それは、複数性の脱形式主義化を暗示しているのか。顔は、個人ひとりひとりに対する暴力を禁ずるものとして役にたっているのか。そのなかには私が字義どおりの顔を知るわけではない人びとへの暴力の禁止も含まれるのか？　レヴィナス的禁令から人は非暴力の政治を導き出すことができるのか。また多数の群衆の顔について応答することはできるのか？

顔をどこに見出すべきか？

私が示唆したいのは、この倫理的命令は、政治的領域に「先行する」とはいえ、レヴィナスにとってはまさしく政治的葛藤関係の内部において出現するということだ。倫理と政治というふたつの領域は、レヴィナスにとって分離され、また分離可能なものであるが、倫理のほうは、特殊な政治的文脈においては、私たちに特別の意味をもつようになるということかもしれない。私たちが〈他者〉の顔に、もろいもの、また私たち自身の攻撃性から保護されるべきものとして遭遇するとき、すでに、その遭遇は、葛藤がその歴史の一部となっており、また現在時の一部ともなっているような社会関係の真っただなかにあるように思われる。私が、すでに〈他者〉となんらかの関係をもたなくなっていたとしても、私は、その彼なり彼女なりを殺す誘惑にかられるだろうか。〈他者〉は、もろく、そして私の殺したいという欲望は、そのもろさに直面して出現するということか。あるいは私は自分自身のもろさを、そこにみて、それに耐えられないということか。あるいは加害者になりうる私の能力を自覚して、私がそれに耐えられないということか。レヴィナスが次のように書くとき、そこにある明晰さに一点の曇りもない――「そのあやうさと無防備さにおいて他者の顔は、私には、殺したいという誘惑と同時に平和への呼びかけ、「汝、殺すなかれ」でもある」［le visage d'autre dans sa précarité et son sans-défense. . . est pour moi à la fois la tentation de tuer et l'appel à la paix, le 'Tu ne tueras pas'］（PP, 167, PP-F, 344［141］）[2]。自分自身との暴力と闘争は、そうなると、〈他者〉の顔との関係のなかで起こるのである。

もし私にまだなんら害が及んではいない場合も、あるいはまた、私に対する何らかの害が少なくとも予測されない場合も、私はその他者を殺す誘惑にかられるのだろうか。私たちは政治的物語に途中から入り、次に、その渦中で倫理的要請に遭遇するということか。レヴィナスは私たちにいくつかの実例を示してくれるが、いずれにおいても、すでに進行中の葛藤のまっただなかで倫理は出現することが示唆されている。また私たちがたとえ、社会性や複数性と断絶するようなかたちで他者と遭遇するとしても、顔の出現によって壊され阻害される社会的領域は、そもそも顔との遭遇に必要な背景となるものを形成する社会的領域とおそらく同じなのである。

　レヴィナスが顔との遭遇を「殺すことへの誘惑であると同時に殺すことを禁ずる命令でもある」と記述するとき、彼は、この命令が生み出す不安と欲望の両方に言及している。すでに、別のところで論じたように、[3] レヴィナスは、ヤコブとエサウの物語を、こう語っているのだ。ヤコブはエサウの到着を待っている。この場面は、遺産と土地の相続権をめぐる争いが勃発するかもしれないという意味で緊張感に満ちている。レヴィナスは聖書を引用する――「ヤコブは大いに恐れそして不安にかられた（angoisse）」と。レヴィナスはこう注記する。注解者ラシにとって、ヤコブが典型となって体現するのは「恐怖と不安との葛藤」であり、「〔ヤコブ〕は自分自身の死に怯えたが自分が殺さなければならないかもしれないと不安になった」と結論付ける（PP, 164〔136〕）。もしヤコブが殺さなければならないかもしれないのなら、彼は、自分の命の名において〔自分の命を守るという名目で〕殺すことになろう。しかし自分自身の命を守ることで他者の命を奪うのは、まさに顔から目を背けることにほかならない。興味深いのは、自己保存《セルフ・プリザーヴェイション》の名目で殺すことに対しては、レヴィナスにおいてはいかなる正当化も見出せないことだ。そうなると彼は、絶対的な平和主義を、さらには自己犠牲の政治を提案しているのだろうか。この政治においては、いずれの場合にも、顔へと目を向けるなかで、暴力の行使から身を引くことになろう。この戒律は政治へと翻訳され、あらゆる暴力を禁ずる絶対的な命令のための聖書的基盤を提供するのか。

　どうも、そうではないようだ。彼はタルムードの教えを喚起する。もし誰かがあなたを殺しにやってくるとわかったなら、あなたは朝早く起きて、相手を殺す準備をしなければならない。したがって顔は例外をもつことになる。そして自己保存《セルフ・プリザーベイション》はレヴィナスによって究極の価値としては決して真に肯定されることはないものの、自己防衛《セルフ・ディフェンス》となると話は別になるようだ。もしヤコブがエサウを殺してはならないのなら、ヤコブは、殺したいという彼の欲望――死の恐怖と内的につながっている欲望――を処理する何か別のものを見つけなければならない。二人が争うことのない唯一の方法とは、彼らふたりがみずからと葛藤すること、そしてふたりが戒律と葛藤状態になることだ。したがってもし非暴力が出現するなら、それは別の戦い《ウォー》＝葛藤の帰結であり、その別の戦い＝葛藤とは、人がもっている殺害衝動が、その衝動の実現を禁ずる命令とまっこうからぶつかるという戦い＝葛藤なのだ。

　したがって非暴力はレヴィナスにとって平和な場所から生まれるのではなく、むしろ暴力を受ける恐怖と暴力を行使する恐怖との永続的な葛藤から生まれるのである。平和とは、暴力との積極的な闘争であり、平和は、それが抑止しようとする暴力なくして存在しえない。平和は、この緊張の謂なのだ。なにしろ平和は、不可避的に、ある程度は、暴力的プロセスであり、しかもそれは、非暴力の名の下に行使される暴力の一種なのだから。事実、私が〈他者〉に対して引き受けなければならない責任は、その〈他者〉によって迫害され非道な仕打ちをうけたことから直接生まれている。したがって最初から、その関係には暴力がある。私は他者によって自分の意志に反して指名され、〈他者〉に対する私の責任は、この指名されて服従することから出現している。もし私たちが顔を、他者の死に対して無関心になるなと私に命ずるものとして考えるのなら、そして、その命令を、私の行なういかなる選択にも先立って私を拘束するものとして考えるのなら、この命令は私を迫害するとも、私を人質にするともいえよう――〈他者〉の顔は最初から迫害的なのだ。そしてもしその迫害の実質が、殺すことを禁ずる命令であるのなら、私は平和を維持するという命令によって迫害されていることになる。

もちろん、殺すなという戒律は、逆説的ながら、私に暴力的に課せられている。それは私の意志に反して課せられ、まさに、その正確な意味において暴力的である。この戒律は私が道徳的に間違っているということを伝えるものではないし、それは何らかの犯罪で私を告発するものでもない。もし顔が「告発的」〔accusatory〕ならば、それは文法的意味においてそういえるのである〔accusatory には accusative（対格、目的語の）という意味もある〕――それは私の意志にかかわらず私を、その対象《オブジェクト》＝目的語としてとらえるのだ。命令を通して自由と意志を最初から閉め出すこと、これこそがその「暴力的」操作であり、迫害的とも告発的とも、さまざまに理解されるものだ。この暴力なくして私は、暴力を禁ずる命令に、服従《サブジェクト》することはできない／命令に対する主語《サブジェクト》＝主体となることはできない。レヴィナスは『存在の彼方へ』のなかで、こう書いている「迫害とは、主体がロゴスの媒介なくして到達され接触される瞬間そのものである」[4]――すなわち生きたままで、意識されることなく、理由もなく、いかなる原則に従うこともなく接触される、と。私は理由あって迫害されるのではない。私は別の主体から迫害されるのではなく、顔によって、声によって、戒律によってのみ、迫害され、その顔がいかなる理由もなくまたいかなる意志にも先立って私に触れるのである。『存在の彼方へ』でレヴィナスはこうも述べている、苦難（la souffrance）は責任の基盤であり、人質になることがなければ、いかなる責任も発生しない[5]、と。重要なのは、この種の迫害は私を無傷のままにしておかないということだ。たしかに、この迫害が示すのは、私は無傷だったことはないということだ。私は他者がおこなったことに責任がある。つまり私が自分でおこなったことではないことに責任があるということだ。いうなれば私はそれを受け止める。そしてその受苦のなかで、それに対する責任を引き受ける。私はもはや私自身の場を占めてはいない。私は他者の場を引き受けた。しかし、もっと重要なことは、他者が私の場を占拠し、私を簒奪し、私を人質にとったということだ。「他なる」何かが、私の場に、居場所を定めるので、私は自分の場を、他者によってすでに占拠されたこの場としてしか理解できなくなる。他者は、「あちら」(la bas)に、私を超えたところに、いるわけではなく、私を根底から構成しているのである。他者はただたんに私を構成しているのではない——他者は私を妨害し、私そのものである自己性の中心に、この妨害を確立するのである。私がここで「占拠／占領《オキュペイション》」という語を比喩的に使うとすれば、そこには複数の意図が関係している。なぜならレヴィナス自身もまた、占拠あるいは迫害について、厳密に比喩的にのみ理解することを拒むであろうから。たとえば彼は、迫害という歴史的経験が責任倫理の基盤になると述べている——

もちろん私たちは反ユダヤ主義にユダヤ教を負っているわけではない。たとえサルトルがどう語ろうとも。そうではなくイスラエルの究極的な本質、やがてその歴史——この明白に普遍的な歴史、この万人のための、万人に可視化されている歴史——を記すことになるであろうところの、自由に先立つ肉的本質、おそらくイスラエルの究極的本質は、我知らずのうちに生贄になるその生来の傾向から、迫害に身をさらけだすことから、生じているのかもしれない。……迫害されること……は、原罪ではなく普遍的責任——〈他者〉への責任——の裏面であり、こ

の責任は、いかなる罪よりも古いのである。（DF, 225〔1-300〕[6]）

レヴィナスがこの引用で私たちに提示する同格並置〔「我知らずのうちに生贄になるその生来の傾向から、迫害に身をさらけだすことから」を指す〕には、もちろん重要な曖昧さがある。迫害というのは、「我知らずのうちに生贄になるその生来の傾向」ということだが、「迫害に身をさらけだすこと」でもある。第一に、彼は、この我知らずのうちに身をさらけだすことをユダヤ人に固有のものと示唆しているように思われる。しかし、さらに第二の事例では、この迫害のほうも、ユダヤ人の歴史的経験に固有のものと思われるのだ。そして第三の公式化において、この内的あるいは歴史的固有性は、私たちが知っているかぎりの責任を基礎づける迫害として理解される。この契機において人はレヴィナスを複数の方向性をもって読むことができる。ひとつは、ユダヤ人の迫害から生ずる責任が、ある種の責任を必然的なものとするのであって、これはユダヤ的枠組のなかでも形成されるといえる責任なのだ。しかし私はこの方向に沿って進む読解に抗って、むしろ、責任に対するこうした民族的あるいは宗教的なこの種の枠づけは、私たちが辿ってきたレヴィナスの思考における方向とは両立しないことを示唆したいのだ。結局のところ彼が言及しているのは、隠喩的に負荷をかけられた「占拠／占領」概念であり、これを使って責任とは何であろうかという議論を練り上げようとしているのである。このようなコンテクストにおいて私たちが学ぶのは、いかなる場においても存在するとは、すでに、その場にいる他者によって妨害され規定されるということだ。これは身代わり行為であり、レヴィナスの言い方をすれば簒奪であるが、まさにこれが他者に対する責任の根拠づけとなる。これが含意するであろうこと、それは、いかなる「民族」が他者の場にみずからを根拠づけても、その「民族」は、その他者に拘束され、その他者に無限の責任を担うことになるということであり、これは明らかに、亡きサイードの主張と共鳴する立場となる。もし他者が自己を、民族という主体を、迫害したとしても、民族主体は、いかなる面でも責任から免除されることはない。それどころか、責任は、まさにその迫害から生まれる。その責任がもたらすものは、ほかでもない非暴力を求める戦いであり、復讐倫理を禁ずる戦いであり、他者を殺さないための戦いであり、他者の顔に遭遇し敬意を表する戦いなのである。

もちろんレヴィナスが以下の問題をどう処理したかをみるのは興味がつきないことである。イスラエル問題、それが占拠している土地の問題。この土地のただなかに、そこにいる、そこにいた他者とは誰か、その場所が奪われ、簒奪されたものとしてのこの場所にいまいつづける他者とは誰かという問題。ただ私は、レヴィナスに抗しつつレヴィナスとともに考え、彼の論理と彼が追及していない政治にとっての可能な方向を追求してみたいのだ。思い出させていただきたい。もし何かが私にとってかわったり、何かが私の場をとりあげたりするとき、だからといって、それが私がかつていた場所に存在するようになるとか、私がもはや私でなくなるとか、私がなんらかのかたちでとってかわられたことで完全に否定されたということにはならないのである。他者が私に対する所有権を主張するとしても、私はすでに、その主張に身をさらけだし、傷つき屈しやすくなっているのであり、またこの状況は、レヴィナスにとっては、相互的ではないとしても、なんらかの種類の情念が、この身をさらすことと権利主張のリズムのなかで経験されることは私たちにわかる。事実、身代わり《サブスティチュート》が含意するのは、「私」と〈他者〉との間にある、ある種の移行性が還元できず、私のコントロールの及ばぬもの（私が制しきれぬもの）ということだ。この意味で身代わりは単一の行為ではない。実際、身代わりは、行為の独自性を不可能にする（"la substitution n'est pas un acte, elle est une passivité inconvertible en acte"; AE, 185〔271〕）。もしそれが起こるといえるなら、それはいつなんどきでも起こっている。私はつねに、どこか他の場所によって所有され、人質になり、迫害され、意に反して影響され、それでもまだ、迫害されつつあるこの主格の「私」あるいはむしろ対格・目的格の「私」が存在する。私の「場所」が、すでに別人の場所であると語ることは、その場所そのものが、単独的に所有されることは決してないこと、そして同じ場所であるからには共生問題は避けられないと語ることでもある。この共生問題に照らされて暴力問題が出来《しゅったい》する。現に、もし私が迫害を受けるとすれば、それは私が他者に拘束されることのしるし《サイン》である。もし私が、この私に対する権利主張によって迫害を受けないのなら、私は責任そのものについて知る由もないだろう。殺すなという私に対する倫理的主張が私を迫害するのである。それが私を迫害するのはまさしく私が殺すよう誘惑されるかもしれないからであり、あるいは殺すなという戒律が私に向けられる、まさにその瞬間、私が自分の意志を放棄しなければならないかもしれないからである。

〈寛容の博物館〉がサイモン・ヴィーゼンタール・センターによって、エルサレムに建設されることになった――場所はパレスチナ人の墓所であった(7)。この博物館を建てるために、その場所から遺骨が取り除かれることになっていて費用は一億五千万ドルと算定された。この博物館が自己申告している目的とは「ユダヤ人の間に、またすべての信仰をもつ民族の間に、一体化と敬意を促進すること」である。この土地は千年の間、共同墓地として機能していたが、サイモン・ヴィーゼンタール・センターは、その土地は、過去の地主が誰であれ、現在は法的にはイスラエルに所属していると論じている。パレスチナ人弁護士は、こう述べている、「信じがたいことで、不道徳です。他の民族の墓地のうえに寛容の博物館を建てることなどできません。……これは寛容とは正反対のことを引き起こしますよ」と。そのため、こう言ってよければ、寛容の博物館にとって、不寛容な状況が、その基盤、その根拠地に形成されているのであり、私たちとしても、こう問わねばならない、この寛容を求める博物館は、それが建てられる根拠地と、いかなる関係をもつのか、と。土地を所有しているのは誰かについては目下係争中だが、私たちとしては立ち止まって、この特殊な場所問題が法と財産と権利の問題に先立って存在することについて考えることはできないのか。人が暮らし、人がみずからの記憶を保存するものを築こうとしているその場所が、すでに、他者が暮らしていた場所、それも遺物を残し、死者の遺物を尊ぼうとしている場所なのである。いっぽうの側が他者の記憶の抹消を通して、みずからの記憶を築く挙にでている。そしてこのことが土地、それも両派が共有し、法廷と巷での論争の対象となっている土地に訴えることをとおして起こっているのだ。おそらく私たちにできるのは、土地をいうなれば分割するような倫理的関係を考えること、あるいはむしろ土地が、所有されることになっても、すでに他者によって占拠されていることを示し、そしてさらにこう示すことだ、すなわち、もし場所問題を解決するのなら、代替〔身代わり〕を倫理関係として理解することをとおして、責任論を前にすすめるべきだ、と。

もし代替〔身代わり〕が含意するのは、「私」と〈他者〉との間にある、ある種の移行性が還元できず、私のコントロールの及ばぬものなら、「人がいる」その場所は、他者の権利要求によって妨害され、そして私を他者へと拘束する簒奪がすでに起こっていることになる。人は、法的あるいは暴力的闘争というかたちで他者に拘束されるようになると私たちは想定するかもしれないが、レヴィナスは、拘束する絆を想像するべつの方法を私たちに提示しているように思われる。人が、すでにその人の場所にいる他者に拘束されることとは、「場所」が倫理的関係性の場であることを認めることであり、他者の顔に敬意を表すること、そして殺さないこと、土地に対する排他的所有権があると主張しないことに拘束されることである。排他的な主張は、他者がすでにそこにいるという事実を無視し、共生こそ倫理的関係の場面そのものであることを無視することだ。たしかに人は所有権を主張したがるものだし、人はみずからがいるその場所から他者を閉め出したいと思うだろうが、しかしそれは、戒律が禁じている暴力のほうを優先させて、その戒律の暴力そのものを拒否することではじめてできることなのだ。この意味で、人は他者への義務によって責められる〔迫害される〕とすれば、そのとき人は、自分の場所が、自分自身の場所であるだけでなく、すでに、はじめから、他者の場所でもあることをすでに譲歩して認めたことになる。この認識からどのような政治が生まれようが、それは土地の政治的横領とか、その土地ですでに起こっている住民の権利剥奪と私たちが結び付けてきた簒奪に対抗するものとなろう。簒奪は、これからは反対方向に働くだろう。人が、みずからのものと呼ぶものはすべて、すでにみずからのものではない――この公式はそれだけで、非暴力の追及への道を開くだろう。この非暴力は、私たちを私たちの意志とは無関係に拘束する絆に敬意を表することになろう。

その『新タルムード読解』においてレヴィナスは「伝統的学識をもたず」(8)タルムードの読解を提示すると明言している。現に彼は、条件節、それも長く曲折を経た条件節というかたちで弁明を披露している――

もし私が、伝統的な学識をもたず、また伝統的学識が、前提としているか、あるいはさらに磨きをかけるところの精神の鋭敏さももたぬまま、このタルムード読解をおこなうことを自分で受け入れたとすれば、それは型破りだが、「アマチュア」でも、思想に注意を払えば、こうした難解なテクスト群――これなくしてはユダヤ教が存在していないのだが、しかしその言語と関心事は最初からきわめて異質なものに思えるので、私たち、今日のユダヤ人には、そこに立ち返るのに苦労するテクスト群――に対する皮相なアプローチにおいても、知的生活のための本質的示唆を、またあらゆる時代の人間を、つまりは現代の人間を悩ませる問いにかんする示唆を引き出せると証明する意図があってのことである。(NTR, 48)

いっぽうでレヴィナスは自分がアマチュアであり、伝統的な学識のみならず、伝統的な学問研究が前提として磨きをかけている精神の鋭敏ささえ欠いているのを認めることからはじめているが、彼はまた、今述べたばかりの自分の主張について疑問を呈している。はじめは謙虚な一手とみえたものが、たとえ傲慢なものではないとしても、より大胆なものであることがわかる。とりわけ彼が、「思想に注意をはらうこと」を、伝統的学識とはべつのもの、彼自身にできることで、実際に彼がそうしているものであると示唆しているときには。この「思想に注意を払う」は、「それなくしてユダヤ教はもはや存続しなくなる」ものとなる。そこで私たちはしょっぱなから、一連の選択肢を、それも単純ではない文法のなかに埋め込まれた選択肢をつきつけられるように思われる。伝統的な学識だけが、タルムードを読むのに必要とされる精神の鋭敏さを支援すると信ずる人びとがいるように思われるが、そのいっぽうで「思想に注意を払う」ことはいかなるときも可能であり、学識とは関係ないと示唆するレヴィナスが存在するように思われる。タルムードを読むことは現在から過去へと遡及する困難ないとなみがふくまれることを彼は認めているが、このいとなみには特別な解釈学の訓練を必要とするわけではないと彼は考えているようだ。現在時に生きる私たちは、こうしたテクスト群に立ち返ることに「苦労する」のだが、それらは私たちにとって必然的に、異質であり難解でもある。けれども私たちがそこに見出すのは、歴史的に特殊なものではないし、また私たちがそこに見出すものが、言語からアイデアを取り出すのを不可能にするようなかたちでページのなかに、あるいは文字表現のなかにまぎれこんでいるのか否かは私には定かでない。レヴィナスは、ここでは少なくとも、そしておそらく彼の実践にもかかわらず、アイデアと問いかけは、その時代とテクストのありようから引き出されうるし、またそうしなければならないと示唆しているのだ。だからこそ彼は、「本質的な」ものを「引き出す」のが責務であると語り、本質的なものとは、「あらゆる時代における人間つまりは現代の人間を悩ませる問い」だと判明する。

この一文の最後の並置は、もちろん、矛盾にみちている。なにしろ「現代の」ものが、「あらゆる時代に」、さらには「普遍的に」(NTR, 48)「人間」を悩ませている問題とわかるのだから。明らかになるのはレヴィナスにとって現代性とは、ある種の普遍性や一般性が発生する場であり、私たちはテクスト主義と歴史主義双方から引き離されそこへ導かれるのである。彼自身の読解実践は掘り出しとして記述され、ある種の比喩表現をきわめて真摯に受け止めることに依存する。もし人が語を掘り出せば、人はそれを歴史的コンテクストから引き上げることになり、この脱コンテクスト化こそ、まさに、語が「燃え上がる」ようになる契機なのである（NTR, 48）。そのような語に対して「息を吹きかけ」、炎が輝きわたるようにすべきであると彼は注記するが、彼がここで利用しているのは、明白このうえものないことだが、カバラの比喩であり、それをもってして彼のアプローチにおける弁解ぬきの現在主義《プレゼンティズム》と思われるものを正当化せんとするのである。言葉は啓発《イリュミネイト》〔＝発光〕せねばならないが、それは言葉が正しい方法で「息を吹きかけ」られるときに限られる。息は、どこかべつのところから到来するのではない。それは聖なる息でもなく、人間の息である。それは語られた言葉をモデルにしてみずからの読解を比喩形象化する読者の息である。とはいえ語られた言葉とは、誰の言葉か？　レヴィナスの言葉か？

私はレヴィナスの読解の反解釈学的次元を指摘し、あわせてその次元が――呼気という比喩によって形象化されるような読解をとおして――言葉から思想を放出せんとしていると示唆したいものの、ここでは言葉から放出される「思想」が「普遍的な」ものかどうかについての問いに赴かねばならないと考える。少なくともこの点において、レヴィナスが指摘している、反復的な呼吸法は、あらゆる条件下であらゆる人びとができるというものではない。「思想」にこのように注意を払うことは、抽象化の営為や理性の行使と同じではない。問題になっていることをもっと正確に把握するために、意味があることといえば、レヴィナスの論文「平和と近さ」（一九八四）に赴くことである。彼が提案するこの吹き込み法がいかに「ユダヤ的」でありうるか、また現に「ユダヤ的」であるものの、同時に、容認された合理性の基準にしたがって「普遍的」ではないということは、どういうことかを理解するために。

この論文「平和と近さ」のなかでレヴィナスは「ヨーロッパ的」意識が、その内部においてギリシア的伝統とヘブライ的伝統に分裂していることを論じている。彼の観点では、ギリシアの伝統から引き出された平和の考え方とは、「平和は〈真実〉を基盤として待たれる」ものと信じている（PP, 162〔132〕）。彼は、このギリシア的立場を、〈知〉、それもただ表面的に意見を異にする人びとを「統一」するような〈知〉を基盤としてはじめて平和が訪れると信ずる立場と性格付けする。この「平和」概念は「統一」にむけて奮闘する。つまり差異を克服することで、「他者が、万人のなかにある同一的なものという同一性と和解する」（PP, 162〔132〕）。彼はまたこうも注記している。このギリシア的概念が依拠しているのは「説得」である。つまり個々人は「全体」に参加し、この統一のなかに「平安」と「休息」を見出すことになると説得されるというのだ。私たちはこうした性格付けに反対してもいいのだが、しかしレヴィナスにとって何が賭けられているを理解するためには、相手の観点を受け入れ、相手と同じ土俵にたって理解することがまちがいなく重要である。とにかく彼が強調したいのは、このギリシア的概念を信奉するヨーロッパは、みずからの血塗られた歴史――ファシズムと帝国主義と搾取の台頭――を説明できないヨーロッパでもあるということだ。苦々しく彼はソクラテスの格言をからかい、「理論的／観照的な理性――これは自己意識のなかに全宇宙を探し出すために「汝自身を知れ」の題目とともに早い時期に立ち上げられたものであるが――の普遍性にある裂け目」（PP, 163〔134〕）を探そうとしている。レヴィナスはヨーロッパのなかに「アリストテレスの論理とは異なる論理」の痕跡を見出し、それを「悔恨によっておそらく説明がつく高揚感」（PP, 163〔134〕）と一時的に記述するのだが、この悔恨とは植民地戦争への思いであり、またこの高揚感は「全世界の悲しみに長い間無関心であった」（PP, 163〔134〕）ことの帰結であるようにも思われる。

まさにここに別の伝統、非ギリシア的であることが強調される伝統が入り込んでくる——普遍的理性の側の対極に存在する人間のありようをとおして、高揚感、悔恨の念、悲しみをとおして。彼が非難するギリシア的伝統は、流血や悲しみを説明できない理論的理由を築き上げるだけである。ここで留意すべきは、ヨーロッパが、みずからの戦乱の歴史に直面したとき、みずからが暴力を行使する能力をもつことに対する不安に陥ることだ。彼は書く、「現実の首尾一貫性のなさによって裏切られた体系の知的欺瞞がヨーロッパのドラマではない。すべての人びとをおののかせる死の危険だけがあるのですらない。概念がたがいに一致しているときでさえ、犯罪を犯すことへの不安がある。死あるいは他者の苦難に直面する誰にでもふりかかる責任の不安がある」(PP, 164〔135-136〕)。

この不安ならびに他者の生に対する責任を基盤として、ある要請、決して普遍化できない要請が私に交付される。この責務は個人に対してなされ、そして戒律によって伝達される。したがってそれは、なるほどすべての個人にむけて交付されるものであるが、その帰結として、普遍化されないのだ。個々にあてた呼びかけがこの要求の普遍性を破綻させる。そうであるがゆえに、他者が、同じ主張を同じやり方で遂行しているかどうか、調べて検証することができないのである。

この背景のもと、またレヴィナスによれば、もし非暴力が発生するとすればそれは自己の殺人衝動を抑え込もうとする自己の内部における闘争の帰結であり、この知識をもって、私たちは立ち返ることができる——タルムードを現代性のなかで読むことは何を意味しているのかという問い、に、またテクストにはいかなる種類の問いが持ち込まれ、そしていかなる種類の理念がレヴィナスが提案する読解をとおして燃え上がり輝き出すのかという問い、に。『新タルムード読解』

で「自己自身とは誰か」と訳された第三章（だかこれは「自己自身にかんして」と訳すべきであろう）においてレヴィナスは〈タルムード〉の〈フリーン〉篇88b-89aをとりあげる。それはアブラハムが「私は灰であり塵である」（「創世記」18-27）と語ったことでラヴァに報われる箇所である（NTR, 109）。レヴィナスはラビ教義の格言を引用する——「世界はモーセとアロンの徳をとおしてのみ存続している。言葉「我らは無だ」［あるいは「我らとは何か」］の価値は彼らから生まれた」（NTR, 112）。最後の二文は、なんらかのかたちで同等であると理解される。私たちは無である、そのため私たちは自分たちが何であるのかと問う。私たちは自分たちが何であるかを問い、そこで知るのは、自分たちが無であること、その問いには答えがないこと、みずからについてこのように問う「私たち」を規定するか、解決すべく到来する実体というものはないということである。レヴィナスにとって私たちは戒律によって個別に呼びかけられる者であり、したがって普遍性が不可能になるようなかたちでたがいに差異化される。他方、私たちは無で「ある」ので、そしてその呼びかけは、「私」もしくは「私たち」に対してなんら存在論的解決を暗示してはいないので、私たちは、自分たちが存在論的レヴェルでは、この要請によってまさに収奪されるのを認識するようになる。戒律によって伝達される要請は、私たちから存在論的実体をすべて奪う。人間存在は貧窮状態にあるが、意味深いことに、この貧窮状態を基盤に、他者の命を守るという責務が練り上げられる——「自己否定のなかで、みずからの塵と灰において……人間存在が引き上げられる、別の状態へと、人間の別のレヴェルへと、そしてそこにおいて人間は、みずからの死の絶えざる脅威のもとで真正さを失わず、他者の保護を考慮する者としてありつづける」（NTR, 114）。そのためアブラハムは「塵にして灰」であるが、彼の言葉は、タルムードの言葉がそうであるように、「灰」でもあるように思われる。「トーラーは厳しく要求する。人は、思想やイメージの「灰」に息を吹きかけねばならない。炎が人間に対してやさしく燃え上がるように。にもかかわらず私たちは、他者への献身によって確証されるところの、そして義務であるがゆえに、そうであるところの「私」のいくつかの痕跡を獲得したのである」(NTR, 121)。

この責務は、責務を普遍化せんとする倫理体系と法を裏書き《アンダーライト》するものかもしれないが、しかしそうした責務の法典化は、レヴィナスが、そうした責務の「アナキズム」と呼ぶものを覆い隠す《オーヴァライト》ことにもなる。[9] この「アナキズム」とは、ロゴスからの乖離であり、人間の関係性そのものについて考えるための別の「基盤」となる。彼の観点では人間の関係性とは、ギリシア的なものではない——つまり、いかなるありふれた観点においても、合理的とはならないということだ。むしろそれは、概念のある面を操作する比喩をとおしてしか練り上げられないものであり、その面とは他者の命を守るという、ある種の責任と、人間の貧窮とをつなぐものである。あたかも、私たちが一時的な存在で、塵と灰であり、うつろいやすいかのように、いやまさにそうであるがゆえに、私たちは命を守らねばならない。命は消滅するものである。だからこそ命が消えないよう私たちは戦わねばならない。この消滅可能性という素地のもとに責務が発生するが、それは殺人的な攻撃性でもなければ、いかなるかたちのニヒリズムでもない。私たちは、この消滅可能性との関係において無自覚ではありえない。なにしろ私たちは消滅可能性について、それに配慮せよという命令をとおして知ることになるからであり、この配慮は、自分たち自身のためのものではなく、他者のためのものなのだから。なるほどこれは戒律の一ヴァージョンかもしれないが、ロゴスではない。それは命について、息について、悲しみについて、悔恨について、注目について、そして普遍化されることのない種類の責務について語っている。その戒律に従うよう求められる「者」はまた、この呼びかけによって存在論的に破壊され、いうなれば塵と灰へと還元される。その者は、この責務以外のなにものでもなくなり、戒律そのものに命を握られ、そしてこの呼びかけによって維持されたり破壊されたりする。これが意味するのは、自己は実体がなく、戒律は体系化された法ではなく、どちらも、選抜し消滅させ強制する呼びかけとの関係のなかで存在しているにすぎないということだ。タルムードがレヴィナスを導くのは、不思議な種類のアナーキーへである。彼によれば、このアナーキーこそ、倫理的要請を受け入れる者と、要請そのものとのあいだのあらゆる関係を特徴づけるものだ。こうした思考の先駆けとなるものはヴァルター・ベンヤミンの仕事に見出せる。彼は法体制をとおして作用するような暴力への批判を展開している。体制を解体することは、法を覆す倫理的要請のアナーキー的な関係を必要とする。もっともレヴィナスにとって、倫理は、不可避的に、このアナーキーの考え方に関係し、そのいっぽうで政治は、本質的に正義にかかわるものであり、形式化可能な法をとおして機能する。しかし、もし法の形式的ルールが不正だったら何が起こるのか。そのような状況下にアナーキーのための場はあるのだろうか。

第3章　ヴァルター・ベンヤミンと暴力批判論

ヴァルター・ベンヤミンのシオニズム観について問うにあたり、その政治を見定めるべく、ベンヤミンとゲルショム・ショーレムとの長きにわたる議論にあたろうとする人もいるだろう。けれどもここで私が興味をもつのは、ベンヤミンが一九二〇年代から三〇年代にわたってシオニズムにむけて発した特定の問いというよりはむしろ、彼自身が暴力を、とりわけ法的な暴力をどうみていたかという問題である。周知のごとく、ショーレムはベンヤミンにパレスチナへ移住してヘブライ語を習得するよう説得を試みたが、ベンヤミンはそれに応じなかった。ショーレムはヘブライ大学からベンヤミンに対して給付金が支給されるよう手配さえしたが、ベンヤミンはその金でロシアに赴き、支給もとの大学にはなんの説明もしなかった。けれども、おそらくもっと重要なのは、ベンヤミンのシオニズムに対するこうした両価的《アンビヴァレント》な関係よりも、国家暴力に対する彼の批判ならびに、歴史と抑圧についての彼の見解だろう。本章と次章で、ベンヤミンが次のふたつの批判を提示すべく、いかにしてユダヤ的な資源と非ユダヤ的な資源に依拠したのかを解明しようと思う。その批判の対象とは、（a）法的暴力――すなわち国家がまさにみずからの法的構造を通じて行使する暴力――であり、そしてまた（b）ある種の理念の時間的成就を前提とする発展的歴史観――この批判は、シオニズムに対する明らかに批判的な含意をともなう――である。

彼の最初の見解は、いっぽうで法を暴力に対する選択肢《オルターナティヴ》として扱うことはできないと私たちに示し、不正な体制への無批判な服従をいかにして拒むことができるようになるかと問いを投げかける。第二の見解は、メシア的なものがいかにして歴史を再構成するかを思想の中核にすえ、抑圧されたものの歴史にふさわしい形式を現在時において見出せるか否かに焦点をあてる。抑圧されたものの歴史とは単一の民族《ネイション》に属するものではなく、抑圧を一瞬にして時空を超えて転置することを求めるものである。

メシア的なものはベンヤミンの著作のなかでさまざまなかたちをとるし、ベンヤミンがこの概念について長年にわたって省察し想起するうちに変化もしていく(1)。絵画についての初期の論考で、ベンヤミンはメシア的なものを、意味の非感覚的な中核と考える傾向にあった。この非感覚的な中核は、にもかかわらず感覚野を組織するのだが、このときベンヤミンの考察対象であったのは「名前」の伝達可能性と拡散であった。「翻訳者の使命」で私たちは、メシア的なものが、伝達可能性における、ある種の断裂をいかにして構成するかを考察するよう導かれる。この考察の対象は、これまでさんざん議論されてきた「壊れた容器」概念——壊れた容器の断片は原初の統一へと復元することができない——として形象化される。初期の論考のいくつかでは、メシア的なものを許しの一形態として——すなわち、罪あることを示すあらゆる指標を忘却することを求める形態として——焦点を絞っていたのだが、「暴力批判論」(一九二一)では、神的暴力のメシア的な力は、しばしば法的暴力からの断絶として捉えられる(これもまた罪業の放免のひとつである)。そして「歴史の概念について」でベンヤミンは、抑圧された者たちの歴史を、強いられた忘却から救う闘争とメシア的なものとを結びつける。いってみればベンヤミンにとってメシア的なものについての一義的な教えは存在しないのであり、私たちがこの概念にかんする考察をはじめようとするならばまず、次のことの確認からはじめてよいだろう。すなわち、メシア的なものとは、特定の時間体制――罪責と服従を生み出し、法的暴力を拡張し、抑圧された者の歴史を覆い隠してしまう時間体制――から離脱する反教条的な努力であること。かりにメシア的なものが初期論考においては忘却を支持するように働き、のちの論考ではそれが忘却に対する闘争となるようにみえるなら、それは罪責の歴史が抑圧の歴史と同じものではないからにすぎない。ベンヤミンは抑圧の歴史の抹消には抵抗せねばならないとさらに明確に認識するにいたるが、それは罪責の世界をひろげるためのものでは決してない。むしろ罪ある人びととは拘束されつづけている者たちである――彼らが引き起こした、そしていまも引き起こしつづけている破壊を、まさに糊塗しようとする法と暴力のヴァージョンに。ここでメシア的なものは、個々の編年史と歴史を爆破する方法として立ち現れる。それは、苦しみの過去の残滓を散逸したかたちのまま回復するという名目のものでおこなわれる。苦しみの過去の残滓は、道徳的かつ身体的な暴力をふるう体制を、終わらせるよう間接的に私たちにはたらきかけるのである。

ベンヤミンの「暴力批判論」を考察するにあたって、もっとも初歩的とも思えるような問いから出発することは、理にかなっている――批判《クリティーク》〔critique〕という語は、それが暴力の批判となるとき、どんな意味をもつのか。暴力の批判とは、暴力の諸条件の検証のことではあるが、同時にそれは、暴力というものが、私たちが暴力について提起するもろもろの問いかけによって、いかにしてすでに限定的に意味づけられているかをめぐる探究でもある。それではそもそも私たちがこの問いを投げかけることを可能にする、その暴力とははたしてなんなのだろう――そして私たちは、何が正当なかたちの暴力で、何が不正なかたちの暴力なのかを問う前に（それは問われなければならないことだけれども）、この問いをどう取り扱うべきなのかをまず知っておかなければいけないのか。私の理解では、ヴァルター・ベンヤミンの論文は法的暴力の批判を提示するものだ。この暴力は、法がその支配下にある者に対してたちはだかるときの拘束的な地位を、国家そのものが制定し維持することで、国家が行使することになる暴力である。[2] ベンヤミンはその批判論のなかで、すくなくともふたつの異なる説明をおこなっている。最初に彼はこう問いかける——いかにして法的暴力は可能になるのか。市民に対して拘束力をもつために暴力を、あるいはすくなくともその強圧的な効力を必要とするような法とは、いったい何であるのか。しかしまたこうも問うている。こうした法的な形態をとることができるような暴力とは、何であるのか。この最後の問いをかかげることで、ベンヤミンはみずからの思考を走らせる第二の軌道を開く。すなわち強圧的ではない、なにか別のかたちの暴力、いわば法の強制力に対して発動され遂行されるような暴力はあるのだろうか。彼はさらに問いかける。強制に対して仕掛けられるのみならず、それ自体が非強制的であり、その意味にかぎっては（かりにほかの意味ではそうでなくても）根源的に非暴力的であるような暴力はないのか。ベンヤミンはこうした非強制的暴力を「無血の」ものと呼んでおり、このことからこの暴力は人間の身体や人間の生命に対して仕掛けられるものではないことを含意しているようにみえる。これからみるように、最終的にベンヤミンがこの前提を維持することができるかどうかは明白ではない。もしそれが維持できるのだとすれば、ベンヤミンは強制を阻止するような暴力、そしてその破壊の過程において血を流すことのないような暴力を奉じていることになる。それは非暴力的な暴力の逆説的な可能性を示すだろうし、私はこの章で、ベンヤミンの論文におけるこの可能性を辿っていきたいと思っている。

ベンヤミンの論文は悪名高く難解だ。読者はいくつもの概念区分を手渡されるものの、それらを駆使できるのは、ほんの一瞬のことで、あとは、それらを手放すしかなくなるかのようだ。けれどもベンヤミンが目指していることを理解しようとするなら、どうしても押さえておかねばならない概念区別が二種類ある。ひとつは法制定的〔law-instating/ rechtsetzend〕暴力と法維持的〔law-preserving/ rechtserhaltend〕暴力の区別だ。法維持的暴力は法廷や、そしてまさに警察によってなされるものであり、法が自身の支配する集団に対して拘束力をもちつづけられるべく反復される制度化された努力を意味する。それは法が支配下にある市民に対して日々のくり返しのなかで拘束力をもつようになるありようを表象している。法制定的暴力はこれとは別のものだ。法とは通常、政体が出現し法が作成されるときになされるなにものかだと位置付けられているが、それは同時に、手に負えない集団を処理するための強圧的行動を導入するにあたって軍によって遂行される特権でもある。興味深いことに、軍は文脈によって、法制定的権力と法維持的権力の両方の例となる。このことについてはのちに、その他の暴力の可能性、つまり法制定的暴力と法維持的暴力を超え、またそれに対抗する第三の暴力の可能性について考えるときに立ち返ることにしよう。法が制定されるときのための裁定というのはそれ自体、他の法によっても正当化されていないし、また法の成文化に先行する合理的正当化に頼ることもない。また法というのはなにか有機的な方法で、たとえば文化的な慣習や規範が実定法に徐々に発展していくというようなやりかたで形成されるわけでもない。むしろその逆に、法の作成こそが正当化手続きや審議が起こる条件を作りだすのだ。法作成は、いうなれば専断的命令によって、そうするのであって、これこそ、この基盤形成行為の暴力によって意味されることの一部である。実質的に、法制定的暴力の暴力とは、「これが法となる」という言明、あるいはもっと露骨に「いまやこれが法である」という言明に集約される。[3] この後者の法的暴力——つまり法制定的な暴力——概念は、ベンヤミンにとって特殊な意味をもつ語である運命《フェイト》の一作用であると理解される。運命は古代ヘレニズム領域の神話に属するものであり、法維持的暴力は多くの意味でこの法制定的暴力の副産物である。維持されるべき法とはまさに、すでに制定されている法のことなのだから。法がその拘束性を反復されることによってのみ維持されうるということは、法が拘束的であることを何度も何度も主張することによってのみ「維持」されるのだということを意味する。つまるところ、運命として理解され、専断的命令によって布告される法制定的暴力のモデルは、法維持的暴力が作用するまさにそのメカニズムなのである。

　法を作り、そして維持する制度の一例が軍であるという事実は、軍が、こうしたふたつの暴力形態の内的な結びつきを理解するためのモデルを提供するということを示唆している。法が維持されるためには法の拘束的地位がくり返し主張されねばならない。そうした反復的主張が、法をふたたび拘束し、そうすることで規則にのっとったやり方で法設立の行為をくり返すことになる。さらにいえば私たちがここに見出すのは、もし法が仮にも自身を更新せず、また維持されるようはたらきかけもしなければ、法は機能することをやめ、維持されることもやめ、ふたたび拘束力を得ることもなくなるということだ。この法の破綻の場となるのが軍であろう。なにしろ軍は法を維持すると同時に法を執行するという典型的制度であり、まさにそれゆえに軍は、法が阻まれ機能しなくなり破壊を受け入れる場ともなろうから。

もし私たちが、法制定と法維持の両面において作動している暴力を理解しようとするなら、考察すべきは、いまひとつの暴力、それも運命の概念を経由しても、ましてやヘレニズム的あるいは「神話的暴力」を経由しても理解しえない暴力である。神話的暴力が法を樹立するとき、そこには、樹立することに対するいかなる正当化も存在しない。ひとたび法が樹立されてはじめて、私たちは正当化についてまがりなりにも語りはじめることができるのだ。きわめて重要なことだが、法は、制定される——正当化なくして、また正当化への考慮なくして。そもそも、この正当化への考慮は、法制定の帰結として、法によって可能になるものだが。最初に、主体が法によって拘束され、つぎに法的枠組みが出現し、法の拘束的な性格を正当化しにかかる。その結果、法に対し、また法の前で、責任をとる主体が、また法的責任《リーガル・アカウンタビリティ》との関係によって規定されるようになる主体が産出される。制定と維持という両面において、この法の領域に抗い、またそれを乗り越えるようなものとしてベンヤミンは「神的暴力」を措定する。この暴力が標的とするのは法的責任を樹立するその枠組みそのものである。神的暴力は、法的枠組みの強制力に対して解き放たれる。それが抗うことになる責任性とは、主体を特定の法体系に縛りつけるものであり、また、この主体が、その法体系に対し、革命的とまでいわなくとも、批判的である視点を育むのを妨げるものであった。ある法制度が解体されねばならないとき、あるいはその強制力が、その強制のもとで苦しむ人びとによる反乱へつながりかねないとき、責任の約定は破られてこそ意義がある。いってみれば、既存の法にしたがって正しいことをすることこそ、まさに中断すべきものとなる。不正であることがわかっている既存の法体系を解体するために。

これがまさにジョルジュ・ソレルの『暴力論』における議論であり、この議論はベンヤミン自身のゼネストについての、つまり国家装置全体を瓦解にみちびくストライキについての論考にも深い影響を及ぼしている。ソレルによればゼネストが目指すのは所与の社会秩序において、あれやこれやの特定の改革を遂行することではなく、むしろ所与の国家の法的基盤全体を解体することである。ベンヤミンがソレルの立場につなげるのは、みずからの思想に神学的・政治的な意味を同時にあたえているメシア的思考である。神的暴力は強制的な責任の形態から、また強いられるか暴力的なかたちをとる義務から、人を解放するだけでない。この解放は、罪の贖いであるとともに、強制的暴力への異議申し立てでもある。こうした議論の総体に対し、アナキズムや愚民支配が到来するのではないかと恐れを抱くむきもあるだろうが、留意しておくべきことがいくつかある。ベンヤミンはすべての法体系に抵抗すべきだなどとはどこでも論じていないし、このテクストに照らしてみるかぎりでも、ベンヤミンがある特定の法の支配に対しては抵抗し、その他の法の支配に対して抵抗しないのかどうかも、さだかではない。さらにいえば、たとえここでベンヤミンがアナキズムと通じているとして、私たちは少なくともこの文脈でアナキズムが何を意味するのか立ち止まって考えてみなければならないだろうし、ベンヤミンが「汝殺すなかれ」の戒律を真摯に受け止めていたことを思い返さなければならないだろう。逆説的ではあるがベンヤミンは法的責任と罪からの解放を、人生における、そして人生そのものの苦難と刹那性を把握するひとつの手立てとして捉えているのだ。そうした苦難や刹那性は道徳的、あるいは法的責任の枠組みでは必ずしも説明しきれない。この苦難と刹那性の把握は、ベンヤミンにとって、ある種の幸福へとつながっている。ベンヤミンのメシア的という概念に依拠することによってはじめて、人は、苦難――それも道徳的責任に依拠しても説明されないままの生の領域に属する苦難――の把握が、ある種の幸福へとつながるか、ある種の幸福を構築することをみることができる。この幸福の概念に関しては、「神学的‐政治的断章」についての最終考察のなかで立ち返りたいと思う。

この試論を書くにあたってベンヤミンはいくつかの材源に依拠しているが、そこにはソレルの『暴力論』、ヘルマン・コーエンの『純粋意志の倫理学』、そしてゲルショム・ショーレムによるカバラ研究がある。ベンヤミンはふたつの軌道を同時に辿っている。それは神学的な軌道と政治的な軌道であり、いっぽうで彼は法体系全体を麻痺と解体に導くようなゼネストの諸条件を、また他方で、その戒律が強制的な法に還元されないような命令を差し出す神聖なる神の概念を、練り上げている。ベンヤミンの論文のこのふたつの系列を、どちらにも対等の比重を置いて読むのは必ずしも容易ではない。読者のなかには、神学的なものはストライキの理論に資するものだと述べる者もいれば、また逆にゼネストは神聖な破壊の一例――あるいは類例《アナロジー》――にすぎないと述べる者もいるのだから。

けれども、ここで重要に思えるのは、神的暴力が、専制的でもなければ強制的でもない戒律によって伝達されることである。いうなればベンヤミンは、彼に先立ってフランツ・ローゼンツヴァイクがそうしたように、戒律というものを、拘束的でもなければ法的暴力によって執行されることもないような法として形象化しているのだ。[4] 私たちが法的暴力について語るとき、私たちが言及しているのは、法の正当性と強制力を維持するような暴力であり、法が破られれば待ち構えるのは、処罰体系であり、法体系を支援する警察・軍事力であり、そして個人を強制的に法に従って行動させ、法との関係によって個人の市民としての定義を獲得させるような法的・道徳的責任形態なのである。

興味深いことに、まさに聖書の戒律――とりわけ「汝殺すなかれ」の戒律――の再考をとおしてベンヤミンが批判を展開しているのは、国家暴力に対してである。多くの面でこの国家暴力の典型となるのは軍である、それもその法執行と法制定という二重の権力によって。私たちの慣習的思考では、神の戒律は命令的に作用し、私たちになんらかの行動を要求し、従わなければいつでも罰則をもって応えるものであるが、ベンヤミンが参照するのはこれとは異なったユダヤ的な戒律理解であり、それは法が明示する命令と、法の執行可能性問題とを峻拒するものである。戒律は、いずれのかたちであれ伝達する命令を執行する権能をまったくもたぬまま命令を伝えるのである。それは怒れる神、復讐する神の声ではないし、この見方によれば、より一般的にいってユダヤの法は決して懲罰的ではない。さらにいえば、ここでユダヤの神と結びつけられている戒律は、罪には抵抗し、罪の滅却さえ求めるものである。ベンヤミンにとってこの罪は、神話的・ヘレニズム的伝統の特異な継承物である。現に、ベンヤミンの論文が、断片的で潜在的なかたちではあるが提示しているのは、ユダヤ法を復讐、懲罰、そして罪悪感の誘導と結びつけるようなユダヤ法にかんする誤った解釈を払拭できるということである。強制的で罪悪感を誘う法という概念を超え、そしてそれに対抗して、ベンヤミンは戒律を、伝達される倫理的命題と個人とが格闘することしか要請しないものとして喚起するのだ。この戒律は命ずるのではなく、その運用可能性や解釈可能性――さらにはみずからが拒否される諸条件――をオープンのままにするのである。

私たちは、ベンヤミンの論文のなかに、ユダヤ教の神学的資源に部分的に着想を得ている国家暴力批判を見出すことができる。この批判は、ベンヤミンが「生ある者の魂《ゼーレ》」〔die Seele des Lebendigen〕（CV, 250〔1-272;2-60;3-74〕）と呼ぶものに対して振り向けられるような暴力に反対するものとなる。ただ、ここでは慎重に歩を進めなければならない。ユダヤ教神学の要素があり、それが論文全体を貫いているのは確かだとしても、この論文を「ユダヤ的批判」の実例であるというはまちがいだろう――そしてもちろん、ベンヤミンそのひとがユダヤ人だったからといってこれを「ユダヤ的批判」だというのはまったく意味をなさない。もしこの批判が正当にユダヤ的なものと呼ばれうるのならば、それはひとえにベンヤミンが省察するある種の批評的材源によるものだ。またそして忘れてはならないのは、ソレルはショーレムやコーエンと同じくらいベンヤミンの論文に影響を及ぼしているのだが、ソレル自身はユダヤ人ではなく、またはっきりとユダヤ的な材源を批評営為にもちこんだわけでもなかったということだ（ベルグソンをユダヤ的とみなすならば話は別だが）。ベンヤミン自身が非暴力の可能性や意味について言葉を濁しているのは間違いないけれども、私は次のように示唆したいと思う、戒律とは、ベンヤミン的思考によれば、法的暴力を批判するための基盤であるだけでなく、現在進行中の非暴力との闘争が、その中核としている応答責任《レスポンスビリティ》の理論の条件をなすものだ、と。

異なるユダヤ教

この読解には、私が注意を喚起したい、少なくともふたつの政治的含意がある。もしユダヤ教について通俗的な表象の一部が、復讐や処罰や罪悪感の植え付けを基盤とするような神概念、あるいは法概念を支持するものだとしたら、私たちは、ベンヤミンの思考を支えるカバラ的要素のなかに、異なるユダヤ教の存在に光をなげかけるような残滓を見出すのである。かくして、ユダヤ教の意味をめぐる大衆的表象のなかで私たちが直面するユダヤ教の矮小・還元化の一部には、ユダヤ教を怒れる懲罰的な神と結びつけ、キリスト教を愛あるいは〈慈愛《カリタス》〉の原理と同一視することがふくまれるのなら、こうした区分についても私たちは再考せねばならないだろう。私たちはまた、ローゼンツヴァイクや、のちにはマルティン・ブーバーの著作に影響を及ぼした、二十世紀初期における反ラビ主義運動の痕跡をも見出せると思う。この反ラビ主義運動は精神的刷新の概念と結びつけられ、いっぽうで同化主義を、他方でラビ的衒学傾向を憂慮するものだった。さらにこの運動はまた、ユダヤ教に法的ないし政治的な領土概念を持ち込もうとする試みに批判的であり、その議論のなかには現在におけるシオニズム批判と重要な点で共鳴するものもある。

　たとえばローゼンツヴァイクは法的強制に異を唱えただけでなく、非強制的な法の形象化の方途として戒律を喚起していた。彼の述べるところによれば、戒律の個々の規定にかかわらず、それぞれすべての戒律が伝えるのは神を愛せという要請なのである[5]。現に『救済の星』のなかでローゼンツヴァイクは、神の戒律はすべて「私を愛せ！」という言明に縮約されうると書いている。一九一〇年代と一九二〇年代において、ローゼンツヴァイクそしてのちにはブーバーも、ユダヤ民族のための「国家」という考えに異を唱え、法的強制と主権とをその基盤に据える国家の建設は、ユダヤ教の批判的そしてさらには精神的な力を破損させる、あるいはブーバーの言葉を使うと「堕落させる」と考えていた[6]。ローゼンツヴァイクはみずからの立場を詳述する間もなく夭折したが、ブーバーは「二つの民」によって共同的かつ平等に管理される連邦国家をも射程にいれるシオニズムのヴァージョンを抱懐するにいたる。ベンヤミンはといえば、私の知る限りではシオニズムの名において国家を建設すべきであるという見解を表明したことはないし、彼の友人であったショーレムとの往復書簡のなかで、この問題についてショーレムが見解を迫るたびに何度も話の矛先を変えていた(7)。現在時について考察をめぐらせるための文化資源としてベンヤミンのテクストを活用しようとする人びとにとって、ここで重要だと思われるものは、少なくとも二面ある。ベンヤミンのテクストは、ユダヤ性を流血主義に還元する反ユダヤ主義的ともなる矮小化の流れに対抗すると同時に、国家暴力に対して批判的関係を確立しているのであるが、その批判的関係は、国法によって定められるイスラエル国家における市民権に抗うものではないとしても、現行の諸政策に抗うべくユダヤ的批判的見解を動員する努力の一部ともいえるものになっている。

もちろん今日においてもベンヤミンの論文をけなす者はいて、その多くは、まちがいなく、このテクストを法支配と議会制度に対するファシズムの攻撃を予期していないものと論ずるだろう。一九二一年のベンヤミン論文の記述と、それを読む現代の読者とのあいだには、いくつかの歴史的惨事が起こっていた。そのなかにはナチスの絶滅収容所における一千万を超える人びとの殺害がある。市民を拘束するものとみなされた法の支配こそまさに、ファシズムに抵抗すべきものだったと論じることもできるだろう。けれども同じく、次のようなことも言えるのであって、市民を拘束する法こそが、ファシズムの法的装置の一部であるとしたら、そのような装置こそまさに、その拘束力に対し、それが機能停止するまで徹底的に反抗し抵抗すべき法ということになるだろう。ベンヤミンの法批判はしかし、具体性を欠いたままであり、法の拘束的または強制的ともいえる性質に対する一般論めいた反論は、ファシズムの台頭のみならず、憲法や国際法をないがしろにするような戦争、拷問、そして不法拘留をめぐるアメリカの外交政策を前にしたとき、さほど有益なものとは思えない。だがなんといってもやはり批評家たちがベンヤミンの論文に対して距離を置いたのは、ヨーロッパにおけるファシズムの台頭に照らしてのことだった。

　ベンヤミンの論文はジャック・デリダの「法の力」で手厳しい批判的読解を受け、ハンナ・アーレントの「暴力について」ではその格好の論敵とされた。ベンヤミンについての論文を書いたときにデリダは、ベンヤミンのテクストに流れる「メシア的マルクス主義」と彼が呼ぶものについて隠すことなく憂慮し、脱構築《ディコンストラクション》と破壊《デストラクション》のテーマとが混同されないようにとつとめ、いかなる特定の法、あるいはいかなる実定法をも超越する正義の理念を高く評価し肯定しようとした。もちろんのちにデリダは『マルクスの亡霊たち』や宗教にかんするさまざまな論文のなかで、メシアニズム、メシア性、そしてマルクス主義について再考することになる。だがベンヤミンについてのこの論考のなかでデリダは、ベンヤミンの議会民主主義批判はゆきすぎたものであるという考えをはっきりと述べている。ある時点でデリダは、ベンヤミンが、ファシズムを招来したのと同じ潮流である「反議会制の波」に乗っていたとさえ述べる。(8) デリダはまた「暴力批判論」を出版した同年にベンヤミンがカール・シュミットに手紙を書いたことを気にしているのだが、はたしてその手紙のいったい何が懸念のもとになったのかについてははっきりと示されることがない。どうもその手紙は二行程度のもので、本を送付してきたシュミットに対してベンヤミンが感謝を述べるものであったようだ。だがその形式的感謝の表現だけで、シュミットの本をベンヤミンが部分的ないし全体的に容認していると推測できる根拠にはなりえまい。

アーレントもまた「暴力について」で、ベンヤミンのような見解は、共同体を結びつけるものとしての法の重要性を理解していないと憂慮し、国家の創設は強制的ではない始まりでありえるし、またそうでなければならず、その意味で起源において国家は非暴力的でありえるということをベンヤミンが理解しそこねていると主張する。(9) アーレントが目指すのは、民主的法を、暴力や強制とは一線を画すような権力概念に基づかせることである。この意味でアーレントは、ある種の定義を固定化することで問題を解決しようとしているのであって、いわば条項規定的戦略とでも呼べそうなものを展開しているといえる。彼女の政治的語彙のなかでは、暴力は強制として定義づけられ、権力は非暴力的なものとして、より具体的には集団的自由の行使として定義づけられる。実際アーレントは、もし法が暴力に基づいていたとすれば、それはそれゆえに違法なのだとして、法が暴力によって制定されたり維持されたりしうるという議論に異議を唱えている。

実のところ、アーレントは、法を制定し民衆の調和に満ちた合意を表現するものとして革命を理解したのに対して、ベンヤミンは運命と呼ばれるなにものかが法を生じさせるのだとした。デリダが、ベンヤミン論文の読解のなかで、メシア的なものを法そのものが出現するための遂行的操作（そしてまた法制定の権力、運命、神話の領域）のなかに位置づけたのに対して、ベンヤミンにとってメシア的なものは法的枠組みそのものの破壊と結びつけられていて、それは神話的権力を代替する明白な選択肢となっている。以下、この章の残りの部分では、この運命と神的暴力の区別を吟味し、ベンヤミンのメシア的なものをめぐる概念が、批判の問題に対してもつ含意について考察してみたい。

国家暴力の成立条件の問題を私たちが考えるとすれば、「暴力批判論」のなかでベンヤミンが少なくともふたつの重なりあう特徴をもつ区分を提示していることを思い出すべきだろう。その区分のうち、ひとつは法措定的暴力と法維持的暴力との区分であり、いまひとつは神話的暴力と神的暴力の区分である。法措定的暴力と法維持的暴力についての説明がなされるのは神話的暴力の文脈においてなので、私たちとしても最初にそこに注目してみよう、なにが賭けられているのかを理解するために。法制度を存在させるのは暴力であり、法措定的暴力とはまさに正当化されないまま作用する暴力である。運命は法を産出するのだが、この産出は、まず神々の怒りの顕在化を経由する。この怒りが法としてのかたちをとるのだが、それはなんらかの特定の目的に資するものではない。それは純粋な手段を形成する。その目的とは、いわば、その手段それ自体を顕在化することである。

これを示すためにベンヤミンはニオベーの神話を引きあいに出す。ニオベーのおおいなる過ちとは彼女が、死すべきものである彼女が、豊饒の女神であるレートーよりも自分は子をなす力に優れ、偉大であると宣言したことにある〔レートーは、アポロンとアルテミスの双子しか生まなかったが、ニオベーは七男七女をもうけた〕。ニオベーの、レートーに対する侮辱は尋常ではなく、その言語行為によって神々と人間との区分を崩そうとした。アルテミスとアポロンがニオベーの不埒な主張を罰すべく現場にあらわれ彼女の子供たちを連れ去ったとき、この神々〔アポロンとアルテミス〕は、ベンヤミン的意味でいえば、法を措定しているのである。しかしこの立法行為は、まずもって既存の法に違反する犯罪に対する罰や報復として理解されるべきものではない。ニオベーの傲岸は、ベンヤミンの言葉で言うならば、法を犯しているわけではない。もしそうだとしたら、侵犯されるまえに法が整備されていたのだと考えねばならないだろう。むしろニオベーは、彼女の傲慢挑戦的《ヒューブリス》な言語行為によって、運命を挑発し煽っている。それゆえにアルテミスとアポロンは運命の名において行動する、あるいは彼らは運命が制定されるときの手段になりおおせる。運命がこの戦いに勝ち、そしてその結果、運命の勝利がまさに法の制定そのものとなるのである（CV, 250〔1-264;2-55;3-68〕）。

言い換えるならば、ニオベーの物語は、神が、生じた損害に対して法の措定によって応えるものであり、それゆえ法措定的暴力の例証となっている。損害は、最初、法への侵害として経験されるわけではなく、むしろ法が措定される条件なのである。法とはつまり、損害に対する憤怒の行為に固有の結果なのである。だがその損害もその憤怒も法によって前もって制限されているわけではない。

その怒りは行為遂行的に、ニオベーを特徴付け変身させる。彼女を罪深き主体として確立し、石化させ岩としてのかたちをとらせるのだ、かくして法は主体を石化させ、生を有罪性の瞬間のなかに閉じ込めてしまう。そしてニオベーその人は生きてはいても、彼女はその生のなかで麻痺状態にある。彼女は永遠の有罪性そのものとなり、この有罪性は、それを背負う主体を岩にかえる。神々が彼女になした報復は、終わりがないようにみえる。彼女の罪の償いも終わりがないように。ある意味でニオベーは、ベンヤミンが別のところで神話の領域に属すると主張した、無限の懲罰と償いの摂理を体現している。(10) 彼女の一部はこわばり、有罪であることによって、そして有罪というかたちで硬化しているが、同時に彼女は悲しみに満ち、その石化した泉からはとめどなく涙が流れ出る。罰は法によって拘束される主体——法的責任を持ち、懲罰の対象となり、そして実際に罰せられる主体——を産出する。もしあの悲しみが、あの涙がなかったなら、彼女は罪によって完全に消滅させられていただろう。だからこそベンヤミンが有罪性の贖いをとおして解放されるものについて考えるときその涙に立ち戻るのは、何か意味があるのだ（CV, 250〔1-265:2-56;3-69〕）。彼女の有罪性はもともと、外的に押しつけられたものである。思い出さねばならないのは、彼女が子供たちの死に対して責任があるのは、魔術的としかいいようもない因果関係によるということだ。子供たちは、けっきょくのところ、彼女の手で殺《あや》められたわけではない。それでもなお彼女は、神々によって下された鉄槌の結果としての殺害に対し、責任をとるのである。だとすればニオベーの法的主体への変身には、ある書き換えが起こっているように思われるだろう。それは、運命によって下された暴力を、彼女自身の行動が招いた暴力、それも彼女が主体として直接責任を負う暴力へと鋳直すものだ。このような条件のもとで主体であるということは、その主体に先立って存在する暴力に対し責任を取ることであり、しかもその暴力のはたらきは、主体からはみえなくなる、なにしろ、主体はみずからを苦しめるその暴力を自分自身の行為の結果生まれたものとみなすからである。つまり、自分を苦しめるものの唯一の原因として、自分自身を確立することで、その暴力の作用をみずから遮断してしまうような主体を形成することもまた、その暴力のさらなる作用にほかならないのだ。

興味深いことに、運命はたしかに法が確立される様式を特徴付けているのだが、いかにして法が、とりわけ法的強制が、解体されうるのか、破壊されうるのかについて説明していない。むしろ運命は、罪の主体を顕在化することをとおして法の強制的条件を確立しているのである。その効果とは、人を法に縛りつけ、苦しみをこうむることの単一の原因として主体自身を確立し、その主体を、罪悪感にまみれた責任にどっぷり漬けこんでしまうのだ。運命は、また、そのような主体から発生する不断の悲しみを説明するものであるが、ベンヤミンにとって運命は、強制の諸条件を撤廃する努力を記述する名称とはなりえない。それが何であるのかを理解するためには、運命から神へと、いいかえれば運命の属する領域である神話から、神的なる領域、つまりある種の非暴力的破壊の属する領域へと移行せねばならない。この非暴力的な破壊というのがいったい何であるかは明瞭ではないが、それは、法的枠組そのものへと差し向けられるような、またこの意味では、法的枠組によって必要とされ遂行される破壊とは区別されるような種類の破壊――とベンヤミンが想像していた――であるように思われる。

その論文の終盤にさしかかったところでベンヤミンは、出し抜けに、すべての法的暴力の破壊は必須になるだろうと宣言する（CV, 249〔1-270;2-58;3-72〕）。けれども私たちにはこれが特定の法体系によって行われる暴力をさしているのか、あるいはもっと一般的に法そのものに対応する暴力をさしているのか判然としない。ここまでの彼の議論は、おそらく彼にとって問題を提起しているのは法全般なのだろうと読者が推測せざるをえないような一般論にとどまっている。すべての法的暴力の破壊が必須であるとベンヤミンが書くとき、破壊はこの論文のなかでは説明されないままでいる歴史的瞬間と文脈でなされているように思われる。

それより前の部分でベンヤミンは政治的ゼネストとゼネストの区別をおこなっていた。前者は立法のことであり、後者は国家権力を壊すだけでなく、すべての法の拘束的性質を担保する強制的な力——すなわち法的暴力そのもの——を突き崩すもののことである。この二番目のストライキは破壊的だが、非暴力的だとベンヤミンは書いている（CV, 246〔1-258;2-51;3-63〕）。彼は、ここですでに非暴力的な破壊のかたちを提案しつつある。最後の数ページで神についての議論へと移るのは、この非暴力的なかたちの破壊性を例示し理解するためだ。いやむしろ、神はゼネストと何か関係があるといえるのかもしれない。両者とも破壊的でありながら非暴力的だとされているのだから。また神は立法ではなく、ベンヤミンがアナキズムと呼ぶものにも関係があるのかもしれない。だからもし私たちが神とは私たちに法をあたえる存在だと、あるいは法とは何ものたるべきかをモーセを通じて口伝える存在だと思うのであれば、私たちが考え直さなければならないのはまた、戒律とは実定法と同じではないということなのだろう。実定法はその力を強制をとおして維持する。これに対して戒律は、法形式としては、非強制的かつ強要不可能なのだ。

もし神的暴力において、神的なるものが、法をあたえることも維持することもしないのだとすれば、それでは戒律を、とりわけ政治において戒律に相当するものを、どう理解するのが最善なのかと私たちは頭を抱えることになる。ローゼンツヴァイクにとって戒律は断固として法的暴力や強制の例ではない[11]。モーセの神とは戒律をあたえる存在だと私たちは考えるけれども、にもかかわらずベンヤミンにとって戒律は法の制定の例ではない。むしろ戒律は、強制的な拘束力をもつものとしての法を破壊へと導くような法に対する視座を確立するのだ。戒律を神的暴力の一例と考えるのは奇妙に思えるかもしれない。なにしろベンヤミンが引用する戒律とは「汝殺すなかれ」なのだから。けれども、もし人が拘束されているところの実定法体系が、その者に対して殺すことを法的に要請するのだとしたらどうだろう。そのとき戒律は、その法体系の正当性を攻撃するという点で、暴力に対抗する暴力となるのだろうか。ベンヤミンにとってこの神的暴力は神話的暴力を破壊する力をもっている。神とは神話に対抗するものの名なのだ。

覚えておかなければならないのは、神的権力は、神話的権力を破壊するだけでなく、贖いもするということだ。これが示唆するのは、神的権力は罪の結果を取り消そうとするなかで、罪にはたらきかけるということだ。神的暴力は立法と神話の全領域にはたらきかけ、いかなる人間的表現をもとることのない許しの名において、罪業の徴を贖おうとする。神的権力は確かにその行為を、破壊的行為をするのだが、神話的権力が有罪なる主体を、懲罰可能な違反を、そして懲罰のための法的枠組を産出するときにかぎり、その行為ができるのである。興味深いことだが、ベンヤミンにとってユダヤ教の神は罪悪感を誘発する存在ではないので、懲戒の恐怖と結びつけられてもいない。神的権力は実に、流血をともなわない致命的なものとして記述されている。それは身体を石化させ終わりなき悲しみにむりやりつなぎとめる法の軛《くびき》を攻撃はするが、ベンヤミンの観点では、生ける者の魂を攻撃することはない。いやむしろ神的暴力は、生ける者の魂の名において行動するのである。そしてまたこうもいえる、罪悪感によって主体を麻痺させる法によって危険にさらされているのは、生ける者の魂にちがいないだろう、と。この罪悪感は魂の殺害めいたものにもなりうる。生ける者の魂を「生」そのものと区別することによって、ひとたび魂が破壊されたなら生の価値とは何であるのかと、ベンヤミンは私たちに問いかけるのだ。

法的暴力に対するこの反逆を、法的暴力の破壊という責務を、まさに動機づけるのは何であるのかという問いに対し、ベンヤミンは「たんなる自然的な生の罪」に言及する（CV, 250〔1-271;2-

59;3-73〕)。ベンヤミンはその論文「ゲーテの『親和力』」において、「自然的な種類の」罪は倫理的ではなく、いかなる不正の結果でもないと明言する――「人間のなかから超自然的な生が消滅するにつれ、その自然的な生は罪へと、たとえその人が倫理にもとるおこないなど何もおかしていなくても、変化していく。なぜならその生はいまや、たんなる生と結束しているのであり、たんなる生は人のなかに罪として顕われるのだから[12]」と。ベンヤミンは「暴力批判論」のなかではこの自然的な生の概念について詳述していないが、「たんなる生〔blosse Leben〕」についてはこの論文の他の部分で言及している。彼はこう書いている、「神話的暴力とはすべての生に対して暴力それ自体のために〔um ihrer selbst〕ふるわれる血ぬられた暴力〔Blutgewalt〕であり、神的暴力はすべての生に対し生ける者のためにふるわれる純粋な暴力〔reine Gewalt uber alles Leben um des Lebendigen〕である」(CV, 250〔1-271;2-59-60;3-73〕)。つまり実定法が「生それ自体」を制約しようとするのに対し、神的暴力は生そのものを保護するのではなく、むしろ「生ける者」のための生のみを保護しようとする。誰がこの概念の「生ける者」にあたるのだろう。ただ生きている人すべてではないはずだ。生ける者の魂は異なるもので、「生ける者のために」なされることとはたんなる生を取り上げることすらもふくみかねないのだから。このことはたとえば、ベンヤミンが神的暴力の例としてコラの一党への裁きを引き合いにだしていることにも明らかだろう。聖書のなかのこの物語〔旧約聖書『民数記』第十六章参照〕では、神の言葉への誓いを守らなかったことに対する神の怒りによって全共同体が滅ぼされるのである(CV, 250〔1-270;2-59;3-72〕)。

だとすればここで私たちはいささかうろたえながらも、「汝殺すなかれ」という戒律は、はたして自然的な生を守ろうとするのか、あるいは生ける者の魂を守ろうとするのか、そしてこのふたつを分かつのはいったい何であるのかと問わざるをえない。生そのものは実定法に抵抗するための必要条件でも十分条件でもないが、生ける者の「魂」はそうでありえるかもしれない。そのような抵抗は生ける者のために、すなわち能動的または生気にあふれる魂をもって生きている人びとのために、仕掛けられるかもしれない。この論文の始めのほうを読んだ私たちは「正しい目的のために使われる暴力と正しくない目的のために使われる暴力との間に線引きをするような自然法における誤解は断固として拒まれねばならない」と知っている（CV, 238〔1-233;2-33;3-42〕）。ベンヤミンが「神的」と呼ぶような暴力はその一連の目的によって正当化されるのではなく、それ自体が「純粋な手段」をなす。「汝殺すなかれ」という戒律は、破壊されるべき対象である法と同種の法であってはならない。神的暴力はそれ自体、法的暴力に抵抗するような暴力でなければならないのだ。それは、実定法によって支配されるたんなる生が、神的命令の主眼でありつづける生ける者の魂と異なるものであるのと、同様なのである。奇妙ともいえるねじれをもって、ベンヤミンは殺すなかれという戒律を生ける者の魂を殺害するなかれという戒律に読み替える。そしてそれゆえに殺すなかれという戒律は、そのような魂の殺害の責任を負うものとしての実定法に対して暴力をふるうことを要請する。

たんなる生が実定法によって奪われる一例となるのが極刑である。法的暴力に抵抗するなかで、ベンヤミンは法的に義務づけられた暴力としての極刑に反対する。なにしろこの暴力は、もっとも満足のゆくかたちで、実定法の暴力をあますところなく分節し例示するのだから。主体に死を宣告しうる法、また宣告するであろう法に対抗して、またそれを乗り越えるようにして、戒律は、何らかの意味の生をまさにそのような懲罰から保護するために作用するような法として立ち現れるのだが、何らかの意味とはどの意味なのか。それがたんなる生物学的な意味での生ではなく、罪悪感によって引き起こされた死に似た状態、とめどなく涙をながす岩と化したニオベーのような状況をさしているのは明らかだ。けれども贖いがニオベーに訪れるのは生の名においてのことなのであり、このことは罪の贖いとはどうも法的暴力に対する反乱の動機あるいは目的なのではないかという疑問を生じさせる。極刑執行の権限をみずからに保持する法体系と、責任・説明《アカウンタビリティ》との繋がりは、法的強制に対する反乱そのものによって破られるのか。「生ける者」の主張の何かが、ゼネストを動機づけ、そのゼネストが、法的強制力が継続的に主体におよぶことを可能にする罪障感を、まさに滅却するということか。国家との法的契約によってがんじがらめにされている罪障性から主体を解放したいという欲望――これこそが暴力に対する暴力を発動させる欲望になるのだろう。この欲望は、法との死の契約から生を解放しようとするのであり、この場合、死とは、罪悪感という硬化させられた力によって生ける魂にもたらされるものである。これは神的暴力、それも、すべての罪の痕跡を消し去るべく、嵐のごとく人類の頭上で鳴動する神的暴力であり、それは、まさに贖いをおこなう神的な力であって、報復ではないのである。

　神的暴力が標的とするのは個人の身体や有機的な生ではなく、法によって形成される主体である。それは罪人を罪から清めるのではなく、法にずぶずぶに漬かった状態から浄化するのであり、それによって法の支配そのものから発生する責任・説明の絆を解消する。ベンヤミンは神の力を「生ける者のためにすべての生にふるわれる純粋な力」と表現するときに、このつながりを明確にしている（CV, 250〔1-271;2-60;3-73〕）。神的権力が生み出すのは、流血をともなわずに突如訪れる贖いの瞬間である。生ける存在をその法的立場から引き離すこと（それは生ける者を実定法の軛《くびき》から解放する、または贖うことにも等しい）、それこそがその衝撃の、攻撃《ストライク／ストライキ》の効果であり、無血の効果なのである。

だが、この暴力がコラの一党の物語のようにある民族の殲滅をともないうるのならば、そしてそれが自然的な生と生ける者の魂という問題含みの区別に依拠するものならば、この暴力ははたしてほんとうに無血だといえるのだろうか。「生ける者の魂」という概念には、暗黙のプラトニズムが働いているのだろうか。この問いに対して私は次のように論じたいと思う。この「魂」という概念はまさに生きている人びとに属するものであって、それゆえそこにはイデア的な意味は付与されてはいない、と。これがどう作用するのかについては、本章の結びの議論のなかで明確にできればと思っている。

生ける者の名において

ベンヤミンが自然的な生と生ける者の魂の区別について明確にしはじめるのは、神的暴力について、「物／財産、権利、生／生命といったもの」に対し「相対的に」ふるわれることもあると譲歩しつつ、しかしそれは生ける者の魂（die Seele des Lebendigen）を絶滅させることは、決してないと述べるときである（CV, 250〔1-272;2-60;3-74〕）。神的暴力は暴力ではあるけれど、けっして絶対的な意味で「全滅させる」ことはなく、ただ相対的にそうなるということだ。この「相対的に（relativ）」という語の使用を私たちはどうとらえるべきなのだろうか。しかも、ベンヤミンは、彼の命題が人間に対し、たがいを死にいたらしめる力を行使する権利をあたえるとまでは言えないと主張するのだが、はたしてそこにどれだけの論理的つながりがあるというのか。「殺してもよいか」という問いは「汝殺すなかれ」という戒律において、なにものにも還元不能な〔irreducible〕(Unverruckbare——これは、動かせない、固定されたという意味で、字義どおりには、狂わせることはできない、進路からそれることができない、である) 答えに遭遇する。戒律が還元不能で動かしえないものであることは、それが解釈不能であるとか、反駁できないということを意味しない。戒律に耳を傾けるものは「孤独のなかで［それ］と格闘〔sich auseinanderzusetzen〕しているのであり、例外的〔ungeheuren〕な場合には、それを無視する責任をみずから負うのである」(CV, 250〔1-273;2-61;3-75〕)。

怒りに満ちた行為が懲罰的な法を制定するという神話的な場面に対抗し、それを超えるかたちで、戒律は罪による徴《しるし》づけとは異なる力を行使する。神的な言葉は、それが行為遂行的なものであるとすれば、発話媒介的行為〔聞き手に何らかの影響をあたえる言語行為、命令、脅し、約束、説得などがこれにあたる〕であって、聞き手の呑み込み理解《アップテイク》が成立するか否かに本質的に依存する。聞き手がそれを自分のものとして占有《アプロプリエーション》することによってしか神的な言葉は作動せず、この占有《アプロプリエーション》が起こる保証はどこにもない。ベンヤミンは戒律の非専制的な力について、こう書いている——「ひとたびその行為がなされてしまえば、戒律は、あくまでも適用できないもの、同一の基準で測ることのできないものとなる」(CV, 250〔1-273;2-61;3-74〕)。これが示唆するのは、戒律が喚起することになるどのような恐怖も、主体を、服従をとおして法に縛りつけることはないということだ。神話的な法の例では、懲罰が罪悪感と恐怖を植えつけるのであって、ニオベーの例は、みずからを神々になぞらえようとするすべての者に待ち構えている懲罰の典型例なのである。

ベンヤミンの戒律はそのような懲罰を伴わず、みずからが要請している行動を強いる力も欠いている。ベンヤミンにとって戒律は、いかなる警察力ももたないのだ。それはゆるがすことができず、ただ発せられるのみで、戒律そのものとの格闘の機会そのものとなる。恐怖を喚起することもなければ、事後的に裁きを強制することもない。だからベンヤミンはこう書くのだ、「行為に対するどのような裁きも戒律からは引き出すことはできない」と（CV, 250〔1-273;2-61;3-74-75〕）。戒律は行動を支持することもなければ、恭順を強いることもなく、その命令に応じる者に対しても応じることのできない者に対しても審判をくだすことはない。戒律は一連の行動に対する審判基準を作り出すのではなく、むしろ〈ガイドライン〉（Richtschnur des Handelns）として機能する。そして戒律が義務づけるものとは、戒律との葛藤であり、その葛藤をとおして最終的にどのようなかたちのものが生まれるかはまえもって決定することができない。ベンヤミンの驚くべき解釈では、人は孤独のなかで戒律と格闘するのだ。

ある種の倫理的呼びかけとして、戒律とは個人がひとりひとり、なんの手本もないまま格闘しなければならない相手である。戒律に対するひとつの倫理的な応答《レスポンス》とはそれを拒むこと（abzusehen）だが、そのときでさえ人は拒むことに対して責任《レスポンシビリティ》をもたねばならない。責任は、人が戒律との関係のなかで引き受けるものだが、それは戒律によって命ぜられるものではない。責任をとることは、いわば義務とも、ましてや服従とも、明確に区別されている。そこに格闘があるのなら、自由に似た何かが存在していることになる。人は好きなように自由に戒律を無視できるわけではない。いうなれば人は、戒律との関係においてみずからと格闘しなければならないのだ。けれども自分自身との格闘は、戒律を拒否したり修正したりするというような結果や決断や行為を生み出しうるのであって、この意味でその決断は、特定の解釈の結果であり、制約されていると同時に自由なものでもある。

ベンヤミンに対しては人は期待するかもしれない、暴力から生の価値を防護し、そしてさらに、この防護行為を名指すものとして、この法の軛《くびき》に対する攻撃を名指すものとして、この罪の贖いと生の復活を名指すものとして、非暴力的な暴力の概念を創出することを。けれどもベンヤミンは、幸福と正義よりも存在のほうを重んじる者は「偽りの」そして「いやしむべき」(niedrig) 立場に屈従するのだと明確に述べている。ベンヤミンは「存在」を「たんなる生〔mere life〕」として理解することに対しては異を唱えつつも、存在は幸福や正義よりも重んじられるべきであるという命題には「強大な真理が」あると示唆する——もし私たちが存在や生を「「人間」の何物にも還元できない総体的な条件」を指すものと考え、「どんなことがあろうと人間はみずからのなかにあるただの生と照応するなどとは言えない」とするならば (CV, 251〔1-275;2-62;3-76〕)。ベンヤミンが自己防衛のための殺人は禁止されないというユダヤ教的見解に賛同していることからも明らかなように、殺人を禁ずる戒律は、生そのものの神聖さ〔sacredness〕(heiligkeit)(これは罪悪感と関連する概念である) にではなく、何かほかのものに基付いている。とはいえベンヤミンは殺人に対する戒律の根拠や目的を確立しようとするなかで神聖さの概念を退けているわけではない。ベンヤミンが目指しているのは、ただの生、あるいは自然的な生から、生における神聖なものを明確に区別することである。

ベンヤミンが魂や聖なるものについての精神世界的教義を信奉しているのだろうと理解したくなる誘惑に、つかの間とらわれるのは、ベンヤミンが「この世の生、死、そして死後の生のすべておいて同一的に存在している、この人間の生というもの」に言及するときである（CV, 251〔1-275;2-62;3-76-77〕）。ただし、そんなときでさえ、ベンヤミンが聖なるものに対して言及するのはあくまで挿入句的な訴えのなかでしかない――「たとえ人間がどれだけ神聖であったとしても［so heilig der Mensch ist］……人間の条件にはなんの神聖さもありはしない」。人間の条件には、身体的な生やその傷つきやすさが含まれている。神聖なものとはある限定的な意味でいうところの、この世の生と死後の生とが同一である生ということだが、このことを私たちは、どう意味づけたらいいのだろう。ベンヤミンは聖なるものの問題と正義の問題を、憶測という文脈のなかで導入するのみで、もし時間が問題になるのなら、それは不確定な未来に属すると示唆するだけである。ベンヤミンのこうした主張を私たちはどう判定するべきなのだろう。この世のものではないべつの生への、身体を超越するような生命観へのこの訴えかけは、「魂のテロリスト」（der getstige Terrorist）の策略であり、暴力を正当化する「目的」を供給するものなのだろうか。だが、これはベンヤミンの初期の主張、すなわち神的暴力は特定の目的に従ってではなく、純粋なる手段として作動するという主張と齟齬をきたすように思われる。この主張によってベンヤミンは次のことを示唆している。神的暴力はある一連のプロセスを完遂させるのであって、それを「引き起こす」わけではないこと、また神的暴力が達成する「目的」を、神的暴力が達成される「手段」から切り離すことはできないということ、そしてその種の道具的計算は、ここでは脇においておかれるということ。

最初にベンヤミンの憶測のなかにあらわれるこの限定的な意味での生というものを理解してみよう。もしこの限定的な意味での生というものに何らかの聖性や神聖さがあるとして、それはまさに罪悪感や実定法の法執行暴力に抵抗するものである。そうしたかたちの法的暴力に抵抗する、あるいは反撃するものにこそ、その神聖さは存するのであって、こうした敵対的な対抗的暴力はそれ自体において、これまでずっと束縛を受けずにいたもの、罪悪感に苛まれずにいたもの、あるいは贖われたものの表出である。ひるがえってベンヤミンのこの論考のなかで神的暴力はゼネストや革命的なものに結びつけられているのであり、これらが今度は国家の法的枠組に反発しそれを破壊するものに結びつけられる。ここから言えるのはこの聖なる、あるいは神聖な意味での生というのはまた、アナーキーな状態に、またさらに行動規範を超えた、あるいはその外側に存在するものと接合されているのではないかということだ。孤独な者が、規範にも根拠にも頼ることができないまま、戒律と格闘する者として呼び出され提示されるとき、私たちはこのアナーキーな瞬間をすでに見ていた。それは無秩序な闘争、行動規範に訴えることなく起こる闘争、そして戒律との関係において行動しなければいけない者と戒律との間にくり広げられる闘争なのだ。なにしろこの二者が繫げられることに根拠などないのだから。この孤独な、戒律との折り合い交渉にこそ、法の基盤を破壊する一般化不可能な瞬間が宿る。その瞬間は、ほかの法によって呼び起こされる——すなわち生の名において、また法的な現状をゆるぎなく維持する強制・罪悪感・責任の外側で生きる未来への希望をもって。国家権力の破壊あるいは根絶は法措定的暴力にも法維持的暴力にも属さない。新たなる時代というものはこうした法的暴力の撤廃あるいは革命的破壊をとおして基盤が築かれるが、この場所からはいかなる法も作られないし、この破壊は実定法の新たな精密化の一部ではない。破壊というものには、どこか奇妙な永続性が付着するのだが、それが納得できるのは、ほかでもない、戒律と折り合いをつけようとするいかなる努力においてもみられるアナーキーな瞬間こそ、実定法の基盤を破壊する瞬間であることを私たちが思い起こすときなのだ。それはメシア的なもの――このエッセイのなかでベンヤミンその人が折り合いをつけようとしているもの――の神学的な意味について考えてみたときにもまた納得できることだろう。このメシア的なものは私たちが考察してきた限定的な意味での生の意味を支えるだけでなく、ベンヤミンによる魂の理解についておこなわれるプラトニックな解釈に反対しているのである。

ベンヤミンが言及しているアナキズムや破壊を理解するにしても、それを別種の政治状態とか、実定法に対する別の選択肢などととらえてはならない。むしろそれは実定法の条件として、また実定法の必然的な限界として、つねにくり返し出現するものだ。それは、これから来る時代を予示するのではなく、あらゆる種類の法的暴力の根底にあるものであり、主体がそれによって法に拘束されるあらゆる行為を支援するところの、破壊への潜在的可能性を構成するのだ。ベンヤミンにとって実定法の外にある暴力は革命的であると同時に神聖なものとして形象化される。それは彼の言葉でいえば、純粋で、無媒介で、混じり気のないものである。この物言いは、ベンヤミンがゼネスト――法制度全体を屈服させるストライキ――を記述するときの言語から借用している。ベンヤミンが贖いの暴力は人間の目には見えず、永遠不滅の形態――すなわち、この世の生、死、ならびに死後の生のすべてに同じように現前する人間のなかにある生――に結びつけられているると主張するとき、そこにはどこか思弁的に響くものがある。「暴力批判論」と同時期に書かれた「神学的－政治的断章」(13)とあわせて読むと、慎重な考察に値するいくつかの主張を見出すことができる。第一は、歴史的なものは、それ自体を、メシア的なものと結びつけることはできないこと。そして第二は、浄罪的な暴力は、真なる戦争、あるいはひとりの犯罪者に対する群集の神聖なる審判のなかに顕現しうるということである(CV, 252〔1-278;2-64;3-79〕)。

この時点で、いまだ懸念を誘う原因となるものがあるように思われる。ベンヤミンはあらゆる適法性の外にある真なる戦いを正当化しようとしているのか、あるいはまた群集が立ち上がり彼ら自身によってのみ犯罪者と規定されたところの者に対する攻撃を正当化しようとしているのか。聖なる処刑に対するベンヤミンの最終的な言及はまた、無法状態の大衆が蜂起し、何らかの神聖な力の名においてありとあらゆる物理的暴力をふるうという同様の情景を喚起する。これはベンヤミンが、彼を危険なまでにファシズムに接近させる「反議会制の波」に乗っているということなのか。あるいはこのいわゆる聖なる処刑は実定法の全体化の主張だけを攻撃しているのか。ベンヤミンはここまでですでに神的なあるいは神聖な暴力は一連の目的によって正当化されるのではないと論じてきたが、とはいえ行為者と神的なものとの特定の関係が神的暴力では問われていると主張しているように見える[14]。

こうしたベンヤミンの主張は最終的にどう解釈したらよいのだろう。ベンヤミンは暴力を呼びかけているわけではなく、むしろ、破壊はすでに実定法の、そしてまさに生そのものの前提として作用していると示唆しているのである。聖なるものは、永遠なるものを名指しているわけではない——もし私たちが、破壊そのものをある種の永続性として理解するのでないならば。さらに言えば、ベンヤミンによって喚起される聖なるものの概念が含意しているのは、破壊には何の目的もないことがありうること、そして破壊されたものは立法によっても目的論的な歴史によっても贖われないことである。この意味で破壊とは、戒律の占有《アプロプリエーション》が起こるアナーキーな瞬間であり、そしてまた主体を生気なき罪悪感のなかに拘束する実定法体系に対する攻撃が起こるアナーキーな瞬間でもある。それはさらにいえば、かなり正確な意味において、メシア的なのである。

ならば破壊の正確な意味を、ベンヤミンが取組んでいるメシア的概念のなかにおいて考察してみよう。はじめに考えてほしいのは「断章」のなかの「幸福のなかで現世的なものすべてがその没落を求めている［im Glück erstrebt alles Irdische seinen Untergang］」という主張だ（TF, 312-13〔1-225;2-84〕）。この没落は一度だけ起こって終わるものではなく、起こり続けるものであり、生そのものの一部であり、そして生のなかの聖なるもの、まさに「生ける者の魂」によって意味されるものを、構成するといってもよい。「神学的－政治的断章」のベンヤミンにとっては、倫理的孤独に結びつけられる内なる人間こそがメシア的な強度の発現の場となる。これはベンヤミンの責任に対する考え方の根幹をなすところの戒律との孤独な格闘を念頭におけば納得がゆく。それはのちにレヴィナスの立場とも共鳴するようになる責任の概念であり、強制的な服従とは根本的に異なり、それに抵抗しさえするものだ。内なる人間のメシア的な強度は、苦難によって条件づけられるか、もたらされるのであって、このとき苦難は不運や運命のこととして理解される。運命に苦しむこととはまさに、自分自身が苦難の原因ではないということであり、自身の制御を超えた偶発的な出来事や力の帰結として、罪の文脈の外で苦しむことである。けれども運命が実定法を作り出すことに成功したならば、この運命の意味の重大な変化があとに続く。運命によって作り出された法は、主体に信じこませることに成功する。主体は、自分こそが人生における苦難に対して責任がある、自分の苦難は自分自身の行動の結果なのだと信ずるのだ。言い換えれば、運命が課す苦難は、その主体に帰属させられ、主体自身が責任をとるべきものとなる。

もちろんこれは、責任など存在しない、存在すべきではない、などと言っているわけではない。まったくその逆だ。ただベンヤミンが目指しているのは少なくとも三つの相関する論点を示すことである。それは（1）責任は、倫理的要請とのアナーキー的でありながらも孤独な格闘として理解されなければならず、（2）強要された、あるいは強制された服従は魂を殺害し、人がみずからに課された倫理的要請と折り合いをつける能力を蝕み、（3）法的な説明責任の枠組みでは人間の苦難の諸相に対し十全に対処することも、それを是正することもできはしない、という三点である。ベンヤミンのいう苦難とは人生そのものと同一の広がりをもつものであり、それは最終的には人生のなかで解決されえないし、どんな因果関係でも目的論でも適切な説明ができないのである。この苦難にもっともな理由などなく、いつかそのもっともな理由なるものが現れるわけでもない。メシア的なものが出現するのはまさにこの時点、つまり没落が永劫のもののように思える時点のことである。

「断章」では、人間の幸福からの絶えざる没落ゆえに、うつろいゆく刹那性〔transience〕が永遠のものになるという。これが意味するのは没落以外なにも存在しないということでも、あるいはつねに没落があることでもなく、このうつろいゆく刹那性のリズムが終わりのないままくり返されていくということだ。ベンヤミンにとって、不滅性が対応するのは「永遠の没落へと向かう現世的な原状回帰」であり、「そしてこの永遠に刹那的な現世的存在、その総体において、その空間的のみならず時間的な総体においても刹那的な存在のリズム、メシア的な自然のこのリズムこそ、幸福なのである」（TF, 313〔1-225-26;2-84225-26〕）。ベンヤミンは幸福とは、刹那的なもののリズムを了解することから導き出されるものだと理解している。じつに苦難のリズミックな次元こそ、それと双子のように対になっている逆説的なかたちの幸福の形態の礎となるのだ。もしもメシア的なもののリズムが幸福であり、そしてそのリズムは、すべてのものは消え去る運命にあり、没落を経験する運命にあるという了解のなかに存するものだとすれば、このリズム、刹那的なものリズムは、永遠であり、そしてこのリズムこそまさしく人の内的な生を、苦難する人を、永遠なるものと結びつけるのである。これは戒律によって喚起される生の限定的な意味を説明するように思える。それは「たんなる生」の反対にあるものではない。なぜならうつろいやすい刹那的なものは、「たんなる生」をまさしく特徴付けるものなのだから。むしろ限定的な意味での生とは、刹那性のリズムとしてとらえられた時のただの生のことなのだ。そしてこれは、生そのものが罪深いものであって、罪悪感が私たちを法に縛りつけなければならず、そしてそれゆえ法は生に対して必要不可欠な暴力をふるわねばならない、という見解にまっこうから反対するものとなる。

このようにしてみれば、内なる生と、永遠なる、この人やあの人の生にかかわるものと限定されない苦難との間には、ある種の相関関係があるということになる。そして内なる生という、いまや苦難として理解されるべきものがまた、殺すなかれという戒律との一般化不可能な格闘の条件となる。この孤独な格闘と、そして苦難はさらに、強制的な法にとって致命的な動きを引き起こすこととなるアナキズムの意味なのである。強制的な法はすべての苦難を欠陥のせいにしてしまう、つまり、すべての不運を罪に変えようとする。実定法はしかしながら、その説明・責任《アカウンタビリティ》を妥当な領域を超えて拡大することによって、生とその必然的な刹那性を、その苦難とその幸福の両者を征服する。主体を嘆きの岩へと変えてしまうのだ。もし実定法が確立するのが、自分の苦難に対して責任をとるべき主体ならば、実定法が生み出すのは、罪悪感にまみれた主体であり、自分自身の行いのせいで招いたわけではない不運に対する責任をひき受ける主体、ないし、みずからの意志だけによって自分の苦難に終止符をうつことができると考える主体なのである。もちろん人間はおたがいに危害を加えたりするけれども、誰の苦難もそのすべてを他の人間の行動に帰することはできない。神的暴力による罪深い主体の贖いが起こるのは、主体を危害の原因としてみる自己中心的な概念が、どれだけ告発を重ねたところでやむことのない苦難があるという認識によって和らげられる時、あるいは否まれるときだ。この贖いは罪悪感が生みだす逃避的なナルシシズムから主体を解き放ち、主体が生に立ち返ることを受けあう。その時主体が立ち返るのはたんなる生ではなく、かといってはるか遠くの不滅なるものでもなく、その聖なる刹那性という意味における生なのだ。刹那性が永遠なるものとなるのは、この刹那性には決して終わりがなく、あまねく生のリズムには滅びの抑揚が響いているということを意味するのだから。このようにしてベンヤミンは生を死から守るのではなく、死のなかに生のリズムを見出している。そうして見出されるのは生の唯一の幸福ではないしにしても、主体にとって罪からの贖いによる解放を必要とするひとつの幸福のかたちであり、それはまた主体そのものの解体を、あの岩のように凝り固まった存在の溶解を、帰結させる幸福のかたちでもある。

ベンヤミンはその初期論考において、芸術作品の領域における「批評的暴力」と呼べるもの、さらには「崇高な暴力」とさえ呼べるものについて言及していた（CV, 340）[15]。芸術作品において生きているものは、誘惑や美に逆らうように動く。芸術は生の石化された残滓としてのみ、ある種の真実を語りうる。美の消去は外見の消去を必要とし（美を構成するのは外見なのだから）、罪の消去はさまざまなしるしの消去を必要とする。最終的には記号もしるしも芸術作品がその真実を証し立てるために、そのはたらきを止めねばならない。この真実は言語というかたちを、絶対的な意味での語のかたちをとる（視覚的分野を言語的分野とはちがうものとして捉えようとするために問題含みの見解ではあるが）。ベンヤミンにとって、ここでいう語とは、たとえそれ自体は目に見えなくとも、目に見えるものに組織化された統一性をあたえるものなのだ。それは、外見の領域に埋め込まれている理念的なものを、組織化する構造として構築している。

「暴力批判論」において、ここでいう語とは戒律、それも殺すなかれという戒律のことであるが、この戒律は、それが外観の領域を組織化する、ある種の理念性のようなものとして了解されるときにはじめて、受容されうるものなのだ。(16) 刹那性のなかにある聖なるものはその刹那性の外には見出されないのだが、かといって、それは、たんなる生に還元されうるのでもない。もしも「たんなる生」という条件が聖なる刹那性によって克服されなければならないというのなら、たんなる生は、殺害を禁ずる戒律を正当化しないことになる。むしろその逆で、人間の生のなかにある聖なるもの、刹那性は、ベンヤミンがメシア的なもののリズムと呼ぶもの――人間の行動の非強制的な了解の基盤をなすもの――にむけて差し向けられている。ベンヤミンが示唆しているように思われるのは、道徳の範囲外にある刹那性という概念こそが、人間的苦難の概念への了解への道を開くということである。なにしろ、この人間の苦難こそ、罪にもとづく道徳性の概念の限界をさらけだすものであり、麻痺・自己非難・終わりなき悲嘆を生み出す道徳的因果律の換喩的転義《メタレプシス》〔比喩をべつの比喩で置き換えるもので、それ自体、換喩となるもの〕なのだから。けれどもこの説明からベンヤミンが残そうとしたものがあり、それは終わりなき悲嘆であるように思われる。なんといってもやはりニオベーは彼女のしたことを悔いているだけではなく、彼女が失ってしまったものを悼んでいる。刹那性が道徳的因果律を超越する。その結果、こうもいえるかもしれない。ニオベーの涙こそ、神話的暴力から神的暴力への移行を可能にするような比喩形象を提供することになる、と。

ニオベーは自分がレートーよりも多産であると豪語し、そしてレートーはニオベーの七人の息子を殺すべくアポロンをつかわす。ニオベーはなお自慢をつづけ、そしてレートーはニオベーの七人の娘を殺すべく、アルテミスをつかわす。娘のひとりであるクロリスは生き延びたという説はあるが。ニオベーの夫はみずから命を絶ち、そしてアルテミスはニオベーを岩にする——それも永久に涙を流しつづける岩に。人はいうかもしれない、ニオベーに課された罰は彼女みずからが引き起こしたものだ、そして彼女は傲岸なうぬぼれという罪を犯しているのだ、と。けれどもその罰を考え出し、ニオベーの子供たちの殺害を命じたのはレートーだという事実は消えない。そしてまた、レートーの法的権威を確立し、かくしてその正当性を訴求的につくりだしたのがレートーの子供のアポロンとアルテミスなのだ。法はこの罰によって出現する。そしてその結果として罪深く懲罰されるべき主体を作り上げ、この主体が法措定的な力を隠蔽しつつ作動させる。もし神的暴力が法の設定にかかわるものではなく、むしろメシア的なものをその贖いの力によって動員するのだとすれば、神的な力は罰される主体を罪から解き放つということになるだろう。

ニオベーの贖いとは、どんなものなのだろう。私たちにそれを想像することはできるだろうか。この場合に正義はある種の憶測を、憶測の可能性を開くことを必要とするのだろうか。私たちに想像できることといえば、岩が水へと溶解し、そして彼女の罪がとめどない涙へと流されていくことくらいだ。それはもはやこのような罰に値するどんなことを彼女がしたのかという問いではなく、いったいどのような懲罰システムが彼女にこんな暴力をふるうのかという問いである。私たちは想像する――ニオベーがふたたび立ち上がり法の残忍さに疑義を突きつけることを、そして自分を支配する暴力的な権力に対する怒りに満ちた拒否と失われた数々の命に対するはてしない哀惜のなかで、彼女が傲慢の罪をふり捨てることを。もしその悲しみに終わりがないのなら、それはまたおそらく絶えることなくつづく、永遠のものですらある。この時点でそれは彼女の喪失であるだけでなく、「没落」の一部であって、それによって彼女の喪失は、破壊のリズムへ、生における聖なるものと生から幸福へとむかうものからなるリズムへと結びつく。

それでもなおさまざまな理由から、ベンヤミンのこの初期論文における議論に対する心地の悪さが消えない。というのもベンヤミンは、すべての法的暴力に抗うことがはたして私たちの義務であるのか、または権力をもつ者が暴力をふるうのを強制的に抑え込むというある種の義務を彼自身は支持するのかどうか、そして主体は国家に何らかの意味で義務を負うべきなのかどうか、といった問いについて、語ることがないからだ。明らかに彼は未来への青写真を提示しようとしているわけではなく、時間についての新たな展望だけを提供しようとしているのだ。この論文は変化ではなく破壊についての述懐で終わっていて、どんな未来もそこには描かれてはいない。だがそれは未来がありえないということを意味しているわけでもない。論文の前半部でベンヤミンは、ソレルにとってプロレタリアのゼネストは「純粋な手段としての……非暴力的な」暴力にくみするものだと述べている。これを説明するにあたってベンヤミンはこう書いている――「というのもそれは、うわべの譲歩や労働条件についてのなんらかの改善を勝ち得たのちにはまた仕事にもどる準備ができているところでは起こりえないのだ。ゼネストが起こるのは、もし仕事を再開するとすれば、それは全面的に改変された仕事、もはや国家から強制されることのない仕事のみをするのだという強い決意があるときなのだ。それはこの種のストライキの原因になるというよりはむしろそれを完遂する［nicht so wohl veranlasst als vielmehr vollzieht］ような大変動［ein Umsturz］なのである」（CV, 246〔1-258;2-51;3-63〕）。

この完遂をもたらす大変動はゼネストを神的暴力と結びつける。神的暴力はさらに強制執行の諸形態と決別し、目的論的構造と予言を退けるような時間の感覚を切り開く。より明確にいえば、メシア的なものは目的論的な時間の展開をはばむのだ（メシアはけして時間にどおりに到来しないのだ）。メシア的なものは贖いをもたらす。罪悪感、懲罰、強制を排して、その後釜に、より幅広い苦難の概念、しかも、永遠の、またはくり返される刹那性との関わりにおいて生ずる苦難の概念を据えるのだ。この意味で、ベンヤミンの法的暴力の批判が私たちに要請するのは、人生、喪失、苦難や幸福といったものについての私たちの理解をひとたび留保すること、苦難、「没落」、幸福のあいだの関係性について問いかけること、そして国家暴力によってもたらされる生の感覚喪失や喪失の永続化に対抗するためにいかにして刹那性が聖なる価値をもつものへの道筋を開いてくれるのかを理解することなのだ。聖なる刹那性は、ただの生が国家暴力から保護されるべきものであるのはなぜなのかを私たちに示す原則としても機能しうる。それはまた「汝殺すなかれ」の戒律が、なぜ革命的行動の神学的基盤となるのではなく生の価値の了解の非神学的な根拠となるのかを示すだろう。ある人がこうむっている苦難が没落の反復的リズム、永遠でさえあるリズムだと理解されるとすれば、次のように言えるだろう、その人自身の苦難は苦難の反復的なリズムのなかに消散していくのだと、その人は他の人びとよりも深く苦しんでいるわけではないし他の人びともその人より深く苦しんでいるわけではないのだ、と。そして一人称的な視点は脱中心化されるのだ――罪と復讐の両者を散逸させながら。もしこのくりかえされる没落が人生に幸福のリズムをもたらすのだとすれば、それは純粋に個人的なものとは決していえないような幸福なのだ。

そしてまたおそらく私たちはベンヤミンの議論に批判《クリティーク》の条件を見出すことができるのではないだろうか。人が実定法の正当性と自己維持力の源である暴力に対して問いを投げかけ、抵抗することが可能であるということは、すでにそのひとは実定法のパースペクティヴからは離反しているはずなのだから。法は法の名において犯される暴力を合法化し、暴力は法がみずからを措定し合法化する方途となる。この循環が破られるのは、主体が法の軛《くびき》をかなぐり捨てるとき、あるいはそうした軛がとつぜん取り払われたり分解されたりするとき、あるいはまた群集が主体の場にすわり、法の要請を遂行することを拒み、まぎれもなく非専制的な力をもつ戒律と格闘するときなのだ。戒律と格闘する個人はゼネストを選択する集団にリンクされる。なにしろ両者はともに強制を拒み、そしてその拒絶において、熟慮のうえの自由という、人間の行動の基盤として奉仕するただひとつのものを行使するのだから。ベンヤミンは、このような厳しいゼネストの条件下において、とくに軍隊がその任務を拒否するときに、「その行為は実際の暴力の程度を減少させる」と書く（CV, 247〔1-260;2-52;3-64〕）。私たちはストライキを国家に抵抗する「行為」と呼ぶが、それはむしろヴェルナー・ハーマッハーがいうように不作為、すなわち国家の法を示し、それに従い、それを裏書し、それによってそれを永続させることの不履行なのだ。[17] もしもこの行為することの拒否そのものが暴力的であるとすれば、それは行動せよという指示そのものに向けられている。それは法をくりかえし確かなものにすることを拒否することによって、つまり法の遂行の反復という、法が時を超えてみずからを法として樹立する術を拒否することによって、法から権力と強制力を減殺する方途なのだ。法は「破綻」しうるだけでなく、やがては「破綻」するだろう。法は「没落」し、それによってこの行為は、歴史的に存在してきたものを、新たな異なる時間――「大変動」とベンヤミンが呼ぶような時間――の名のもとに破壊と結びつける。批判を提供することは、法維持権力を妨害し法維持権力に反駁すること、法順守をさしひかえ、法を維持せず、それゆえ法の破壊に従事するという暫定的な犯罪行為に身を置くことなのだ。ベンヤミンのエッセイがあまりにも出し抜けに終わることもまた、神的暴力がそうであるようなある種の唐突な終焉を身をもって体現しているものと理解できるかもしれない。唐突な終焉、それは目的論的時間に叛旗をひるがえす破壊と大変動のモデルに則った、批判のはたらきそのものなのである。

できることなら、想像してみてほしい。アポロンとアルテミスが母親に頭を冷やせと言って命令に従うのを拒否することを、あるいはまた、軍隊がスト破りを拒否し事実上みずからストライキに突入し、武器を置き、国境を開き、チェックポイントに要員を配置することを拒む、あるいはチェックポイントを閉鎖し、服従と国家暴力を維持する罪悪感から軍に属するすべての者が解き放たれ、深すぎる悲哀と嘆きの記憶、そしてその予感が、彼らに行動することではなくむしろ行動をさしひかえることを促すこと、を。そしてこれが、生ける者の名において起こること、を。

次の章でさらに見ていくように、ベンヤミンにとってメシア的なものとは来たるべき未来ではなく、むしろ現在にほかの時間が筋を付けるように分け入る「破片」や「閃光」のなかにこそ存在するものである。メシア的なものは未来についてなんの約束もあたえはしないが、それでもそれは現在を「現在時」〔"now-time"〕（Jetztzeit）とベンヤミンが呼ぶものに変容させる。私たちがこの現在時というものに到達することができるのか、また今という時が私たちに萌し始めるのかは定かではない。なにしろ現在というのは往々にして、すでに起こったことへの対価の要求を通じて、また懲罰と復讐の循環によって、過去によって取り押さえられているのだから。今を獲得するのは、あるいはまた、なんとかして今を生じさせることは、ある種の贖いを条件にしたときにのみ起こる。はたしてベンヤミンは、私たちがたとえば二〇〇六年夏のレバノン南部における戦争や二〇〇八年から二〇〇九年にかけてのガザに対する戦争について考えるのを助けてくれるだろうか。あるいはもっと具体的にいえば、イスラエル国家によって喚起される「自己防衛」概念は報復に資するように作用しているのか、だとすればどのように作用しているのかと問うとき助けてくれるのだろうか。自身を攻撃から守るというのは理にかなっているように思えるが（論理的にいってそれは、パレスチナ人の自己防衛にも適用されるべき、ひとつの理にかなった結論ではある）、それでは自己防衛はどのような条件下で自己保存の問題から遊離して、歯止めのきかない暴力を正当化する条件として機能するようになるのか。誤った自己防衛概念に抵抗するためにある種のメシア的なものの概念に依拠しようとするのは奇異に思えるかもしれない。というのも、メシア的なものこそまさに右翼入植者たちがみずからの側に立つものとして謳うものだとすれば、私たち左翼が国家暴力に立ち向かうためには、より一層堅固な非宗教的根拠に訴えるべきなのではないか。こうした想定はどちらも理にかなったものではあるけれど、私がここで示唆したいのは、メシア的なものを、未来への約束手形として理解するのではなく、ましてや土地保有権を主張するための基盤として理解するのでもなければ、国家暴力を永久に正当化する根拠としての自己防衛概念を宙吊りにすることにもつながるかもしれないということだ。自己防衛が永続的なものとなれば、それが適正な使用なのか不適正な使用なのかの判断はもはや不可能となる。言い換えれば、まさに防衛が国家を正当化する役割を担っているがゆえに、防衛はつねに正しくつねに合法的であり、国家の名においておこなわれているということになる。これはきわめて危険な結果をもたらすと私は示唆したい。もちろん自己破壊を目標とすべきだなどと言っているわけではない——そんなことは馬鹿げている。けれども私は、自己防衛と自己破壊の二者択一を前提としないような政治的思考法や行動法をしぶとく模索している。自己防衛か自己破壊かという閉ざされた弁証法の内部では、究極的にはどんな思考も不可能だ——ましてや支持することのできる政治などそこには存在しない。

赦しと贖いについて考えるために最初期のベンヤミンの著作におもむき、そこから近年の軍事攻撃における報復とその策略について考察をすることができないか。そのためにも、ベンヤミンの初期作品にあらわれる「嵐」という比喩表現にもどってみたい。私たちがこの存在をもっともはっきりと知るのは「歴史の概念について」における天使をとおしてのことだ。「楽園から嵐が吹きよせ」、その嵐は天使の「両の翼にはらまれ」るが、「そのあまりの暴力的な力に、もはや天使は翼を閉じることもできない」（TPH, 258〔1-653;2-335;3-367〕）[18]。暴力と楽園というこの奇妙な組み合わせはいったいなんだろう。天使は未来に顔を向けていない。向けられないのだ。その顔は後ろを向いており、それが見つめるのは通常の意味での歴史的前進が指す進歩的発展ではなく、ただ「空へと向かって伸びていく」「瓦礫」の山のみだ。その嵐こそ私たちが「進歩と呼ぶものである」というのもまた、まぎれもなく驚愕をもたらすものだ。そこにあるのは後方へのまなざし《ルッキングバックワード》と、蓄積された瓦礫の山なのだから。そして私たちがどうやらこの嵐を「楽園」から吹きつけているのだと理解するように求められていることもまた、私たちをうろたえさせる。この累々とした瓦礫のなかに、いってみれば過去というもののなかに、私たちが時間のなかを前進する、いや後退するにつれて増していくこの瓦礫のなかに、いったい楽園の何が見出されるというのか。もしベンヤミンがほかのところで、進歩とは均質性と連続性を歴史の本質として確立する単線的時間概念を構築するものであると明言しているのなら、この驚きに口を閉じることもできず目を見開いたまままみずからの意志に反して抗うこともできず押し流される天使によって導入されるこの「進歩」概念は、まさしく、歴史的発展や意志的な主体という奇想に属するような進歩概念に逆らうものである。もうひとつ重要なのは、嵐という表現と、そして嵐に翼を捕らえられた天使が、資本主義的発展とある種の史的唯物論の両者における進歩を構成すると想定される概念的前進に抗おうとしていることだ。

それではいったいどんな意味でなら、その嵐が楽園から吹きつけるということがありうるのだろう。楽園は何らかのメッセージを送ってきているのか。だとするなら、それはカフカにみられるようなそれ、つまり伝言をたずさえた使者のまえに幾重にも凝縮された不可侵の建物群が立ちはだかり、使者がどうあがいても届けることのできない、皇帝からの言葉のようなものなのか。もし何かがいま破壊されつつあるというのであれば、その破壊は、もしかしたら前進運動そのものではないのか。そしてどうすればこの嵐を尊重することができるだろう。ましてやそれをある種のメシア主義の比喩として理解することなど、どうすればできるのだろうか。というのもこの嵐という比喩は実際にベンヤミンがある特定のメシア的なものの概念を導入する手段なのであり、私たちがメシア的なものと進歩とは同義でないと考えるのはおそらく正しいのであり、またそれがどんな破壊をもたらすのであれ、それはそれ自体において破壊的な何かである。「歴史の概念について」の諸テーゼのなかでベンヤミンは次の定式をファシズムへの抵抗の一部として佇立させる——「私たちは真の非常事態を引き起こさなければならない」そして「ファシズムに勝機があるとすれば、それはひとつにはファシズムに抵抗する者たちが進歩の名においてそれを歴史的規範としているからだ」(TPH, 257〔1-652;2-334;3-366〕)と。もしも進歩がこの種の規範であるならば、ある歴史は必然的に、それ自身が克服されるような未来を生み出すということになる。いま瓦解しているのはこの信念なのであり、その残骸こそ天使がはっきりと見ているものなのだ。どんな歴史的発展がくり広げられようとそれがファシズムを克服することなどない。それを克服するのはただ、歴史的発展へのある種の信仰と決別した非常事態のみなのだ。はたしてこの非常事態を私たちは、開いた口を塞ぐこともできず、目を見開いたまま、否応なしに、メシア的なものの観点から理解することができるだろうか——「来たるべき」ものとしてのメシア的なものではなく、むしろ今というときのメシア的特性、すなわちベンヤミンが「現在時」と呼ぶものの観点から。

ベンヤミンが提示するような進歩の批判によって立ち上がるのは「メシア的時間の破片が混じっている「現在時」としての現在の概念」なのだ（TPH, 263〔1-664;2-346;3-378〕）。

ベンヤミンは、くり返しメシア的なものの問題に立ち返っていく。それは初期の著作のなかで赦しや記憶の喪失と関連づけられていたが、「歴史の概念について」を書くころには忘れられた歴史を忘却の淵から救いだす重要性に結びつけられるようになる。ショーレムと緊密に接触するなかで、初期のベンヤミン（一九一三年から一九二〇年ごろ）はメシア的なものを赦しの問題と切り離せないものだと捉えようとしていた。もし「進歩」や「発展」が、現在が引き起こすものとしての未来という観点、あるいはそこから現在が生じたものとしての過去という観点からつねに現在を理解するのであれば、報復がつねに前提としているのもまた、傷に満ちた過去と復讐や代償のための未来なのである。ベンヤミンが赦しのなかに見出す贖いは、一九二一年の時点ですでにはっきりと急進的なストライキ、すなわち労働者と市民を抑圧的な国家装置への義務の紐帯から解放し、そうした装置を停止させるようなストライキと結びつけられていた。そこで重要なのはあれやこれやの個別の国家政策を拒否することではなく、国家そのものを否認することだった。その否認とは、罪悪感による呪縛という法的統治体制の要をなすものからみずからを解放することを意味するものだ。国家に対して否ということなくして、人はみずからを罪悪感の鎖から解放することはできない。けれど否というためには、人はすでに軛を解かれているか、すくなくともその途になければならない。この二つは、どちらが他方に先行するということもなく、同時にたがいを導きあうのであり、そしてこの「同時に」という時が現在を非常時という時にするのである。

重要なことは、この「赦し」の行為が「嵐」として比喩形象化されることだ——これは私が見るかぎり、ベンヤミンの全著作内で初めて現れる「嵐」である。そしてこの嵐の効果とは罪のすべての痕跡を、悪行の軌跡を辿るためのすべての暗号を抹消することだ。この嵐の後にはなんらかの瓦礫や残骸が残っているはずだと思うかもしれないが、なんとも奇妙なことに、この嵐の特殊な力とは悪事のありとあらゆる痕跡を根絶やしにすることなのだ。たとえばベンヤミンは、「最後の審判のはかりしれない意義、悪事が遂行されるたびに未来へ決然と身を引いてゆく、つねに先送りにされるその日の意義」について言及している。それでは、最後の審判はどうにも訪れはしないということになる。つまりそれは永久に延期される約束なのであり、こう理解すれば最後の審判は、損害が補償され、その後に報いがもたらされる（それがなんであろうとも）ような最終的な決算が起こる日、という概念を打ち砕く。最後の審判がまさに決して来ない日であろうがゆえに、「赦しの嵐」は最終判決を不可能にする。カフカの皇帝からの伝言のように審判は、この上なく幸いなことに、決して届くことはない。そしてそれが届かない理由とは、嵐がすべての証拠を破壊したからということのようである。こうして打ち砕かれたのは、報復という構想そのもの、ということになる。

ベンヤミンによれば「[最後の審判の]意義」が明らかになるのは

報復が支配する法の世界においてではなく、道徳的宇宙という、赦しが報復と相見えるために出現する場においてのみである。赦しは報復と格闘するための強力な戦友を時間に見いだす。というのも、時間というものは、そのなかで女神アーテー［道徳的盲目性］が悪事を働く者を追い求める場であるのだが、その時間とは孤独な恐怖の静けさではなく、荒れ狂う赦しの嵐なのだ。それは最後の審判の奔流に先立つものであり、そしてこの嵐を前にしてアーテーは先に進むことができない。この嵐は悪事を働いた者の恐怖の叫びをかき消す声であるだけではない。それはまた彼の悪行の痕跡を抹消する手でもある。たとえそれがその過程で、世界を荒廃させねばならないとしても。(19)

赦しというのは物静かでも静寂主義的でもない出来事だ。赦しは激情のほとぼりがさめたときに達成されるものだという思い込みは嵐の比喩形象によって打ち砕かれる。なぜならその嵐は自然であると同時に神的でもあり、そのうえ、どこか人間的な特性を――たとえば声や手を――そなえてもいる。その声はあからさまに大きなもので、だから赦しというのは、処罰の恐怖を告げるところの悲鳴をまさに文字どおり聴覚的に凌駕するものだ。けれどそれはまたなぜか手でもあるらしく、その手は悪行を帳消しにする力をもつ。まさにそれは悪事の痕跡を抹消せねばならないのならば世界全体を荒廃させるほかない破壊的な力なのだ。この嵐はあきらかに何らかの神的な力をふるうとはいえ、正確には神的なものの比喩形象とはいえないのだが、だが仮にこれがある種の神的な姿であるとしても、それは懲罰を表すものではない。実際、私たちは最後まで神についてはたいしたことを知ることなく終わるのだが、この嵐については確かに学ぶことがある。それはこの嵐が、はっきりと概念化することができないようなかたちで人間と神の性質をつぎはぎしたものだということだ――かの有名なカフカのオドラデク、あの半ば人間、半ば糸巻きの存在にも似て、それはどんな認識可能な形態論にも適合しない。もっとも重要なのは、この赦しの

嵐が、償いと懲罰との閉ざされた秩序《エコノミー》に対する根源的《ラディカル》な別の選択肢《オルターナティヴ》となるということだ。(20)

もしもこうした神的なものの概念が当然ユダヤ教の報復的な神の概念を裏付けるだろうと私たちが予想するならば、ここではもうひとつのユダヤ教が作用しているということを私たちは考慮せねばならない。手と声をそなえたこの嵐は最終的に時間そのものの比喩形象となっている。この時間は報復の連鎖から自由になった時間であり、罪とそのすべての痕跡を抹消する時間であり（いいかえればメシア的なものについての別の説明となるような時間であり）、またその声で人間の恐怖の叫びをかき消す時間なのである。もしこれがみずからの憤怒を赦しの嵐として歴史全体に轟かせる神のようなものであるとしても、それは復讐心に燃える神ではなく、復讐そのものを破壊しようとする神なのである。そしてもしこれが神であるとしても、その神は他の神と戦争状態にある。これは神の憤りの稲妻に挑み、その稲妻に先回りして悪行の痕跡を一掃することで復讐の計画をくじくような神なのだ。

こうした神的なものの姿は時間に似ている——人間の記憶や忘却をものともせずにみずからの力をふるうような時間の姿に。この種の時間が赦しをもたらすのは、それが人間の時間についての経験によって規定されていないからであり、またそれがすべての人間の生命を包み込むものでありながら、人間を意に介さない時間だからだ。それは記憶されることも（記憶することができるわけでも）忘れられることも（忘れることができるわけでも）ない時間である。そのような時間だけが贖いを可能にする。それはすべての悪行の痕跡を抹消するために力をふるい、それによって赦しの過程を完遂する。過去が許されるのはそれが消し去られるからであって、ある人間集団が過去と折りあいをつけるからではない。つまりある種の社会的な解決策が見つかったからというので、はない、、、のだ。解決不能なものは解決不能なままであり、けれどそれは問題ではなくなる。ベンヤミンにとって時間は、なんとも謎めいたやり方で赦しの過程を完成させる——それは和解の過程では決してないが。(21)

二〇〇六年の夏、イスラエルの日刊紙『ハアレッツ』を読んだなら、そこに見出すのは、レバノン侵攻についての議論のほとんどが、なぜイスラエルはもっと首尾よく戦争に勝てなかったのか、はたしてイスラエルは戦争に勝ったのか、またイスラエルの軍事力は低下してきたのか、そうだとすればそれは誰の責任だったのか、などをめぐる論争である。そこでは戦争が正当化しうるものだったのかどうか、レバノン南部での生活や暮らしの破壊にどう対峙すべきかについての議論などほとんど見当たらない。なかにはヒズボラは村落や民間の敷地に侵入し、それによってレバノン南部の住民を人間の盾として使ったのだと、皮肉をこめて書く記者もいた。キャストレッド作戦の後のガザにおいても同じような議論が出現した。いわく、パレスチナ人は公共の広場において子供たちを人間の盾として利用したのだ、と。しかしイスラエルと呼ばれるものの北部の国境沿いにある数々の入植地もまた、人間の盾であふれていると言えるのではないか。そしてこうした地域で任務につくことに同意した兵士たちも同じように人間の盾ではないのか。もし私たちが戦争で破壊されるすべての命を人間の盾という概念と同一視するならば、私たちは殺人の手頃な正当化を手にするように思える。なぜなら爆弾の妨げとなる者はみな、あえてそこにいたのだと、戦略的に、意志を持ってそこにいたのだと語られ、そして彼らは戦争遂行努力の一部であるのみならず、盾として、戦争の道具としてみなされるのだから。この時点でもう、人間の生の破壊についての悲憤など存在しえない——そしてこの時、その国境のどちらの側にも、人間の生の破壊に関する悲憤などないというべきだろう。というのもすべての人間の生は戦争の一部として手段化されていて、そしてその結果、保護に値する生、あやうく《プリケアリアス》、困窮した生、価値ある生、そして哀悼されるべき生といった意味付けなどなくなっているのだから。レバノンやパレスチナの兵士たち、そして民間人たちが名前もなく、事実上哀悼することのできない存在でありつづけるかたわらで、イスラエルの兵士たちの命が人格化され、名称や家族をあたえられ、公に哀悼されているのには驚きを禁じえない。

「生ける者の名において」行動することには、生きているとされるのははたして誰のことなのかという問いが答えられぬままに残されている。「ユダヤ人のための生であって、他の人びとのためのものではない」とは言えないだろうし、まして「イスラエル人のための生であって、他の人びとのためのものではない」とも言えないだろう。生ははっきりと刹那性を含意しており、生命があまりにたやすく瞬く間に失われるものであるからこそ、生命は尊ばれる――生命が失われうるものであることは生命を無価値なものにではなく、貴重なものにする。「汝殺すなかれ」という戒律は、実際の正当な自己防衛の瞬間と、はてしない自己正当化をおこなう武力侵攻に資するような自己防衛の利己的な利用をはっきりと区別するよう、強大な責任を課す。もしすべての殺害があらかじめ、そして遡求的に自己防衛と名づけられるのであれば、その時、自己防衛はもはや殺害に対して信頼にたる正当化としては作用しえないだろう。犯されるすべての暴力を自己防衛と名づける者の側によって、ありとあらゆる殺害が正当化され、肯定されるのだから。

けれどもこの、守られるべき「自己」とはいったい何であるのだろう、そしてあらゆる殺害がなされたのちに実際に残されるのはどのような種類の自己なのだろう。自己防衛が導くのは自己保存ではなく、むしろ自己破壊であるというのはありうるのだろうか。そしてこの「自己」を理解するために、それがみずからをどのようにして、どのような可能な境界によって、定義するのかを問う必要はないのだろうか。境界はつねに、その境界によって締め出されるものとの関係を維持する方途である。だから、壁のあちら側に生きる人びと、あるいは壁のこちら側で完全な市民権から除外された人びとこそ、その、みずからを保存せんとする「自己」なるものを定義することになる。悲惨なことに、それは境界を維持することでみずからを維持するのであり、結局のところその境界とは、疎外されている者や隷属させられている者との関係なのであり、それは日々制定しなおされなければならない、またその耐久性は軍事機構と軍事行動によって養生されねばならない。つまり「防衛」されているのは、それなしで自己が生存することができない、否認されている隷属の様式なのだ。それでもなお、まさにこの隷属こそ現状に対する抵抗へと繫がりうるし、繫がらねばならないし、そうすればこの隷属が自己解体の亡霊となる。境界なくして自己は存在しないのであり、またその境界はつねに多様な関係の場であるのだから、こうした関係なくして自己は存在しない。もしも自己が、まさにこうした見解からみずからを守ろうとするならば、それは自己というものが、定義上、他者と固く結ばれていることを否定することになる。そしてこの否定によって、この自己は危険にさらされることになる。それは唯一の選択肢が破壊されるか破壊するかでしかない世界に住むことになるのだから。

第4章　閃いているもの——ベンヤミンのメシア的政治

ひきつづきここでもベンヤミンについて考えてゆくが、それは暴力に対する公的批判行使の権利について理解するためだけでなく、共生や想起という価値観——過去における破壊の生々しい痕跡を消さないという価値観——を明確にするためでもある。これはいかにもユダヤ人的な関心のもちようかもしれないが、しかし仮にそうだとしてもこれは、同時に非ユダヤ人にも関係のあることである。本書におけるそもそものはじめからの私の主張は、非ユダヤ的なものとの関係こそがユダヤ的倫理の核にあるということ、つまり非ユダヤ的なものなくしてユダヤ的たりえないということ、また倫理的であるためには、倫理の観点からすれば排他的な枠組であるユダヤ性から離脱しなければならないということだった。このユダヤ／非ユダヤの相互関係の含意を理解するにはいろいろな方法がある。なかでも、反ユダヤ主義者がユダヤ人を創造したというサルトルの公式は、私には受け入れられない。そのかわり私が試みるのは、離散《ディアスポラ》——ユダヤ人が非ユダヤ人のなかに散在する状況——に帰属するような政治倫理を詳述することであり、またそうした地理的状況から一連の諸原則を導き出し、それらをイスラエル／パレスチナの地政学的現実に適用することである。こうした原則についてはアーレントにかんする章やサイードとマフムード・ダルウィーシュにかんする最終章などにおいて、とくに難民の権利とのかかわりにおいて詳細に論ずることになるが、現時点では次のように示唆するにとどめたい、すなわち、理念の漸進的実現としてのシオニズム思想を支える進歩史的歴史観は、その種の進歩主義に対する批判《クリティーク》によって反駁されうるし、反駁されねばならないのであり、ベンヤミンは私たちが、そうした批判を定式化する際に助けとなりうる、と。この批判は、抑圧された者の歴史を忘却から守ることに焦点をしぼるような、メシア的なものに対するこれまでにない読解をとおしても部分的に可能となる。またさらに、メシア的なものが依拠するのは、社会的異種混淆性ならびに収斂する複数の時間性と結びつけられた散逸《スキャッタリング》の概念であり、社会的異種混淆性と収斂する複数の時間性が、ともに挑戦するのは、排除と隷属の諸形態を基礎づけ永続化するところの政治的ナショナリズムの諸形態なのである。

抑圧された者たちの歴史を考える際に、絶対に認識しておくべきことのように思えるのは、こうした歴史を、いかなる数の民族に対しても適用可能とし、現に適用するには、並行関係を厳格なまでに求めることなく、また安易なアナロジーに充足しないような方法をとるべきことである、と。この点についてはハンナ・アーレントについての章でじっくりととりあげることになる。けれどもとりいそぎアーレントに依拠してここで手短に述べておきたいのは、ベンヤミンの後期におけるメシア的なものへの言及は、アーレントの複数性や共生概念に照らして読むことが有効なのではないかということだ。そのつながりは、たしかに、ただちに明らかなものではないが、それがいやましに明らかになるときがある。たとえばベンヤミンの「歴史哲学テーゼ」で言及されている抑圧された者たちの歴史が、じつにアーレントの『全体主義の起原』における難民、つまり無国籍の民の状況といかにしてリンクするかを考えるときなど。ベンヤミンが同定しようとしている瞬間とは、抑圧された者たちの歴史が閃光のように出現する瞬間である。その一瞬の閃光は、危険信号としても機能し、進歩の名のもとに進行する歴史の連続体を打破する、あるいは妨害するのである。ベンヤミンが抗っている均質性とは、連続的な歴史というかたちで時間性を独占せんとする均質性のことである。アーレントが抗っている均質性とは国民国家《ネイションステイト》に帰属するそれ、つまり国民《ネイション》の統一性と同一性のことであり、こうしたものは、アーレントによれば、いかなる国家《ステイト》の基礎にもなりえないのである。この点に関して、アーレントの基本的な主張はふたつある。ひとつには国民《ネイション》という均質的理念に基づいて創設されたいかなる国家《ステイト》も、その国民に帰属しないものを排斥せねばならなくなり、そしてそれゆえに国民国家と無国籍者の産出のあいだにある構造的関係を再生産することを余儀なくされること。そしてふたつめは、いかなる国家であれその正当性を主張するためには、その人口構成の異種混淆性――アーレントが複数性《プルーラリティ》と呼ぶもの――を受け入れ、また護らねばならないこと。十九世紀のある時点から異種混淆性はあらゆる国の一部となってきた、または少なくともウェストファリア条約以降、国民国家にとってそれは明確な問題となってきたと、アーレントは、いくつかの箇所で示唆しているようにみえる。しかし、別のところでアーレントは、複数性の存在論を確立しようとしているかにみえる。いってみればそれは、すべてのそしてあらゆる人口の複数性こそ、政治的生の前提条件であり、その複数性を根絶やしにしよう、あるいは制限しようとするいかなる政治的国家、政策、政治的決定も、たとえ大量虐殺《ジェノサイド》的ではないにしても、人種差別的であるという主張である。[1] ここでも、他のところと同様に、私は、アーレントの『エルサレムのアイヒマン』の終盤にあらわれる、アイヒマンに対する仮想的な告発を追究する。なにしろアーレントは、はっきりと述べているのだ、アイヒマンは自分が誰とこの地球上で共生するかを選ぶことができると考えるというあやまちを犯したと。[2] 彼女の観点によれば、共生とは政治的生の前提条件なのであり、そして人は、誰と寝床をともにし、誰のそばで生活するかを、ある程度は選ぶことができるにしても、この地球で誰と共生するかを選ぶことなどできはしない。この共生とはすべての政治的決定の——もしその決定が大量虐殺《ジェノサイド》的なものでないとすれば——選択の余地なき条件なのである。

この選択の余地なき共生という概念を、アーレントは一九四〇年代後半には連邦的パレスチナと、そしてのちにはアメリカ独立革命との関連で追究したが、どちらの事例においても、共生概念は、市民になるための民族的あるいは宗教的根拠なるものを認めないのだ。彼女の考えでは、誰しもが帰属する権利を有しているけれども、既存の帰属様式《モード》はそうした権利の土台にも正当化の理由にもなりえない。アーレントに先立つこと二十年前にベンヤミンが危惧していたのは、市民権の根拠や国家の形成についてではなく、ある種の歴史について、いってみれば、前進の歩みのあとにありとあらゆる残骸を残していくような歴史についてだった。その残骸のなかには人間の残骸もある。いやむしろ、私たちは、カフカ的流儀で、こういってもいい、その残骸は、かつては人間であったけれどいまやその輪郭がほとんど認識不可能なものとなった存在——オドラデクとその仲間たちだ、と。権力的語りの体制は無国籍者たちを、雑多な残骸として、すなわち不可思議にも生命をたたえた屍、打ち捨てられた収奪の歴史に声を与えるような残骸として扱うのだろうか。何らかの歴史の形態がまだ残っているのだろうか、そこに、生命を宿した物体に、半ば人間化した瓦礫のなかに詰め込まれているのだろうか。もちろんこうしたオドラデク的なものは、ひとたび異なる歴史が語られるようになれば、きわめて異なるかたちで出現するのであろうけれども、ここではあくまで限定的な方法ではあるがカフカが頼りになるかもしれない。カフカは沈黙させられた歴史がとる寓意的なかたちを私たちにみせてくれる。もしも打ち捨てられた者や抑圧された者の歴史が、進歩主義的な歴史によって――その主体がいまやみずからを権利主体として主張するような歴史によって――覆い隠されるとするならば、私たちはその抹消のかたちについて問わねばならない。排除はすでに起こっている。誰かが、あるいは何かが、聞き取られる言語もなく、立場もないままに、難民化している。そして歴史が前進するにつれて追放は続く。だから、一回限りの被迫害者の国外追放というものはない。追放はくり返される行動だ。あの進歩感覚を成立せしめる条件として機能するところの現在進行形のプロセス――国外追放・土地収奪・排斥からなるプロセス――なのだ。前にひっぱられてゆく主体と抑圧された者の歴史はこのようにしてリンクしている。私たちに求められのは、二重の運動についての考察である。推進《プロパルジョン》と排除《エクスパルジョン》、明確な終わりが見えぬまま同時に進行するふたつの過程。

　もしアーレントが第二次世界大戦下のヨーロッパからの国外追放と、それに付随して起こった難民の大量発生問題を考察したとき無国籍者のことを念頭においていたのなら、彼女がベン＝グリオンによって唱道された政治的シオニズムに異を唱えた時にも、無国籍者のことが念頭にあり続けた。ベン＝グリオンのシオニズムは、アーレントが共同執筆した文書のなかで示したパレスチナにおける二国民主義的連邦制の提言を、まっこうから否定するものだった。彼女は新たな難民問題を予見していた。それは一九四八年のナクバの際に七十五万人を越えるパレスチナ人難民に対して起こるだけでなく、アーレントが拒絶し、そして誰しもが拒絶すべきだと考えていたモデルに則って、イスラエル国が国民国家としての歩を進めたびに、たえず起こりつづけるものでもあった。さしものアーレントも今日占領下や難民キャンプで暮らす、あるいは一九四八年〔のイスラエル建国〕と一九六七年〔のガザと西岸地区占領〕の帰結として生じたディアスポラ状態にある五百万に近い難民については予想しえなかっただろうが、彼女が確実に予期していたのは難民の創出が国民国家という政治状況下では止みようもないということだった。[3] 彼女の共生への呼びかけは、平等主義に基づいた選択の余地なき複数性を正当な政治のために主張する努力だった。そしてそれは国家社会主義〔ナチズム〕のジェノサイド政治に、また、異種混淆性を滅却することで国民の均質化をはかろうとする、いかなるそしてあらゆる国家による無国籍者の絶え間ない創出に、抵抗するものであることははっきりとしていた。均質な国民集団の前進の歩みは、みずからの過去を覆い隠すだけにとどまらない。それは、歴史によってもはや支援を得られない人びと、歴史によって主体として確立されることのない人びとを吐きだし、積み重ねつづける。こうした人びとは主体ではなくむしろ瓦礫のように国民共同体から排斥され、掃き溜めと化した風景の一部となる。

アーレントは、ベンヤミンが神秘主義に傾く瞬間には異を唱えることはあったにしても、ベンヤミンに多くを負っていることを私たちは知っているが、それでも私はアーレントとベンヤミンという、このふたつの立場をいっしょくたにしようとしているわけではない。むしろ私がここでしたいのは、ベンヤミンの想起の概念に注目することだ。結局のところ、想起はベンヤミンが「歴史の概念について」で明確に批判した進歩主義的歴史に対して逆行するかたちで機能するように思われるのだ。この意味で想起とは、ベンヤミンが『パサージュ論』で明確にしているように、歴史を証明したり語ったりすることではなく、また究極的には過去を掘り起こし、過去を記念碑化することでもない。重要なことは、想起が歴史に抗って作用し、歴史の継ぎ目のない継続性を解体することである。ベンヤミンの歴史における均質性は、アーレントの国民国家の均質性に内容面でつながっているように思われる。両者はともに、いかにして人口が差異化されるか、という問いに――つまり、すくなくとも勝者の目からみて、いかにして、ある者は前へ前へと駆り立てられ、他の者は廃棄されてその廃棄のなかで押しひしがれていくのか、という問いに――かかわるものだ。

何が閃《ひらめ》き出現するのだろう――あるいは、誰が閃き出現するのだろう。そして歴史はどのようなやり方で閃き出現するといえるのだろう。それはいかなる物語形式もとらず、突然の、一時的な光として出現する。はたしてこれはベンヤミンにかんして批評理論仲間たちが私に警告してくれたような種類の危険な神秘主義なのだろうか。もしそうでなかったとしたら、いかにして私たちは歴史を妨害する光を、前進しつつ同時に排除する歴史を妨害する光を、理解すべきなのだろうか。しかも、それはつかの間妨害するだけなのか、あるいは歴史の前進の過程を止めたり変更したりできるのだろうか。この瞬間を私たちはいったいどうとらえるべきなのだろう。

ベンヤミンの初期論考がいったいどのようにして、私が想起の政治と呼んでいるものにかんする理解へといたらせてくれるのかと、いぶかる人もいるかもしれない。「歴史哲学テーゼ」のなかでベンヤミンは、ある不思議な閃き《フラッシング・アップ》について言及している。それは統一性と進歩に特徴付けられた時間性のなかに、別の時間性が突如として出現するか噴出するように思われる閃きである。それは、突如現れては消える。ベンヤミンは書いている――「過去の真なる像は掠め過ぎていく。過去はそれが認識できるようになったその瞬間に閃き、そしてもう二度と目にすることができないイメージとしてしか捉えることができない」（TPH, 255〔1-648;2-331;3-363〕）。またその後にはこう書いている。「過去を歴史的にはっきりと表現することとは、それを「ほんとうにそうだったように」認識することを意味しない。それは記憶が危機の瞬間に閃くときにそれをつかまえることなのだ〔wie sie im Augenblick einer Gefahr aufblitzt〕」（TPH, 255〔1-649;2-331;3-363〕）。何かが閃いているのだが、その何かはまた、ある歴史的連続体を――すなわち「人類の歴史的進歩」として理解され、時間を「均質で空虚な」ものとして制定し自然化すらするようなものを――貫くようにして閃く（TPH, 261〔1-659;2-344;3-375〕）。ときにはこの閃きは爆破装置から起こるようにもみえる。たとえばベンヤミンが「歴史の連続体を爆発させようとしているのだという「自分たちが行動を起こそうとしている瞬間の革命的な階級の」気づき」について述べているときがそうだ（TPH, 261〔1-660;2-342;3-374〕）。この行動の瞬間は、空虚な時間を充満した時間に変換するようだが、しかしこの経験は活動家ではなく、むしろ歴史家のもののようである。過去が現在にどのように侵入するのかを理解することで、「メシア的時間の破片に満ちた／撃ち抜かれた《ショット・スルー》」（TPH, 263〔1-664;2-346;3-378〕）ものとして理解されるところの「現在時」の近傍に人はいたることになる。

さて撃ち抜くことは私たちを爆薬の概念に立ち返らせるように思えるかもしれないが、しかし私たちに求められているのは、おそらく、歴史の作用のなかに爆発的な帰結を見出すことであろう。現在の時間を撃ち抜いているあの破片群は、あきらかに時間の均質性を妨害する。均質で空虚な時間の外側にある何かが、その時間の軌道のなかに、断片的に、欠片として、破片として宿るのを見出される――あたかもその何かが、もとの物体としての全体性から抜け落ちてきたかのように。もしこれらの破片がメシア的なものだとすれば、私たちはメシア的なものをひとつの人間のかたちに見出すことはできないだろう。メシア的なものとは擬人化でも出来事でもない。むしろそれは欠け落ちて、撃ち抜いている何か——あるいは撃ち抜かれて欠け落ち、そしていま閃いている何かだ。第六テーゼのなかで私たちはメシアとは救済者としてのみならず、「アンチキリストの超克者」としても理解されるべきだと〔"Der Messias kommt ja nicht nur als der Erlöser; er kommt als der Überwinder des Antichrist"〕[4] 知らされはするのだが（TPH, 255〔1-649;2-332;3-364〕）、はたしてキリストが何を表すものなのかはまだわからない。けれどもベンヤミンはたしかに、これらテーゼ群の最終行でこう書いている——「時間のあらゆる瞬間が、メシアが入ってくるかもしれない狭き門だったのだ」（TPH, 264〔1-665;2-346;3-378〕）。これはみごとなまでのカフカ的定式化であり、メシア的なものはどこか賭けのようなものとして理解されなければならないということを示唆する。その賭けというのは、メシアが来るかどうか、あるいはすでに来たかどうか、というものではなく、むしろ私たちがメシア的と呼びうるものがつねに「入ってくるかもしれない」という状態にあるということだ。ここにあるのはまたしても、ある種の確立された時間的地平のなかに、ある力が入り込むという感覚である。だがここではそれは撃ち抜く、または閃く、というよりはただ、人が門をくぐって入ってきたりドアを通って入ってきたりするように、ほかの時間の穴か何かに入ってくるという感覚だ。そのドアから入ってくるものは人物ではなく、時間性に対する妨害そのもの、いや、あるいは、別の選択肢としてある時間性なのである。ここで私たちがどちらを選ぶかは重要である。なにしろひとつの読みでは——実際、それはたしかにテクストが支持する読みなのだが——、メシア的なものは時間に終止符を打ち、「出来事の中止」をなす〔einer messianischen Stillstehung des Geschehens〕[5] が、他の読みでは、忘れさられた一連の歴史群、抑圧された者たちの歴史に属するものが、閃いて出現し突如主張しはじめるからだ。最初の読みによれば、肝心なのは、私たちが知るところの歴史を停止させること、現有の時間体制に対してストライキを決行すること、そしてサボタージュすることである。しかし二番目の読みによれば、現在の時間のある種の再構成または再配置が起こり、そのなかで抑圧された者の忘れ去られた歴史が狭き門のなかに、狭き門をとおして入り込むかもしれない。記憶が現在のなかに爆発するのであり、そしてこうした「現在時」の幕開けには歴史家と呼ばれる者が、つまり想起することを実践する者が欠かせないように思われる。歴史家はメシアではない。しかしメシア的な何かがここに出現する。ひょっとしたら、それは歴史に対して非常ブレーキがかけられる時ということかもしれないが、同時にそれは緊急の注意を要請する何ものかが閃めくか撃ち抜いたときに現れるのだろう。

　ベンヤミンと突然の光明《イルミネーションズ》といえば、ちょっとした因縁がある。光明は点在する天使たちや救済されない歴史とに関係づけられる。ここでベンヤミンの著作における閃き《フラッシュ》の系譜を瞥見することは有効かもしれない。確立された歴史連続体のなかに閃光が閃くとはどういうことなのかを理解し、それが想起にとって、さらにはわずかながらでも共生にとって、どんな意味をもつのかを明確にするために。私がベンヤミンのテクストに対してこのような問いを投げかけるのは、ある種の賭けをするためだ。それはいわば、ふつうならある種の行進の継続——破壊的な推進の時間的形式としての進歩——として理解されていた現在の時間に対して、抑圧された者の歴史を入りこませ、割り込ませ、それによって現在の時間を変貌させ、あるいは照らし出し、立ち往生させ、再構成させるとはどういうことを想像するためでもある。継ぎ目なく前へと進む行進はその後に瓦礫を残していくのみではない。そうした瓦礫は、行進によってなされる抹消のおかげで、たとえ無時間的ではなくとも、非歴史的になる。一般的にいって、私たちは政治において進歩の側に立たなければならないと考えるだろう。それが意味するところは、前《ゴーイング・フォーワード》進するかさもなくは後《フォーリング・バックワード》退するかのどちらかを選ばねばならないと私たちが考えがちだということだが、前進も後退も、どちらも真実ではない。私たちが問わねばならないのはおそらく、いかにある種の進歩が、それ自体勝者の歴史である進歩が、ほかの歴史を、征服された者の歴史を抹消しているかということであり、またそれにもかかわらずいかにその非歴史がいまだその存在を私たちに感じさせ、要請をし、進歩の方針そのものを混乱させるのかということだ。もし進歩が意味するものが破壊の、征服の、そして抹消の運動であるならば、そのような方向喪失や中断を基盤にしてはじめて、私たちは見分けられるようになる――進歩と、たんに前に進むこと、とを。なにしろ、たんに前に進むだけのことなら、それは進歩からは離れていくことになるからだ。ベンヤミンが希求するのは異なる時間ではなくて過去の「真の像」なのであり、それは空間的なかたちをとりうるものでもある。煌々と輝く刹那的な何かが閃くだろう――比喩形象《フィギュア》の秩序のなかでは異形化《ディスフィギュアメント》としかいいようのない、そして正確には人間の形態といえない何かが。

ここでカフカがドアをたたいているようだ。あるいはもう彼は敷居をまたいでいるのかもしれない――なかでも「家父の心配」におけるオドラデクという形象、あの葉のさざめきのような笑い声をした、決まったすみかをもたない木の糸巻きが。(6) オドラデクの描写は、ありえないものとなっている。彼――もし彼であるとして――は、別の時間の残滓の集合体だ。それはあのような音をたてる葉があったかもしれない時間のことであり、また私たちがそれを耳にすることができるような存在だった時間のことでもある。いまやオドラデクはたえず、はてしなく、家族の住まいらしきところの階段を転がり落ちつづけ、疑問を投げかけるのだ、彼はかつて誰かの息子であったのか、またこれは一度だけではなく何度も起こっていることなのか、と。実にオドラデクは彼の現在の状況において無限の時間を創始しているように思われる。オドラデクが他の時間からの残響を運んでいるのだとしても、彼はまた、反復するはてしない時間としての現在の形象として、痛ましくも生き残っているのである。私たちはオドラデクから何がもたらされるのかとか、あるいはオドラデクはどんな疎外状況を代表しているのかとか、そうした問いを発することがまったくできない。唯一可能な問いかけとは、オドラデクははたして前の時間に属するかつては統一性を有していた物体が、破片、部分対象、あるいは遺物になりはてたものなのか、あるいはオドラデクというのは現在を意味するほとんど判読できないような名称であって、そこではメシア的なものの名のもとに擬人化の崩壊が、目的も終わりもなく、何度も何度も起こり続けているのか、である。

重要なことに、オドラデクはほとんど判読不可能な形象として掠め過ぎていくのだが、そのさまはオドラデクこそベンヤミンが「掠め過ぎる」ものだと言った「過去の真の像」[das wahre Bild der Vergangenheit huscht vorbei] なのではないかと思わせる。[7] もしもこの形象があっという間に消え去るのだったら、私たちはただこういってのけることもできよう、それは刹那的だ、と。だがそれが掠めるのであれば、それは何か特殊な行動に、軽やかで敏捷な身体によってなされる行動に、従事していることになる。過去の真実の姿はただ一度きり掠め過ぎるもののように思える。だが私たちはベンヤミンの定式化にもう少し注意を払うべきだろう。もう一度その行を見てみよう――「過去はそれが認識できるようになった瞬間に閃き、そしてもう二度と目にすることができないイメージとしてしか捉えることができない」。なるほど、いいだろう、だがそうなると私たちが問うべきはこうだ。それはただ一度だけ掠め過ぎもう二度と見ることができないのか、あるいはたえず掠め過ぎつづけ、二度と見ることができないのか。言い換えれば、この像には現在に永続するような「もう二度と見られない」性質があるのだろうか――決まったすみかをもたないにもかかわらず、オドラデクが語り手よりも長生きをし、その家に住まいつづけるように。私にはそのような像を認識する、あるいはつかまえる〔festzuhalten〕とは何を意味するのかさだかではない。それは過ぎゆく時間のなかでのみ、そして過ぎゆく時間としてのみ、私たちの目に見えるのだ。もしこれが過去の真実の像だとすれば、それはその過去に対応する真実なのではない。逆に、現在に押し入り居座りつづけるような過去の真実なのである。ベンヤミンの言葉でいえば、「過去を歴史的にはっきりと表現することとは、それを「ほんとうにそうだったように」認識することを意味しない」（TPH, 255〔1-649;2-331;3-363〕）。認識はほかのかたちをとる。それは私たちに永続性も客観性もあたえはしない。むしろ認識ということが意味するのは「記憶が危機の瞬間に閃くときにそれをつかまえること」（TPH, 255〔1-649;2-331;3-363〕）である。そしてまたあの謎めいたフレーズにもどることとなる――「メシアとは救済者としてのみならず、アンチキリストの超克者としてやってくる」。

メシアをつかまえるとは、なんとも奇妙奇天烈なことのように思えるのだが、それでも私たちは、メシア捕獲のために思いつく限りの興味深い術《わざ》を試行錯誤的に想像してみることはできる。「つかまえる〔seizing hold〕」と翻訳されるこのフレーズからすれば、メシアは襟首をつかまれることになる。あたかもメシアは悪あがきする悪党で、地べたに組み伏せねばならないかのように。だがもしもメシア的なものが擬人化も目的論も超越するのだとすれば、そのときそれは人間を意味する名称でも身体を意味する名称でもなく、何か別の時間を意味する名称でもなく、オドラデクのようにどうにも人間のかたちでは認識できない存在の名前であるように思われる。あるいはひょっとすればメシアとは時間の別名、それも過去からやってきて、あたかも未来からかのようにして入り込む時間、または少なくとも時系列そのものが混乱するようなやりかたで入り込んでくる、この時間の別名ではないか。もしこれが別の時間からのやってきた苦難の記憶だとすれば、それはかならずしも誰かの記憶ではない。実のところ、そのような記憶は誰にも属することはない、つまり誰かの知的所有物として理解されえないということである。それは循環し、粉々になりながら、現在のなかに宿る。それは、さまざまな事物によって運ばれる記憶のようだ。あるいはこれは、おそらく、なかば生命をもち、なかば無機的で、奇妙なことに神聖ですらある部分対象のかたちに壊れてしまうという原理そのものなのだろう。この概念化不能なアマルガムから何かが、断じて実体をもたないものが、閃く。光。そして形態が、突然に、だがまた奇妙なことに、破片が、爆発し、突きささり、そして閃く。その効果とは現在の政治にたちはだかり、それを方向転換させ、そしてブレーキをかけること。それは光の一形式として、つかの間具体化される。その光はカバラ的な〈セフィロト〉を思い起こさせる。(8) あの拡散する疑似天使的な光明《イルミネイションズ》、それが遮断するのは、現在の疑わしい連続体、そしてそれとあわせて記憶喪失と現在が儀礼的かつ連続的におこなう排除である。第十七テーゼ〔『歴史哲学テーゼ』〕において明らかだと思わるのだが、歴史に対してかけられるブレーキのすべては、生起する「出来事の停止」のすべては――それが起こるとしてのことだが――、これから起こることについての賭けである。賭けはおこなわれる。たとえそれが歴史という連続体にもその未来の展開にも属さないとしても。

メシア的なものは、史的唯物論のなんらかのヴァージョンに属するような不可避の展開という物語に裂け目をいれる。そのような瞬間に、あるいはそのような転換点に作り出されるものは、ベンヤミンの言葉でいえば、「抑圧された過去のための戦いの革命的なチャンス」である（TPH, 263〔1-662;2-344;3-376〕）。抑圧された過去のために戦うとは、それをたんに記録する、あるいは記録するだけにとどめることではないし、ましてやそれに記念碑的形式をあたえることでもない。むしろそれは、時間の記憶喪失的な表面にある種の切れ目をいれることなのだ。そうすれば私たちに向かってくるように思われるものは、門をくぐってやってくるかもしれないものは、現在に働きかけるところの記憶に、それも断片化され散逸された形態をとる記憶になる。抑圧された過去のために戦うチャンスを、どうやら歴史家として、突如手にしたとき、私たちは自分がどのような種類の時間のなかにいるかは、もはや正確に知ることはない。けれども私たちは、その過去を、救済しようとか、改善しようとか、あるいはいわば新たなナショナリスト的な夢の礎として使おうとかはしない。事物は放置されねばならない。蒐集されたりもしないし、なんらかの新形態へと早急に組み立てられたりはしない。ベンヤミンの想起はより早急な解決を求めるヘーゲル的欲望に抵抗する。重要なのは、もし私がそれを理解しているとしての話だが、そしてもし私がこうしたテクスト的瞬間をテクスト読解のなかで認識する、あるいはつかまえたのなら、それは異なる現在時のための「チャンス」、あるいは私が「賭け」と呼ぶものをつかまえることである。問題なのは、いま発掘すべき、また回顧されねばならない苦難の歴史がかつて存在したということではない。むしろ苦難の歴史が続くとき、抹消も同時に続いているのであり、また進歩の物語も続くのである。とりわけそれが国民《ネイション》に属する進歩の物語であるときには。そしてそうした進歩の物語は、抹消を要求し、またその抹消を反復する――「おまえたちは傷ついてはいないし、私たちは責められる立場にない」と。傷の否定は再度傷を負わせることになる。そしてその否定、あるいはまさに否認こそ、進歩のみならずそのくり返される活動の前提条件である。推進的な進歩の物語として、そしてその物語を通じて、ある時間性が否定され、瓦礫にされる。それではいったい賭けとはなんなのだろう。抑圧された者の歴史が勝者の歴史を突き破り、進歩の主張を揺るがし、進歩と呼ばれている苦痛をもたらす発動機にブレーキをかける。もしこれが真実だとして、これもまた進歩だといえるのだろうか。それとも何かほかのものなのだろうか。それは賭けの時間、チャンスという一時的時間性なのか。何かが入り込んでくるかもしれない、何かが起こるかもしれない――それは歴史に宿る奇妙な種類の可能性である。辛苦の歴史のなかで抹消が続くのであれば、閃くのはまさに抑圧された者の歴史だ。だが、それは起こったこととしてではなく、いまでも起こり続けることとして閃いている。そしてもしそのような歴史に非常ブレーキがかけられるならば、そのなかで辛苦が維持され続ける抹消も停止させられる。いや、そうとはかぎらない。これが起こるチャンスはありそうではある。けれどもメシア的なものとは、私たちがそれをここで認識しているとして、出来事ではなく、事件でもなく、チャンス、不可避な進歩の不意な脆弱性、苦難の歴史を否認し、そうして歴史をつづけさせる健忘症の内破であろう。

　私たちはいまだ、メシア的なものの閃光に対してどうふるまうべきかわからない。とはいえここではデリダが私たちの道標となってくれるかもしれない。彼はベンヤミンの天使的な光と少なくとも二度にわたって四つに組んだことがあるのだから。(9) ひょっとすると私たちはデリダに想を得て、もっと初期の著作に立ち返ることができるかもしれない――抑圧やマルクス主義の断片がまだはっきりと姿を現していない頃の著作に。ベンヤミンは「模倣の能力について」を、複数言語間の翻訳の可能性の考察によって結んでいる。(10) 彼の苦境とはバベルの塔のそれ、すなわち多様な言語が同等の有効性をもって、多岐にわたる方法によって、いかにして同一のものを指示しうるのかを、私たちは、理解する途上にまだあるということだ。ベンヤミンが主張するのは、語と語のあいだの非感性的な類似が、異なる諸言語をつなぎ、また同一のものの場に類似性のない名称群を集わせ収斂させることを可能にするということだ。ベンヤミンは諸言語の異種混淆性を認めるが、この異種混淆性はあくまで感性的なものだと主張する。類似性は非感性的である。私たちは類似性を見ることもできなければ証明することもできない。しかし類似性は、感性的な形態をとる、いかなる、そしてあらゆる指示行為のなかでも作動している。明らかなのは、語の形態を、もしくは語の音声的構成を調べることによっても、私たちは、語と語をリンクするものを発見できないでいるということだ。語の感性的な出現のなかにあるものはどれも、私たちが類似性をみることを可能にしてくれはしない。けれども、私たちに対し、この類似性がその作動状況を認識させてくれる契機のようなものはありそうだ。ベンヤミンの観点では、類似性が私たちにわかるようになるのは、話し言葉よりも書き言葉によってのことのほうが多い。換言すれば、書き言葉のほうが、ときに話し言葉よりも効果的に光明を投じ《イルミネイト》、光をはなつ。興味深いことにベンヤミンはここで書き手の無意識までもとりあげ、書き手の無意識が書き言葉にみずからの痕跡を残すとしたうえで、書き言葉こそ、ベンヤミンが「類似しているものの理論」のなかで「非感性的類似の、非感性的交感の文書保管庫《アーカイヴ》」と呼んだものになっていく。[11] ここでは書く行為における無意識的なものはなんであれ、書かれたもののなかに隠されたイメージをしまい込むように思われる。重要なことに手書きのアーカイヴは、その意味を固定され、永続的に封をされることがない。なにしろ誰かが書き続けるだろうから、また誰かが読み続けるだろうから。その結果、アーカイヴは稼働し続け、ときに閃き、そしてその面妖な歴史を知らしめる。閃光や炎は、このテクストのいたるところにある。この論考が世に問われたのは歴史哲学テーゼより数年前のことだが、しかし両者は無関係ではないはずだと私は思う。

「模倣の能力について」においてベンヤミンはこう書く。「言語の模倣的な要素は、焔に似て、ある種の担い手を通してしか顕現しない。この担い手とは記号的な要素である」。彼はつづける――「したがって語や文の首尾一貫性とは担い手であって、それを通じて類似が閃光のようにして現われる」（722〔80〕）。首尾一貫性は閃光を生むのか、それとも首尾一貫性は、なんらかの活動を通して確立されるのか。つづいて模倣的要素、記号的要素、そしてさらには類似について議論を練り上げながらベンヤミンはこう述べる――「というのも人間による類似の創造は――人間による類似の認識同様に――多くの場合、そしてもっとも大事なことに、閃くことと結びつけられる。それは掠め過ぎていくのだ」（722〔80-81〕）。ああ、なんとたくさんのものが掠め過ぎていくのだろう。メシア的な閃光、オドラデク、そしてさらに前に遡ってさえも、異なる言語における語と語の非感性的な類似――記号的な要素と融合した模倣的な要素が。この初期論考におけるベンヤミンのこの話題についての最後の言葉は、「書く速さと読む速さ」が「言語領域において記号的なものと模倣的なものの融合を高める」（722〔81〕）である。かくしてベンヤミンは、しばらくのあいだ光や焔に入れ込んできたが、ここでも模倣的要素という、すべての言語の根本たるものが、「焔のように」と記述されるのだ——とはつまり、類推《アナロジー》は、それが説明を試みる対象たる模倣を再現するということだ。この模倣の回路からの出口はなさそうだ。だがこの光の閃き、ベンヤミンがここで顕現とよぶそれは、ある進行中の行為によって条件付けられるということがわかる。それは読むことと書くことの速度なのだ。ある種の担い手は必要となる。それは人間の筆跡かもしれないし、ある種の原稿かもしれないが、そのような担い手なくして類似性の閃きはない。それは聖なる火花なのだろうか、模倣《ミメーシス》と記号《セミオーシス》の融合なのだろうか、またはある意味でその両方なのだろうか。読んだり書いたりするときに、何かが起こる。それはもしかすると、歴史家の責務というものが意味するところなのかもしれない。無意識の領域から何かが浮上し、消え去っていく。けれどもそれは書かれたもののなかに宿っているということが判明する。書かれたものは、それ自身が語り得ない歴史の存在を立証するのであって、語りえないものは、手稿全体に散りばめられていて、手稿をアーカイヴのようなものにしているか、あるいは類似を、非感性的な繋がりにかえる。この非感性的つながりは複数の言語をその核の部分で融合させ、翻訳を可能にするだけでなく、言語のユートピアの約束を無限にくりのべるのである。

　ベンヤミンの著述の多くでは、そこで練り上げられている議論は、最高度の厳密さをもってしても、概念的に捉えることができない。それはベンヤミンの著述が混乱しているということではない。むしろそれが意味するのは、概念の境界線上にこそ把握され認識されるべき何かが存在しているのであり、そしてその何かとは、過去についての問いにとって、いや想起についての問いとってさえ、重要になるだろうということだ。「言語一般および人間の言語において」(12)でベンヤミンはこう書いている——「人間の言語と事物の言語との関係においては、「過剰命名」と近似的に記述されうるものが存在している。それはすべてのメランコリーのもっとも深い言語的原因であり、そして（事物の側の観点からみれば）すべての熟慮された沈黙のもっとも深い言語的原因である。メランコリーの言語的存在としての過剰命名は、言語の別の奇妙な言語的関係を指し示す……すなわち過剰な精度である」（73〔1-34;2-33〕）。過剰に命名するとか、うますぎる命名といったことはある。もしそうした実践がメランコリーを生み出すのだとしたら、それは名前がその対象を捕縛せんとして、その対象を抹消しかねなくなるからだ。結局のところ、私たちが命名しようとする対象には、つねに他の命名法があるわけで、もしも自分たちが使っている名前を深刻に考えすぎたり、それを執拗にふりかざしたりするなら、それはつまりその名の必然性を主張していることとなり、それによってこの対象に同等の権利をもって近づこうとする他の諸言語や他の名称群を認識できないことになる。いいかえれば、命名するとき、私たちは比較言語学者でありつづけねばならないということであり、あるひとつの国民言語を特権的立場にある命名法とするのは誤りだということだ。実際のところ、そうすると私たちは他のすべての言語と非感性的類似の全領域を失ってしまうだけでなく、自分たちの名付け行為がもっとも確かなものだという確信によって、自分たちが何を失ったのかに気づくことすらできなくなってしまう。そこでメランコリーが生ずる、というわけだ。何かがほかの何かと共振しなければならない。そうでなければ私たちは閃光を認識することができない。そしてもし書かれたもののかたちをとり、ある種の火花を発するような、無意識のアーカイヴがあったとして、私たちが過剰に命名したり、うますぎる命名をするとき、あるいはよりいっそう先鋭化した精度をもって命名すれば、きっと対象を捕縛できるはずだと思うとき、私たちはそのアーカイヴを拒絶することになる。このアーカイヴは、私たちがそのために戦いつづけなければならない抑圧された者たちの歴史につながっているように思われる。その歴史とは「巨大な縮約」または「途方もない縮約」(TPH, 263〔1-663;2-345;3-377〕)と呼ばれるものだ[13]。ひょっとするとベンヤミンが過去の真実の像と呼ぶものに私たちが開かれているためには、ボードレールがそうだったといわれるように、もっと注意散漫であるべきなのかもしれない。もしかするとそれは、私がここで明らかにしたいと思っている政治的提案にもある程度関わり合いがあるのかもしれない。それは、ある種の方向感覚の喪失《ディスオリエンテイション》こそ、抑圧された者の歴史のための戦いを仕掛けるチャンスに私たちを導いてくれるということだ。その歴史を逆転させたり、修復したりするためではなく、その歴史を現在に侵入せしめ、「現在時《ナウ・タイム》」をもたらすために。

　この異様な時間の反乱を、歴史にかんするのちのテクストとの関係で考えることはできないだろうか。こうしたメシア的な欠片《かけら》たちは、まさしく、照らし出したり、閃《ひらめ》いたり、燃え上がったりするのではないか――現在の時間に対する突然で、つかの間の妨害を提供するようにして。あるいは私たちは一時的に状況主義者となって、戦うためのチャンスが現れたそのときに、それをつかまえるべきなのだろうか。もし私たちが抑圧された者たちの奪われた歴史のために戦うのだとしたら、それは現在においてなされなければならない。まさしく、そうした喪失は、いまなお起こり、「歴史哲学テーゼ」において私たちが語る進歩主義的な歴史の暗部を構成しているのだから。人は、たしかに、こうしたモデルを利用できるのだ。とりわけ、いかにして喪失と抑圧の歴史が、すでに起こるのをやめたようにみえながら、いまなお起こりつづけるのかを理解するために。たとえば先住民族のジェノサイドや、アルゼンチンにおける行方不明者のいまなおつづく歴史などがその例であろう。けれどもまたそれは一九四八年と呼ばれる歴史に照らしてみても有効に理解されるだろう。かたや、ある人びとによってはイスラエル国家の創建とユダヤ人のための恒久的避難所の樹立として賞賛されるもの、そしてかたや他の人びとにとってはナクバとして嘆かれるもの。その結果、イスラエル国が創設されたその数週間から数か月の間に、七十五万人以上のパレスチナ人が家や土地を強制的に剥奪され、現在における数百万のパレスチナ人が故郷を追われたのだ。

　こうしたベンヤミン的省察を、サイードが提議したパレスチナの地にふたつの離散的状況が収斂する可能性と関連づける方法はあるだろうか。私たちが第1章で考察したように、サイードはユダヤの民の故国喪失状況をパレスチナ人のそれと重ねあわせ、こうした複数の歴史が、その地で、新たな政治の可能性を生み出しはしないかと問うた。それは難民の権利こそが最優先となり、誰ひとりとして異種混淆性を極小化する取り組みによって市民権から排除されることのない、そんな政治の可能性だ。このように、サイードはアーレントの観点をくり返し表明している。宗教、エスニシティ、民族的同一性原則、あるいは人種を基盤とする国家を支えるために土地や権利を収奪される永続的難民集団は、二度と存在してはならない、と。サイードの主張、そしてアーレントの主張とは、異種混淆性に依拠した倫理、通常、離散的思考に結びつけられるこの倫理を、二国民主義《バイナショナリズム》問題にさしもどすことであった。私がここで示唆したいのは、この定式化はさらに次のような問題を開くということだ。すなわち、二国民主義は、ナショナリズムの脱構築でありうるのか？　もちろんこのような問題の提起は、軍事化された国民国家形態内部で暮らす者たちのほうが容易にできることだが、しかし、いまだ国民というものを目にしたことのない人びとにとっては、きわめて困難なものとなる。さらにパレスチナ人のナショナリズムというのは内的にも複雑な問題をかかえており、国家的プロジェクトと結びつくときもあるが、そうでないときもある。(14) だがそれでも、どんな国民的・民族的《ナショナル》闘争も、その「外部」――その内と外にある他者性――に対処せねばならなし、またグローバルな共生の名のもとでのポストナショナルなものへ参加にも対処せねばならないように思われる。

「ブレヒトとの対話」のなかでベンヤミンは、ブレヒト的介入《インターベンション》の別の選択肢《オルターナティヴ》を提示し、「人生の真の尺度は想起である」と主張している。(15) 再構成されたこの対話のなかでブレヒトは、ベンヤミンの主張を「ユダヤ的ファシズム」として告発した者となっている。もちろんこれはなかなかにやっかいな瞬間であるのは確かだ。なにしろブレヒトがここで示唆しているのは、この「想起」なるものがはらんでいる神秘主義的要素こそ、ベンヤミンを、より適切な政治活動から遠ざけるものだということなのだから。けれども、そもそも、この想起のなかにどのようにして政治活動の閃光が生まれるのだろう。そしていったいどうして、それが人生の尺度なのだろう。アフマド・サァディとライラ・アブー=ルゴドによって編纂された『ナクバ――パレスチナ、一九四八年、そして記憶の主張』のなかに、ベンヤミンは数回登場する。(16) このテクストは、人類学者であるリマ・ハマーミの語りではじまるが、彼女はヤッファで父の幼少期の家をついに見つけ出したときのことを語る。それは何世代にもわたって父の家族のものであったが、一九四八年に父が失った家だった。その家の住民たちは彼女に、ある壁画をみせ、ユダヤ人がパレスチナの地へ、勝利の凱旋帰還した物語の真実を理解しなければならないと説く。彼女が衝撃をうけ、言葉を失ったのは、彼女がそこで受けたユダヤ人救済についての講釈の内容だった。大きな喪失の場が、世代を通じて受け継がれてきたその場が、勝者の語りとぶつかったのだ。けれどもその勝者の語りはまた苦難と故国喪失がナショナリズムへと解消していく語りでもある。救済の物語へと変換する語りなしに、この苦難の問題と取り組む方法はあるのか。もしそれがあったのならば、そのような瞬間に、あるひとつの喪失が、他の喪失と響きあうこともありえたかもしれない、つまり、どちらの喪失も同じものだということではなく、ただ言語と歴史を超えた何らかの翻訳行為がそこで可能だったかもしれないし、いまだにどこかでは可能かもしれないということだ。

その本の序論はこう宣言する――「こうした記憶が私たちに過去について語りかける内容よりも（とはいえこうした記憶が、現在進行中の一九四七年と一九四八年の事件の再構築に、豊富な材料を提供するはずだと私たちは考えているのだが）、こうした記憶が現在においておこなっている、またおこないうる働きかけのほうに私たちは関心がある」（2）と。この序論ではまた、ベンヤミンを「歴史とは不公平なもので、つねに勝者の手によって書かれている」と主張したひとりだと注記しているが、その本の編者たちはこうも付け加えている――「歴史の波によって形勢が不利になったものたちにとって、記憶とは彼らが手にできる数少ない武器のひとつなのだ。それはこっそりと壁をガタガタと揺らすことができるのだから」（6）と。この本全体としてもトラウマの歴史に訴えるところが多く、そしてその基盤となっている時間感覚の多くは、ユダヤ人に対するナチスのジェノサイドに基づいており、ほとんどの編年史物語が過去の終わったものとしてみなしている歴史の継続性を強調している。

この本に所収されたパレスチナ映画におけるトラウマについてのある論考は、「過去から現在の核心部へと伸びる、痛みとトラウマの連続、そして闘争の連続」について論じている。[17] 著者であるハイアム・ブレシースはキャシー・カルースが強制収容所についておこなった分析を援用しているが、それはふたつの歴史状況が同じだからではない。トラウマのもつ時間の特殊性が両者の領域を横断するからである。彼は『消滅の年代記』や『一九四八』などの最近のいくつかの映画が、ベンヤミンの「歴史の天使」を思わせるという。「ふり返って歴史を見てみると、その目に映るのは瓦礫と破壊のうず高い山、虐殺と窮乏の不協和音しかない」(TPH, 175〔1-653;2-335;3-367〕)という、あの天使である。彼は過去数十年のあいだに作られた映画がしばしば、いかに記憶の喪失と戦おうとしてきたかを指摘する――「一九四八年以降イスラエルに住んでいるパレスチナ人たちが記憶喪失状態にあるなどとは到底考えられないが、ある種の強制された公的な記憶喪失は「まさにそのコミュニティによって」数十年にわたって経験されてきた……記憶や追悼の必要条件が、イスラエルによる支配がそれに関わるいかなる行為も禁じていたため、存在していなかったからだ」(175)。現に、イスラエルがその独立を言祝《ことほ》ぐかたわらで、ナクバの教育的・芸術的表象に対する公的資金援助を禁止する法案の検閲的悪弊に異議を唱える法的闘争が今日でも続いているのだ。他に「証言の政治」と題された論考ではダイアナ・K・アランが、レバノンにあるパレスチナ人難民キャンプで彼女が交わした古い記憶の数々との交流を私たちに伝えてくれる。[18] 彼女はこうした記憶を蒐集して単一の民族的記憶を作り上げようとするパレスチナ人ナショナリストたちのいとなみには反対する。彼女がみつけるのは、こうした政治的領有化に役にたたないような記憶の欠片《かけら》である。根無し草となったことにかんする記憶は、それ自体が帰属先をもたない記憶となる。彼女が特定するのは「トラウマ的経験の核心にあるパラドクス」であり、それは「そのなかでは、出来事が十全に思い出されることもなければ完全に消されることもないまま、忘却と証言の破綻が、回想行為と表裏一体となっている」(266)。

この最後の一文には註がついており、ふたたびキャシー・カルース、ドリー・ラーブ、そしてショシャナ・フェルマンが言及されている。[19] こうした人物たちが書いていることはアランが記述する情景にもあてはまるが、しかし、それはアランがこうした苦難の諸様態《モード》とのあいだに等価関係をみているからでも、そこにいかなる因果関係や反転した類推をみているからでもない。ユダヤ人は自分たちが被ってきた苦難を他民族にふりむけ苦しめていると述べるような者はここにはひとりとしていない。むしろそこにあるのは、類似、あるいは共鳴にも似た何かだ。そしておそらく、そうした瞬間を過剰に命名すべきではないのだ。つかまえ認知するのがもっとも重要な反響を失わないために。実際、プリーモ・レーヴィがその著作のなかで立証していたのは証言行為の破綻であり、強調されたのは、よく記憶しておこうとする彼の意志を忘却が何度も呑み込む瞬間であった。そしてここでカルースが引用される――自分たちの世界の喪失をなんとか生き延びてきたパレスチナ人の証言の破綻を説明するために。トラウマ的記憶のなかで人は、「記憶の脱落と回想の正確さのあいだに」宙吊りになっているのだ。[20]

『ナクバ』の序論のなかでアブー＝ルゴドは、ナチスのジェノサイドに基づいたトラウマ研究の多くは有用で、「卓越」さえしているが、こうした研究はときにユダヤ例外主義を再生産する危険をおかすことがあると警鐘を鳴らしている。おそらく翻訳を可能にする共鳴をつかみとる何かとしてのベンヤミンの想起が提示するのは、少し異なる道程である。国民の枠組にはおさまりきれないし、またおさまろうともせず、異種混淆性を前提とし、そしてアーレントの共生概念との親和性すら維持するような、そんな道程。もしかすればこれは私たちを、サイードのなした目覚ましい提言、すなわち故国を喪失したふたつの民族は、おのおの収斂しつつ響きあう収奪《ディスポゼッション》の歴史を基礎にして、社会正義の諸原則を樹立するかもしれないという提言に、私たちを立ち返らせるものかもしれない。社会正義の諸原則の樹立とはつまり、シオニズムの救済という進歩主義的物語に待ったをかけること、あるいはむしろ、その進歩主義的物語が産出し、産出し続ける判読不明な瓦礫を検討することである。抑圧された過去のために戦うチャンスをつかむ者は、正義を求める政治的要求へと苦難を変成させる闘争のなかにある。いずれ正義が生じ、顕現するというような歴史的保証がないときにはなおさら、この闘争は避けられない。たしかに、現在《ザ・ナウ》という時間とは、破壊が、他の多くの破壊と同様に、認識されるチャンスを得る時間のことであり、その認識は私たちの時間感覚そのものを変え、抑圧された者の時間を勝者の時間に入り込ませるだろう。まさにこの時点に、何かほかのことを認識するチャンスもあるかもしれない。

もし想起が人生の真の尺度だとすれば、それは疑いの余地なく真実のイメージと、それも多様な様態形式をもつ真実と分かちがたい関係にある。けれども、ここで問題となる様態は、継ぎ目のない語りでもなければ、国民的歴史でも、政権を賞賛しその権力を誇示する記念碑的なものでもない。想起は、歴史のふるまいだけでなく、その反復される歴史のなかから抑圧された者の歴史をとりもどすためにいかなるものが開かれ現れようとしているのかにも注意を払う。生の尺度とは、歴史が現在において、いかにふるまいつづけるかである。とはつまり、もちろん、偶発的な瞬間の蓄積の現前、チャンスや賭け、閃光に閃光の重なり、過去のための闘争であり、それこそが現在を変容させる唯一の方法なのだ。おそらくメシア的なものとはまさに救済をねらい撃ちしようとしている。その意味で「アンチキリスト」である。誰かの記憶が他の誰かの前進のじゃまをする。そしておそらくこれが起こるのは、まさにあちらで起きている苦難の何かが、こちらで起きている苦難と響きあうからだ。そしてそのときすべてが停止する。想起とは、収斂し共鳴する歴史によって開かれる共存の諸形式を見出すための、記憶喪失との闘争以外の何ものでもないのかもしれない。これにつける正確な名前を、おそらく私たちはまだ知らない。

第5章　ユダヤ教はシオニズムか——あるいはアーレントと国民国家批判

明らかに、シオニズムは、宗教の公共生活への浸透を可能にした手段であるが、シオニズムにかんし、明白に反宗教的な観点から考察する方法もいくつかあり、そのなかにはイスラエル市民権確立に役立てるべくユダヤ性を、明示的な宗教性をはぎとった観点から定義する方法もふくまれる。実際、こうした議論のなかで「ユダヤ人」というカテゴリーは複雑なものになる。なぜなら一見して世俗的なイスラエル国法はユダヤ性を、ラビ律法の精神に沿うよう定義しているのだが、イスラエル国法は、それ以外の面で、ラビ律法とは明確に一線を画しているのだから。このユダヤ性をめぐる多義性は、宗教と公共生活についてのより一般的な議論――私たちを取り巻く時代状況に満ちあふれているように思われる議論――に、どのような影響をあたえるのだろうか。

疑う余地のないことだが、公共生活における「宗教」について言及するとき私たちは慎重であらねばならない。なにしろ公共生活との関係で宗教をひとつのカテゴリーとして語ることは究極的には不可能かもしれないのだから。どの宗教を念頭に置くかによって、宗教と公共性との関係は異なるだろう。現に、公共生活に対する宗教の位置付けはさまざまであるし、宗教的観点から公共生活を構想する方法もまたさまざまである。もし私たちが「公共生活」における「宗教」についてを問うことから始めるのなら、「宗教」というカテゴリーに、諸種の特定の宗教を挿入するだけで終わりというリスクを犯しかねない。そうなると「公共生活」領域は、固定され完結したものでありつづけ、また宗教の外にとどまりつづける。もし宗教の公共生活への浸透を問題にするなら、私たちは宗教が公共生活の外におかれた枠組を前提としていることになり、私たちが問うのは、宗教がいかにして公共生活に浸透するのか、あるいはその浸透のしかたが擁護可能もしくは正当化可能かということになろう。しかし、もしこれが実際に私たちの思考を支配している前提であるならば、私たちはまず問うべきである、いかにして宗教が私的なものとなったのか、そして宗教を私的なものにする努力はこれまで実際に功を奏したか、と。こうした探究における暗黙の問いが、宗教は私的領域に属することを前提としているなら、私たちはまず、「どの宗教」が私的領域に追いやられてきたのか、そしてまた、もしそのような宗教があるとしても、「どの宗教」が問題なく公的領域において流通しているのかと問わねばならない。おそらく、ここから私たちは、いまひとつの探究領域をもつことになるのかもしれない。すなわち、正当的な宗教と非正当的な宗教とを差異化するものは何かという探究領域を。それはまた、世俗的な公共圏の暗黙の支えとなっている宗教と、世俗的な公共圏を脅かすと考えられている宗教を分かつものを考えることでもあり、同じことだが、キリスト教のような、公共的なものに対する文化的諸前提を提供するものとして理解され、その宗教的象徴が公共的なものにおいて自由に流通している宗教と、世俗生活の基盤を脅かすものとみなされ、公共的なものにおいて流通するその宗教的象徴が特異すぎ、また民主主義そのものを脅かすものとして考えられている宗教とを分かつものとを考えることでもある。もし、数名の学者たちが論じてきたように、公共圏が、プロテスタントによる成果であるなら、支配的な宗教伝統を世俗的なものとして前提とし、是認していることになる。そしてもし世俗主義が、その主張どおりに宗教的成り立ちから自由であるかどうか大いに疑うべき理由があるとすれば、世俗主義に対するこうした省察はまた、公共生活全般に関する私たちの主張にも、ある程度、あてはまるかどうか問うてもいいかもしれない。いいかえれば、ある種の宗教はすでに公共圏の「内部」に存在しているだけでなく、公的なものと私的なものとを弁別する判定基準の確立にも関与しているのである。これが起こるのは、ある種の宗教が「外」に追いやられる——「私的なもの」として、あるいはまた公的とされるものに対する脅威として——、そのいっぽうで、他の宗教が公共圏を支え画定するように機能するときである。宗教を私的なものとすべきであるというプロテスタントの絶対命令なくして私たちは公的なものと私的なものとを区別できないのなら、宗教——つまりは支配的な宗教伝統——は、私たちが行動する枠組そのものを支えていることになる。これは公共生活における宗教にかんする批評的探究にとって従来とは異なる議論の出発点となるだろう。なにしろ公的なものと私的なものとは分離関係を形成するのだが、この分離は、ある重要な意味において、そもそもの始めから宗教の「内部」にあるといえるのだから。

私の主張は、世俗主義にかんする問いを蒸し返そうというのではない。そうした問いは、タラル・アサド、サバー・マフムード、マイケル・ウォーナー、ウィリアム・コノリー、チャールズ・テイラー、ジャネット・ジャコブセンとアン・ペレグリーニ、そしてチャールズ・ハーシュカインドらが手際よく提示してきた。この新たな学術上の知見に基付けば、世俗主義こそ、宗教が生き残るための抜け道かもしれないと明言できる。私たちはつねに問うべきだ、世俗主義のどの形態の、どの道筋について言わんとしているのかと。私のねらいは、最初に、つぎのように示唆することにある。「公共生活」における「宗教」についてのどのような一般化も、どの宗教がその概念装置のなかで前提とされ効力をもっているかを考慮しないかぎり、そもそものはじめから疑わしい。とりわけ、公共概念をふくむ、その概念装置が、それ自身の系統やそれ自身の世俗化プロジェクトという点から理解されていないときには、なおのこと疑わしい、と。世俗的ユダヤ人について語ることは世俗的カソリック教徒について語ることとは意味が異なる。両者はともに宗教的信仰から離れていることが前提とされるかもしれないが、信仰を前提としたり要求したりしないような帰属の他の形式があるかもしれない。その意味では、世俗化というのはユダヤ的な生がユダヤ的でありつづけるためのひとつの方法でもあるかもしれないのだ。[1] 私たちはまた、まちがうかもしれないのだ、もし宗教を信仰と同義とみなし、そして神についてのある種の思弁的主張——すなわち、宗教的慣習実践を記述するときつねに働いているとはかぎらない神学的前提——と信仰とをむすびつけてしまうのなら。宗教信仰と非宗教的信念との認知的重要性を弁別しようとする努力は、宗教がしばしば主体形成の母型として、また埋め込まれた価値判断枠組みとして、さらには帰属と具現化された社会実践の様式《モード》として機能している事実をみすごすことになる。もちろん、こうした言説につねにつきまとうのは政教分離についての法的原則だ。しかし司法的概念が公共生活における宗教に関する広範囲の問いを理解する枠組としてはじゅうぶんではないと考えられる理由は多々ある。また宗教的シンボルやイコンについての論争もじゅうぶんとはいいがたく、それは一方で表現の自由にかんして、また他方で宗教的マイノリティの差別と迫害から保護にかんして、広範囲に及ぶ意見の不一致を生み出してきた。[2]

こうした論争に参与するにあたって、私は、もうひとつの問題を指摘しておきたい。それはイスラエルの国家暴力に対する公的批判が、実際しばしばそうであったように、反ユダヤ主義的または反ユダヤ人的であるととらえられるときに生まれる、宗教と公的生活との緊張関係である。念のためにはっきりさせておきたいのは、イスラエルの国家暴力批判のなかには、反ユダヤ主義的なレトリックや議論を駆使するものもあり、これには、断固として絶対的な異議申し立てをすべきであるということだ。だが正当な批判は、実際多くあるのだが、反ユダヤ主義にくみしない。そのような批判のなかには、社会正義を求めるユダヤ的闘争の内部から生ずるものもふくまれる（この闘争はユダヤ人のみに社会正義を求めるような性質のものではない）。一八九七年にバーゼルで行われた世界シオニスト会議でヘルツェルが設立提案書を起草すると、シオニズムに対するユダヤ人の側からの反対の声があがり、この反対の声は現在にいたるまで止むことがない[3]。シオニズムが体現する国家暴力に対し、これを批判することは反ユダヤ主義的でもなければ自己嫌悪的なものでもない。かりにそうであったとすれば、ユダヤ性というものは、ある意味、国家暴力に対する批判を生み出すことの失敗によって、半ば定義されるということになるのだろうが、そんなことは決してない。私が問いたいと思うのは、国家暴力に対する公的批判――もちろんこれが何を指すのかについてはまだ説明が必要だが――がユダヤ的価値観によって保証されているかどうかである（そのユダヤ的価値観は非共同体主義的な観点から理解されているとしての話だが）。

こうした問いをたてるのは、表立って公然とイスラエルの国家暴力を批判すると、しばしば、そしてある種の状況においてはほぼつねに、反ユダヤ主義的もしくは反ユダヤ人的だとみなされるからである。そしてそれでもなお、表立って公然とこのような暴力を批判することは、ユダヤ的枠組み――宗教的、非宗教的の別を問わず――の内部から生ずる義務的な倫理的要請である。

そしてこの枠組みこそがこの種の国家暴力に立ち向かうための、広範囲な運動に必要な結びつきを支えるものであり、したがってそうすることはユダヤ的であり、また同時にユダヤ性から離反している。もちろん、こうした定式化が第二の難題を導くことはすでに明らかだろう。ハンナ・アーレントが初期の著作で明確にしたように、ユダヤ性はユダヤ教と必ずしも同じものではない(4)。そしてアーレントのイスラエル国家に対する政治的立場の変遷があきらかにしているように、ユダヤ教もユダヤ性も両者ともに必ずしもシオニズムを受け入れへと進むわけではないのだ。

私のねらいは、ここでシオニズムの価値や、占領の不正義や、イスラエル国家の軍事的破壊攻撃にかんして、ユダヤ人のなかでも見解が分かれているという主張をくりかえすことではない。これらはみな複雑な問題であるし、どれについても大いに意見の相違がある。けれども、ユダヤ人はイスラエルを批判する責務があるとだけいいたいわけでもない。ただし実際私は、ユダヤ人には、というよりは私たちにはその責任があると考えてはいる。というのもイスラエルがユダヤ人の名において行動し、ユダヤ人の正当なる代表者としての役割をみずからに課していることを思えば、そこにはユダヤ人の名において何がなされるべきかをめぐる闘争があり、それだからこそますます、軍事的暴力に根源的に依拠するナショナリズムよりも、社会正義・政治正義を尊ぶ政治を上位におく伝統と倫理をとりもどすべき理由があるからだ。進歩的ユダヤ人の存在を樹立せんとする努力は、アイデンティティと共同体重視の枠組みに囚われつづけたままになる危険性をはらんでもいる。たとえば反ユダヤ人主義と反ユダヤ主義を標榜する、いかなる、またすべての表現に反対する者もいれば、イスラエルの国家暴力と人種差別の制度化を解体する企図のために、ユダヤ性をとりもどそうとする者もいる。だが、このような批判を責務とするようないくつかの倫理的・政治的枠組が存在するということを考えると、この解決法は見直しを迫られることとなる。

さらに、私が示唆しようとしたように、ユダヤ人であるということは、非ユダヤ人に対する倫理的関係を引き受けることを含意するとまでいってよいのなら、ユダヤ性とは反アイデンティティ主義プロジェクトとして理解されうるし、また、そう理解されるべきなのだ。こうしたことの淵源にあるところのユダヤ性のディアスポラ状況において、社会的にみて多元的な世界で平等を旨として生きることは、倫理的かつ政治的な理想でありつづけている。実際、もしイスラエルの国家暴力に対して公的批判をおこなうのに関連性をもつユダヤ的伝統が、社会性の規範としての共生に依存するものであるとすれば、当然の帰結として、樹立する必要が生まれるのは、これまでとは異なるユダヤ的公的存在様式（なるほどそれは、AIPAC〔the American Israel Public Affairs Committee「アメリカ・イスラエル公共問題委員会」一九五一年創設のアメリカ国議会における強固なイスラエル支援を維持させることを目的とする政治活動団体〕とは一線を画すものだろうが、同じくJストリート〔J Street、2007年創設、親イスラエルの政治活動団体だが二国家解決案を掲げる〕とも一線を画すものとなろう）や、これまでとは異なるユダヤ的運動（たとえば「平和を求めるユダヤ人の声」〔Jewish Voice for Peace——一九九六年アメリカに創設、イスラエルによる占領に対するユダヤ伝統に則った反対運動をおこなう団体。AIPACに対する抗議活動などもおこなう〕や英国における「独立したユダヤ人の声」〔Independent Jewish Voices——二〇〇七年イギリスに創設、英政府のイスラエル支持に反対する〕、そして「パレスチナ人のための正義を求めるユダヤ人」〔Jews for Justice for Palestinians——二〇〇二年イギリスに創設、英政府と国連にパレスチナ人の人権保護を要請する〕などがあるが、これでもほんの数例である）だが、それだけではなく、逆説的に聞こえるかもしれないが、ユダヤ性が求めるアイデンティティ概念自体のずらし《ディスプレイスメント》を肯定することでもあるのだ。そうすることによって初めて、ユダヤ人で「ある」とは何を意味するのかにかんする鍵となるような歴史的・宗教的理解を提供してくれる倫理的関係性の様式《モード》を、私たちは理解することができるようになる。つまるところ、これはユダヤ人の存在意義を、他の文化的あるいは宗教的集団を乗り越えたり敵にまわしたりしながら、とことんつきつめることではないのだ――そうした努力に対しては懐疑的にならざるをえない理由を私たちはごまんともっている。これは、非ユダヤ人との関係そのものを、ユダヤ教の枠組みのなかで宗教を公共生活に適合させる手段として理解するという問題なのだ。重要なのはたんに地理的に散逸することではなく、四散した存在様態から、政治的正義の新たな概念に奉仕するような一連の原則を導き出すことである。その概念は、難民の権利に関する公正な政治原則をともない、また占領や土地収奪やパレスチナ人の政治的拘禁と追放を支える国家暴力のナショナリズム的様式に対する批判をともなうだろう。それがまた含意するであろうものとは、共生概念、それもその登場をもって、入植型植民地主義の終焉となるような共生概念なのである。さらにもっと一般化して定式化すれば、この共生概念を基盤としてはじめて、不当な国民国家暴力に対する批判《クリティーク》が――例外なく――なされうるのである。

公的批評《パブリック・クリティシズム》には、もちろん危険性と責務とがともにある。依然として真実であるのは、たとえばイスラエルの国家暴力に対する批評がユダヤ国家に対する批判として解されうるときの根拠となるものは、私たちが、占領と侵略、ならびに従属もしくはマイノリティ人口の生活インフラ破壊といった諸実践に従事する他のいかなる国家を批判するときの根拠となるものと同じだということである。さもなくばそれは、ユダヤ国家に対する批判としてみなされるとしても、イスラエルのユダヤ性を強調することで、国家がユダヤ人のものであるから批判されているのだという恐れを喚起することになる。そうしたときふつう危惧されるのは、反ユダヤ的な衝動が批判を駆りたてているのではないかということだ。しかしそのような危惧はここで述べられているような正当な懸念からしばしば目をそらさせることになる。正当な懸念、それは、いかなる国家についてであれ、ひとつの宗教的・エスニック的集団に多数派人口としての地位を維持させ、そして多数派住民と少数派住民の間で異なるレベルの市民権を創出するように要求するのは不当ではないかということだ（そのなかには義務教育カリキュラムや公的言説において、ユダヤ民族のなかでもアシュケナジームの国家の起源とその物語記述をセファルディームやミズラヒームの文化起源より重視することもふくまれる）。そこでもし問題なのはまさにこの点なのだとしてもなお、公共の場でこれを言明するのは難しい。ほんとうは何か他のことがいわれているにちがいないと勘ぐったり、あるいはとりわけユダヤ人が人口的多数性を保つべきだという要求に疑義をさしはさむ者は誰であろうとユダヤ人のこれまでの受難――その受難のなかには今日ユダヤ人が経験している脅威も含まれるが――に対する無神経さや反ユダヤ主義、あるいはその両者に動機づけられているのではないかと思ったりする者がいるのである。

そしてむろん、何を批判しているのかによっても、事情は異なってくる。たとえば一九四八年以来の政治的シオニズムを特徴づけているユダヤ人主権《ソヴリンティ》の原則を批判しているのか、あるいは占領の違法性と破壊性に対してのみ批判を向けているのか（そしてそれゆえ一九六七年に始まる歴史のなかに批判を位置づけているか）どうかによって。あるいは、もっと限定的にシオニズムや占領とは別個の軍事行動、たとえば明らかな戦争犯罪をふくむ二〇〇八年から二〇〇九年にかけてのガザ攻撃、入植地の拡大、かたちをかえて連綿と続く土地収奪、または現イスラエルの右派政権の政策などを批判しているかどうかによって。しかしいかなる場合においても浮かび上がる問題は、その批判がユダヤ人ないしユダヤ性に対する攻撃以外のものとして公的に認識されうるかどうかということだ。私たちが何者であるか、またどんな場で誰に向かって話すかによって、ある見解は他の見解よりも受け入れられやすいものとなる。しかしなお、周知のごとく、文脈によっては、これらの批判を聞けばただちに、それを口にする者がユダヤ人に対してなんらかのわだかまりがあるのではないかという疑念が生まれることもあるし、もしその発言者がユダヤ人であったなら、ただちに、自分自身に対するわだかまりがあるのではないかという疑念が浮かぶ。さらにこれらすべての場合において私たちは、今日の公共圏を形成している限界のある可聴性に直面することになる。いつもある種の問いがついてまわるのだ。私はこれに耳を傾けるべきだろうか。私の声は届いているだろうか、それとも誤解されているのだろうか。公共圏は、くり返しある種の排除によって形成される。イメージ群のなかには決して目にとまることのないものがあり、また言葉のなかには、決して耳にされることないものがあるのだ。そしてこれが意味するのは、視聴覚領域の統制——より一般的にいえば感覚の統制——こそ、いかなるタイプの「正当な」政治領域においても論争点となりうるものを設定するとき、不可欠であるということだ(5)。

もしも人が、先住民やその他すべての共存生活者を犠牲にして、特定の宗教集団やエスニック集団に対してだけに完全な市民権を付与してきた国家に対しても反対しようものなら、その人はイスラエル国家の例外的で特異な性格を理解していない、さらに重要なことには、その例外性を固有のものとする歴史的理由を理解していないと非難されることだろう。しかしその国家が国際的な正義基準からみて「例外あつかいされている」なら、あるいはその国家が平等と非差別の原則をあきらかに踏みにじっているのであれば――現時点では、それがリベラリズムを侵犯しているることのみ注意を喚起するにとどめるにしても――その国家の存在は、暴力やラディカルな変革をとおしてのみ「解消」されうるという矛盾に捕らわれていることになる。アーレントにとって、この地域が共生原則を政治的に実現するために、連邦制《フェデラル》あるいは二国民主義《バイナショナリズム》の再考を求めることは、暴力からの出口を模索することであって、その土地に住まういかなる集団も破壊しつくす途につくことではないのだ。その政治的な要諦は、パレスチナ人を破壊から守ることなくして、ユダヤ人を破壊から守ることなどできないということにつきる。もしも破壊に対する禁止を普遍化することができないならば、それはすなわち、破壊をとおしてのみ、ひとは生きのびることができるという前提をもってして、「他者」を破壊しつくすということになる。しかし現実はこれとは反対に、パレスチナ人の生命と生活の破壊は、破壊をおこなう者が破壊されることの危険性を高めることにしかなりえていない。なぜなら、そうした破壊活動は抵抗運動――暴力的なものであれ非暴力的なものであれ――に対し持続的な根拠をあたえるのだから。このことを理解するためにヘーゲルを専門的に勉強する学生である必要はない。そしてもしこのシナリオでは、パレスチナ人の非を私は考慮していないことになると反論する者がいるとすれば、私からの回答は、植民地支配に対する抵抗運動をおこなうにはたしかに、より良い方法とより悪い方法があるということにつきる。だがパレスチナ人の戦略に対するいかなる評価も、政治的抵抗の枠組みのなかでなされなければならないだろう。イスラエルとパレスチナ、両者の立場はこれまで決して対等ではありえず、それゆえ両者の関係を衝突の「両側」としてとらえることは意味をなさない。イスラエルとパレスチナの同等の関与を前提とするような思考モデルは、その説明モデルのなかにすでに平等性を組みこんでおり、実際の不平等を捨象しているのだ。平等な政治条件が成立したとき私たちは初めて、おそらく対等の観点から話をすることができるようになるだろうが、それはあくまで、そうした平等性が達成されてからのことにすぎない。

　このような精神でハンナ・アーレントについて考えることを私は提案する。アーレントの政治的見解は多くの人びとに彼女自身のユダヤ人性の真正さを疑わせることになった。実際、一九四四年、四八年、そして六二年に彼女がなした政治的シオニズムとイスラエル国《ステイト・オヴ・イズラエル》に対する突出した批評の結果、彼女のユダヤ民族への帰属の正当性が、厳しく疑われるようになったし、そのもっとも有名な例はショーレムからのものだった(6)。序文で示唆したとおり、ブーバーが一九一〇年代と二〇年代には精神的・文化的シオニズムを積極的に表立って擁護し、それがもし政治的に国家のかたちをとることになれば「堕落する」ことになるだろうと初期には論じたのに対し、ショーレムは政治的シオニズムの醸成をもっと早い時期から支持していた。一九四〇年代には、アーレント、ブーバー、そしてマグネスは二国民国家《バイナショナル・ステイト》を支持し、ユダヤ人とアラブ人がたがいの文化的自律性を維持するような連邦制を構想した。同様に一考に値するのだが、フランツ・ローゼンツヴァイクもまた『救済の星』においてシオニズムに対して離散的《ディアスポラ》な反論を展開し、ユダヤ教が本質的に分かちがたく結ばれているのは領土に対する要求でも国家の希求でもなく、待つことと彷徨《さまよ》うことであると述べていた。

　第1章で示したように、エドワード・サイードの提言によれば、パレスチナ人とユダヤ人は、ともに、重なりあう歴史を、すなわち強制移送《ディスプレイスメント》、故国喪失《エグザイル》、難民としての生活（離散《ディアスポラ》状況下で自分たちと同じではない者たちのなかで）という歴史をもっている。これは他者性が、アイデンティティを構成しているような生の様式《モード》である。サイードはこうした故国喪失の伝統がどのようにして重なりあうのかを明確に語ってはいないが、彼は厳密な類似関係《アナロジー》を、あえて引き出さないよう留意している。このことはあるひとつの歴史が、対照的関係や並行関係やアナロジーでは記述できないようなかたちで、他の歴史を支える、あるいは阻害するということを示唆するものなのだろうか。ブーバーやアーレントも同じような問題を考えていたのだろうか。たとえば、彼らが、第二次世界大戦後の膨大な数の難民を念頭におき、一九四八年のユダヤ人国家の設立が、少数民族としてのアラブ人の権利剥奪や排除に支えられるものになるのではないか、という懸念を示したときに。そして実際、イスラエルの建国は、七十万人ものパレスチナ人——現在では九十万人に近いのではないかと見積もられることが多いが——を、彼らの正当な故郷から追放することになった。アーレントは、ユダヤ人のヨーロッパからの強制移送と、新たに設立されたイスラエルからのパレスチナ人の強制移送の間に、いかなる厳密な歴史的アナロジーをみようともしなかった。一九五一年にアーレントは、『全体主義の起原』において歴史的に際立っている無国籍状況《ステイトレスネス》を概観し、国民国家《ネイション・ステイト》に対する一般的批判《クリティーク》を発展させることになった。そのなかで彼女は、いかにして国民国家が構造的理由によって膨大な数の難民を創出するかを、そして国民国家がみずからが代理表象せんとする国民《ネイション》の均一性《ホモジェニティ》を維持するために、いいかえれば国民国家のナショナリズムを強化するために、いかにして難民を創出しなければならないかを示そうとした。これによってアーレントは、国民人口の異種混淆性《ヘテロジェニティ》を縮減するか拒絶しようとするいかなる国家形成——そのなかにはユダヤ人主権の原則によって立つイスラエル建国もふくまれる——にも反対することとなった。これはあきらかに彼女が連邦制のポスト主権《ソヴリン》的そしてポストナショナルな未来を構想する理由ともなった。彼女はすべての居住者の民意を得ることができないいかなる国家も、そして宗教的ないし民族的帰属に基付いて市民権を定義するいかなる国家も、おしなべて永続的な難民層を生み出さざるをえなくなると考えた。その批判はイスラエルにも敷衍されるものだった。イスラエルは、終わりなき衝突《コンフリクト》（そしてイスラエル自体に対していやましにます危機）にさらされるだろうし、またとりわけその地域での政治権力を維持するために「超大国」に継続的に依存することを考慮すれば、民意に立脚する民主主義としての正当性をつねに欠くだろうと彼女は考えた。アーレントが一連の無国籍状態の分析からひとつの無国籍状態としてのパレスチナに対する考察へと視点を変えたのは重要である。ここでアーレントの政治観を形成しているのは、ファシスト政権下のドイツとその解体後におけるヨーロッパの難民状況の重要性である。しかしながらそれは、シオニズムがナチズムに等しいということではもちろんない。アーレントはそのような等式化を拒んだだろうし、私たちもまたそうしなければならない。重要なのはナチスによるジェノサイドから導かれる社会正義の原則があること、そしてその原則は私たちの現在の闘争に影響をおよぼしうるし、またそうでなければならないということだ。たとえ文脈はさまざまに異なり、また、従属させようとする権力形式は独特なものであるとしても。

　もしも共生というものが、さまざまな故国喪失を収束させた形式として理解されるかもしれないとすれば、この収束を異なる諸関係の厳密なアナロジー形式としてとらえないことが重要となろう。エドワード・サイードはパレスチナ人とユダヤ人双方の故国喪失状況にかんして同様の主張をしたしアーレントも同様の主張を異なるかたちで示したのだが、それは彼女が、ナチス政権下での無国籍状況については、国民国家がつねにいかにして大規模難民問題を生み出すかにかんする広範囲な批判《クリティーク》が必要であると書いたときである。彼女はナチス・ドイツの歴史状況がイスラエルの状況と等しいと述べてはいない。断じて述べていない。しかしながらナチス・ドイツの歴史状況は、アーレントをして二十世紀の無国籍状況の歴史記述を発展させ、さらにそこから、国家をもたない人びとや権利をもたない人びとを再生産することに抵抗する一般的諸原則を導き出さしめる要因の一部——たとえ、すべてではないにしても——となった。彼女は、無国籍状況の反復に注意を喚起するところがあるのだが、それは、異種混淆的な人口の名のもとに、政治的多元性の名のもとに、そして概念化されたなんらかの共生の名のもとに、国民国家への批判《クリティーク》を起こすべき条件として無国籍状況を考えていたのだ。入植型植民地主義プロジェクトによる強制と搾取を介して、ユダヤの歴史がパレスチナの歴史にかかわりをもつようになるのは明らかだ。だが、このふたつの歴史がたがいにかかわりをもつような、新たな光を投げかけるような、そのようないまひとつの様式はないのだろうか。

根強い疑問のひとつは、もしアーレントの思想においてユダヤ的なものがあるとすれば、最終的にそれは何かというものである。私自身はアーレントの政治思想には宗教的源泉があると考えているが、こう考える点で私は少数派だ。(7) たとえば彼女の初期の聖アウグスティヌスについての研究が隣人愛に焦点をしぼっているのは明らかだ。(8) またシオニズムについての初期の著作のなかでも、彼女は次のヒレルの有名な定式に依拠している、すなわち「もし私が自分のために存在しないとすれば、誰が私のために存在してくれるだろう。もし私が他者のために存在しないのならば、私とは一体何者なのだろう。そしていまでないとしたら、いつ」と。一九四八年にアーレントは「ユダヤ人の歴史──改訂版」を書き、二年前に出版されたショーレムの『ユダヤ神秘主義──その主潮流』の重要性を検討した。この論文のなかでアーレントは「非人称的」で「無限」なるものとしての、そして創造《クリエイション》の物語ではなく流出《エマネイション》の記述に結びつけられるべきものとしての神の概念を確立するべく、メシア主義の伝統の重要性を考察した。[9] こうした神秘主義的概念の「秘儀的性格」に触れながらも、アーレントは神秘主義のさらに重要な遺産を、人間は「世界のドラマ」を造型する諸力に参加するという概念のなかに見出し、そしてそれによってより広範な目的に奉仕する義務を負うものとしてみずからを認識する人間にとって、行動の領域となるものの輪郭を記述した。このように神秘主義伝統を行動の一形態として解釈しなおすことは、メシア的な希望の信憑性が薄れ、律法解釈の有効性も疑わしくなってくるにしたがい、ますます重要になった。しかしながらこの行動という概念はユダヤ民族の故国喪失者的存在に依拠しているのだが、この点は、アーレントが次のように引用するように、イツハク・ルーリアが明確に主張している──「これまで［離散《ディアスポラ》は］イスラエルの罪に対する罰か、さもなければイスラエルの信仰に対する試練としてみなされてきた。それにいまでも変わりはないが、しかしながら離散とは本来的には使命なのである。その目的とは、低下した生の輝きをそのさまざまなすべての場所からもう一度発揚させることだ」(309［2-101］)。低下した生の輝きを発揚することは、それをかき寄せ、その起源の場所にさしもどすことと必ずしも同じではない。アーレントが興味を示しているのは「流出」ないし散逸の不可逆性だけではなく、それが含意する故国喪失《エグザイル》の再評価である。異種混淆性の包含それ自体が、ある種のディアスポラ的立場であり、それは散逸される人口という考え方をとおして半ば概念化された立場であると理解するような方法もあるのではないか。カバラ的伝統である散逸する光、〈セフィロト〉は、非ユダヤ人のなかに住まうユダヤ人を念頭におくような、この聖なる散逸の概念を分節化していたのだ。

アーレントはメシアニズムの政治的形式をあからさまに軽蔑しているが、故国喪失の伝統という、彼女がそれに依拠しつつ、またそれについて書いているものは、メシア的なもののある種のヴァージョンと分かちがたく結びついているのであって、たとえば、それはベンヤミンのカフカ論のなかで彼女が関心を寄せたものでもあった。ショーレムがのちに採用したようなメシア主義的な歴史のヴァージョン、つまりイスラエルの建国についての救済史的物語を供するような歴史のヴァージョンに抗して、アーレントはあきらかにベンヤミンの対抗メシア的《カウンターメシアニック》な歴史観（または読み方によってはメシア的なものの別の選択肢《オルターナティヴ》的な形式ともいえるものだが）に近い考えかたをしていた。ベンヤミンの歴史観では、抑圧されてきた者たちの苦難の歴史は、危機の瞬間に閃光のごとく出現するものであり、それは均質的な時間と目的論的な時間の両者を妨害する。ここで私はガブリエル・ピーターバーグの議論に賛成する。その議論によれば、ベンヤミンの「歴史哲学テーゼ」は、「人類の虐げられし者を救済するという倫理的で政治的な衝動」を、ショーレムを超え、ショーレムに対抗するかたちで形成したのである。なにしろショーレムは、究極的にはメシア的なものをユダヤ人のイスラエルの地への帰還、それはまた故国喪失から歴史への帰還でもあるが、これを含意するものと理解していたからである。[10] シオニズム的歴史記述における「故国喪失《エグザイル》」（またヘブライ語では〈ガルート〉〔追放を意味する〕）の価値低下を反転させる努力の一環として、有名なところではアムノン・ラス＝クラコーツキンもふくむ学者たちは、[11] 彼らのベンヤミン読解を収奪されし者《ディスポゼスト》たちの認知と想起に集中させてきた。収奪《ディスポゼッション》にかんしては、ひとつの民族だけが、その憂き目にあったと、収奪経験を独占することはできないだろう。メシア的なものを理解するための、故郷喪失的観点の枠組は、あるひとつの収奪の歴史状況を他の同様な歴史状況に照らして理解する手段を提供している。ユダヤ人だけのなかでの歴史を前提とする民族史記述形式では、ユダヤ人の故国喪失状況のみならず、今日のシオニズムのもとでのパレスチナ人の故国喪失という帰結も理解することはできない[12]。救済そのものが再考されねばならない——故国喪失として、帰還なき追放として、目的論的歴史の撹乱、そして収束的かつ妨害的時間性への開かれとして。これはメシアニズムであっても、おそらく世俗化されたものであって、光の拡散と故国喪失的状況を肯定しているのだ、救済が今の時代においてとることになる非目的論的形態として。これは目的論的歴史からの救済である。ここで私たちは問うこととなるだろう。だが、いかにして、あるひとつの故国喪失体験の記憶が、いまひとつの収奪に対する波長の調律、あるは開かれを促すことになるのか、と。この転位とはいったい何か。もし歴史的なアナロジー以外の何かであるというのなら、それはどのようにして記述できるのか。そしてそれは、はたしていまひとつの共生概念に私たちを導くのだろうか。

ラス゠クラコーツキンは書いている、ベンヤミンの「歴史哲学テーゼ」の流儀《トラディション》は、現在のユダヤ人の状況の特殊性を重視する主張を正当化するためにユダヤ人の迫害の記憶を動員するのではなく、より一般的な迫害史の構築のための触媒として機能している、と。迫害史の一般化可能性ならびにその転位可能性こそ、多様な文化的・宗教的差異を横断して、迫害緩和のための運動を広範囲に展開する政治へとつながるものなのだ[13]。

アーレントはメシア主義的な歴史ヴァージョンをことごとく否定したのだが、政治的シオニズムの進歩主義的物語に対する彼女自身の抵抗が、ベンヤミンによって提示された枠組みの内部で半ば形成されたことは明らかである。ベンヤミンの『イルミネーションズ』〔アーレントによって編まれたベンヤミンの論集〕の冒頭に置かれたアーレントによる序は、一九二〇年代初頭の『ドイツ悲劇の根源』におけるベンヤミンのバロック悲劇への転回《ターン》を、ショーレムのカバラへの転回《ターン》に依拠しているとはいわないまでも、それと並行関係にあると言明している。アーレントの示唆によれば、『ドイツ悲劇の根源』全体をとおしてベンヤミンは、ドイツ的伝統、ヨーロッパ的伝統、ユダヤ的伝統のどれについても以前の状態への「回帰《リターン》」はないと述べている。そのいっぽうで、ユダヤ教に由来する何がしかのもの、すなわち故国喪失の伝統ともいうべきものが、この回帰の不可能性に関与している。回帰どころか、別の時間に属する何かが、私たち自身の時間のなかに突然出現《フラッシュ・アップ》するのだ。アーレントは書いている——この時期のベンヤミンの著作には「暗黙の了解があり、それは過去とは、受け継がれたものをとおしてしか直接的に語らないというものであって、そうなると過去が一見して現在に接近しているように思えるとしても、それは過去の、まさにエキゾチックな「ひょっとしたら秘儀的《エソテリック》な」性質によるものであって、この性質は、拘束力のある権威にすがるようなことをいっさいはねつけるのである」と。彼女が「神学的に触発された」と理解しているのは、ベンヤミンの結論部である。そこでは真実は直接的に回復されることはありえないのであり、真実は「秘密を破壊するような暴露」にはなりえず、「秘密の秘密たるゆえんを尊重するような啓示」のかたちをとると語られている。

　秘密の秘密たるゆえんを尊重するような啓示は、オリジナルな意味を回復することをめざすのでもなければ、失われた過去に回帰することをめざすものでもない。むしろそれは、忘却によって徴付《しるし》けられた現在――忘却の現在であればこそ、過去の断片《かけら》は不定期に予期せぬかたちで出現するのだ――へと突破《ブレークスルー》してくる過去の断片《かけら》を把握し、それらに働きかけようとするものだ。この観点は「歴史哲学テーゼ」のなかの次のような発言「過去の真なる姿は掠めすぎていく。過去は、認識され得るようになったその刹那に閃き、そしてもう二度と目にすることができないようなイメージとしてしか捉えることができない（TPH 225〔1-648;2-331;3-363〕）」に照応するかのようだ。もし、私が前章で論じたように、閃くものが別の時代の苦難の記憶だとするならば、その記憶はこの時代の政治を中断させ新たな方向性をあたえることにある。これを、世代超越的記憶と記述するのは正しくないだろう。なぜなら世代線は、人口集団を越境する記憶によって横切られているからであり、それゆえ親から子への直線的継承にも、国民的帰属の時間的継続にも、そこに裂け目があることが前提とされているからだ。実のところ、ベンヤミンは十七番目のテーゼのなかで、この閃きは確立された歴史的発展の中断を可能にすると明言している。それは「出来事の停止」（TPH 263〔1-662;2-344;3-376〕）をなすものであり、それゆえに進歩主義的歴史記述そのものに疑いを突きつけるのだ。ベンヤミンは私たちに語る――そのような出来事の停止のみが、「抑圧された過去のための闘いに対する革命的なチャンス（TPH263〔1-662;2-344;3-376〕）」を生み出しうるのだ、と。進歩史の諸様式は、政治的理念の漸進的実現を前提とする歴史観（シオニズムはその一例だが）をふくみ、「前進」の歩みごとに記憶喪失を発生させる。それゆえ、もし抑圧された者たちの歴史を前景化しようとするなら、前進の歩みは止められねばならない。重要なのは、抑圧された者たちの歴史が復讐へと向かうようにすることではなく（それではベンヤミンが拒否するような、循環的な歴史形態となってしまう）、進歩を「根拠づける」政治的記憶喪失の諸形態に抗う積極的な闘争へと向かうようにすることだ。[14] もしもひとつの時間性がほかの時間性をともなって出現するならば、時間的な地平はすでにひとつではない。「同時代的」なものとは、必ずしもただちに読解可能とはならない、収斂の諸形態なのだ。

アーレントは、歴史的進歩のある種の形態は批判すべきであることに同意する。ベンヤミンが歴史的唯物論を再定義し、価値の漸進的量化を記述しようとするとき、念頭にあったのは資本主義の進歩主義的主張であったように思われる。これに対しアーレントが政治的理念の不可避的な展開としての進歩の概念に異を唱えるとき、彼女はあきらかに、歴史的唯物論のより目的論的な形態について考察しているところだった。アーレントにとって、政治とは行為の問題であって、行為は政治的複数性を基盤にしてはじめて理解できるのである。アーレントの複数性と共生についての思想は彼女の多くの著作のなかで定式化されているが、ここでの議論にとりわけ関連性をもつのは、一九六二年に出版されたアイヒマンについての彼女の著作である。

アーレントによれば、アイヒマンは自分と党の幹部が地上において共生する相手を選んでもよいと考え、地上の人口の異種混淆性が社会的政治的生活の不可逆的な条件であることを理解しそこねた。[15] アイヒマンに対するこの告発は、何人たりともそのような選択をする立場にあるべきではないという深い確信を物語るものだ。地上で私たちが共生する相手は、選択に先立ち、そしてそれゆえ私たちが慎重な決断をとおして参入する社会的政治的契約にも先立つかたちで、私たちにあたえられている。実際、もし私たちが選択の余地のないところで選択をしようとすれば、私たちの社会的・政治的生活条件を破壊することになる。アイヒマンの場合、共生する相手を選ぼうとする努力は、人口の一部――ユダヤ人、ジプシー、同性愛者、共産主義者、障害者、病人など——を抹殺しようとするあからさまな努力そのものであり、それゆえ彼が要求した自由の行使とはジェノサイドであった。もしもアーレントが正しいとすれば、私たちは誰と共生するかを選べないのみならず、包括的で複数的な共生の非選択的な性格を、積極的に保全し肯定していかねばならない。私たちは、自分で選んでいない相手と、私たちが社会的な意味での帰属感をいだかない相手と、生きねばならないだけではなく、彼らの生活と、彼らがその一部であるところの複数性を、保護する責務があるのだ。この意味で、具体的な政治的規範と倫理的規定は、こうした共生様式の非選択的な性格から出現するのである。地上に共生することは、いかなる共同体、いかなる国民《ネイション》、あるいはいかなる近隣地域に対しても先行する。私たちはときに、どこに住み、誰を頼りに、誰とともに生きるかを選びうるかもしれないが、この地上で誰と共生するかを選ぶことはできないのである。

『エルサレムのアイヒマン』でアーレントはあきらかに、ユダヤ人のためだけでなく、他の集団によって地球上の住まいから排除される他のすべてのマイノリティのために語っている。ひとつのものはもうひとつのものを含意し、「のために弁ずる《スピーキング・フォー》」は、それが弁ずるものの複数性を踏み潰すことなく、その原理を普遍化することだ。アーレントはユダヤ人を、ナチスによって迫害された他のいわゆる諸国民《ネイションズ》と区別することを拒む——人間生活と同じ広がりを有する、ありとあらゆる文化形式をとるところの複数性の名において。彼女は普遍原理にくみしているのだろうか、あるいは複数性は普遍的なるものに対して実体のある新たな選択肢を形成しているのだろうか。そして彼女のやり方は、ある意味で、サイードとベンヤミンがそれぞれに異なる方法で言及した、収斂する歴史と中断する歴史の問題にかかわっているのだろうか。

すべての人間社会のために包含姿勢を確立せんとするアーレントの定式化には、おそらく普遍化が作用していると私たちはいうことができるが、しかしその定式化が集合させる人類に適応できる単一の規定的原則はない。この複数性概念は、ただ内的に、差異化されうるということはないのだ。なにしろ、そうなれば何が、この複数性を境界づけるのかという問いが喚起されるだろうから。そもそも複数性は排他的であれば、その複数的な性質を失ってしまうのだから、所与の、あるいは確立された複数性の形態という考え方は、複数性の主張に問題を突きつけることになる。アーレントにとっては人間以外の生命体が、すでにそうした複数性の外部を構成しており、かくして最初から人間の動物性を否定している。現存するいかなる人間概念も、なんらかの基準によって、未来の人間概念と差異化されていなければならないだろう。もし複数性が所与の、そして実際の条件だけを排他的に特徴付けるだけではなく、つねに潜在的な条件も特徴付けるとするのなら、複数性とは一連の過程として理解されねばならないのであり、私たちは静的な概念から、動的な概念に移行しなければならないだろう。

このとき私たちは、ウィリアム・コノリーにならい、複数化について語ることができるだろう。[16]そうすることではじめて、所与の複数性を特徴づけける差異化は、その所与性を超える一連の差異をも徴付《しるし》けることになる。複数性を肯定する、またさらに保護するという責務は、新たなる複数化の様式を可能にすることを含意する。アーレントが自身の主張（つまり誰も地上で共生する相手を決める権利をもたず、すべての者は同程度の保護のもとで地上に共生する権利を有するという主張）を普遍化するとき、彼女は「すべての者」を同じだとはみていない——少なくとも彼女の複数性をめぐる議論の文脈においては。この点で、人は、なぜアーレントのカント的読解がありうるのか納得できる。その読解は、複数性が統制的理念であると結論づけ、いかなる者をも特徴付けることになる文化的・言語的差異にもかかわらず、万人に、共生の権利があると結論付けるのだ。そしてアーレント自身も、カントの道徳哲学をとおしてではなく、主にカントの美的判断概念を外挿することをとおしてカント的な方向に向かっている。

　複数化と普遍化の区分は、選択の余地なき共生について考えるにあたっても重要である。平等な保護、あるいは実に平等性も、それが適用される者たちを均一化する原則ではない。むしろ、平等性に対するコミットメントは、差異化の過程へのコミットメントなのだ。この点で、人は、なぜアーレントの共同体的な読解がありうるのかは納得できる。なぜならアーレント自身が帰属する権利と、帰属化にまつわるさまざまな権利について議論をつきつめているからである。しかしそこにはつねに、いかなる特定の共同体からの要求をも無効にするようなダメ押し的二重性がある。すなわち誰もが帰属の権利をもっているのだ。そしてこれが意味するのは、普遍化と差異化が同時に矛盾なく起こるということだ——そしてそれこそ複数化の構造である。言い換えれば、政治的権利は、それが依拠する社会的存在とは切り離されている。政治的権利は普遍化する、たとえ普遍化するのが、つねに差異化された（そして継続的に差異化する）人口の文脈においてであっても。またアーレントは「諸国民《ネイションズ》」や時には帰属の共同体群を、この複数性の構成要素として言及するが、複数性の原理はこうした構成要素部分にも適用される。なぜならこうした構成要素部分は、内的に差異化されている（そして差異化している）だけでなく、それ自体が、外部に対する可変的で推移的な関係によって定義されているからだ。

　実際、これはユダヤ性の問題について私が強調してきた点のひとつでもある。ユダヤ人という集団への帰属意識は、非ユダヤ人との関係の受け入れをともなう、それも政治的判断であれ責任であれ、それに対する共同体的基盤とは袂を分かつことが求められるような、非ユダヤ人との関係の受け入れをともなうのだ。それは「(ここに存在する)一方」が「(どこかに存在する)他方」に接近することではなく、このふたつの存在様式が、よかれあしかれ、たがいに根源的に絡み合っているということである。(17)「ここ」と「どこか」は、「かつて」と「いま」と同様、この共生概念に照応するような、内的にからまりあった空間と時間の様態となる。(18) さらに、もしもユダヤ性が共同体的な帰属からのこうした離脱を義務づけるものだとすれば、「帰属すること」とはユダヤ性というカテゴリーからの収奪《ディスポゼッション》を経ることであって、これは逆説的ではあるが、同時に新たな可能性を開くような定式化となる。それはさらに、共同体的な帰属の主張を超えてゆく政治の展開を義務づける。アーレント自身は故国喪失《エグザイル》が広範な目的に資する行動につながることを重んじるが、私たちは収奪《ディスポゼッション》を故郷喪失の契機、私たちを倫理的なものへと向かわせる契機であると解釈することができるかもしれない。逆説的ではあるが、他者の苦難を和らげるための闘争は、私が自分自身の苦難によって動機づけられ、またその苦難に収奪されることによってのみ可能になるのである。この他者に対する関係こそが、いかなるものであれ囲いこまれた、また自己言及的な帰属の概念から私を収奪=奪い去《ディスポゼス》るのだ。そうでなければ、明白な帰属様式もないときに、またさまざまな時間性の収斂が政治的収奪の記憶の条件となり、そしてそのような収奪を食い止める決意の条件ともなるようなときに、私たちは、私たちを拘束する責務を理解することはできない。

ここで過去から未来への転置に関して考えることは可能だろうか。おそらくは、このように規定された人類の複数的な構成員どうしのあいだには、共通要素はないがゆえに――根拠付けられていない、権利をもつ権利、すなわち帰属や場所に対するある種の権利という例外は除けば――、まさにそれゆえに、私たちはこの複数性を、きまって失敗に終わることとなるアナロジーをためすことによってのみ理解しはじめることになろう。実のところ、ひとつの歴史的な収奪の経験がほかの収奪の経験と異なっているからこそ、権利をもつ権利というものは異なるかたちで、そして異なる地域言語によって例外なく出現するのである。もしも私たちがある集団の苦難が他の集団の苦難に似ているという仮定からはじめるならば、それはそれらの集団を暫定的な一枚岩《モノリス》に集合させている――そして歪曲している――ことになるのみならず、同時にきまって失敗に終わるアナロジー構築に乗り出すこととなる。集団の特殊性は、その時間的、空間的な不安定さや、その構成における異種混淆性を犠牲にして、そしてまたアナロジー的推論に適したものにするために確立される。しかし特殊性というものは手強いもので、アナロジーは失敗に終わる。ある民族の苦難は他の民族の苦難とは必ずしも同じものではないのであり、これは両者にとって苦難の特殊性の基盤をなす。実際、もしもアナロジーの根拠となるものが、すでに破壊されていなかったのなら、二者の間のアナロジーも存在しなかっただろう。もしも特殊性がそれぞれの集団をアナロジーに適したものにするならば、その特殊性はまた最初からアナロジーを打ち負かすのである。そしてこれは目下の問題のために、他の種類の関係が定式化されなければならないということを意味する――翻訳の必然的な困難を横切るような関係が。

　アナロジーをじゃまする障壁は、特殊性を明確にし、複数化という過程の条件となる。一連の破綻した、あるいは使い尽くされたアナロジーを詳細に検討することをとおして、出発点に「集団」をすえるのがよいという共同体的な前提が限界を迎えることになり、そこから複数化という、内的かつ外的に差異化する行為が、新たな選択肢として浮上する。私たちは、より完璧なアナロジーを考案することによって、そのような「失敗」を乗り超えようとするかもしれない、そのようにして共通の土台が達成されるかもしれないと望みつつ（たとえば完璧な合意をねらう「多文化的対話」とか、最終的な展望においてはあらゆる要因が含まれるインターセクショナル・アナリシス（交差分析）によって）。しかしこのような方法では、複数性は、よりいっそう堅固な意味論的な説明でも、よりいっそう洗練されたアナロジーでも解消されえない（そしてされるべきではない）差異化を含意するものだという点をとらえそこなう。そして同時に、権利は——とくに地上で共生する権利が——均一化されえない社会的存在論を統括する普遍的なものとして、具体的に出現することとなる。このように普遍化してゆく権利は、普遍的ではない条件に細分化していかねばならない。さもなければ、それは複数性に依拠できなくなる。

　アーレントはこの複数性を統合する原理以外の何かを探している。そして、彼女は、この複数性を分割するいかなる努力に対してもはっきりと異を唱える。とはいえ、複数性とは定義上、内的に差異化されているものだとしても。分割《ディヴィジョン》と差異化《ディファレンシエイション》の違いは、はっきりとしている——この複数性のある部分をはねつけ、その部分が、人類の複数性に入りこむことを禁じ、そして人類のその部分に場所をあたえるのを拒否することと、私たちがそれをとおして政治的に前進せねばならいないところの失敗したアナロジーを認識することとはちがうのだ。ある苦難はけっしてほかの苦難と同じではない。と同時に、強制移動と無国籍状況によってもたらされる、いかなる、そしてあらゆる苦難は、等しく受け容れ難いのである。

私たちがもしベンヤミンにならい、収奪の記憶が歴史的な記憶喪失の表面にひびを入れ、時間と文脈を超えて難民の受け容れ難い状況にあらためて私たちの目を向けさせるのなら、アナロジーなき転置、ひとつの時間への別の時間へ介入・中断がそこには生ずるはずだ。それはベンヤミンの言葉でいえば、メシア的なものの対抗ナショナリズム的衝動とも、あるいは、ベンヤミンの翻訳論とも明確にかかわるメシア的世俗主義とも呼びうるものである。いかにして、どのような手段で、そしてどのような転置によって、他の時間は現在に分け入りうるのだろうか。ある時間が他の時間に分け入るのは、まさに前者が忘却の淵に瀕した迫害の歴史であるときである。これはアナロジーの作用とは同じものではないが、しかしかといってトラウマの時間性とまったく同じものでもない。トラウマにおいては、過去は決してすぎ去ることはない。歴史的忘却においては過去は決して存在せず、そしてそれが「存在しなかった」ことが現在の基盤となる。むろん、迫害の認知されることのない歴史は過去の一部となりえないにしても現在の時間に対して亡霊的な次元として存在しつづけると主張することはできる。そしてもちろん、それは正しい。しかしそのような特徴をもった歴史的なトラウマがあるとして、迫害の歴史をトラウマ言説に縮約することで、何が失われ、何が得られるのだろう。被迫害者の歴史をとりもどす闘争は、むろんトラウマを認識しそれと向き合うことによって助けられるはするが、被迫害者の歴史は現在においても迫害の歴史としてつづいていることがある。くりかえされるイスラエル国による土地収奪の歴史を思えば、それはじゅうぶんに理解されるはずである。このような場合には、一九四八年に起きたパレスチナ人の祖国からのカタストロフィックな強制移動というトラウマを記録するのみならず、このような行為を過去のものとしてのみ片付けることが誤りであることを裏付けるような現在における土地収奪もまた、記録されなければならない。

＊

これまで私は、倫理的関係の実現可能性そのものは、国民的というかたちの帰属様式から追放されるという条件に左右されると論じてきた。私たちが自分自身の外にあるとき、そして自分自身の前にあるとき、そのような様式にあるときにのみ、他者のために存在するための好機が生まれる。『戦争の枠組』のなかで私は、誰と共生するかについての決定をおこなう以前に私たちはすでに他者の手のなかにあることを示唆しておいた。このようにたがいに結びつけられているような存在のあり方は、正確にいえば、社会的絆ではない、つまり熟慮のすえに自発的に結ばれるような社会的絆ではないのである。それは契約に先立ち、相互依存性にからめとられ、そしてしばしば抹消されてしまう――意志をもつ個人の存在を前提とし、かつ制定するような社会契約の諸形式によって。かくして、私たちは、「自分の共同体」の一部として容易には同定できない者たちと、むすびついている。私たちが知りもせず選ぶこともまたなく、その名前を覚えることも発音することもできず、異なる日常の語彙のなかに生きている、そうした人、あるいは人びとと。もし私たちがこのような存在論的条件を受け入れるのであれば、他者を破壊することは私の生を、つねに社会的生であるところの私の意味を、破壊することである。そしてこれは、私が他者を破壊するならば、私自身が破壊されてしまう可能性が増すことを意味しない（たとえそれが予測としては理にかなっているとしても）。重要なのはむしろこうした自己のありようそのものが、私たちが他者と呼ぶものとむすびついていること、それも自分自身の存続価値と、他者の存続価値とを区別することができないようなかたちでむすびついていることである。[19] それは、実存的に概念化されるところの、私たちに共通する条件というよりは、私たちを収斂させる条件である——それは、近接性や隣接性や直面という状態、誰かほかの人の願望や苦難の記憶によって妨害されたり造型される、それもみずからの意に反して起こるものなのだ——このありようは現在という瞬間を分節化する空間的・時間的諸関係によって拘束されることでもある。共生〔cohabitation〕の共〔co〕は、たんなる空間的な隣接性としてのみ理解されるべきものではない。隣接なくしては、つまりひとつの領域をほかの領域から分け隔てつつまた結びつける線なくして家《ホーム》はありえないし、そしてそれゆえ居住空間を規定する外部なくしては制限された空間に住まうことはできない。共生の共はまた、異なる時間軸が集束して現在をかたちづくる結節点《ネクサス》でもある。それはあるひとつの苦難の歴史が他の苦難の歴史を否定する時間ではなく、あるひとつの苦難の歴史が他の苦難の歴史と波長を合わせる諸条件を提供することが可能でありつづけるような、そして生成されたなんらかのつながりが翻訳の壁につきあたりながらも前進することが可能でありつづけるような時間である。つまり共生が含意するのは、ある者がみずからの生の基盤を別の者の生のなか——そこには依存と差異化、近接性と暴力とが肩をならべている——に見出すことを肯定することなのだ。これはイスラエルとパレスチナなどの領土間関係に露骨なかたちで見出せるものでもある。ふたつの領土は分かちがたく結ばれている、たとえそこには拘束力のある契約も相互の合意もなくとも、それでもなお不可避的に結ばれているのだから。そこで疑問が浮かび上がる。すなわち、どのような義務がこの種の依存、接触、そして近接から導かれるのだろうか——たがいに相手を破壊の恐怖にさらしあい、そして周知のとおり、その破壊の恐怖が時に破壊性を煽りたてるような、それぞれの人口の境界を画定するようなそんな依存、接触、そして近接からということだが。このような絆《ボンド》を、それがなければどちらの人口も生きることも生き残ることもできないような絆《ボンド》を、私たちはどう理解すればいいのだろう。そしてそれは私たちをどんなポストナショナルな義務に導くのだろうか。

実質的にこうした見解はどれも、政治的シオニズムを形成する現在進行中の暴力的入植型植民地主義に対する批判と切り離すことはできないと私は考えている。ベンヤミン的な意味でいう想起を実践することによって、新たな市民権の概念を、かの地における新たな立憲的な素地を、ユダヤ人とパレスチナ人双方の人種的・宗教的複雑性の視点から二国民国家を再考する可能性を、土地分配と不法な所有権の割り当ての抜本的な改組を、そしてたとえ最小限であっても市民権の有無によって否定されるのではなく守られるような、すべての人口に及ぶ文化的混淆性を確立することになるかもしれない。このような提案のすべてに対して、反論する者もいるかもしれない。こうしたものは公に語られるにはふさわしくない、と。リスクはあまりに大きすぎると、と。平等はユダヤ人にとって有害で、民主主義は反ユダヤ主義をかき立て、共生はユダヤ人の生を破壊にさらす、と。しかしおそらくこうした反応は、私たちがユダヤ的であるとは何を意味するかを思い出せないときに、「もう二度と《ネヴァー・アゲイン》」というスローガンのヴァリエーションすべてについてじゅうぶんに考慮しなかったときに、はじめて口にされうるようなものである。結局のところ想起は私の苦しみや私の民族の苦しみのみに限られたものではない。思い出されうるものの限界とは、言葉にされうること、耳にされうることの限界、つまりはいかなる公共圏をもそれによって構成する聴覚と感覚に課せられる限界をとおして、現在時に強制されるものなのだ。想起がその公共圏に押し入るということは、宗教が公共的生に入りこむときに用いる方法のひとつであろう。ユダヤ的な政治であれそうでない政治であれ、またその二項対立に制限されず、むしろそれを超える要請に従って、開かれた差異化の領域へと、それもその差異化が支える普遍化によって包摂されないような開かれた差異化の領域へと進むような政治。この政治はそのとき想起の名において、収奪のなかから、収奪に抗って、そして私たちが正義と呼びうるものの方向にたちあらわれるかもしれないのだ。

ハンナ・アーレントと国民国家の終焉？

ハンナ・アーレントをひとつのカテゴリーに当てはめることが容易であったためしはないが、それはひとつには一九三〇年代から一九四〇年代にかけての政治的著述において彼女が確定されたカテゴリーに対し執拗な批判を展開してきたことにも一因があろう。アーレントの初期の政治思想には彼女が回避し、また再概念化しようとしてきた一連の区分がみられる。たとえばその区分のなかには、シオニズムと同化主義、シオニズムと反ユダヤ主義、国民国家と人権、そして政治的スペクトラム上の二極化した左派と右派といった、これみよがしの差異が存在する。彼女は批評実践のなかでもとりわけ特異な実践、すなわち国民国家の政治的逆説に光をあてようとする批評実践に従事した。それはたとえば次のようなものだ、もしも国民国家が市民の権利を保証するものであるならば、国民国家はむろん必要なものである。しかしもし国民国家がナショナリズムに依拠し、おびただしい数の無国籍者を不可避的に生みだすのならば、国民国家を打倒する必要がある。そしてもし国民国家が打倒されるのなら、はたして、もしあるとして、どのようなものが、その代替物として機能するのか。アーレントは国民国家観に回収しえないような「帰属」の諸様式や「政体」概念についてさまざまなかたちで言及している。さらに初期の論考において彼女は、国家性や領土から分離されうる「国民《ネイション》」概念についても言及をする。そこで私たちは次のように問うこととなる。アーレントは国民国家の終焉がありうるかどうかという問いに対してひとつの答えに逢着していたのか。または、この問題に接近しつつそれを回避しようとするなかで、政治的な生にかんする多くの諸前提をゆり動かすことになったのか。

この問題領域におけるアーレントの政治的思考を特徴づけるある種の曖昧性に対し、私たちが批評的な出会いをはたすことになるであろう、二つの引用について考えてみよう。アーレントはある時、あなたは保守か、それともリベラルなのかと問われたことがある。そして彼女は次のように答えた、「わかりません。ほんとうにわからないし、これまでわかったと思ったためしもありません。そういった立場をとったことがないのではないでしょうか。ご存知のとおり、左派は私を保守的であると思っているし、保守派は私を左派であるか、異端であるか、あるいは得体の知れないものである、と思っています。はっきりといえるのは、私にとってそんなことはどうでもいい、ということです。この種のことは、この世紀におけるほんとうの問題になんの解明をもたらしもしないでしょうから[20]」と。

第二の引用は、政治的な場にみずからを定置すること、そしてまさに、右左のスペクトラムを用いてみずからを位置づけることに対するアーレントの拒絶が、何を意味するのかをよりあきらかにする。この引用は第1章で私が引いた、一九六三年のアーレントとゲルショム・ショーレムの往復書簡に現れるものだ。アーレントのこの発言はよく知られてはいるが、よく理解されているとはいえないように思われる。その背景には、アーレントは少なくともふたつの、ショーレムをいらだたせるような公的な立場をとっていたということがある。ひとつは四〇年代終盤から五〇年代初頭にかけての、イスラエル建国に対するアーレントによる批判と関係があった。だがいまひとつは一九六三年のアーレントの『エルサレムのアイヒマン』出版と、自著に対する擁護だった。アーレントの「悪の陳腐さ」という言葉は、それを強制収容所で行われていた桁外れの悪を否定するものだと考えて、ナチス政権下に起こった六百万人を超えるユダヤ人の破局的ジェノサイドについての私たちの理解を陳腐なものにするのではないかと案じたユダヤ人共同体の多くのメンバーからの怒りを買った。

当時のユダヤ政治を批判するアーレントをショーレムは「心無い」と称し、彼女が提示した批評は愛の失敗の証左として解釈されるべきだと示唆している。アーレントのテクストはむろん、多くの記述において物議を醸すものではあった。裁判事項に関係する歴史――そこにはファシズム下におけるユダヤ人抵抗運動の歴史もふくまれる――をアーレントが誤って記述したと考える者もいたし、アイヒマン自身を悪の寓意と命名し分析すべきであったと考えた者もいた。アーレントの裁判についての記述は、しかしながら、正義に奉仕する判決には、心理学的動機が重要であるという考え方を覆そうとするものであった。そして、アーレントはイスラエル法廷がアイヒマンを有罪とし、死刑に値するとした最終判決に同意はしたものの、判決の基盤にある手続きや根拠には異を唱えた。アーレントのイスラエル法廷に対する公的な批判に対して、イスラエルの政治制度を批判するのは時機を逸しまた不適切であるとして反論するむきもあった。そしてこの裁判を反ユダヤ主義に対するより強力な告発をおこなう機会とすべきだったと彼女に求める者もいた。アイヒマンは出世第一主義者で、混乱しており、自身の恥ずべき行為のさまざまな告発状に意外にも「昂揚」していたというアーレントの見解は、何世紀にもわたる反ユダヤ主義――それはユダヤ人の完璧な抹消を目指す〈最終解決〉政策に反映されているのだが――の論理的な帰結をアイヒマンの動機のなかに見出そうとする者たちをとうてい納得させるものではなかった。

　アーレントはこのような解釈（「集合的罪」などの心理的構築物をふくむ）のすべて拒んだ。それは（a）「魔性、ないし悪魔的な底の知れなさをアイヒマンから引き出すことはできず」、またもし彼がこの意味で「陳腐《バナル》」であるとしても、それはそれゆえ「ありきたり《コモンプレイス》」であることを意味しないということ、（b）彼の行為に関する「より深い説明」に基づいた説明には議論の余地があるが、しかし「議論の余地がないのは、そうした説明に基づくかぎり、いかなる司法処置も実効性を欠くということ」（EJ 290〔1-398:2-223〕）、この二点をはっきりとさせるためだった。

　第1章で述べた通り、ショーレムがアーレント自身の動機に疑いをさしむけ、ドイツ左派出身のアーレントはユダヤ民族を愛していないのだと糾弾し批判しつづけたことは、つとに知られている。アーレントはこれに対し、彼女の愛は民族《ピープル》ではなく、個々の人びと《パーソンズ》に向けられるものだと応答した。

　アーレントの回答には感情的要素が欠けていることで際立っているが、それはなぜだろう。アーレントが自分は論争の余地も議論の余地もなく当然のことながらユダヤ人である、というとき、それが何を意味するのか、はたして私たちは理解しているのだろうか。彼女はあくまで名目的にユダヤ人であるにすぎない、といっているのだろうか――つまり、遺伝的形質あるいは歴史的遺産、またはその両者の混合によるものとしてそうだということか。あるいは彼女は自分が社会学的にみてユダヤ人という立場に置かれているといっているのだろうか。ショーレムが彼女を「ユダヤ民族の娘」と呼んだことに対して、アーレントは次のようにいう。「私は自分自身以外の何者であるふりもしていなければ、これ以外の方法で自分であろうとしたこともないし、そうしたいと思ったこともありません。それは、私は男であって女ではないというようなものでしょう。いってみれば、正気のさたではないことのように思えるのです」、と（JW, 466〔2-316-7〕）。彼女は「ユダヤ人であること」は「私の人生の紛れもない事実」であるとつづけ、さらに言葉を継ぐ――「ありのままのすべてのことについての基本的な感謝の念のようなものはあります。それは作られたものではなく、あたえられたものに対する感謝であり、いわば〈自然的なるもの《ピュシス》〉であって〈制度的なるもの《ノモス》〉ではないものに対する感謝です」（JW, 466〔2-317〕）と。ここで特記すべきは女であることとユダヤ人であることは〈自然的なるもの《ピュシス》〉の一部であり、そしてそれゆえに、いかなる文化的秩序や文化的実践に属するものではなく、自然に構成されているということだ。だが彼女は主張を誇張してはいないだろうか。

　言い換えれば、そのようなカテゴリーはあたえられたものなのか作られたものなのか、そして〈自然的なるもの《ピュシス》〉と〈制度的なるもの《ノモス》〉のあいだのみかけの区分を複雑にするような「所与のもの」ものを「作る」方法は、あるのではないか。結局のところ、人はこれらのカテゴリーを拒むことができるし、ユダヤ性を否定したりジェンダーを変えたりもできるし、あるいはアーレント自身がそうしていると述べるように、これらのカテゴリーを感謝の念をもって受け容れたりもできる。しかし人が割り振られたこうした特定のカテゴリーのいずれに対しても感謝の念を抱かず満足もしないこともありうるのだという事実があり、それが示唆するのは、人がどのようにそうしたカテゴリーに接するようになるかが重要だということだ。つまるところ〈自然的なるもの《ピュシス》〉と〈制度的なるもの《ノモス》〉との間には、どっちつかずのあいまいなものが出現するものだし、ここから二者の間の区分を一定に保つことは必ずしもつねに可能なわけではないとことが示唆されるのだ。アーレントが自身を擁護したのは、法廷においてではなく、「ユダヤ民族」を代表するものとしてみずからを選任したショーレムに対してあてた手紙のなかだということは理解しておくべきである。アーレントは自分がユダヤ人であるということの意味を詳述するなかで、つねに自分のユダヤ性を特定のやり方で宣言し形成する。私たちはアーレントの手紙を、言うなれば、言説的自己形成のそうした一例だと読むこともできる。このようにしてみると、重要なことに思われるのは、アーレントがこの手紙のなかで、三〇年代と四〇年代を通してその著作にみられるように、そのような立場を明確にとりうるユダヤ人として自己を表明していると考えることとなのだ。彼女のショーレムへの応答は、彼女自身がそうであるところの〈自然的なるもの《ピュシス》〉を理解する、あるいは、それに特定の解釈をあたえる試み以外のものとしては読みがたい。そしてもし実際に彼女がそうしているのであれば、〈自然的なるもの《ピュシス》〉は文化的工作に左右されているのである。

実際、彼女の『ユダヤ論集』を読めば、アーレントが一九三〇年代から一九六〇年代までの間、強い信仰を持たずにユダヤ人であるというのはどういうことか、そして世俗的ユダヤ人と同化ユダヤ人を区別することが——彼女自身がそうしたように——なぜ重要なのかという問題と格闘しつづけてきたことがわかるだろう。結局のところ彼女は自分自身をユダヤ人として特徴付け《マーク》しているのだし、自身の生のその事実に対し感謝の念さえ表明しており、それゆえ同化主義的見解とは距離をおいている。すべての世俗的ユダヤ性の形態が同化主義的ではないのだ。一九三九年頃に書かれた「反ユダヤ主義」についての初期の未完論考のなかで、アーレントはシオニズムと同化主義は同じ教条主義から生じるのだと論じている。同化主義者たちが自分たちユダヤ人は自分たちを受け入れている国家に帰属しているのだと考えるのに対し、シオニストたちは、他のすべての民族《ネイション》／国民が、少数民族として、ユダヤ人とは無関係に定義されているので、ユダヤ人も自分たちの国家があっていいと考えた。アーレントは同化主義者とシオニストをともに論破する――「これらの見解は双方とも同様の欠陥を有している。両者はともに、かつてもいまも、ユダヤ人とユダヤ人が共に住む民族の各部分との間には多様な異なる利害があることを認めることに対する、ユダヤ人の恐怖から生まれている」（JW 51〔1-72〕）。アーレントにとっては、「多様な異なる利害」の執拗な存在は、合併吸収の理由にも分離の理由にもなりえない。シオニストと同化主義者はともに、ユダヤ人に対してものされる「よそ者性のそしりを保持している」。すなわち、同化主義者はこのよそ者としての立場に注意を向け、それを寄留先の国に完全な市民として入りこむことによって是正しようとする。他方シオニストは、ユダヤ民族にとって永続的な受け入れ先となる国は存在せず、反ユダヤ主義はいかなる受け入れの協定のなかにも顕われることとなるのであり、それゆえ厳密にユダヤ人だけのための国家を成立することのみがユダヤ人に保護と居場所を提供しうるのだと考える。これらの立場はどちらもアーレントが解体しようとする、ある種の国家の論理を承諾するものだ。解体の試みは、一九三〇年代における反ユダヤ主義とヨーロッパにおけるユダヤ人の歴史に関する研究にはじまり、一九四〇年代を通して彼女がドイツのユダヤ系新聞『アウフバウ』に寄稿したパレスチナとイスラエルについての論考に引き継がれ、そして五〇年代初頭には『全体主義の起原』における国民国家と無国籍者の創出に対する容赦ない批判へとつづくことになる。

アーレントのショーレムへの応答を同化主義の擁護として読むのは明らかに誤りであろう。彼女は世俗的ユダヤ人であったが、その世俗性はユダヤ性を覆い隠しはしなかった。彼女の世俗主義はむしろ、そのユダヤ性を歴史的なものとして規定し、同化に抗いさえするためのひとつの方途だった。彼女が支持した世俗主義のユダヤ的形式は、それゆえ、個別特殊なものである。彼女自身の言葉でいえば、彼女はある種の信仰の喪失の余波のなかに生きていた（とはいえアーレントは一九三五年に、マルティン・ブーバーがユダヤ教の宗教的価値を刷新したとして讃えているのだが）。彼女自身が経験した、ドイツのファシズム、三〇年代のフランスへの強制移民、ギュルス強制収容所からの避難とそれに次ぐ一九四一年のアメリカへの移民は、難民、無国籍者、そしておびただしい数の民族の移送と強制退去に関する歴史特殊的な展望を形成することになった。この立場こそ、まさにナショナリズムとその情念に対するアーレントの批判を醸成し、国民国家のステータスに対する一連の怒りに満ちた省察を生み出したものであった。

彼女がナショナリストでなかったということは、彼女がユダヤ人でなかったということを意味しはしない。彼女の批判はむしろ逆に、ある意味では故国喪失《エグザイル》と強制移動《ディスプレイスメント》という歴史状況から生じたところの、ナショナリズムに対する個別特殊な批判である。アーレントにとってそれは「ユダヤ」に限られる問題ではなかったが、私たちは、彼女のこのような結論が、国外退去や人口移送そして国籍喪失を分析し、それらに異を唱える能力――そしてそれは政治的責務でさえある――から、ナショナリスト的な情念を拒むようなかたちで生まれているのをみて取ることができる。これに基づいてみれば、ある種のシオニズムならびに同化主義の両者に対する彼女の批判を理解できようというものだ。アーレント自身のユダヤ性を規定した歴史的要因についてのこうした考察をもってして、彼女のショーレムに対する回答の最後にみられる名目論らしきものに立ち返ってみよう。つまり彼女はユダヤ人を「愛し」も「信じ」もせず、ただ「当然の事実として、異論の余地も議論の余地もなく」ユダヤ民族に「帰属して」いるという発言である。この一文なかでは、「愛」も「信ずること」も引用符に囲われているのだが、彼女は同様に「ユダヤ人」の一般性についても異議を唱えているのかどうか私には定かでない。結局のところアーレントは、民族／人びと《ピープル》ではなく、個別の人《パーソン》しか愛することはできないと述べていた（ただし「世界に対する愛」は可能だし必須であると書いていたことはあるが）。民族／人びと《ピープル》を愛するという見解のどこがおかしいのか。一九三〇年代後半に、アーレントは次のように論じている――十九世紀ヨーロッパにおけるユダヤ人「解放」の試みは、「ユダヤ人」の運命に肩入れするというよりはむしろ、ある種の進歩の原理に肩入れするものであり、その進歩の原理は、ユダヤ人を抽象物として考えることを要求するものであった。「解放をもたらされるべきは、ひとが実際に知っているかもしれないし、知らないかもしれないユダヤ人ではなく、しがない行商人でもなく、巨額の金貸しでもなく、「ユダヤ人一般」だったのだ」（JW, 62〔1-91〕）と。

例外とみなされるユダヤ人――たとえばモーゼス・メンデルスゾーンのような――がいて、彼らが「ユダヤ人一般」を代表するにいたったのと軌を一にして、「ユダヤ人」は人権の進歩を代表することとなった。抽象的なユダヤ人存在は、例外的ユダヤ人と平凡なユダヤ人の間に区別をもうけ、その区別が保たれることを要求した。この区別が、今度は、平凡なユダヤ人をつねに有害なものとして選定する反ユダヤ主義の基盤となった。ここで私たちは反ユダヤ主義に対する進歩的で啓蒙的な抵抗が、その原則を個々の人びとから切り離し、反ユダヤ主義に対する反ユダヤ主義的抵抗という分裂的な構造を呈する構図をみて取ることができるだろう。アーレントは「啓蒙主義時代におけるユダヤ人問題が提起される古典的な形式が、古典的な反ユダヤ主義に、その理論的基盤を提供している」（JW, 64〔1-93〕）と論じている。

アーレントが「ユダヤ民族《ピープル》」を愛することを拒む時、彼女は眉唾ものの目的に奉仕してきた抽象物に対して愛着をもつことを拒んでいるのである。「ユダヤ民族」という抽象的本質を、それが代理《レプリゼント》＝表象すると主張する存在の生ける複数性から執拗に分離しようとする歴史的論理によって生成されたところの、ユダヤ民族のこのヴァージョンは、反ユダヤ主義と、それに対して誤った方途で立ち向かおうとしている反対派の双方をただ強化することになってしまう。おそらくは「ユダヤ民族」には愛すべき者もそうでないものも含まれており、その多くを私たちは愛すべきかそうでないかを決めるにたりるほどに知りはしない。いずれにせよアーレントにとっては、「ユダヤ民族」という抽象物に対して愛が保持されうるという考えこそ、反ユダヤ主義の歴史に帰属する論理を前提にしているのであり、それだけでもうこの定式を拒むにたりる理由となる。ショーレムの言葉を拒むなかで、彼女は、彼のナショナリズムだけではなく、まさにこの抽象化の原理をも拒んでいるのである。ここでショーレムの反論がとりわけ問題となるのは、彼が一九六三年にイスラエルの地から書いていること、そしてアイヒマン裁判におけるイスラエル法廷の訴訟手続きについてのアーレントの容赦ないともいえるような記述に彼が異を唱えているからである。つまり彼はユダヤ民族を愛していないということでアーレントを責めているだけでなく、イスラエルとその法廷——そしておそらくはイスラエルがとった悪魔化の戦略——が、正当にこの民族を「代理＝表象《レプリゼント》」していると信じて疑わないのである。事実上、ショーレムは、彼がその名において書いている「ユダヤ民族」から、たとえば離散のなかにあるユダヤ人やシオニストではないユダヤ人——それはかなり大規模な人口であり、アーレント自身、たまたまそのなかに含まれているわけだが——を除外している。

アーレント自身にもこれに勝るとも劣らず複雑なところはある。一九六三年にアーレントはユダヤ人であることはたんに所与の、そして議論の余地のないことだと述べているが、それに先立ち彼女は、「国民《ネイション》との繋がりなど超越していると尊大に宣言する」人びとに反意を表してもいる。それではユダヤ人であることは存在の事実なのか、あるいは帰属の国民的様式なのか。彼女はまた、もしユダヤ人として攻撃されたなら、ユダヤ人として反撃せねばならないと論じてもいた（ただし彼女は、反ユダヤ主義こそがユダヤ人を作り出すのだというサルトル的な定式化を拒否してはいたが）。そうすると、たとえもしユダヤ人であることが〈自然的なるもの《ピュシス》〉の問題であるとしても、それは同化や個人主義を認可しはしないことになる。しかしそれではユダヤ人であることは国民的帰属を含意しうるのか。実際一九三〇年代と一九四〇年代を通してアーレントは著作のなかでユダヤ人を国民《ネイション》として記述している。アーレントにとって肝心だったのは、このような帰属の様式を考えるとき、ナショナリズムを拒否すること、そしてさらに、かたや抽象的理想化を、かたや個別主義的侮蔑を増殖させる悪しき弁証法的論理からも免れることであった。抽象的理想化と個別的侮蔑、いずれも反ユダヤ主義の古典的構造を支えるものだ。アーレントははたして、ある種のシオニズムとナショナリズムに異を唱えているときですら――そして、最終的には、ユダヤ人の国民国家という概念に異を唱えているときですら――国民《ネイション》としてのユダヤ人を代弁することができるのだろうか。

世俗的諸前提に依拠するユダヤ・ナショナリズムに関して、アーレントはあきらかに反対の立場をとっている。だがこれは、アーレントが宗教的根拠を基盤とする政体を求めているということではない。正当とみなされるすべての政治体制は、すべての市民とすべての国籍の者たちに平等性を拡充せねばならない。多くの意味でこれが、アーレントがドイツのファシズムに異議申し立てをし、くりかえされる二十世紀の無国籍状況のパターンをなぞることから得た教訓である。ユダヤ教が信仰体系から国家の政治アイデンティティに堕することに対して、アーレントは公然と憂慮を表明している。アーレントは次のように述べる、「伝統的な意味ではもう自分たちの神を信じていないにもかかわらず、相変わらず自分たちをなんらかの意味で「選ばれている」と考えつづけるユダヤ人たちは、自分たちは他の人びとより賢く、反骨精神に富み、高潔な地の塩であるという以外の何ものも意味しえないのである。そしてそれは、いってみれば自分勝手に歪曲した、ある種の人種差別的な迷妄にほかならない」(JW, 162〔I-236〕)と。ある時点で彼女はこうも述べる――「私たちの国民的な不幸」が端を発するのは「サバタイ・ツヴィ運動〔Shabbetai Tzevi――一六二四年にトルコで生まれたツヴィはメシアを自称して欧州全土で信奉者を集め、政治運動としてのメシア主義を体現する存在となったが、一六六六年にオスマン帝国に囚われイスラム教への改宗を余儀なくされた。このことは当時のユダヤ世界にとってメシア待望運動の劇的な失敗を徴づけた〕の破綻である。それ以来、つねに私たちは自分たちの存在そのものを――いかなる国民的な意味も、そして多くの場合には宗教的な意味もともなわない存在そのものを――価値あるものとして謳ってきた」(JW, 137〔1-196〕)[22]。彼女はあきらかに生存のための闘争を二十世紀のユダヤ人の運命と切り離せないものとして理解してはいるが、「生存そのもの」という概念を優先させるあまり、正義、平等、あるいは自由といった理念がないがしろにされることを肯《がえ》んじがたいものだと考えている。正義・平等・自由の理念に力を注ぐ政治は、国民的な結びつきを、つまりその実現が生存の問題に依拠しておりまたそれを凌駕しようとするような国民的な結びつきをつきくずすのである。

もしアーレントが同化にも個人主義にも等しく反対し、そして、あらゆる国民の概念から自分だけは超越していると理解している人びとに対し懐疑を表明しているとしても、私たちはどうしたらアーレント流に、どのような意味でユダヤ人が国民であると理解できるのか、また、はたしてユダヤ人はナショナリズムなきところ、国民国家なきところで国民たりうるかどうか、それを私たちはどう判断できるのか。三〇年代の後半から四〇年代の前半にかけてアーレントは、ユダヤ人が多様な国民集団のなかに置かれたひとつの国民、そして連邦的なヨーロッパの一部になりうるのではないかと考えていた。彼女は、ファシズムと闘うすべてのヨーロッパ国家がたがいに同盟をむすび、ユダヤ人も自前の軍隊をもち、他のヨーロッパの軍隊と連携してファシズムと闘うことができるのではないかと想像していた。その後彼女は領土なき国《ネイション》(初期のシオニスト思考の典型例だが)、すなわち連邦的な枠組みでのみ理解されうるような、構造的複数性によって定義される国を推奨するようになった。この立場によって彼女は、ユダヤ人主権を基盤とする国家としてのイスラエルの代わりに、ユダヤ=アラブ連邦国家の提案をやがて重視するようになる。一九四三年にアーレントは述べている、「パレスチナは連邦として統合されてはじめて、ユダヤ人の国民的郷土として確保されうることになる」（JW, 195〔1-284〕）と。

しかしアーレントはドイツのファシズムとの闘争のなかで、自由のために、そしてファシズムに対抗して闘うすべての諸国民の間に、平等は見出されるべきだと考えていた。これは世俗的な政治的解決ではあるが、そのような政治的組織の原理を、アーレントはユダヤ教の宗教的寓話を援用して述べていた。彼女は次のように書く――「ユダヤ人として、私たちはユダヤ民族の自由のために闘うことを望む。なぜなら、「もし私が自分のためにあるのでなければ――誰が私のためにあるというのだろう」と。ヨーロッパ人として私たちはヨーロッパの自由のために闘うことを望む。なぜなら「もし私が自分のためにだけあるなら――私とは一体何者なのだろう」と」（JW, 142〔1-204〕）。この最後の問いは、先にも述べたとおり、紀元前一世紀のユダヤ教指導者であるヒレルの有名な問いである。興味ぶかいことに、アーレントはショーレムに手紙を書くとき、この引用を使ってはいない。とはいえこの言葉は彼女のショーレムへの応答に幽霊のごとくつきまとっているのではないだろうか。ショーレムに反論するにあたり、アーレントは自身のアイデンティティの宗教的な成り立ちを提示することを拒んだ。しかし、そこかしこで、たとえば『人間の条件』における許しについての議論のなかで、彼女は世俗的な政治の領域を構造化する政治原則を定式化するために、ユダヤの宗教的伝統に依拠する（これは世俗政治を宗教原則に立脚させることとは異なる）。アーレントが実際に使っている言葉のなかに、彼女がヒレルに見いだした倫理的性質を聞き取ることも可能かもしれない――この「ユダヤ人に対する愛」は、私自身がユダヤ人であるからこそ、私には、なにか怪しげなもののように思われる。私は私自身を、私という人間の本質的な部分であるいかなるものをも、愛することはできない。そしてまた、「この民族は自分自身しか信じるものがないのか。それがなんのためになるというのか」という言葉のなかにも聞き取れる。彼女は自分だけのためには存在しえない――もしそうだとしたら彼女とはいったい何者でありうるのだろう。だがもし彼女が自分のために存在しないならば、誰がそうしてくれるのだろう。生存がいかに重要なものだとしても、それは倫理的な生の目的とはなりえない。ひとは自分の存続のため以外の何かのために存在しなければならない――たとえ、私たちが想定しているように、人は存続していなければ、何者かでありつづけることはできない（そしてそれゆえ倫理的に生きつづけることはできない）としても。そしてこの存続することの構造的な特徴、彼女が否定することも、否定しようとしてもできないこの特徴こそ、みずからのユダヤ性なのだ。それゆえ私たちはこう論じてもいいかもしれない、ユダヤ人として彼女は、みずからと同じものではない何かのために存在しなければならないのだ、と。

この帰属の場と他者への責務をともに確保しようとするアーレントのやり方は、逆説的な定式化を免れえない。彼女のショーレムに対する応答は、同化したユダヤ人としての彼女の立場を樹立するのではなく、むしろユダヤ民族の抽象化に異を唱えることを批評的責務とする者としての彼女の立場を樹立するものだ。そもそもユダヤ民族の抽象化こそ、同化主義とシオニズム的なナショナリズムと反ユダヤ主義を一様に支えてきたのだから。さらにアーレントは、非ユダヤ人世界に対するユダヤ人の帰属の感覚に訴える――その帰属とは徹底的な同化でも徹底的な差異化でもなく、それゆえユダヤ人としての差異を保存すると同時に、ユダヤ人としてのアイデンティティに拘泥することを拒むようなあり方である。彼女が念頭においているお気に入りの非ユダヤ人とは、もちろんヨーロッパ人である。そして彼女は後に、同じ土地に住むユダヤ人とアラブ人双方にとって「帰属」とは何を意味するのかについて考えようとなんらかの努力はするのだが、この時期のアーレントの見解は一貫してヨーロッパ中心主義的である。「私たちはヨーロッパ民族としてこの戦争に参加する」とアーレントは一九三〇年代後半に主張した。しかしこれはいうまでもなくユダヤ教の歴史を歪曲するものだ。それはスペインと北アフリカに由来するセファルディームを周縁化し、そしてまたしてもアラブ諸国に由来するミズラヒーム、つまり『エルサレムのアイヒマン』で「東方系ユダヤ人」として簡単に言及されたアラブ系ユダヤ人の存在を消し去ることでもあった。[23] 実際、ヨーロッパの文化的優位性についてのアーレントの偏向は後期の論考にも広く見られるものだが、もっとも露骨なかたちでは、ファノンに対する抑制を欠いた批判、バークレイ校におけるスワヒリ語教育への批判、そして一九六〇年代のブラック・パワー・ムーヴメントに対して示した難色などにあらわれている。[24] しかしアーレントのヨーロッパ中心主義的な傲慢さのもっとも劇的な実例はおそらく、アイヒマン裁判の渦中、アーレントがカール・ヤスパースに送った手紙に見出せるだろう。アーレントは自身が見聞したものについて人種差別的な類型論を展開しながら、こう述べていた――

私の第一印象。一番上には判事たちがいて、彼らは選りすぐりのドイツ系ユダヤ人。その下にいるのは検事たちで、彼らはガリシア人だけれども、まだヨーロッパ人ではあります。すべては身の毛のよだつような警察権力によって組織されていて、この人びとはヘブライ語しか話さないし、みた目はアラブ人のようです。そのなかに、あからさまに野蛮なタイプ。彼らはどんな命令にも従うことでしょう。そしてその外側に、オリエントの群衆。イスタンブールか、さもなくば、他のどこか、なかばアジア的な国にいるかのような錯覚すら覚えます。それに加えて、エルサレムではよく目立つのですが、耳の前に髪の房を垂らしたりカフタンを着たりするユダヤ人。彼らのせいで分別のある人びとがここでは暮らせないと思ってしまうのです。(25)

明らかにここでいう「分別のある人びと」は信心深い人やアラブ人でもない。そして彼女の「オリエントの群衆」への言及があきらかにするのは、アーレントのイスラエルに対する異議が、ある部分では、ヨーロッパ系ユダヤ人が中東に居をかまえるとアラブ系やセファルディームのユダヤ人と混じりあってしまうことに対する不快さに関係しているということだ。アーレントのいうユダヤ性はヨーロッパ的なものである。アーレントは自分が愛することができるのはひとりひとりの人間《パーソン》だけであって、いかなる種類の「人びと《ピープル》」でもないと論じているけれども、そうはいいながらも彼女が「人びと《ピープル》」というかたちの存在を嫌うことができるのか知りたいものである——彼女が実際にしたのは、「オリエントの群衆」やその同類というかたちでの仕分けなのだから。(26)もしも「分別」がヨーロッパ系ユダヤ人の専売特許であり、アラブ系文化に出自をもつ者たちは「いかなる命令にも従ってしまう」のだとするならば、それはすなわちアーレントがどんな命令にも従う人間として糾弾したアイヒマンと、エルサレム裁判でみずからが距離をおいてみていた非ヨーロッパ系ユダヤ人との間に、並行的類似性を自分では知らないうちに設けてしまったことになる。双方ともに理性の文化と推測されるものの外側に存在するが、しかしなおアイヒマンがドイツ人であり、ヨーロッパ人であることは明白である。

アラブ系ユダヤ人とアイヒマンとの、このおそらくは無意識的な関連づけは、アーレントの思想のなかの深刻な断層線を露呈させている。彼女が好まないある種のユダヤ人（アラブ系）が存在し、また彼女が好まないある種のドイツ人（ナチス）が存在する。もし両者がともに理性の領域から外れ、ともに盲目的な服従をもっていかなる命令にも従うのであれば、どちらも適切に思考してはいないということになる。適切な思考は、ユダヤ人とヨーロッパ人の小集団、すなわちドイツ系ユダヤ人に、たとえ排他的にではないにしろ、属するもののようにみえてくる。アーレントの思考に蔓延するヨーロッパ中心主義（トクヴィルにならっていえばそれはアメリカ独立の特徴的性格とも無縁ではないのだが）は、ヘルマン・コーエンがもっとも劇的なかたちで分節化したようなドイツとユダヤのつながりの延長線上にあるものとしてみなされうるかもしれない。コーエンは、一九一五年に出版された論文「ドイツ性とユダヤ性」のなかで、ユダヤ人は根源的にヨーロッパの定義に属するものである以上、実際のところユダヤ人に祖国は必要ないと主張していた。[27] コーエンの議論は初期のシオニズムに対して向けられたものだった（第一回シオニスト会議は一八九七年にバーゼルで開催された）。しかしそれは、ユダヤ人にとってヨーロッパこそが適切で、そしてもっとも安全な場であるという彼の信念を再確認するものでもあった。コーエンの論文は、いま読み返すと痛ましさがつのるものとなったのだが、それというのも彼はドイツがユダヤ人を反ユダヤ主義から保護するはずであると信じていたからである。コーエンの論文は、ユダヤ性とドイツ性が分かちがたく結ばれていることに対する、またどちらの帰属様式も他方の存在なしにはありえないことに対する根強い信念を最後まで維持している。明らかにコーエンは、当時容易にみて取れたはずのドイツにおける反ユダヤ主義の歴史的証拠をみようとしてない。しかし彼にとってヨーロッパは、その領域内に存在した社会学的現象の総体の謂いではなく、ある理想わけても彼がドイツの倫理哲学と結びつけていたカント的理想の謂いであった。事実、彼の倫理哲学は、新カント主義のマールブルク学派と結び付けられるもので、その試みは、ユダヤ教神学を資源としてそこから導き出されたある種の社会正義の概念を、カントから導き出された普遍性原理と和合させせることにあった。コーエンが、はっきりと論じているのは、ドイツ人文主義とユダヤ教的メシアニズムの結合であって、このカップリングから彼は「理性の宗教」が生まれると考えていた。第一次大戦下、ドイツが東ヨーロッパのユダヤ人に対して門戸を閉ざすさまを目にし、それに公然と異を唱えながらも、コーエンは、ユダヤ人を保護できないばかりかユダヤ人を根源的な危険にさらす兆候を示しつつあった文化への忠誠を誓いつづけた。コーエンは一九一八年に没し、それゆえ彼が実際に目撃していたのは公の言説のなかに勃興する反ユダヤ主義であり、移民受け入れ制限の強化であった。しかし彼自身がたてた忠誠の誓い、そして彼が他の者たちもたてるべきだと考えた忠誠の誓いを思うにつけ、痛ましさは拭い去れない。

コーエンが示したようなドイツを祖国として受け入れる悲劇的抱擁を私たちがシオニズムの唯一の代替案だと考えるのであれば、むろん勝利をおさめたのはシオニズムのほうであるようにもみえる。アーレントは最終的にコーエンがたどった道筋を選びはしなかったが、ふたりの思想家にはそれでも近縁性がある。両者はともにヨーロッパに対する信頼、いわば、ある種の奇妙なヨーロッパ中心主義を失うことなく、ドイツ文化の最良の部分をカント哲学と同一化していた。このような文脈からみてみると、興味深いのは、ヒトラー政権下――アーレントはドイツとフランスにおいて戦争報道記事を寄稿していた（ちなみに一九四〇年、ニューヨーク市ならびにニュースクールへと発つ前に短期間彼女はフランスに滞在していた）――において彼女がユダヤ軍設立を支援する議論を展開していたことだ。彼女はユダヤ軍に、国家社会主義との闘いに加わることを求め、他のヨーロッパ軍とともに――連邦共同体の一員として――共同作戦に従事することができると想像していた。ユダヤ人を、国民としてみなせば、他の対独協力を拒むフランス人やオランダ人そしてイタリアの反ファシスト派と共闘することは夢ではない、と。いっぽうでアーレントがユダヤ民族を国民、わけてもヨーロッパ国民として理解していたことは注目にあたいする。そして他方で、興味深いことに、ここですらも、あるいはおそらくここではじめて、彼女は国際的な抵抗と協力の概念を、マルクス主義的でもなく、古典的リベラリズムの個人主義にも基付かないようなかたちで練り上げていたのだ。

アーレントとコーエンがともにいかにしてユダヤ性の理念をヨーロッパ的なものに限定しようとしたか、そしてそれがいかにして非ヨーロッパ的なユダヤ伝統の存在と重要性を否定することになったかは容易に理解できる。しかし、もっとも重要なのは、両者ともに「分別のある」ユダヤ文化のためにヨーロッパの知的コネクションを確保する手段としてカントに期待を寄せたことである。これはアーレントが『エルサレムのアイヒマン』で、アイヒマンがみずからをカントの道徳哲学に関連づけたことに異を唱える際に重要なことになるが、これは次章で考察する論点となるだろう。

ショーレムがアーレントを問題視したのはしかし、イスラエルにおけるユダヤ人の人口構成についての彼女の人種差別的な見解とは関係がなさそうだ。ショーレムが暗に問うているのは、アーレントのユダヤ民族への愛の欠如らしきものが、一九四四年から一九四八年にかけて彼女がイスラエル建国を批判したこと、ならびにイスラエルのユダヤ主権主張に対し彼女が支持を拒んだことの説明になるかどうかということだった。彼女を「左派」の側に位置づけようとする努力は、このように考えれば納得がいくが、たとえ彼女と左派との間にたとえなんらかの共鳴があったとしても、それはあくまで部分的なものにすぎない。彼女に対するこの位置付けを安易に認めてしまうと、彼女が試みた危うい綱渡りを誤解することになる。たとえば、『全体主義の起原』で提示した国民国家批判のなかでアーレントが明言しているのは、現代の国民国家が、ある種の必然性によって、難民や無国籍者の創出と密接な関係をもつことだ。他方で彼女は、無国籍者の人権を保護しようとする既存の国際的同盟形態を不要かつ無能なものとして言下に否定してみせる。アーレントは人権を国民国家の枠組の外側で説明し確保し強化しようとする国際的な試みの失敗例を延々と列挙する（OT 267-302〔2-161-234〕）。これによって多くの読者は、結論づけたのだ――国民国家は不可避なものであり、いやしくも私たちが権利に関心を寄せるのであれば、私たちが試みるべきは、国民国家を確立し形成し保護することであり、ひいてはそれがすべての居住者の基本的人権を主張し保護することになる、と。

しかしこのような見方では、連邦的な政体についてのアーレントの提言――それはヨーロッパとパレスチナに関してアーレントが展開した提案であったのだが――の重要性を見誤ることになる。それに応じ、結果として、シオニズムに対するきわめて二律背反的な関係がみえてくる。一九三〇年代をとおしてアーレントは、その政治思想において重大なパラドクスを維持している。パラドクスとは、すなわち、国民への帰属《ナショナル・ビロンギング》は重要な価値を有すると主張するいっぽうで彼女がナショナリズムを有害で破滅的な政治形成体だと述べることだ。四〇年代はじめにアーレントはヨーロッパからパレスチナへのユダヤ人の移民を支持したが、その支持はあくまでユダヤ人がヨーロッパ内部でも「国民」として認められるために闘うことを条件としていた。一九三五年にはマルティン・ブーバーと社会主義的なキブツ〔kibbutz—二十世紀初頭に帝政ロシアでのポグロムを逃れたユダヤ人がパレスチナに渡って始めた集産主義的共同体運動。イスラエル建国後、現在に至るまでキブツは多く存在するが、当初の社会主義的性質は薄らいでいる〕をたたえ、そのさらに翌年にはユダヤ人によるパレスチナ占拠が反ユダヤ主義に対する恒久的な防壁となりうるという考えかたに警鐘をならした。一九四〇年代の初期には彼女は論説をいくつか書いているが、そのなかで彼女が問うたのは、国という概念は領土という概念から切り離されうるかであった。切り離されるという見解に基づいてアーレントは、ユダヤ軍についての提言を擁護し、またユダヤ人に対する英国政府の「二枚舌的」交渉——それはたとえばパレスチナへのユダヤ人難民受入数を制限した一九三九年の有名な白書等からもわかるような[28]——に対する熾烈な批判を展開した。しかしまた一九三〇年代の終わりには、「シオニズム運動のパレスチナの現実に起因する破綻は、同時にまた自律的で、分離をめざすユダヤ政治の破綻でもある」とアーレントは書いた（JW, 59〔1-86〕）。一九四三年には、パレスチナにおける二国民国家の提言は、パレスチナのイギリスに対する、そしてアメリカをふくむその他の大国に対する依存を強化することなくしては実現されえないのではないかと案じた。さらに時にアーレントは、二国民国家主義が有益であるのはアラブ人にとってのみであり、ユダヤ人はそれによって不利益をこうむることになるのではないかという憂慮をさかんに表明していた。一九四四年の「シオニズム再考」では、ユダヤ主権の原理に則った国家《ステイト》の建国が、第一次、第二次世界大戦終結後にいやましに深刻化していた無国籍状態の問題に拍車をかける危険性について声高に論じていた（JW 343-74〔2-141-132〕）。一九五〇年代初頭になるとアーレントは、イスラエルは、植民地占領をとおして、また超大国の支援を受け、そしてどこまでも反民主的な市民権資格に基付いて建国されたと公然と論じるようになった。アーレントが一九三〇年代にはユダヤ人が無国籍状態にますます陥ることを案じていたとすれば、一九四〇年代後半と五〇年代初頭には、パレスチナ人の強制移動に目を向け、より包括的な無国籍状況の説明を展開したといえる。

「シオニズム再考」においてアーレントは、シオニズムの起源と二十世紀中葉におけるその変化に関して、興味深い歴史記述を提示している。そのなかでアーレントは、こう述べる。ユダヤ国家を超大国の「利益圏」と彼女が呼ぶところのもののなかに設けるのは馬鹿げている、と。そのような国家《ステイト》は「独立国家《ネイションフッド》の妄想」に苛まれており、そして「隣人の善意を退けながら、遠くの帝国主義勢力に保護を求めるような政策を断行するのは、狂気の沙汰にほかならない」とアーレントは結論づける（JW 372〔2-188〕）。一方で彼女は、あきらかにイスラエル／パレスチナが生き残るための方策を必死に模索し、ユダヤ国家という政体の基盤は破滅に向かうのみではないかとしきりに案じていた。彼女はこう書く――「もしもユダヤ人コモンウェルスが近い将来に実現されるとすれば」（アメリカのユダヤ人の援助によって実現するとして）「アラブ人の意志に反して、そして地中海沿岸の諸民族の支持なきままに宣言されるということになり、そうすれば経済的支援のみならず政治的支持も長期間必要になるだろう。そしてそれはこの国のユダヤ人にとってもとても厄介なこととなるかもしれない。彼らは結局のところ近東の政治的運命を導く決定力をもちあわせていないのだから。」（JW, 373〔2-190〕）。

アーレントが国民国家に対して異議を唱えるのは、国民国家のナショナリズムとそれが生み出す帰結によるところが大きい。その帰結とはすなわち、その国家によって表現された国民としてみなされない民族集団に属する者たちの強制的な国外退去である。近代国家が以前にもまして多様な民族集団を受け入れるようになったことを鑑みれば、国民国家という考えかたは危険なものにしかなりえない。なにしろそれは、国家を正当化する国民理念に合致しないような民族集団を排斥することで、国民を国家と提携させようとするからだ。「国民国家の没落と人権の終焉」(1951)においてアーレントは、全体主義による国籍剥奪は人権原理によっては抵抗できず、最終的にその人権原理は全体主義の軟弱な道具にしかならないと論じている。初期論考と同様に、ここでもアーレントは、ほとんどの国際協定を無益なものとみなしている。人権の保障条項が存在するとすれば、それは当該の政体の文脈のなかに見出されねばならない。そしてこの政体は国民国家ではないような何かでならなければならない。もし国民国家を支える基盤にある諸前提が、マイノリティ国民の排斥を要するようなものであるのなら、無国籍者――つまりは権利を剥奪されたマイノリティ国民――が搾取や暴力にさらされるという深刻な状況が生み出されるだろう。実際、アーレントは、ヨーロッパにおけるファシズムの台頭の原因として、第一次世界大戦後におきた無国籍者の膨大な増加をあげている。ナショナリズムは法による支配を凌駕し、そして少数民族は国籍剥奪、排斥、そして抹殺にさらされることとなる。(29) すべての人に等しく適用されるものとして理解されるはずの法の支配は、国民の意志が優先されるとき、重要性を失うようになった。同時に、人種的・民族的に定義されたものとしての国民《ネイション》は、無国籍者を管理、統制すべき人口として扱うようになる。国家《ステイト》はこうして法の統治によって統御されない機能をもつこととなり、そして、アーレントの言葉でいえば「国籍剥奪は全体主義政治の強力な武器となった」

（OT 269〔2-239〕）。

国籍剥奪の修辞的な目的のひとつは、次のようなことだといえるかもしれない。すなわち、集団から市民権を剥奪することは、あるイメージを生むことになる。それは、権利を剥奪された者たちがその本質において人間ではないというイメージであり、この非人間性のイメージ、彼らをクズとしての位置づけるイメージが、今度は、国籍剥奪をおこなう政策を正当化すべく奉仕するのである。無国籍の人間は定義上「無法者《アウトロー》」であり、それゆえ法的保護に「値しない」（OT 283〔2-256〕）。アーレントは、無国籍状態はユダヤ人に限った問題ではないと明言する。そしてまたこれをユダヤ的な問題としてのみ捉える人びとは、二十世紀において「ドイツ系ユダヤ人がドイツにおける認識されていない少数者」に還元されたこと、それにともないユダヤ人が「国境を超えた無国籍者」として排斥されたこと、さらには「絶滅収容所に送るべく彼らをいたるところから集めることは、世界中の国々に向けて少数民族と無国籍者をめぐる問題を、いかにして「清算する」かにかんする雄弁な証明となった」（OT, 290〔2-269〕）ことを理解できなかった、と論じる。それゆえ彼女は——果敢にも、というべきだろう——以下のように続ける。

戦後になって明らかとなったことは、唯一の解決不可能な問題とされていたユダヤ人問題が解決されたということだった。その方法はいわば、領土の入植と、そして後には征服であった。だがこれは少数民族問題も無国籍問題も解決しはしなかった。むしろ今世紀のほぼすべての事件と同様に、ユダヤ人問題の解決は別の新たな難民のカテゴリー、つまりアラブ人難民を生みだし、そしてそれによって無国籍者と無権利者の数をさらに七十万ないし八十万人も増加させることとなった。そしてパレスチナというごく狭い領土において数十万人単位で起こったことは、やがてインドで数百万人をまきこむ大きな規模でくりかえされた」（OT 290〔2-269-70〕）

一九四八年のナクバの時点でアーレントが知る由もなかったことは、国外移送を余儀なくされたパレスチナ人の数がおそらくは九十万人を超えていたこと、しかもその数がやがては三百五十万人にも膨らむことになろうということだった。だが彼女は、国家《ステイツ》が国民帰属《ナショナル・ビロンギング》を原則とするとき、このような排斥が起こらざるをえないと明言していた。だからこそアーレントは、この難民と無国籍者の問題を、国民国家モデルによって形成される国家に付随する頻発問題として考えるべきであると主張し、議論を引き起こした。問いただしたいことは、いろいろあるだろう。国民国家と同じではない国家とは、そもそもどのようなものか。国民国家が存在すれば、必ず、膨大な数の無国籍少数民族という凄惨な帰結をもたらすことになるのか。問題は、構造的なものなのか、歴史的なものなのか、あるいはそのいずれでもあるのか。[30]アーレントが国民国家に対し痛烈な批判を浴びせたあと、国民から切り離された国家ないし政体のありようとは何か、あるいは領土から切り離された国民のありようとはいかなるものか、いまだかつて何のヒントも私たちはえていない。それでもなおアーレントは、「連邦」についての論評を私たちに残していて、それから察するに彼女は、連邦から何かが生まれるかもしれないと考えていたふしがある。一九四四年にアーレントは未来を予見するかのように警告を発していた――「よしんばユダヤ人がパレスチナで多数派となったとしても――いや、いっそのことパレスチナのすべてのアラブ人が移送されたとしても――ユダヤ人が隣人たちからの保護を外部の権力に要請せざるをえない状況か、さもなくば隣人たちとの暫定的ながらもなんらかの協定にいたらねばならない状況に、抜本的な変化はのぞめないだろう」。彼女はさらに続ける。唯一異なる可能性として残されているのは、次のような事態だ――「ユダヤ人の利益は他のすべての地中海民族の利益と衝突する。そのため、私たちが直面するのは、ひとつの「悲劇的紛争」のかわりに、地中海の諸国民の数だけある解決不能な紛争が起こる明日なのである」（JW, 345〔2-150〕）。

一九四三年にアーレントは、ジュダ・マグネスとマルティン・ブーバーが当時擁護していた二国民国家への提言に反対する論考を書く。彼らが使う連邦という語は国民国家の別名にすぎないと彼女は考えた。「「連邦」という語の使用は、芽生えつつあるその新しく、創造的な意味を殺してしまう。それは連邦が――国民《ネイション》とは対照的に――等しい権利を有した異なる民族《ピープルズ》からなるものだという考えかたを殺してしまうのである」と彼女は書く（JW, 336〔2-138〕）。たとえアーレントが四三年に、ユダヤ人がともに暮らすアラブ人によって数的に凌駕され、また彼らに脅かされるのではないかと案じていたとしても、そのすぐ翌年に彼女は「シオニズム再考」のなかでこの考えを修正している。この論考のなかでアーレントはシオニズムが依拠し、強化し、拡張する、さまざまな形態のナショナリズムに対する横断的な批判を展開する。ユダヤ人にとっては国民国家やナショナリズムの衰退を喜ぶ理由などほとんどないということを認めつつ、アーレントは次のような予測を立てる――「どのように政治的な組織化を図るかについて再燃した問題は、帝国の形態か、あるいは連邦の形態のいずれかを採ることによって解決されることとなるだろう」。彼女は続けて次のようにいう――「後者〔連邦〕だけが、ユダヤ民族を、そして他の少数民族とともに、生き永らえさせるためのまずまずなチャンスを提供してくれるだろう。かつては人を行動に駆り立てる原動力であったナショナリズムが時代遅れのものとなったいま、前者が実現されるとすればそれはナショナリズムに代わるものとしての帝国主義的な情熱を喚起することによってのみだ。そうなってしまえば天に助けを乞うほかない」(JW 371〔2-187〕)。一九四八年に国連がイスラエル国を承認した後に、アーレントは以下のように予見する――「もしもユダヤ人が戦争に勝ったとしても、その終結には……シオニズムの達成が無惨な姿でみいだされることだろう。……「勝ち誇った」ユダヤ人たちは敵意をむきだしにしたアラブ人口に囲まれ、つねに脅かされる国境の内部に閉じこめられ、他のすべての興味や行為が飲みこまれてしまうほどに、物質的な自己防衛に没頭しながら、生きることになる」(JW, 396〔2-222〕)。そして同年にアーレントは、マグネスの立場に回帰し、分割が功を奏することはなく、最良の解決策とは「連邦国家《フェデレイティッド・ステイト》」であると述べる。この信託統治を形成するのは、「国際連合の加盟国である国々の高官の統率下で、ユダヤ人とアラブ人で構成される小さな地域的単位が、未来の協力的な自治にむけた重要な訓練学校となるだろう」(JW, 400〔2-227〕)。このような連邦は、アーレントの考えでは、「その唯一の国権が国家的自殺であるような独立国家の設立をふせぐことができる、という利点を有するだろう」(JW, 399〔2-226〕)。

この連邦という概念が、国民国家に関連づけられる独立国家《ソヴレニティ》という既成概念に対する別の選択肢《オルターナティヴ》であることはあきらかだ。そもそもこの国民国家という概念は、それが二つの概念を連結させた時に起こる深刻な誤りに依拠している。いわばそれは、国家、つまり国籍を問わずいかなるすべてのものをも保護する法の統治を維持すると想定されるものと、国民、すなわち国籍に基づく帰属の様式として理解され、そしてそれゆえそれに属するものと属さないもののあいだの差異に基付いて排除をおこなうものとの結合である。このためアーレントは、国民国家が主権をもつことに反対し、また連邦を構成するそれぞれの国家に国権をあたえるようなかたちの連邦国家にも反対する。重要なのは、主権を複数の国家に分配することではなく、法や政策が共同でつくられるような連邦的な複数性を構想することを通して、独立主権を解体することだった。独立主権が小さな「国家たち《ネイション》」に分けあたえられるべきなのではない。独立主権とは、複数の国籍には還元しえないような、あるひとつの複数性のなかで消散すべきものである。このような連邦は、統一的で絶対的な権力としての主権概念を解体する。そしてそれは、ひとつの国家やその行動というものが、複数的で協調的な行為の文脈の外部ではほぼ字義通り考えることができないようなかたちで、国家が非個別化されることを要請する。アーレントは、国家的利益は共通の利益と同じではないと主張する。ひとつの連邦は複数的なさまざまな国家の集合体に等しいかもしれないが、その政体のなかではいかなる国家も独立主権をもちえない。一九五一年の時点のアーレントにとって国民は帰属の領域であるが、しかし決して国家《ステイト》の正当な基盤ではない。結果として、ユダヤ人を連邦のなかで（ヨーロッパのなかであれ中東においてであれ）「ひとつの国民」として想像することは可能だが、そうであるとすれば彼らはある種の政治的生に身を投じなければならない。それはいわば権力の共有、協調行動、主権の複数的な権力への解体、そして国民的な結びつきを横断するような平等へのコミットメントを要求するような政治的生である。アーレントがユダヤ人を国民として思い描くことができるのは、このようにあくまでその国民としての立場が、誰と共に国家を統治するかを決定する国権をともなわないということを前提としている。つまりそれは、ユダヤ人が国民国家なき国民、連邦的な複数性として構造化される政体のなかで帰属の領域を作りうるような国民であることを意味する。

一九五一年にアーレントが『全体主義の起原』を書いたころには、ヨーロッパやパレスチナにおける連邦は彼女の語彙から姿を消していたが、それでもアーレントはいまだに無国籍状態の問題に取り組む姿勢を崩してはいなかった。連邦に代わるようにして現れてきたのが「共通利益」の主張である。アーレントはこれを個人の存在論にいまだ固く結ばれた人権の枠組みに抗しまたそれを超えるものとして定式化しようとする。彼女はさまざまな国際協定と国際的人権についての宣言の歴史を徴付ける連綿たる失敗例をふりかえるが、それは彼女が人権宣言そのものに見切りをつけたということを意味はしないだろう。結局のところそのような宣言は、人間たちが、複数的なるものとして、みずから権利を割り当て、それを宣言、公表し、そしてその宣言の力によって、人権を人間の功績として制定した集団的な協議の証左だったのだ。そこには、人間の権利を宣言することが専制的政治体制に対するなんらかの防御壁となりうるはずだという考えがあった。これらの宣言は共通利益に基づく政体の文脈の外では効果的に働きえない。が、しかしそれでは、こうした宣言はまったく役に立たないのだろうか。「国民国家の衰退と人間の権利の終焉」の第二部でアーレントは、いかなる権利を行使するにも必須となるような前提条件であると彼女が考えるものを素描する。この必須条件には、〈場〉《プレイス》と〈政治的帰属〉《ポリティカル・ビロンギング》が含まれている。彼女はその概要を次のように示す――「人権の根源的な剥奪が、最初に何にもまして顕在化するのは、意見を重要なものにし、行動を効果的なものとするような世界における場の剥奪である」と（OT 296〔2-280〕）。この論考のなかで、そしてこの論考を通してアーレントは、政治的レトリックが効果的なものとなり、また効果的でありつづけられるような条件を描きだすことによって、人権についての効果的でないレトリックを是正しようとしているということになるだろう。アーレントは、効果的な言説の行使が可能になるような条件を提示しているだけではなく、自分自身で言説を効果的に使っている——少なくとも、使おうとしている。そしてアーレントは、いかにして人権をめぐる言説に対する彼女の批判と彼女自身のレトリックが関連しているかを口にはしないが、しかしそのような言説を自分自身の言説によって効果的に置きかえている。

アーレントが提示する人間の社会的な意味という概念にとって、これが意味するところは大きい。アーレントがつまるところ示唆しているのは、私たち自身の有効性や私たちの自由の真なる行使は、私たちの個人としての人格から得られるものではなく、場や政治的帰属といった社会条件から得られるものだ、ということだ。これは、人間の尊厳をひとりひとりのなかに見出すのではなく、人間を次のようなものとして理解するためである——自由であるために、意見を抱く思想の自由の行使のために、そして有効な政治的行為をはたすために、社会的な存在として、場や共同体を必要とする存在として。そしてそれは、これらの条件が満たされなければ、人間は政治的に困窮するということを理解することでもある。たしかにアーレントが「権利をもつ権利、またはすべての個人が人類に帰属する権利は、人類そのものによって保証されねばならない」というとき、いかにも彼女の発言は（国民国家の批評家であるのみならず）社会的存在論にはっきりと根ざした人権主義の急先鋒であるかのように響く（OT 298［2-284］）。しかし依然として疑問は残る。どのような手段によって人類はそのような権利を保証しうるのか。その問いに対する答えはあたえられていない。しかしアーレントはいかなる答えもそれに準拠すべきであるような規範を提示しようとしている。

アーレントにとって、自由とは個人にあたえられた性質ではなく、「私たち」によって行われる営みや共同行為の謂であり、そしてまたその行使や遂行によって「私たち」を権利それ自体の社会条件として制定するものである。それゆえアーレントは書く――「私たちの政治的生命は、私たちが組織をとおして平等を生み出しうるのだという前提に依拠している。なぜなら人は、みずからと同等の人間とともに、そして同等の人間とともにあるときだけ、共通の世界のなかで行動し、それを変え、作り上げることができるからだ」（OT 301〔2-288〕）。もしも私たちが、寄せ集められた個人の集団を、個々の動作主体の集合だと捉えるのならば、それは誤りである。協調した集合的な行為が可能とならないかぎり、この個人の誰ひとりとして人間ではありえない。実際、人間であるというのはひとつの作用、いわば他の人間と平等の条件のもと行動することの特性である。ここにはハイデガーの共存在〔mitsein〕がこだましているようにも聞こえるが、同時にアーレントの政治を戯画化するにあたりショーレムが当てこすった左翼的集合性のさやかな反響も聞こえるようである。もし人間であるということが他者と平等の関係のなかに存在することであるならば、平等の関係性の外部においては誰も人間ではありえない。アーレントは私たちに、「人間」をこうした平等主義の作用ないし結果として思い描くように求めているのではないか。実際、もし平等性がなければ、誰も人間ではないのだ。もしも平等性が人間を決定づけるものだとすれば、誰しもひとりでは人間にはなりえず、他者とともにあるときだけ、そして社会的な複数性を維持できるような状況下でのみ、人は人間でありうるのである。[31]

　三〇年代から四〇年代にかけてのアーレントの「国民」についての論考に影響を及ぼした「帰属」の概念が、公の舞台でアイヒマン裁判が行われるようになる頃には身をひそめることには注意をしなければならない。いかなる領土にも国家にも属さない国民、そして平等性へのコミットメントのもとナショナリズムに回収されることを拒む国民という概念にとってかわるのは、複数性の概念のように思われる。民族としてのユダヤ人の還元不可能な複雑性は、長きにわたり「国民」について語ることを困難にしており、そこでアーレントは論争と差異のなかに生きるあり方に目をむけるようになる。もしも四〇年代、そして五〇年代初頭に、帰属の概念がアーレントにとって何らかの意味をもっていたとすれば、それは『革命について』(1962)では反連帯主義的な政治組織の概念にとってかわられているように思われる。『革命について』においてアーレントは、フランス革命の「共同体的地方議会主義」を、連邦原理を自然発生的に受け容れるものとして讃える。同様にマディソンの連邦主義――それは連邦を構成する州の権限を保ちつつ連邦に従属させるものだが――は、州から合法化の権限を徴用するが、連邦国家の権威を通じて各州の独立主権を解体するものである。アーレントの考えでは、アメリカ革命において「連邦主義は国民国家主義に代わる唯一の代替策」であった[32]。

　アーレントが連邦制権力に託した希望というのはどんなものか想像するのはむつかしい。それは平等を制度化することであった。平等は、国家主権《ナショナル・ソヴレニティ》を切り崩すだけでなく、最終的にアーレントが「国民」概念を捨て去る契機ともなった。アーレントにとって平等は、人間の社会的存在性を保証するだけでなく、ポストナショナルな連邦という政治的可能性や、新たな、より有効な人権の枠組を保証する。もし国民国家が権利を保証する政体たりえないというのであれば、権利を保証しうる政体とは、権力の配分によって主権が解体される連邦制か、あるいは人権条項を集団で制定するような者たちを拘束するような人権の枠組となる。アーレントが一九三〇年代後半、ヨーロッパのユダヤ人のために、素朴にもというべきか、思い描いたのは連邦制であった――だからこそ彼女にとってユダヤ軍は、独立国家《ネイションフッド》の諸前提たる国家も領土もたないのに、ユダヤの「国民」を代表しえたのだ。それはまたアーレントがユダヤ人とパレスチナ人のために一九四八年に思い描くようになっていたものだ。この年、ナショナリスト的根拠とユダヤ主権の主張にそってイスラエル国が建国されたにもかかわらず。一九三〇年代後半と一九四八年のどちらの事例に関しても彼女の素朴さをあげつらうことはできるが、しかしその時私たちは彼女の予測――反復される無国籍状況と永続する暴力――が、いかに悲惨なものであったとしても、先見の明を有していたことを認めなければならない。もしアーレントが、ショーレムが主張したようにユダヤ民族に対して愛をもっていなかったとすれば、それはおそらく彼女がユダヤ人難民として、強制退去と国外追放の歴史のほうを深刻に受けとめていたからである。そしてまたそのことは、国民国家とその儀礼化した人口排斥を復権させることなく、無国籍者の権利を保護するという困難な課題に彼女が批判的に肩入れすることの基盤となっていた。彼女は難民の主張に関心をもつユダヤ人として書いているのであり、またまさにそうした主張に関心をもつがゆえに、彼女の分析はユダヤ人に限定されるものではありえない（「もしも私が自分のために存在しないならば、誰が存在してくれるだろう。もしも私が自分のためだけに存在するならば、私とは何者だろう」）。権利と正義はユダヤ人や、いかなる宗教的・文化的帰属の様式にも制限されえない――そしてまさにこの議論は、ユダヤ思想を基盤にして展開されているのだ。

ドイツのファシズムとナショナリズムに対するアーレントの批判は、彼女をユダヤ人の祖国を中心にすえる政治ではなく、無国籍者の権利を中心にすえる政治へと導いた。もしもこれがユダヤ的であるならば、それはディアスポラ的なものである。アーレントがこの立場をショーレムとの関係において表明することはなかったが、それでもなお私たちは彼女の著作のなかでそれが稼働していることをみてとることができるだろう。もし彼女が故国《ホーム》と帰属を擁護するとしても、それは既存の忠誠の絆に基づく政体をつくりあげるためではない。なぜなら政体が正当なものであるためには、それは平等の上に築かれねばならないからである。アーレントにとってこの平等こそが、反復される無国籍状況とその苦難に抗する防護壁となりうる。帰属は人間の生にとってなくてはならないものであるが、それは政体の正当な基盤としての役割をはたしえない。アーレントはこの厄介なパラドクスから、「ユダヤ民族」というカテゴリーに参与しながらもそこから離脱するような批評実践を展開し、帰属と普遍性という、不調和であると同時にたがいに結びつきあうような要請を統合しようとする。もし彼女が、あらゆるすべてのマイノリティ人口を苦しめる収奪に抗議するユダヤ人思想家であるというのであれば、これは、異なる種類のユダヤ的正義の追求である——つまりイスラエル法廷に必然的にその代弁行為《レプリゼンテイション》が見出されるようなユダヤ的正義とは異なる正義である。それはユダヤ人を普遍化する立場ではなく、強制移動という歴史的状況を重視して、それを根拠に、あらゆる状況下における無国籍者の苦難を押しとどめようとするものであった。

アーレントが提供するのは、主権という考え方に訴えることをとおして現代の政治分析をはじめる者たちとは著しく異なる一連の理論的基盤である。主権のかわりにアーレントは無国籍状況を自身の出発点とする。この状況は主権問題と形式的にも実際にもつねに関連づけられているわけではない。実際、彼女が思い描いたパレスチナのための連邦ヴィジョンは、主権の解体をとおして無国籍状況を克服せんとするものだった。一九四六年から四七年にかけて定式化されたこの提案は、『全体主義の起原』における無国籍者の権利についての考察に先立っているけれども、アーレントは、国民国家からの繰り返される悲惨きわまりない住民の排除が、ナショナリズムと国民国家の再考を要する危機を生みだすということを、この時点ですでに把握していた。彼女の洞察はまたつぎのことも含意していた、すなわちナチス・ドイツからの難民は、さらに大きな歴史的排斥の一部であること、この排斥は、その特異性と構造的類似性によって理解されねばならないということである。アーレントは、無国籍状況が二十世紀においてくりかえされる政治的災厄(それは二十一世紀になったいま、アーレントが予期しえなかったような新しいかたちをとるようになったが)であると主張しつづけることによって、「むきだしの生」に形而上学的な外見をあたえるのを拒んだ。権利を剥奪された者たちは暴力的に剥奪されているのである。彼らは、ポリスから非政治的領域へと投げ捨てられたわけではないのだ(そのように投げ捨てられたと考えることは、ポリスという古典的理念に、すべての政治的諸関係を決定させることにすぎない)。権利をもたざる者と無国籍者は、政治的な困窮状態にとどめ置かれている。とりわけ諸種の軍事力によって。だから彼らの生命が奪われるときですら、その死は政治的なものでありつづける。現にアーレントが『全体主義の起原』においてきわめて明確に書いているように、国外退去された人びとや無国籍者が還元される、これみよがしの「自然状態」は、自然なものでもなければ形而上的なものでもなく、特殊な政治的形態の困窮状態にあたえられる名称なのである。

第6章　複数的なるものの苦境——アーレントにおける共生と主権

アイヒマン裁判における共生というこの概念の出現を考えることを提案したい（とはいっても、この考察に前例がないとまでは、いうつもりはないのだが）。なぜなら少なくともそのテクストのある段階において、アーレントはアイヒマンへの告発を表明するからだ。具体的に言うと、彼と彼の上司たちが自分たちは誰と地球で共生するかを選べると考えたという告発である。アーレントが非難を浴びせる際の声が、彼女自身のものであると同時に彼女自身のものではないために物議をかもしているのだが、しかし、ここで、暗黙のうちに、ゆるぎなき確信をもって表明されているのは、私たちのうち誰も、そのような選択をおこなう立場に身を置くべきではないこと、私たちは誰とこの世界に共生していても、世界とは、選択に先立って――そしていかなる社会的・政治的契約にも先立って――私たちにあたえられたものであるということだ。私は前章で明らかにできたと願っているのだが、アイヒマンにとってこの世界で誰と共生すべきかを選択する努力とは、人口のある部分を殲滅する努力であり、そしてそれゆえ彼が主張する自由の行使とはジェノサイドであった。もしアーレントが正しいとすれば、私たちは誰と共生するか選んではいけないばかりか、非排他的で複数的な共生の場合でも、その非選択的という性格を積極的に維持しなければならないのである。言ってみれば、決して私たちが選んだわけではない人びと、しかも社会的帰属感を共有しない相手とともに私たちは生きるだけでなく、彼らの生命を、そして彼らがその一部をなす複数性を維持する責務が私たちにはあるのだ。この意味で、共生のこうした非選択的という性格から、具体的な政治規範や倫理的規定が出現することになる。

共生の非選択性という重要な概念にはあとで立ち返ることにするが、しかしここですでにみてとれるのは、ユダヤ人は世界中の他の民族に啓蒙的な価値をもたらすとされる「選ばれた」民であるという考えにあらがって、アーレントが選択の不可能性こそ私たちが地上で共生するときの基盤にあるものだと論じ、選ばれざるものと運命を共にしようとしていることだろう。彼女の共生概念はある意味で追放の民《エグジリック》の〔故国喪失の〕状況を考えることに、さらに特定すれば、ユダヤ的な追放の民《エグジリック》の〔故国喪失の〕状況について考えることに端を発している。アーレントがエルサレムから発信した、アイヒマン裁判にみられる国民構築戦術にかんする報告を好ましく思わなかったシオニストたちは、彼女の難民として立場を、奇妙なことだが、彼女にとって不利になるように利用した。現に、もちろん彼女はアイヒマン裁判の重要性を理解しそこねているとして弾劾されたのだが、その理由たるや、アーレントはヨーロッパからニューヨークに移り住んだドイツ系ユダヤ人で、イスラエル国家の一員たることを放棄していた、つまりそれではユダヤ人共同体の一員としては承認できないというものだった。〈追放《ガルート》〉にあって祖国という理念をみずから拒んだ者として、アーレントにはイスラエル法廷で起こっていたことに対し評価をくだす「権利」はないというのだ。けれどももし、彼女の離散《ディアスポラ》的状況が彼女の政治観の発展の根源にあるとしたら、そして実に、彼女の提言したものこそ、イスラエルにおける二国民主義の基盤となるような、一連の離散的規範であったとしたら、どうなるだろう。[1] そのような提言は「故地《ホームランド》」と「離散《ディアスポラ》」に関する慣習的理解を撹乱させるが、私が思うに、これこそが彼女がいわんとしていたことなのだ。すなわち、パレスチナ居住者のいる土地においてユダヤ人だけの故地《ホームランド》をもつことなど不可能であり、とりわけ一九四八年の数十万人規模のパレスチナ人排斥を考慮するならば、そうしようとするのは正当ではないのだ。

この点についてのアーレントの主張は、無国籍状況に対する彼女の継続的な政治的関心と合致している。無国籍状況に対する関心はまた、国民国家に対する彼女の批判のもっとも重要な基盤のひとつを形成していた。アーレントは、ヨーロッパのユダヤ人が第二次世界大戦で死んだか、なんとか生き延びたかにかかわらず、ナチス政権下で、そして大戦後にも、無国籍状況にさらされていたことに関心をよせるだけでなく、こうした状況がナチス政権よりも古い二十世紀の初期段階で始まり、そして国民国家によって再三再四遂行される排斥の儀式を形成することになった点にも留意した。これまで明らかにできたと思うのだが、アーレントは無国籍者の権利主張を獲得するには、国民国家の存立不可能性を暴き、連邦制やそれに類似した政治形態をモデルにした政治構成体を要求すべきだと考えた。なぜなら連邦制その他の政治形態は、人口の一定不変の複数性に権利をあたえることになるのだから。これは、無国籍状況を覆し、また人口の異種混淆性を包みこむようなかたちで国家《ステイト》が形成されうるのかもしれないというアーレントの持論において、複数性と共生が主要な規範をなすという、いまひとつの例であった。一般的には、ナチス政権の終焉とその残虐行為の暴露は、ユダヤ人にとって必要かつ当然の保護を受けるための唯一の方法は、政治的シオニズムの全面的受け入れ以外にないことを印象づけることになったと考えられているのだが、アーレントの考え方によれば、国家暴力とジェノサイド――それが国家社会主義そのものだったが——からなる残虐な史的構成体から出現した明確な要請とは、いかなる国家も単一の国民性《ナショナリティ》や宗教にもとづいて形成されるべきでないということであり、そしてまた無国籍者の権利は恒久的に最優先案件にとどまりつづけるべきだということだった。そしてこの時かかげられるべき別の選択肢《オルターナティヴ》としてのスローガンが、これだった、すなわち、無国籍状態——もう二度と《ネヴァー・アゲイン》!

ここまでで私が示唆したのは、アーレントによる二国民主義支持と政治的シオニズム批判において、ユダヤ性の歴史的・宗教的諸条件に対する彼女の深いかかわりが、いかにして中心的役割をはたしているかであった。現段階までに、私が論じてきたのは、以下の五点である。すなわち(一)共生概念、それも故国喪失《エグザイル》の状況から部分的に発生するもの。(二)メシア的なもののベンヤミン版《ヴァージョン》との親和性——これは、ユダヤ的ありかたの「彷徨的」で「散逸的」性格(ローゼンツヴァイクとも共鳴するもの)を優先させることによって、進歩的かつ解明的歴史的発展(ショーレムの究極的な見解)に対する明確な別の選択肢《オルターナティヴ》を提供するものだった。(三)散逸的で離散的なものとしてのユダヤ人の生活は、非ユダヤ人と倫理的な関係をもち、共生を歴史的要件としてだけでなくユダヤ的倫理の根本責務として考えること。(四)ユダヤ的倫理とカントとの関係、それもヘルマン・コーエンの著述とマールブルク学派の新カント主義の著述に深く影響を受けたもの。これはコーエンが肯定し、またアーレントが新たなやり方で取りあげたユダヤ教とドイツ哲学との特殊な関係だけでなく、内省的判断のカント的概念でもあって、この概念は、その正当化のために外的権威に依存することなく、またその方向性において未来志向的であった。他者の立場を考察する(アイヒマンはこれを行うことができなかったとして告発されたわけだが)という理念は、定言命法のいくつかのヴァージョンによって含意されているだけではなく、他者性との関係について取り決めを結ぶ際の倫理的な要請とも呼応するものであり、ある種のユダヤ的コスモポリタニズムの特色ともなっている。最後に（五）難民の歴史的状況――それはほかの数知れぬドイツ系ユダヤ人同様、アーレント自身の状況でもあった――が、国民国家に対する批判的視座の確立に貢献したこと。国民国家と無国籍状況の再生産との間に構造的関係があることをみきわめたアーレントは人口の異種混淆性を抑制ないし拒否するいかなる国家形成――ユダヤ人主権の原則に基づくイスラエル建国もふくまれる――にも異を唱えることになった。

以下、アイヒマン裁判をめぐるアーレントの考察を取りあげよう。アイヒマン裁判は諸種の宗派・教説に立脚した多くの研究者たちによってすでに入念に検討されてきた（2）。私が示そうと思うのは、いかにしてアーレントにとって思考過程そのものが私たちをあらかじめ共生にかんするなんらかの了解へ導くものとなっているか、である。アイヒマンの思考停止は、自律的な判断の停止とつながっているのだが、これは彼がいかにしてジェノサイド政策を案出し実行しえたのかにかんするアーレントの説明において根幹をなすものである。このつながりは始めから自明であったわけではまったくなく、アーレント自身、時として思考と行為とのあいだに線引きすることによって問題を悪化させている。そして彼女はこの線引きだけを論じたわけではないが、この議論がアーレントの考究における柱となっていることは確かである。本章が思考と共生の関係について考察するのは、アーレントにおける複数性と主権《ソヴリニティ》というふたつの概念間の緊張関係を理解するだけでなく、彼女の思想における複数性の哲学的・政治的重要性についての理解を練り上げるためでもある。アーレントは国民《ネイション》と国家《ステイト》からなる主権的概念には反対しているのだが、判断についての説明のなかではそうした主権性に存在の余地を残していたようにみえる。そこで生じるのは、複数性に関するより透徹した一貫性のある説明はなにを含意するのか、とりわけ人が判断を、根源的に無条件な、そして主権的《ソヴリン》な、自由の行使であるとして主張しようとするならば、という問いかけである。これは看過されるべき問題ではなく、私にとっては、精神生活とはっきりと区別をすることができない身体生活について再考するために、直接的な政治的含意をもつ問題であるように思われる。

アイヒマンに抗して——アーレントの声、そして複数性の挑戦

考えること〔thinking〕は、アーレントの著作との関係において追求するのがむつかしい主題である。なにしろ、その著作そのものが、確かに考えることの一例であり、またある種の自己分裂の——それなくしては考えることが不可能であるような自己分裂の——一例ですらあるのだから。しかし考えることの失敗こそ、まさにアイヒマンが犯した犯罪の名称なのだ。これは一見したところ、彼の犯罪を説明するには常軌を逸した表現と私たちは思い込んでしまうかもしれないが、私が証明できればと思うのは、アーレントにとって考えないこと〔nonthinking〕の帰結がジェノサイド的であること、あるいは確実にジェノサイドになりうるということである。もちろん、このような一見してナイーヴな主張に対する最初の反応とは、アーレントが、考えることの力を過大評価しているとみなすか、さもなければ彼女が固執しているのは考えることについての杓子定規

すぎる観点とみなすものであろう、あいにく、その規範的な観点は考えることの名で通っているさまざまな様式、内省、独りごと、声にださない自問自答などとは対応していないのだが。以下のページで私はこの問題について、とりわけ自己と社会性に関する彼女の概念に照らして考察できればと思う。しかし、いまの段階で、強調しておきたいのは、もともとアーレントが一九六三年に『ニューヨーカー』誌に連載していた『エルサレムのアイヒマン』[3]こそ、彼女が傾注した重要な哲学的問いかけの多くにおいて、その後何年にもわたって中心的な位置を占めてきたこと、その問いかけとは、考えるとは何か、判断とは何か、そしてさらには、行為とは何であったかである。けれどもおそらくさらに根本的な問いとは、私とは誰か、そして私たちとは何者なのか、という問題だろう。

先に示したとおりアーレントは裁判の最終判決、すなわちアイヒマンを死刑とする判決にかんして同意してはいたけれど、裁判で提出される論証とか裁判の見せ物化そのものについて苦言を呈していた。アーレントは、裁判が焦点を絞るべきはアイヒマンがとった一連の犯罪行為であり、その行為のなかにはジェノサイド政策の作成も含まれると考えていた。彼女より先にアイヒマン裁判について書いたヨサル・ロガトと同様、アーレントは反ユダヤ主義の歴史について、あるいはもっと限定的なドイツにおける反ユダヤ主義についてさえも、裁くことはできないだろうと考えていた。アイヒマンをスケープゴートにすることにアーレントは反対した。[4]イスラエルがその裁判を利用して、みずからの法的権威と国家的野望をうちだし正当化することを彼女は批判したのだ。裁判は、その男と、その男の行為を理解し損ねたとアーレントは考えた。その男はナチズムのすべてとあらゆるナチ党員の代表にさせられたか、さもなければ究極的に病的な個人として捉えられた。検察側にとって、このふたつの解釈が基本的に矛盾するものであることなど、どうでもよかったようだ。アーレントにとってこの裁判は、集団的罪責概念に対する批判を必然的なものとしただけでなく、独裁者による支配下での道徳的責任という特殊歴史的な難題についてのスケールの大きな思索をも必然的なものとしたのだった。現にアーレントがアイヒマンを難じたのは、彼が実定法に対して批判的になれなかったこと、すなわち、法と政策が彼に課した要請から距離をとることができなかったことであった。いいかえれば、彼女は彼の服従を、彼の批判的距離の欠如を、つまり彼が思考しそこねたことを難じたのである。けれどもそれ以上にアーレントがアイヒマンを非難するのは、彼が次のことを理解できないでいるからである。すなわち、考えることによって、主体は、社会性あるいは複数性に組み込まれるのであって、このことはジェノサイドをねらったところで引き裂くことも壊すこともできないのであるということ。彼女の考えでは、考える存在は、ジェノサイドを企図したり犯したりできない。もちろん、ジェノサイド的考えをいだいたり、ジェノサイド政策を考案し履行したりすることはできるかもしれない、まさにアイヒマンがそうしたように。しかしそのような算段は、彼女の見解では、考えることとは呼べないのだ。ならば、私たちはここで問うてよいかもしれない。いかにして考えることが、個々の考える「私」を、「私たち」の一部に巻きこみ、その結果、人間生活の複数性の何らかの部分を壊すことが自分自身——複数性に本質的に連坐しているものとして理解されるところの——を壊すことだけでなく、考えることの条件そのものをも壊すことになるのか、それはどういうことか。疑問は、ふくらむいっぽうである。考えることは、心理的な過程として理解されるべきなのか、いやそもそも、適切に記述されうるものなのか。あるいは、アーレントのいう意味の考えることとは、つねに何らかの判断力の行使であり、それゆえに規範的な行為に組み込まれているのか。もし、考える「私」が「私たち」の一部であるなら、そしてもし、考える「私」が、「私たち」を維持することに積極的に関与しているのなら、「私」と「私たち」との関係を、私たちはどう理解するのか、そして思考は政治を司る規範、とりわけ実定法との批判的関係に対して、いかなる固有の含意をもっているのだろうか。

アーレントは、イスラエル法廷がアイヒマンに対する死の宣告に至った過程に対してのみ抗弁しているわけではない。『エルサレムのアイヒマン』は、裁判の現場に影響をあたえたすべての既存の法典に異議を申し立てている。そしてアーレントは、アイヒマン自身が有害な法の数々を立案し、それに従ったことも批判する。つまり彼女は実定法から距離を置いたところから書いているのであり、それはいわば判断についてのアーレントの後期の著作を予示するような、前法的かつ道徳的視座のようなものを例示する。アイヒマンについての彼女の本の修辞的な特色のひとつは、再三にわたって彼女がアイヒマンその人と口論をはじめることだ。『エルサレムのアイヒマン』のほとんどの部分で、アーレントは裁判とアイヒマンについて三人称で報告をおこなっている。しかし彼女が彼に対して直接、裁判においてではなく彼女のテクストのなかで、呼びかける瞬間がいくつかある。そうした瞬間のひとつは、アイヒマンが自分は〈最終解決《ファイナル・ソリューション》〉を遂行するにあたって服従心からそれを遂行したと主張し、なおかつ、こうした道徳的規範をカントの読解から引き出したとも主張した時である。

アーレントにとってそのような瞬間が二重にスキャンダラスなものだったことは想像に難くない。アイヒマンが〈最終解決〉の指令を策定し遂行したことはそれだけでも充分に忌まわしいが、ナチスの権威への服従をふくめ、彼の人生すべてがカント的規範に従って生きられていると語ったのはひどすぎる。アイヒマンは自分なりのカント主義を説明する試みのなかで、「義務」を引き合いにだした。アーレントは「これは一見しただけでも言語道断だが、さらにいえば理解不可能である。というのも、カントの道徳哲学は人間の判断能力ときわめて密接にかかわりあっており、それは盲目的服従を除外するものだからだ」と書く（EJ 135-36〔1-190;2-107-108〕）。アイヒマンは自分のカント的義務について説明する時、自己矛盾に陥る。いっぽうで彼は、こう説明している、「私がカントについての発言によって意図したのは、私の意志の原則は、それがつねに一般法の原則になりうるようなものでなければならないということだ」と（EJ, 136〔1-190;2-108〕）。だがしかし彼は、〈最終解決〉を遂行するという任務を課されたときから、カント的原理によって生きることをやめたと認めてもいる。アーレントはアイヒマンの自己記述を受け継いでいう、「彼は「自分自身の行為の主人《マスター》」ではすでになくなっていたのであり、そして……彼は「なにひとつ変えることができなかった」のだ」（EJ 136〔1-191;2-108〕）と。アイヒマンが玉虫色の説明の最中に、人は「〈総統〉」が承認するようなやり方で、あるいは〈総統〉自身がするであろうようなやり方で、行動せねばならなかったと定言命法を再定式化すると、アーレントはあたかもアイヒマンに直接口頭で異議申し立てをしているかのように、即座に応答する――「カントは、まちがいなく、そんなことをいうつもりは決してなかった。それどころか、カントにとって、すべての人間は行動しはじめた瞬間に立法者であるのだ。〈実践理性〉を使うことによってひとは法の原理になりうるような、またならねばならないような諸原則を見出すのだ」（EJ, 136〔1-191;2-108〕）。

アーレントは一九六三年に『エルサレムのアイヒマン』のなかで実践理性と服従とを区別し、

その七年後にニュースクールのニュースクール・フォー・ソーシャル・リサーチで、のちに大きな影響力をもつこととなるカントについての一連の講義を始めた。意志、判断、そして責任についての著作を含むアーレントの後期の論考は、ある意味で、カントを正しく読むことをめぐるアイヒマンとの論争の拡大版として理解することもできる。それは、ナチスの解釈からカントを奪還し、犯罪的な法典とファシスト体制を無批判に支持することになった服従概念に抗するために、まさにカントのテクストの資源を総動員しようという熱烈な取り組みである。余談ではあるが、アーレントのカント擁護は、ある種のサディズムが定言命法自体によって行使されるというラカンの「カントとサド」と対照をなすものであることはおそらく指摘しておくべきだろう。(5) けれどもなお興味深いことに、アーレントは定言命法ではなく美的判断力(とりわけ内省的判断力)を拠り所として、この形態こそ、戦後の政治改変にもっとも有用であると論じる。同時に、今一度強調しておくべきであろうこととしては、アーレントのカントとの連帯は、カントとドイツ系ユダヤ人思想の不朽の可能性の双方に対してヘルマン・コーエンが示した忠誠の延長線上にあるということだ。(6)

『エルサレムのアイヒマン』は多くの登場人物と声であふれている。そのなかでアーレント自身、多くの立場を演じているが、そのすべてがたがいに調和するものではない。『エルサレムのアイヒマン』受容の歴史のなかでは、アーレントのひとつの提言だけが文脈からとりだされてきたが、もしテクストのリズム、そしてそこに内在する軋轢に寄り添えば、アーレントが少なからぬ複雑性と両義性に満ちた立場を形成しようとしていることがみてとれるだろう。たとえばアーレントは、ユダヤ人が自分たちを迫害する者を実際に裁く立場に立つのは実に紀元七〇年以来初めてであると指摘しつつ、アイヒマンの運命をイスラエル法廷が決定することの正当性を承認するのだ（EJ 271〔1-374;2-209〕）。しかしなおアーレントは、同時に原告でもある被害者たちが、判事として公平に機能しうるかどうかについて、率直に疑問を投げかけている。もしもナチスの残虐行為が「人道に対する罪」であると理解されるべきものならば、中立的な国際法廷こそが、この件を裁くべきではないのだろうか、と。

　最終的にアーレントは、エルサレム法廷は三つの大きな点について正面から取り組みそこねたと考える。すなわち「勝者の法廷における正義の機能不全の問題、「人道に対する罪」の有効な定義、そしてこの犯罪に走る新たな犯罪者に関する明確な認識」の三点である（EJ, 274〔1-378;2-211〕）。法廷が、人を、犯罪者を、理解しそこねたとアーレントが考えることは興味深く、また奇妙でさえあるかもしれない。というのもアーレントはいたるところで私たちに、犯罪的だとみなされうるのは行為であり、個々の人間ではなく（人格は裁判にはかけられえない）、また民族でもない（個々の人びとによって犯された明白な行為に関し、集合体としての民族は、有罪とはみなされえない）という再認識を迫っているのだから。悪事をおこなう者は悪事をおこなうにあたって明確な「意図」をもっていたはずだとする法的な慣例が、アイヒマンの事例に意味をもちうるかどうかについてアーレントは思いをめぐらせる。アイヒマンは「意図」をもっていたといえるのだろうか。もしも彼が悪事という概念をもっていなかったのなら、意図的に悪事をおこなったということはできるのだろうか。人は、アイヒマンの意図や、さらにいえば、この人間の心理的特徴に根拠を求めることはできないように思われる。それは意図を考慮することの誤謬《インテンショナル・ファラシー》についての議論がいまだある種の妥当性をもちつづけているからというだけではなく（彼の行為が意味すること、あるいはおこなっていることを、彼の明白な動機だけに跡づけることはできない）、彼が大量殺人を明白な意図なしに遂行しうるような、新たな種類の人間に属するように思われるからである。いいかえれば、履行の道具となるような人びとが、歴史的にみて、いるということ、そうした人びとは、アーレントが考えることと呼ぶものの能力を欠いていることが、いまやありうるということだ。ある意味で、この問題はアーレントにとって歴史的であると同時に哲学的でもある。かりに、考えることを判断力の規範的な行使として理解するとして、その考えるということを、自分のために、自分の力で、おこなうことがもはや不可能であるような人間が、いかにして形成されるにいたったのだろうか。彼女は心理的な説明を拒否する。彼女の考えではアイヒマンは倒錯していないし嗜虐的でもない。彼はたんに、やがて標準的なものとなり標準化されたような残虐な法を策定し施行しながら、判断力をもたずに行為したにすぎない。それでは最終的にアーレントにとってアイヒマンの罪とはなんであったのか。それは彼が考えそこね、判断しそこね、さらにいえば、カントが記述し規定した正確な意味での「実践理性」を使いそこねたことである。実質的にそれは、アイヒマンはカント主義者でありそこねたということである――いかに彼自身がそうだと主張していたとしても。

この緊張感みなぎるテクストの最終部には、アーレントがアイヒマンに対して二人称の呼びかけをとおして最終判決を声にする興味深い部分がある。彼女がいい渡す判決は、もしもエルサレムの判事たちが「エルサレムでおこなわれたことの正義」を可視化あるいは明示することに賛同していたとしたら、彼らがくだしたはずであろうとアーレントが論ずる判決である（EJ 277〔1-382;2-214〕）。この「エルサレムでおこなわれたことの正義」といういいまわし自体、アーレントが実際に、正義はなされたと考えていたこと、しかしその正義は適切に示されたり公表されたりしていないので、判断の背後にある論拠については公に明確にされていないと考えていたことを示唆する。アーレントはその判決を自分自身で声にする直前の段落を始めるにあたり、たとえ意図を立証することが不可能な場合（彼女はこれがアイヒマンに関しては不可能だと考えている）であっても、犯罪がなされたということは理解可能なはずだと強調する。そして犯罪を罰するにあたって、彼女は以下のように述べつつ、復讐という選択を拒む――「「大いなる犯罪は自然に背くものであり、それゆえ地上そのものが復讐を求めて叫んでいる。邪悪さは自然の調和を乱すものであり、その調和は報復によってのみ回復しうる。不当な扱いをうけた集団は、犯罪者を罰するという義務を道徳秩序に対して負う」などという命題を私たちは拒み、野蛮なものとみなす」（EJ 277〔1-382;2-213〕）。ここで引用符に括られている考えは一九六一年に出版されたヨサル・ロガトの長大な論考『アイヒマン裁判と法の支配』から採られたものである(22)[7]。ロガトはそのなかで、このような態度は「古い世界観」に属するものであり、「驚愕すべき部族的過去の遺物」だということを明らかにしている(20)。それは「すべての近代的な思考のパターンに先行する」ものであり、「個人の良心よりも伝統的な権威と戒律を、個人的な責任より集団の絆を、個人の権利よりも集団の義務を重んじる」ものである(20)。集団の成員であることこそが自己の意味や主張を確立するという観念を守るために、「イスラエルは攻撃的なまでの防御をおこなって」いるとロガトは論じる。ユダヤ人が迫害を受けいれたのは、それが「ユダヤ人であることの意味」の一部だったからではないかとロガトは推察する(21)。逆にいえば、アイヒマンを罰する権利は、伝統に根ざした集団的アイデンティティの感覚から生まれるものであるように思われる、と。

ロガトは、この「古い世界観」の枠組みにとらわれているかぎり、法の支配や裁判の妥当性についてで彼が提示する問いすら立てることができなくなるだろうと述べる。そこでは後にアーレントが引用したような、集団の権利、自然、そして復讐をめぐる提言が権勢をふるっているのだから。一九六一年にあってロガトは、この世界はアイスキュロスの『オレステイア』が投げかける根本問題、すなわち復讐の連鎖は「公平な裁決機関の制定」によってしか止められないのではないかという問いを、いまだに問いつづけていると語る（44）。彼は次のように書く。「西欧世界は『オレステイア』の中心的問題にとり憑かれつづけている。西欧において特徴的なのは、深刻な道徳的混乱に対して、法の秩序を押し付けることによって、対応してきたことである。今日においても、私たちには他の選択肢はない」（44）。

アーレントはおおかたにおいてロガトに同意している。[8] アイヒマン裁判が法の支配による手続きというよりむしろ見せ物《スペクタクル》であるという議論、アイヒマンのアルゼンチンからの不法な身柄拘束とイスラエルへの移送に対する異議、そしてアイヒマンの犯罪はユダヤ人に対する犯罪であるのみならず人道に対する罪だというアーレントの主張はおしなべて、ロガトの冷静で洞察に満ちた一九六一年の論考にもみられるものだ。ロガトは個人的な偏見や利害は、法的な審議が示されることを確実にすることによって、部分的には回避しうると考えた。その意味では、「この取り組みは「正義はなされるだけでなく、目に見えるかたちでなされねばならない」という公理の一部をなすものであり、この公理が表明しているのは、公の精査の重要性のみならず公の信頼度の重要性である」とロガトは書く（34）。しかしながらアーレントは、法の支配に依拠しようとはせず、法がこのように甚大で特殊な犯罪を想定すらしていない場合には、判断はいかにしてなされうるのかと問う。この瞬間アーレントはロガトに寄り添って思考しているようにみえるかもしれないが、実は彼とは異なる道筋を模索している――法の革新の必要性を、つまり既存の法的判例ではその犯罪を理解しえない時に判断力の行使を要請するなにがしかのものを断固として主張するために。

ここで、「意図《インテンション》」をめぐる既存の慣習が役に立たず（アーレントにとってアイヒマンは考えていないのだから）、また「復讐」が野蛮であり許容されえないのであれば、はたしてどのような根拠によってアイヒマンに対して判決を言い渡すことができるのだろう。アーレント自身が口にする判決は、おそらく彼女が目にしたかった判決なのだろうと考える人もいるかもしれない。しかし次にテクストにおいて起こることは、そのような結論を全面的に支持するものではない。ロガトに共鳴するようにしてアーレントは、復讐、報復、自然の道徳秩序といったものに属しているような、「長いあいだ忘れ去られていた諸命題」こそ、現に彼が裁判に召還された理由であり、また「死刑に対する究極的な正当化」であると主張する（EJ, 277〔1-382;2-213〕）。まさにこれらはアーレントが拒否しようとしている正当化であるように思われるが、彼女は「とはいえ、しかし」、これこそ裁判の間で、そして最終判決に作用していた理由付けなのだと言葉を継ぐ。そして彼女は自分の判決をつけ加える――「アイヒマンはある種の「人種」を地上から抹殺することを公然たる目的とする企てに連座し、そしてその中で中心的な役割をはたしたのだから、彼は抹殺されなければならない」。そしてアーレントはロガトと同様に「正義はなされるだけでなく、なされているのが目に見えるようなかたちでなされねばならない」という公理を引用し、エルサレム法廷がみずからの行為の「正義」を可視化できなかったこと（そして可視領域にそれをひきいれることができなかったこと）を難じる（EJ, 277〔1-382;2-214〕）。つまりこの時点では、彼女がエルサレム法廷の行為を——死刑を申し渡すことも含み——正当なものとしていること、しかし同時に法廷がその判決と判決手続きに対して十分な公的理由を示しそこねたと考えているのは明白なように思われる。

アーレントは、自分自身の判決を口にしようとするその直前に、イスラエル法廷の行為の「正義」は「もしも判事たちが被告人に対して、以下のような言葉で呼びかける勇気があったならば、万人の目に見えるようなものとして現前したことであろう」と述べる（EJ, 277〔1-382;2-214〕）。これに続く直接の呼びかけはあきらかに、エルサレム判事たちの勇気のなさを埋めあわせるような勇敢な語りとして意図されたものだ。けれども彼女は実際に判事たちと意見を異にしているのだろうか。あるいは彼らが用いるべきであった論拠を提示しているのだろうか。これを見定めるのが困難なのは、彼女はたんに彼らの論拠をより勇敢なやり方で示しているだけで、実際はその論拠に異を唱えているかもしれないからだ（結局のところ彼女の考えでは、判事たちを最終判決に導いたのは長く忘れ去られた復讐の諸命題なのだから）。しかし彼女がこのようにそれを声にすることは、最終判決に参与し、そうした長きにわたり忘れられていた諸命題が今日においてとりうる現代的な形態を受けいれるための方途なのかもしれない。アーレントが蛮行を擁護するというのは、それ以前のところで彼女が明確に蛮行を拒否しているだけに、たとえありえないことではないにしても、奇妙ではある。それでもなおアーレントが、判事たちがいうべきであったことを声にし、彼らの決定の「正義」にも言及しているのであれば、おそらく彼女は自分が賛成はできない論拠であっても、それをただ可視化しているだけなのかもしれない。

だがさらにありえそうな解釈は、アーレントははじめ、判事たちが実際に意味していたことを反復しようとするが、結局は彼らが意味するべきであったことを声にし始めてしまい、そのふたつの様式がよりあわさっているという事態であり、そして後者の様式が前者に完全にとってかわることができていないということのように思える。彼女はこの呼びかけを「あなたを絞首刑に《ユー・マスト・》処する《ハング》」と締めくくる。もちろんこれは、彼女を修辞的に生殺与奪の宣言をおこなう絶対統治者《ソヴリン》の位置に置く、古めかしい死刑の申し渡しの表現であり、これを野蛮であると思う者もあるだろう。そこでいま一度、この一節に寄り添いながら、アーレントがアイヒマンに死をいい渡す時の、直接的な呼びかけへの突然の変調が何を意味しうるのかをみてみよう。

　アーレントはアイヒマンとの活発な対話に参入する——とはいえ、アイヒマンはアーレントの呼び起こしによってそこに存在するだけなので、もちろん話すのはもっぱらアーレントではあるけれど。彼女は直接的な呼びかけをおこなう——「あなたは〈最終解決〉における自分の役割は偶発的なものにすぎず、ほとんど誰であってもあなたの立場に立ちえたはずだと、そしてそれゆえほとんどすべてのドイツ人はひとしく有罪であるといった。あなたがいわんとしていたのは、すべての者が、あるいはほとんどすべての者が有罪であるようなときには、有罪である者はひとりもいないということだ」（EJ, 278〔1-383;2-214〕）。そして彼女は複数形である「私たち」を呼び起こすことによって、こう、反駁する——「これは確かによくある結論ではあるけれども、私たちは、あなたにそれを認めることをよしとしない」と。その後、彼女はさらにいう——「たとえ八千万人のドイツ人があなたと同様のことをしたとしても、それはあなたの弁明とはなりえなかっただろう」（EJ, 278〔1-383;2-214〕）。

　最終段落でアーレントは判事の声を使い、顕在的な行為としての判決の、テクスト的な同義物を提示する。興味深いことにその判決は反事実的条件文のかたちをとる——すなわち、もし歴史的状況が異なって、もし判事たちが異なる方法でふるまっていたとしたら、判決はこのように響いたりみえたりしていたはずだ、と。「判事たちが被告人に対して、おおよそ次のような言葉で呼びかける勇気があったならば、エルサレムでなされたことの正義は万人の目に見えるようなかたちであらわれてきただろう」とアーレントが書いたのち、新しい段落がはじまり、ひとつの声が生まれる（EJ, 277〔1-382;2-214〕）。それはアーレントの声なのだろうか、あるいは正義そのものとして仮構された声なのだろうか。彼女はこの段落のどこに存在しているのだろう。この「引用」を開始する引用符は、現前すべき正義の像を惹起する。「現前」するのは「声」である——そしてその演出は視覚的、テクスト的であり、それゆえ見せ物としての裁判や舞台そのものではない。本のなかで、何かがいま書かれつつあり、それが提示されている。正義の書が、アーレント自身のテクストというかたちで、書かれ、そして提示されるのである。

　たしかにアイヒマンの証言に対する一種の返答としてはじまったもの（アーレントはそのなかでまず原告の立場に身を置いている）は、判事の行為遂行的《パーフォーマティヴ》発話で終わる。もちろんこの声によって発せられた宣告のなかにはアーレントの声のように聞こえるものもあるが、彼女のトーンや議論からは逸脱するようなものもある。アーレントはアイヒマンの根底にある動機や意図は確証しえないと主張しているが、判決を言い渡す声はその反対の見解をいだいているようだ。「あなたは決して賤しい動機から行動したことはなかった……あなたは決してユダヤ人を憎んでもいなかった……私たちはこれを、信じがたくはあるが、信じることが不可能だとは思わない」（EJ, 278〔1-383;2-214〕）。そしてそれに続くのがその声（判事がいわんとしたこと、さもなくばいわんとすべきだったことを、たとえ彼ら自身がそれを知らないように見えたとしても、知っているようにみえる「アーレント」というひとによって作り上げられた声）が、アイヒマン自身がいわんとしたことを推測する瞬間（判決の暗黙の論法と、判事が再構成したアイヒマン自身の発言の暗黙の論法の両者を、アーレントが再構成するというまさに入れ子構造《ミザナビーム》）である――「あなたが言わんとしていたのは、すべての者が、あるいはほとんどすべての者が有罪であるような時には、有罪な者はひとりもいない、ということだ」（EJ, 278〔1-383:2-214〕）。どちらの場合においても、仮構された声は、その行動を導くような原則を提示しようとしない者たち、あるいは提示することができないような者たちの意図を再構築し、またその意図を彼らに帰することに依拠するような判決のための立場を作り上げる。ここにもまた統治行為《ソヴリン・アクト》の影が見える。問題の核心は、意図がなんであるべきだったのかを規定することではなく、犯罪にも判決にも、ある種の規範――たとえ判事も犯罪者もそれがなんであるかを知らないとしても――が、すでに働いているのだと示すことにある。重要なことに、こうした規範はいかなる心理学的な意味においても「意図」ではなく、証言、告発、そして最終判決の宣告に特有の話法に現れる、道徳的理由付けの形態である。けれどアーレントは、アイヒマンの注意をある聖書物語に向けようとする――そして彼女が法の前での有罪と無罪とは客観的な問題だと述べてこの段落を閉じるとき、それは神がソドムとゴモラの住民たちを、その犯罪の性質によって客観的なやりかたで罰すべく行動したのだということを暗示しているようにみえる。しかし最後には、他の誰が有罪であろうと、それは彼が犯した犯罪の弁解とはなりえず、それゆえ彼の個人的な罪責――彼の具体的な行為に結びつけられた罪責――こそがもっとも重要な点として浮かび上がるようだ。これはアーレントが最終判決を提示する次のような段落にも繰り返しあらわれてくるあなたが実際に行ったことが、他の人たちが行ったであろうことと比較したときにどうであるかというのは、どうでもよいことだ。潜在的な行為と現実の行為との間には「深い溝」が存在する。あなたの意図が犯罪的であったかどうか、さらには実のところ、あなたの内面生活がどのような状況にあったか、いかなる社会状況があなたにこのような道をたどらせたのかということもまた、関係がない。最終判断は揺るぎない——「大量虐殺の政策をあなたが実行し、そしてそれゆえそれを積極的に支持したという事実に変わりはない」（EJ, 279〔1-383-384;2-214-215〕）

アイヒマンの最終的な罪、それによって彼が絞首刑に処されなければならないようなその罪はしかし、彼が——突如「あなたとあなたの上司たち」という複数形の主体として名指されることになる彼が——誰とこの地球を分かちあうかを決めることをみずからの権利であると考えたことにある。アイヒマンは、ユダヤ民族や他の国々の民族たちと「地球を分かちあう」必要はないと考え、またそう考えた他の者たちを代表した。そして彼らが、それがどんな人びとであれ、ある特定の人びとと地球を分かち合う必要がないと決定した以上は、誰ひとり、つまり人類に属する何者に対しても、アーレントがいうように「あなたと共に地球を分かちあうことは望みえないだろう」。そしてこの罪のゆえに、すなわち分かちあわなかったという罪のゆえに、アーレントは次のように結論づけるのだ——「これにより、そしてこれだけのことにより、あなたを絞首刑に処する」（EJ, 279〔1-384;2-215〕）。

それではこのとき、判決を言いわたす声が提示するところの、アイヒマンが死なねばならない最終的な理由とは何であろうか。それは私たちの死を願う者たちと、あるいは私たちと私たちに似た者たちを殺そうとしてきた者たちと、ともに生きることは望めないということなのだろうか。あるいはそれは、私たちの死を願うばかりではなく、私たちの命を奪うであろう者たち、そして私たちに似た者たちの命を奪った者たちとともに生きることは、望めぬということだろうか？もし獄中の彼がもはや誰の生命に対する実際的な脅威でもなくなっているとすれば、それはたんに彼に生きていて欲しいくない」という問題なのだろうか——彼自身が地球上のすべての人びとに、生きていて欲しい「欲しとは思わず、その殺人的な欲望を満たすために最終解決を遂行したのだから。

アーレントが言いわたす最終判決は、復讐とはなにか別のものなのだろうか。

この場合、死刑を支持する決定は、いかなる法、規範、ないし原理によって正当化されているのだろう。すでに確認してきたようにアーレントは、復讐、自然秩序の侵害という考えかた、そして侵害された集団の権利などに訴えることを野蛮だとみなしていた（EJ, 277〔1-382;2-213〕）。最初からずっと彼女は、判断と正義を支持する議論を展開してきたのであり、その議論はエピローグにつづくあとがきのなかでも受け継がれている。しかし奇妙なのは、これらの長きにわたり忘れられていた、あるいは古めかしい正義の概念こそが、アイヒマンが法廷に召喚された原因であるだけでなく、死刑の原因でもあるという彼女の発言である。これがある種の混乱を招く原因となるのは、もし彼女が野蛮で受けいれがたいものとしてこれらの理由についてここで言及しているならば、彼女はアイヒマンが裁判に召喚された理由だけでなく彼の死刑をも拒否するだろうからだ。だが彼女はひょっとして、そのような野蛮主義のなかではある種の知恵——始源的な規範のようなもの――が作用していると言っているのだろうか（エルサレムの判事たちの最終判決のなかに彼らが明らかにしていない潜在的な原理が――そしてそれはここで語られているのと同じ潜在的な原理なのだが――があるかもしれないのと同じように）。なぜアイヒマンが抹殺されなければならないのかについてアーレントが提示する明示的判決は、彼がある種の人種《レイス》と呼ばれるもの（あるいは「諸国民《ネイションズ》」と呼ばれるもの）を消し去ろうとしたからだというものだ。そこにはなんらかの原理が存在するようにみえるが、直接的に詳述されてはいない。そのかわりに、その声は媒介概念《ミドル・プレミス》をともなわず、ただこれこそが誰も彼と生きたいと願うことを期待されえない理由である、と結論づける。

アルゼンチンからのアイヒマンの強制移送は、法的に正当化されるものでも、法的手段を介しておこなわれたものでもないということを、私たちはこれ以前の部分で読んでいる（実際、アイヒマンはたえ難いほどに「無国籍者」であり、適正手続きにかんする権利をまったくもっていない）。この点についてアーレントはヤスパースの警告を引用し、復讐の命に従う者たちは正しい処罰がなんであるべきか、決定権をもつ権威は何であるべきか、そしていかなる法体系によってそれが決定されるべきかを、立ち止まって熟考しようとしない、と言う。私たちの読むアーレントの著作はおしなべて、復讐ではなく正義を支持しているように見える。言い換えれば判断力に依拠した正義が存在しなければならず、この場合には、前例を見ない非道な犯罪に判決をくだすという要請に答えうるような判断力がなければならないということになるだろう。この犯罪は通常の殺人ではなく、彼女が「行政による虐殺」と呼ぶものである。それは新たな犯罪であり、心理的な意図をもつというよりもむしろ、政治的に組織化された盲目的服従に依拠する犯罪である。この意味でアイヒマンは新たな種類の人間、あるいは先例なき種類の犯罪者なのであり、それゆえこの新しい状況に応えるために、正義の構造や条件は再考され、作り直されなければならない。興味深いことにアーレントは、このような事例であっても心理的動機や意図を充分に再構成しうるという考えに異議を唱えつつも、アイヒマンにも判事にもある種の意図をあてがっている。すなわち、もしも彼らが自分たちの行為に作用している規範をあえて明白にしたとすれば「彼らが言ったであろうこと」をあてがうような表現法は、一連の規範的な態度や推論の様式《モード》を前提としており、それらは反実仮想的な立場から遡及的に再構築されているのだ。もしも彼らが充分に思考し、充分に語っていたならば、あるいはもしも彼らが正義を示していたならば、彼らは自身の行動原理を提示していたはずだ――しかし実際にはアイヒマンも判事たちもこれを充分に行っていなかったために、アーレントが彼らにそれを提供している。重要なのは依然、心理的な人間を再構成することではなく、行動様式に作用している暗黙の規範的体系を再構成することである。そしてアーレントは「意図」を、充分に意識的ではない道徳的推論の作用として語り直すことには成功しているように見える。だがいっぽうで理解しにくいのは、この不透明で個人的なものとして認められない推論領域がある種の心理的地勢図に基付いていないとどうしていえるのか、ということだ。ここで想定される心理的地勢図とはいわば否認のメカニズムであり、それはある種攻撃的ですらある治療的な介入が、無言の、あるいはとぎれとぎれの発話のなかから暗黙の道徳的責任を掘り起こし、白日のもとにさらすことで相殺しようとするものである。

　アーレントはアイヒマンや判事たちよりもよく、彼らがいわんとしていたことを、そしていうべきであったことを知っているように見えるのだが、彼女はいたるところで全知の哲学的考古学者でありつづけるわけではない。このアイヒマンに対する直接の呼びかけのなかでは何かが起こっている——判事たちに対する大いなる感情的な同一化を解き放つようななにかが。これはアーレント自身のエルサレムの判事たちに対する苛烈な批判からは想定できないことだ。アーレントの声は判事たちの声ともつれあい、その複数性のなかでほとんど一塊にすらなっている。結局のところ、その声は彼女自身のものであり、また彼女自身のものではない。それは判事たちが勇気をもってそうしていたならば使っていたはずの声であり、その意味で彼女がここで書いているのは勇敢なかたちの判決である。そのようなものとして、アーレントはこの声を自分のものとして認めているように思われる。しかし、それは判事たちにあてがわれた声であり、それゆえその声は彼女自身の声からの離脱をも示しているようにみえる。

引用符で囲われたこの判決にいたるまでのパラグラフに少しのあいだ立ち返ってみよう。彼女が「エルサレムでなされたことの正義は、判事たちが被告人に対して、以下のような言葉で勇気をもって呼びかけていたならば、万人の目に見えるようなかたちで出現していたことであろう」（EJ,277〔1-382;2-214〕）と書くとき、一見アーレントはその判決を正しいものとして受けいれているようにみえる。他の部分で彼女は、その見せ物性とそこに蔓延する復讐を拒絶していた。アーレントが語っているのは、もし判事たちが彼らにとっての正義をはっきりと声に出していたならば、私たちは誰もがエルサレムでは復讐が作用していたということがわかっただろうという可能性もある。かくしてこれは判事たちなりの正義のヴァージョンなのか、それともアーレントが肯定する正義のヴァージョンなのだろうか。

この時私たちは、ここで起こっていることについてのふたつの解釈を区別して考える必要がある。第一の解釈によればアーレントは、判事たちが真に正当な方法で審理をおこなおうとしたのであれば彼らが語るべきであったことを語っていることになる。彼女は判事たちが正しい決定に至ったこと（これは彼女が明確に述べていることでもある）を主張さえしつつ、しかしその決定には正しい方法で至ったわけでも、正しい方法でそれを正当化したのでもないことを主張しているのかもしれない。またそれは、判事たちが下した判決には暗黙の論理的根拠があり、彼女に残された解釈学的責務とは、この論法を明示化し、正しい正当化を「立証する」ことなのかもしれない。

第二の解釈とは、アーレントはたしかに、判事たちがみずからの行動の真の正当化を公にしていたのならば彼らが語ったであろうことに声をあたえてはいるのだが、しかし彼女は彼らの正当化に対して同意してはいない、というものだ。この読み方によればアーレントは、判事たちが正義と呼ぶものは実際には正義ではないと反駁し、彼らを告発している。しかし彼女の最大の関心事は、復讐の作用とは目にすることも、耳にすることもできないものであり、このアイヒマンに対する古めかしく野蛮な死の宣告の実際の作用が、ある種の行政的な雑音によって覆い隠されているということである。

かりに第二の解釈を受けいれるとしても、私たちにはエピローグの最後で実際には誰が語っているのか、そしてこのテクストにおける声の目的と効果は何であるのかを理解するという問題が残されている。ある声が直接的な呼びかけ様式で出現し、そしてその様式は、判事の比喩形象《フィギュア》として成立している。その主旨が、何が起こっているかを世界に「示す」ことであるとするテクストにあって、その比喩形象は直接的な呼びかけの声をとおして、イメージを産出すべく作用している。

おそらくは私がここに提示した解釈のそれぞれにかんするなんらかのヴァージョンを、受け入れるほかはないだろう。ある声が、アーレント自身のものではない（それゆえ部分的には彼女によって所有されていない）声が、アーレントによって喚起されるのだが、しかしまたまぎれもなく彼女の声であるとわかる特徴がその声にはあり、それが一人二役であることは、私たちに丸見えである。それではアーレントはこの声のどこにいるのだろう。もしかして彼女は、この声が提示する見解のなかに分散配置されているのだろうか。彼女は自分が信じるものを声にしてはいるのだが、彼女が賛同しない見解を表明するいまひとつの声もそこにはあって、前者の声と分かちがたく結ばれている。これは自分自身との激しい闘争のなかで分裂している声なのだろうか。興味深いことに、この直接的な呼びかけの最中、判事の声はアーレント自身の叙想法的腹話術を反復する。仮構された判事が仮構されたアイヒマンに語るのだ――「あなたがいわんとしたのは、すべての者が、あるいはほとんどすべての者が有罪である場合には、有罪な者はひとりもいないということだった」。判事たちはソドムとゴモラについて言及するが、それがなされるのは、いにしえの聖書物語ではふたつの都市はすべての住民が有罪であったがゆえに破壊されたとアイヒマンに語る文脈のなかでのことだ。判事たちは、最終的に、次の行で、この見解を退ける、ここでいう「あなた」、すなわちアイヒマンは、すべてのナチ党員やドイツ帝国支持者と互換できるわけではないからと主張して。想定される判事たちが、アーレント自身のそれととてもよく似ている声や主張をとおして集合的罪概念を却下する。実際、現実の罪と潜在的な罪とを区別したり、アイヒマンの内的生活や動機ではなく彼の行為に焦点を絞るやり方などは、アーレントとのそれを思わせるのだ。

テクストのこの時点で私は疑いはじめる、アーレントは、彼女自身が野蛮で不正だとみなしている復讐の原理そのものを声にしているのではないか、と。アーレントは仮構された声で、人びとがなぜ彼に死んで「欲しい」のかを説明しているが、彼女は誰かに死んでほしいと思うことは、誰かに死刑を宣告することの正当な理由にはなりえないということをすでに明確にしていた。ほかのところで彼女は、もう少し感情的ではない議論を提示している、すなわち、ジェノサイドは、それが人類の複数性そのものへの攻撃であるがゆえに、受け入れがたいのだ、と。おそらく、より勇気のある判事たちが語ったであろうはずのことに声をあたえることとは、実はもっと感情的なハンナ・アーレントが語りたかったであろうこと、そして実際に語っていることに、声をあたえることだったのかもしれない。たとえそれがあくまでも誰のものか特定できない引用符によって、アーレントが、死刑宣告を、実際にそれを意味することなく口にできるようなものであったにしても——これは、テクスト上の仮構の叙想法によってはじめて可能になるような何かなのである。

　この奇妙に解放された声——直接的な呼びかけのなかにくるまれた間接話法——は、ある時点で実際にみずからの発話に横やりをいれ、それによってふたつの見解はともに、この声によって作りだされた複数的な判事の形象から生じているということを示唆する。最後から二番目の文で裁定をおこなうのは、アイヒマンに死んで欲しいと願っている言語そのもののようだ。想定された判事たちは最終的な告発のなかで、アイヒマンが「ユダヤ民族や多くのその他の国民《ネイション》・民族である人たちと」地球を分かちあいたいと思わなかったことを強調する。それゆえに判事たちが結論付ける、すなわち人類を構成する者たちはアイヒマンと地球を分かち合いたいとは欲しない、と。しかしある原理がダッシュとともに出現する。ここで示唆されるのは、裁定は欲望のみに基付くのではなく、原理、あるいは規範にすら基付いていて、ジェノサイドを裁くときには、そうした原理や規範すらもが喚起されねばならないということだ、「――あたかもあなたとあなたの上官が、誰がこの世界に住まうべきか、あるいは住まうべきでないかを決める権利を有しているかのように」(EJ279〔1-384;2-215〕)。

注目に値するのは、このように重要な原理が挿入句的に、そしてその思考のはっきりとした出所を隠すような「あたかも」によって制限を受けつつ、立ち現れるということである。しかしなお、他の部分でそうであるように、ここでもまた反実仮想は、たとえ明示的に成文化されていないとしても、ひとつの権利が暗黙のうちにある種のふるまいや特定の政策によって分節されているということを明らかにする。誰であるのかさだかではない「私たち」が、より多くの勇気と、より多くの説得力でもって声を付与して再構築された宣告というかたちで、アーレント自身の声を、エルサレムの判事たちの声を共生させることになった。ダッシュ以下の部分でも、アーレントはこれまでと同じ手続きに入り、もし他の者たちが自身の行動に対し、その原理を公けにするだけの言語と勇気をもっていたならば語ったであろうことを声にするのである。反実仮想のなかで、この声が、誰と共生するかを選ぶ権利をナチスの政策に帰するまさにその瞬間、その声が示すものこそ、判事たちには、それを明晰に表明したり、まっこうから反対したりするための言語や勇気がおそらくなかったものなのだ。そしてアーレントには明らかにこうした言語や勇気があった。

彼女が声にするアイヒマンに対する(そして判事たちに対する)反論の哲学的・政治的要点は、地球ないし世界で誰と共生するかを決める権利など存在しないことをはっきりさせておかねばならないということだ（アーレントは地球と世界のこのハイデガー的な区別については終始明言しておらず、地球はそこに住む者なくしては存在しないと示唆するにとどまっている）[9]。他者との私たちが決して選ぶことのない共生とは、事実上、人間の条件のゆるがざる特徴である。この地球で誰と共生するかを決定する権利を行使せんとすることは、ジェノサイドをおこなう専権を呼び起こすことにひとしく、だからこそ、死刑は正当化されるように思われるのだ。こうしたページのなかから、私たちは、他の刑罰ではなくなぜ死刑が適切なのかについての正当化の議論を受けとることはない。もっとも、周知のように死刑の妥当性にかんして当時議論がおこなわれていた（ブーバーをはじめとする人びとはこれに反対していた）[10]。おそらく私たちは、殺人罪がジェノサイドの罪とは同じでないのと同様、死刑も、国家によってあたえられる場合には、個人によってなされる偶発的な殺人と同じものではないということを想起するよう求められているのかもしれない。仮にこのようなアナロジーがアーレントのなかで成立しているのならば、そしてもしもアーレントが彼女の論証の根幹をなす原則を十全に示してくれたなら、それは次のようなことを意味するのかもしれない。いっぽうで死刑（ある種の法的条件下で国家《ステイト》誘導されるもの）を正当化しつつ、またいっぽうで、国家主導か否かにかかわらず、いかなるかたちのジェノサイド的殺戮をも拒否するような死についての道徳的類型学をアーレントは模索していたのかもしれない[11]。しかしながらこの正当化はこの一節では提示されていない[12]。そのかわりにそこには注目すべき論理の省略がある。もしこのような議論がどこかにあるとすればそれは暗黙の了解ということになろう。なにしろエルサレムで起こった正義のヴァージョンを可視化する責務をみずからに課す声が、まさにこの瞬間、躊躇しているかにみえるのだ。犯罪としての殺人と人道に対する罪としてのジェノサイドの差異を理解しなければ、私たちは、なぜ、アイヒマンに死刑を宣告することが、人の命を奪ったことのある者の命を奪うことと違うのか理解できないのである。人の命を奪ったことのある者の命を奪うという相互性は、復讐すなわち「目には目を」の原則（「あなたがそう欲したから…みんないまやそう欲している」）と、どう区別されうるのかというわけだ。しかしこの仮構された声が復讐の原理を最後まで採用しないのと軌を一にして、この声は別の選択肢《オルターナティヴ》となる原理についても十分に意を尽くして述べていないのだ。おそらくこの声の不安定さ、まさにその二重性こそ、憤懣やるかたない復讐心に満ちた告発と、ジェノサイド事例に判決をくだすために必要な、より冷静な規範の精緻な詳述とを結合《カップリング》していることからきているのだろう。この奇妙な結合《カップリング》こそ、私たちが耳にし、そして目にするようもくろまれているものなのか。この声はアーレントをほかの判事たちと判事席に座らせるのか、そしてこの声には判事たちの多種多様な価値観がひしめきあっているということなのだろうか。この声は自身の腹話術をすっかり忘れ、ある種の作者的／権威《オーソリアル》あるコントロールをほのめかしながら、あるいはおそらく作者効果をそこかしこに感得させながら、（みずからの意に反して）共生を始めているのだろうか。あるいはこれはアーレントがある種の情動的な自由行動を、最終的な罵倒を、想定仮構された死刑宣告を可能にしながら、同時にそれ自身の行動原理をより抑制のきいた埋め込まれた傍白というかたちで挿入するという修辞的形式を見出しているということか。それ以外にどうやって私たちはこの奇妙な演出を理解するのか。このエピローグの結末はテクストの劇場であり、そこではその話者が決して自分自身を公示しない声をとおして異種混淆的《ハイブリッド》な形象が創出されているのである。

　アーレントはこの裁判は一種の見せ物であるとして批判していたが、この驚くべきエピローグのなかで、彼女は裁判の劇場に足を踏み入れることをみずからに許している。たとえそれが、正義の彼女なりのヴァージョンが履行されるべきことを確認するだけでなく、目に見えるかたちで履行されるべきところを確認するためだけだったとしても。直接的な呼びかけ、共感覚的な効果、そして名前のない声の曖昧な二枚舌的一人二役という修辞を利用しながら、アーレントはそこにいてしかるべきだったのに、実際にはいなかった判事のテクスト的なイメージと音とを創出《プロデュース》／演出する。これはエルサレムの判事たちを彼女自身の声のなかに、彼らを正すのみならず彼らの仲間入りをするような誇示をとおして吸収することなしには起こりえない。彼女は判事たちにとって必要だと思われる原則を彼らにあたえ、そして自分自身には怒りに満ちた口論に参入するなんらかの許可をあたえ、アイヒマンにもう一度死刑を宣告する。それは重複する行為であるにもかかわらず、まさにそれゆえに満足感をもたらす行為となっている。

複数的な「私たち」

アーレントはみずからを、判事らが語るべきだったことを、どうやら知っている者として提示している。彼女は自分自身の声で語っている。けれども複数的な主体、すなわち「私たち」として語るとき、彼女はまた、単数的な著者としては、背景に消えゆくようにもみえる。最終的にこのふたつの要素を分かつことはできるのだろうか、あるいはこのふたつはなんらかの点でたがいに絡みあい、こう示唆しているのだろうか——判断することとは個人的な行為なだけではなく、複数性の暗示的あるいは明示的な遂行ではないか、と。[13] もしそうだとすれば、これはどのような種類の複数性なのだろう。最終宣告における彼女自身の複数的な「私たち」の用法のなかに、この複数代名詞の哲学的・政治的重要性を理解するための手がかりを私たちは得ることができるだろうか。

アーレントが呼び起こす「私たち」は、国民国家の法によって規定されるいかなる「私たち」とも、また国民《ネイション》に拘束的に帰属するいかなる「私たち」とも同時に袂を分かっている。とはいえ、それは、なんらかの他の「私たち」を正確に記述するわけではなく、ただ「私たち」のいくつかの理念的特質を推測させるにすぎない。このような「私たち」は複数的に、つまり内的に差異化されている状態になるだろう。このように内的に差異化された人口が、判断の基盤としてのみならず、正当な判断がそれを経て起こるときの声としても機能するのであろう。さらに、この複数性のこの野心的な喚起が関与しているらしいのは、判断力――カント的な実践判断力――である、それも既存の規則に実例を従属させる手段としての判断力ではなく内発的で創造的ですらある行為としての判断力である。アーレントは、人間の判断力を既存の法に縛られたものとしてではなく、すなわち「特定の事例が包摂される基準や規則に縛られたものとしてではなく、その逆に、判断するという行為そのものによってそれ自身の原則を作り出す」ものとして考えるよう私たちに求める――「このように考えることによってのみ、私たちはこのとてもつかみどころのない道徳的基盤に、わたしたちの存在を賭けることができるのだ、なんらかの確固たる足がかりをみいだすという希望をもちながら」(EJ, 277〔1-384;2-214〕)。

だからアーレントが呼び起こす複数性とは、アイヒマンに、そして判事たちに呼びかけるひとつの声（テクスト的な呼びかけ様式）であるだけでなく、読むことができ、読むことによって何が示されているのかを「わかる」ことのできるすべての人に対してみずからを開示するような声でもある。それは「私たち」として語る声、しかも定義上、多数に分かたれているところの声である。その声は「私」と「私たち」の間を唐突に、またこっそりと往復する。この同じ「私たち」はまた、しっかりとした足がかりのみつからない滑りやすい基盤として機能する。ある意味でそれは、希望の受け皿となる代名詞的な存在でもある。このテクストを最後にしめくくることになる、仮構された声の主であり、また理想的とはいえない判事こそ、彼女が真実であってほしいと望む存在であり、しかし奇妙にも彼女は、その人の可謬性を失わないようにもしている。人はアーレントが、哲学的な洞察によって武装して、判事たちをやっつけることを期待するかもしれないが、そこに出現するのは、不思議な共生の風景だ。彼女は判事の声を引き受ける——あるいはそのような声のなかにみずからを解き放つ。しかしどんな判事もそこには存在せず、ただ判決い言い渡しだけがある。問題となっているのは判事の立場というより、むしろ判決言い渡し行為なのだ。そして今回の場合、私たちにわかるのは、その判決言い渡しが、複数的なものであること、調和しない見解に満ちた、感情的で対立を生ずるものであることだ。ある意味で、このテクストは判事たるものの理想像を手渡しているのではなく、複数的ないとなみとしての判決を実践している。それは一連の理想像の典型そのものになるのではなく、「批評的《クリティカル》」といえるような様式——「批評的」なのは、みずからの正当性を根拠づけるために、いかなる既存の法にも依拠しないからだが——で実演してみせたのだ。実定法は誤りうるし、そして実際にしばしば誤りでもあるのだから、既存の実定法に頼らない意思決定の基盤が必要なのである。

アーレントは実定法の正当性を基づかせるべく自然法に目を向けるだろうと予期する者もいるかもしれないが、そうではなく彼女が向かうのは、責任あるいは実践理性についての法以前に存在する理解である。彼女は法制度に対する道徳哲学の優位性を論じるのみならず、通常の道徳哲学の様式に反するような、架空の、行為遂行的な、自発的な、そして向上的な性格を道徳哲学にあたえる。結局のところアーレントの最後の直接的な語りかけは必ずしも議論と呼びうるものではない。それは仮構された複数性の名において、判断を遂行しているのだ。この意味で、その判決は実践的かつ遂行的であり、既存の法体系に依存するというよりも、不在の正義の理想に依存している——彼女のこの判決は、人間の複数性にかんする彼女なりの理解から導かれる平等性の認識とでもいうべきものだと思われる。

重要なことは、アーレントが虚構様式でアイヒマンに死を宣告するとき、彼女はいかなる法にも従っていないことだ。彼女がアイヒマンを非難するのは、既存の法の正当性を疑わず、それに従ったことだが、それと軌を一にして彼女はアイヒマンに対する彼女の判決をいかなる法にも頼らず、あるべき法の姿についての独立した判断にのみ基づかせるのである。このようにして彼女は、哲学的思考を法的論証に優先するものとしているだけでなく、責任と服従を明確に区別するのだが、これは批判的思考がドグマや命令の無批判な受容と区別されるのと同じである。責任が法に対する無批判な忠誠として理解されるべきでないのは、法自体が（ナチス政権下のドイツで私たちがみてきたように）犯罪的になりうる可能性があるからであり、そのような場合には悪法に異を唱える責任がある。たとえ、こうした状況化では、この責任が不服従として定義されうるとしても。実のところ、不服従こそ時に私たちの責任なのである。そしてこれこそがアイヒマンが把握していなかったことなのだ。

アーレントにおいて、考えることと同じであるところの対話は、遂行的で訓戒的な次元を有しているが、この次元は彼女の見解では自由な自己形成の中心性を強調するものである。けれども、もし自由な自己形成が行為《アクション》であるならば、それは先行するなんらかの社会的諸関係に基づいてなされなければならない。誰も自分自身を社会的な真空状態のなかで形成することなどできないのだから。この教えは、アーレントが考えることの孤立的な性格について彼女が、折りにふれて述べることとしばしば緊張関係にある。けれどもアーレントの著作において、とりわけ考えることが話すこととして理解され、話すことがある種の遂行的な行為として理解されるときなどには、両者は必ずしも緊張関係にあるわけではない。考えることとは必ずしも自分自身について考えることではなく、自分自身（自分自身を交際仲間として呼び出し、そしてそれゆえ「私たち」という複数形を使うのだが）とともに考えることであり、そして（呼びかけの様式と、含意されている呼びかけ可能性とを維持しながら）[14]自分自身との対話を維持することである。個人として行動することとは、自身の個別性を完全に犠牲にすることなく、協調行動に参入することであり、自分自身との対話がつづけられるようなやり方で行動することである。いいかえれば、私が、それに従って生きるところの行動原則とは、私がとるいかなる行動も、自分自身とつきあってゆくところの自分の能力を破壊するのではなく支えるべきである（そしてその内的な対話の受容性と可聴性を支えるべきだ）というものだ。思考が対話的である限り、それは言語実践である。そしてこのことは、私が自分自身を、自分自身とつきあうことのできる、そして実際につきあっている者として形成する私の能力にとって、まさに、重要なこととなる。対話は他者に呼びかけられること（ないし、自分自身を他者として呼びかけること）を含意し、それゆえ受容性を必要とするが、アーレントは自己自身のなかの対話的な出会いを、自己形成の能動的で遂行的な次元として形象化している――「発話という人間に特有な差異を具現化するところのこの思考のプロセスにおいて、私は明示的に自分自身を人格《パーソン》として構成する。そしてこのような構成をくりかえし、そしてつねに更新しつづけることができるかぎり、私は人格でありつづけることができる」と。アーレントにとって、考えることや判断することにおいて、自分自身と関係を結ぶことができず、また自分自身を構成できない者たちは、人間としての自己実現できないのである。この自己実現が成就するためには、ある種の発話が必要である。興味深いことにこれは無言の発話であり、孤独な発話なのだが、だからといって呼びかける相手がいないわけではない。人が、自分以外の誰かがほかの人に呼びかける、この呼びかけの構造こそ、考えることと良心の両者に対し修辞的・言語的条件を提供するのである。アーレントのアイヒマン読解によれば、彼は自分自身に呼びかけ／訪ね《コール・アポン》そこなった。人が、誰かによって訪問されるためには、家にいなければならない。そしてアーレントは、アイヒマンについていえば、家にいるものは誰もいなかったのだと結論した。事実、悪についての論考の他の部分で、次のような驚くべき発言をしている――「根無し草的な悪には、許すことのできる人《パーソン》は誰も残されていない[15]」。

　このような発言には、二つの重要な問題が語られないままに残されている。第一に、アーレントは、そもそもの始めからアイヒマンは家にいなかった、彼は人《パーソン》ではなかったと、考えていたのかどうか、それとも人格《パーソンフッド》をもつ者としての諸条件が途中で根絶やしにされたと考えていたのかどうか。もしもそのような諸条件が根絶やしにされたのだとすれば、それはアイヒマンひとりが破壊したということなのか。だとすれば彼は、彼自身の人間性を事実上解体したということなのか。もし彼が積極的に自分自身を解体したのではないとしたら、それは彼が受動的に自分自身を形成しそこなうにまかせたということなのだろうか。この人間性の解体がどのような条件下で起こるのかというのは関係があるのか、あるいはただ私たちは、彼が自分自身を一人格《パーソン》にするための必要条件である自由を行使しそこなったということを知ってそれでよしとすべきなのだろうか。一見したところ、そこには自助努力への期待のようなものが過剰にあるように思えるかもしれないけれども、アーレントがアイヒマンの罪を彼が生きた社会条件によって免罪したくなかったのと同様に、人格形成あるいは判断力の行使が可能になるような社会条件を考慮することもまた拒否していることがみて取れるだろう。彼女の見解が含意することの第二点目は第一点から導かれるものだ。すなわちアーレントは、そこには誰ひとりとして人間が残されていないと、そして彼の行為（または不作為）はアイヒマンの人間性《パーソンフッド》の前提条件を効果的に破壊したと結論した。だからこそ、アーレントは死刑に同意することをいとわなかったのである。

　アーレントは人と人ならぬものを分かつ道徳規範を肯《うべな》っているようにみえる。この道徳規範が含意するのは、みずからの行動が人間存在の複数性を保護するような、そしてまたその複数性の破壊に対して能動的に反対するようなかたちで自分たちを構築できない者たちは、実際上、ジェノサイドをおこなっているのに等しく、それゆえ国家主導のもとであたえられる死から保護を受ける正当な資格を喪失しているのだ、ということのように思われる。そのような人ならぬものを死なせることは、屋上屋を重ねる以外のなにものでもないということを、これは意味するのだろうか。もしその人が自分自身の人間性をすでに根絶やしにしていたのならば、死刑はその前の行為を批准するにすぎないということなのだろうか。私たちがここで立ち止まり、アーレントの見解について疑問をいだくのはもっともなことだろう——すなわち、アーレントの見解は最終的に許容できるものだろうか、また彼女はそもそも実際に、死刑を容認する理由をじゅうぶんに提示したかどうか。

アイヒマンは自分自身を動員《コール・アップ》しそこね、いわば敵の徴兵《リクルートメント》に応じたのであって、そしてそれゆえ彼は無責任に行動したということになる。さらにアーレントは、テクスト上で彼を訪問し、彼に直接呼びかけ、そしてこの主体の、自己に呼びかけそこなったこの主体の呼びかけ可能性を、いわば浮き彫りにする機会を創出したともいえるかもしれない。もしアイヒマンが手の届かないところにいたとすれば、アーレントの直接の呼びかけは最終的には受取人不在である——それはもちろん、実は彼女が呼びかけているのは彼ではなくて、私たち、つまりこの裁判の（そしてその記録の）事実上の裁判員として機能している読者たちの「世界」である、というふうに私たちが認めなかったとしての話だが。

けれどもなお、アーレントはアイヒマンに直接呼びかけることによって、彼を潜在的な対話者として間接的に構築してはいないのだろうか。そしてこの行為は、誰も家にはいなかった、という彼女の結論と緊張関係にはないのだろうか。事実上、彼女は彼を対話の圏内に置き、そしてそれゆえある種の人格《パーソン》として彼を構築している。彼女が彼に呼びかける瞬間、言語の、なんらかの性格がふたりを結びつけている。つまり、彼女は彼とともに——さらにいえば彼の同類とともに——人間の複数性の一部をなしているのだ。しかしなお彼女の呼びかけは結果として、まさにこの複数性の領域から彼を排除する。死刑宣告は発話媒介遂行性の——すなわちある条件下である発話行為が示す事柄に結果として導くような発話行為の——もっとも範例的な事例のひとつである。このように、エピローグの最終判決であり最後の文であるものは、行為としての言説の作用を形象化する。

けれどもアーレントは判断力を行使してはいるとはいえ判事ではないのだから、彼女の著作は哲学の推測的領域と実際の法や政治の領域との差異を強調する。推測や、反実仮想が重要なのは、それが、法的推論がすすむ際にのっとるべき、非法律的規範を明確にするからだ。そしてこのようにみれば、彼女のあり得ない推測——いわば彼女の創作《フィクション》——は法を実践的な思考のなかに根拠づける努力の一部なのであり、それ自体が思考の批評的行使なのである。

複数的な共生

私たちはアーレントの著作にかんするこの考察を始めるにあたって、思考には人間の複数性を保護することを前もって私たちにコミットさせる特質があるのではないかと問うた。アーレント自身が、思考——自己という閉じられた領域に属するもの——と、行為——人間の複数性の領域を必要とするもの——とを区別していることを考えると、この問いはさらにやっかいなものとなる。アイヒマンの罪とは考えることができなかったという彼女の主張を通すためには、アーレントは無思考をジェノサイドと結びつけねばならない。それはまた思考が複数的な共生の肯定と緊密に関係づけられねばならないことを意味している。

幸いなことに、アーレントは思考と行為の区別を幾度も無効にしている。アーレントが考えるとき、彼女は考えることを理論化する。そして考えることは、判断《ジャッジメント》／判決の形式をとるが、判断《ジャッジメント》／判決は、一種の行為《アクション》である。それはテクストの最後で、アイヒマン自身に判決をくだすという言語遂行的行為《パフォーマティヴ・アクション》として立ち現れる。アーレントが考えることを明示的に理論化するとき、彼女は考えるとは自分自身とつきあうことだと注記するが、考えることはその自分自身を形成することでもあると何度も述べている。けれども思考と行動とをはっきりと区別するとき彼女は、たとえ思考が、このような自分自身とのつきあいができる内的能力をともなうにしても、行為とは他者とのつきあい（他者と共同して行動する）をともなうと示唆している。そしてそこでいう他者とはアイヒマンが破壊しようとした、一般化された複数性であり、それはまたアーレントがその名のもとにアイヒマンに死を宣告する「私たち」として声にされた複数性であることも、彼女は示唆している。アーレントはここでは思考と行為とをはっきり区別しているのだが、その区別を著作全体において一貫したものとして維持することはできていない。彼女がこの区別を確固たるものにしようとするとき、どう述べているかに注目してみよう――「思考と行為との主たる差異は、政治的にいって、思考しているとき私は自分自身の自己、あるいはもうひとりの自己とともにあるだけだが、行動しはじめるとき私は多数の者とともにあるということにある」。そしてさらに彼女はこう続ける――「全能たりえない人間という存在にとって、力とは、人間の複数性のさまざまな形状のなかのひとつにしか宿り得ないのであり、その一方、人間の特異性のあらゆる様式は、その定義からして不能なものである」（『人間の条件』）と。もし私たちがこの類型論を真摯に受けとめるならば、私たちは自分自身だけで考えるか、あるいは二者関係のなかで、つまりこの自己ともうひとつの自己との実際の対話のなかで考えるかのいずれかということになる。しかし私たちが多数とかかわるとき、複数性は二者関係を超え、まさにこのときはじめて私たちは行為――力の行使として理解される――が可能となるというわけだ。はたしてこれは正しいのか、そしてこれは実際に考えうることなのだろうかと私はいぶかる。結局のところ、「私」は言語をとおして形成されるといわれ、そしてその形成はすでに言語遂行的行為《パフォーマティヴ・アクト》であり、それゆえそれは行動のひとつのヴァージョンである。アーレントはアイヒマンを裁き、そしてそれは、表面上は少なくとも二者関係であるようにみえる――たとえそれが想像上の奇妙なものであるとしても二者関係であることにかわりはない。どちらの思考形式〔自己形成と判断／判決〕も言語的形態を前提とし、どちらの例も言語は現実を記述するだけでなく、人を存在せしめるのである（自己形成は発語内行為的であり、判断／判決は発語媒介的である〔発語内行為は、約束、要求、謝罪、命名などの発話内容が、それ自体で行為となること、発話媒介行為は、言語を発することによって発話者が間接的に聴き手に影響をあたえること〕）。この意味で、言語は行為の一種、構築的あるいは遂行的な行為である。そして彼女は複数性が考えることのなかに胚胎すると告げたのではなかったか。とはつまりこれは行為が思考のなかに胚胎することを含意するものではなかろうか。行為と何ら関係づけられない思考、思い切っていえば、すでに何らかの様式で初期行為ではない思考など私たちはもてるのか。

　アーレントはときに、ふたつの異なる複数性の様式を分けて考えているように思われる――ひとつは自己という様式、いまひとつは他者とともにある自己という様式。けれども彼女はこの区別が絶対的なものではないということも私たちに知らせている。彼女はすでに、孤独のうちに考えることにも、社会的交流の痕跡があると私たちに告げていた。しかしアーレントがしていてくれたならと私が願わずにいられないさらに強力な主張がここにはある。いってみれば私の考えでは、社会的交わり《ソーシャル・カンパニー》の生ける痕跡なくしては、自己言及はありえず、それは考えることと呼ばれるものに先立って社会性《ソーシャリティ》／社交性が存在し、それが思考を可能にしているということを意味する。すでに他者たちとの対話に参加しているという条件のもとはじめて、人は自分自身と対話することが可能になる。呼びかけられることが、呼びかける能力に先行し、その能力を条件づける。倫理的に考えれば、人が他者に応答できるようになるためには、まず人は呼びかけられ、その呼びかけに対し自己内省、あるいはまさに考えることで応答するよう促されるような存在として他者によって構築されていなければならない。私は他者を介して言語のなかに引き込まれた者としてのみ、彼らの呼びかけに応答できる者となり、そしてその対話的な出会いを私自身の思考の一部として内面化できる者になることができる。社会性はその時、私たちの誰しもがおこなうようなあらゆる思考においても生ける痕跡となるのである。このようにして最終的に、私がそれであるところの対話は、私を可能にする複数性と分かちがたくむすびついてる。私がそれであるところの対話は、このような複数性に完全に還元できないとしても、ふたつの領域の間には必然的な重なりがあり、交差配列がある。たとえ考えることがとる規範的形式が根源的に孤独なものであるとしても、そこにはアーレントがいう意味での思考の社会的形成がないだろうか。そして孤独もまた、ある意味で、社会関係なのではないだろうか。

　ここまでみてきたように、アーレントは判事の声を呼び起こし、アイヒマンが実際に死刑を宣告されたのちにもう一度死刑宣告をしなおすことで、興味深いながらも私たちを困惑させるようななにかをおこなっている。一方で彼女は、あらゆる法の外部に存在する絶対統治者《ソヴリン・オーソリティ》のような像を召喚し差し出す。また他方で彼女は、徹底的に平等主義的な立場から公平な法と不正な法を弁別しうる規範を言語遂行的に導入する。アーレントと「暴力批判論」におけるベンヤミンがともに示すような理由によって、私たちは法が不正なものとなるとき、その法に反対し、それに立ち向かうように行動し、暫定的な無政府状態にあえて身を投ずることをしなければならないかもしれない。しかし法に対抗したり法を一時的に保留したりするために、法の外に存する主権《ソヴリンティ》に頼るほかないと考える理由は、どこにもない。法の外に存する主権に頼るという方向性は、私が望む以上にアーレントをシュミットに近づけてしまうことになろうし、それはアーレントの社会的複数性にかんする徹底的な平等主義に反するものとなろう。

もしもアーレントが法的な暴力に抵抗する方途として絶対統治者の声《ソヴリン・ヴォイス》へおもむくかわりに、社会的なもの、すなわち複数性の領域を、帰属の場としてだけでなく闘争の場として再考していたなら、どうなっていただろう。いいかえれば、「私」と「私たち」との交差配列的関係は独立主権《ソヴリンティ》の核心に存在する欠陥を、すなわち声を諸様式間でゆれ動くようにする、また根拠をより不確かなものにする不一致を露呈させるのではないか。判断の核心にある、主権への依存とみえるものは、彼女が私たちに提示してきた社会的存在論と緊張関係にあるように思われる。いってみれば複数性はいくどとなく主権を分裂させ、その残骸を連邦化し、主権を消散させ個々の連邦形式を樹立するということなのかもしれない。もしも考えること、あるいは少なくともよく考えることが、人間のありようの異種混淆性を温存させるようなやり方で考えることをともなうのだとすれば、私たちが考えるとき、私たちは異種混淆性を考えていることになる。ただしここで私たちが留意すべく迫られていることは、この異種混淆性は人間中心主義の地平のなかでのみ考えられているということだ。結局のところ、温存するにあたいする生とは、たとえそれがもっぱら人間の生として考慮されているときであっても、人間ではないものの生命と本質的な点で結びつけられている。これは人間もまた動物であるという考え方から導かれることである。したがって私たちがよく考え、そして私たちの思考が私たちを、なんらかのかたちの生命の温存へと導くのなら、保護されるべき生命は身体的な形態をもつことになる。逆にいえば、これは身体の生命――その飢え、暴力からの避難場所と保護の必要性――が、すべて政治の主要課題となることを意味する。

このことは、『人間の条件』のアーレントにとって、問題を提起することになる。なにしろ彼女は結果的に、そして誤って公共圏を私的領域から切り離しているからだ。[16] 私的領域において私たちが見出すのは、欲求の問題、生命の物質的条件の再生産、再生産の刹那性の問題、ならびに死――あやうい生《プリケアリアス・ライフ》に関係するすべて――である。ジェノサイド政策もしくは組織的な放置による全人口の消滅の可能性が生まれるのは、自分たちが地球上に誰と共に住むかを決められると信じている者たちが存在するという事実からのみならず、そうした思考法が、還元不可能な政治の事実を当然のこととして否認しているからである。すなわちその事実とは、他者による破壊に対する傷つきやすさは、あらゆる様式の政治的・社会的相互依存から発生するものであり、それゆえに、あらゆる政治形態に対して要求をつきつけるということだ。

この共有された生のあやうさという人間の根本条件から、従来にはなかった社会的存在論が生まれることになるだろうし、その目的は、誰が人間としてみなされ、誰がみなされないかを決めてしまうような、倒錯的で人種差別的な規範操作を却下することにある。要点は、人間中心主義を復権させることではなく、むしろ人間の動物性と共有された生のあやうさを容認することにある。おそらく私たちの生のこの特徴が、意図的なジェノサイドから、また危機に瀕した人口集団に対する国際的かつ国家的放置と遺棄という致死的諸形態から、保護される権利の基盤となりうるだろう。けっきょくのところ私たちの相互依存は、思考する存在以上のものとして私たちを形成するだけでなく、実に社会的かつ身体をそなえた、傷つきやすく情熱的な存在としても形成するのである。まさにこの相互依存そのものが前提とされないかぎり、私たちの思考はどこにもたどりつきはしない。私たちの思考はいかなる私的領域においてもけっして完全には隔離されえない、身体的な生に依拠している――現に考えることが政治的なものになるためには、アーレント自身の言葉を使っていえば、「出現する」身体が存在しなければならない。アーレントは明らかにこう考えていたのだ。考えることは、おそらく私たちを他者と結びつけるかもしれない、そしてそれゆえ、社会的絆について考える機縁となってくれるかもしれない――私たちが考えはじめるときすでに参画させられているような社会的絆について。

もしもアーレントがしていることが、ただ絶対統治者《ソヴリン》による決定を形象化し、何がよい決定かを示し、また公正な統治者のモデルをもとによき決定を言語遂行的に実演することだけだとしたら、彼女は平等の概念や複数性と普遍化のプロセスから確かに距離をおいている――まさに彼女の社会存在論ならびに彼女の民主主義政治のための理論の長所とをともに特徴付けるものから。私が言いたいのは、彼女が集団形成を犠牲にして主権的行為の概念を支持したことでもなければ、また主権的行為や決定を犠牲にして審議の社会的諸形式を支持したことでもない。むしろ私がいおうとしているのは、この二者の間を彼女がゆれ動いていたことであり、この緊張関係こそ彼女の思考の反復的で解決できない次元を形成しているということなのだ。

アーレントの論考、「独裁体制のもとでの個人の責任」からの以下の引用をみてみよう。「エルサレム裁判の判事たちに限らず、すべての戦後裁判の判事たちの判決には、楽観的ともいえる人間性の捉え方がとてもはっきりと表れている。それはある種の独立した人間の能力を前提としているのだが、そこで前提とされているのは、法や世論に依拠せず、機会さえあればいつでも、完全なる自発性をもってすべての行為や意図を新たに判断するような能力である」。彼女はさらに以下のように推測をつづける。「私たちが行為するときには、私たちひとりひとりがこのような能力をもっており、法の制定者なのかもしれない」。しかし彼女は、こうしてみずからが推定のなかで言語化したばかりの公準を、今度は判事たちの不適切さを裁くために用いる。「どんな修辞を用いたところで、彼らがいっているのは、私たちにはこうしたものに対する感性が何世紀ものあいだ生得的に備わってきているので、それが失われたはずはない、という以上のことではない(17)」と。「道徳哲学のいくつかの問題」においてアーレントは、少なくともカント哲学のこの部分だけは、ナチスに対する服従から守られ、またそれに対抗しなければならないとはっきりと述べている。ここでもまた彼女は、自分の規範を仮構のなかで提示する、「しかしながらもし私が定言命法に従っているとまがりなりにもいえたとするならば、それは私が自分自身の理性に従っているということを意味するのだ。……私こそが立法者なのであり、罪や犯罪はもはや他の誰かの法に対する不服従としては定義され得ない。逆に、この世界における立法者としての私の役割を拒否することこそが、罪であり犯罪なのだ(18)」と。

どのようにしてこの独立主権を有する立法者《ソヴリン・レジスレイター》は、複数性の領域に存在することができるのだろうか。おそらく、その声を分裂させ、その主権を消散させることによってだろう。主権は複数性、あるいはいってみれば、政府の連邦形態とは最終的に折りあいがつかないということなのかもしれない。しかしこう結論すべきかどうかは、部分的には、私たちがいかにして行動の主権的であり複数的な次元を理解するようになるかどうかにかかっている。

こうした着想を補強するための十全な議論については、まだこれをおこなう準備は私にはできていないのだが、私の提案とは、こうである――私たちが前章で考察した区別にもどることは有益かもしれないということ。すなわちそれはショーレムによるアーレントがユダヤ民族に対する愛をいだいていないという告発に対して彼女が導入した区分のことである。ここで彼女がユダヤ人であり、女であるという「事実」は、ともに彼女の〈自然なるもの《ピュシス》〉の一部として理解されている。アーレントがユダヤ性を所与のもの、すなわち〈自然なるもの〉として名指し、そしてこれを女であることになぞらえるとき、私たちは奇妙なアナロジーに直面するのみならず、こうした用語の積極的な横領にむけての挑戦的試みにも直面する。『人間の条件』のなかで彼女は次のように書いている。「人間の現実に対する感覚は、人が自身の存在のどこまでも受動的な所与性を実現することを要請する。しかしそれは、その与えられた性質を変えるためではなく、そうでなければどうにも受動的に苦しむだけのものを分節化し、十全な存在にするためである」（208〔334〕）。

それではこれはなにを意味しているのだろう。これがまずもって意味するのは、私たちは自分たちが選んだわけではない他者に直面しているのであり、そしてこの他者との近接性こそが、欲望から敵意にいたる、あるいは実にこの二者の組みあわせの、幅広い領域の情動的帰結の源泉となるということだ。アーレントは再三にわたり、自由というものがいかに協調行動を要請するものかを力説するが、しかし彼女がどうみてもじっくりと考察しているように思えないのは、共生を条件づけるところの不自由さ、そしてこの不自由さをどのようにして自由——まさにアーレントにとって政治の基礎をなすもの——との関係において考察するかである。

けれども地球上で誰と共生するかを選ぶことの不可能性について真摯に考えると、そこには選択の限界が存在する。この限界とは、私たちが何者であるのか、あるいは規範的にいって何者であらねばならないかということを定義づけるような本質的不自由さのことである。私たちが自分で選んではいない他者とともに共生しているのは確かであって、このことは共生のただなかに、ある程度の攻撃性や敵意を生み出すことはまちがいない。まさに私たちは、この複数性のなかに、敵対性《アンタゴニズム》ではないにしろ、ある種の闘争性《アゴニズム》が存在することを考慮しなければならないのではないだろうか。もし共生を社会的存在の条件としてではなく、政治的目標としてのみとらえるならば、私たちは非選択的な共生が含意する闘争性を理解しそこなうだけでなく、その希求、依存、制約や、そして侵略、衝突、強制移動の可能性をも見失うだろう。さらにもしこれが生命存在の共生であるのなら、私たちは人間と人間以外の生物の分断を超えるかたちで生命について考えなければならない。そして私たちは身体をもった生物として、欲求、飢え、そして住まいにかんする問題を、この複数性にとって不可欠なものとして考えなければならないはずだ。いいかえれば複数性とは、ある種の物質的相互依存として考えられなければならないということであり、そこでは生きることができることと死にさらされていることもまた、部分的には、この社会条件を構成しているのだ。ここで私たちは生のあやうさという概念に出会うことになり、そのあやうい生においては、ほかの身体のなすがままになる身体であることがよろこびの、そして／あるいは、死の恐るべき恐怖の大いなる源泉を生み出しうるのである。

ナチスのジェノサイドについてアーレントは、そこでは私たちの通常の道徳基準が逆転させられ、時代錯誤的なものにされたと書いていた――「私だけでなく他の多くの人びとにとって、その当時、恐怖そのものがその赤裸々な怪物性のなかで、あらゆる道徳的カテゴリーを超越し、司法権のあらゆる基準を吹き飛ばすかのように思えた。それは人が適切に罰することも、許すこともかなわないようなたぐいのものだった」。後に彼女はさらに次のように付け加える、「私たちはすべてを始めから、いわば生のままで、学ばなければならなかった――つまり、私たちの経験を包摂するような範疇や一般的な規則の助けもなしに[19]」と。

この最後の要請こそ、アーレントをカントに立ち返らせたものだった。それはアイヒマンによるカントの横領《アプロプリエーション》からカント自身を奪還するためだけではなく、既存の道徳的・法的な枠組が不十分だと証明されてしまった歴史状況が要求するような、ある種の責任の様式を開拓するためでもあった。それはたんに特定の道徳的命令を一般的な規則のもとに組みこむという問題ではない――とりわけもし一般的な規則が見出されるには、特定のものがあたえられるほかないのであったとしたら。アーレントは次のように述べる――「公準は経験から借りてくることもできないし、外部から導きだされることもできない[20]」と。人は手探りですすみ、実験し、想像力に頼ることさえしなければならない――この時代に、そして個人主義にも集団主義にも還元することができない人間の共有される生というものの名において、判断を下そうとするならば。アーレントが自分自身を位置付けるのはまさにこの中間点、同時に「私」であり「私たち」であるものとしてなのである。彼女はそれを、やっかいで、敵意《アンタゴニスティック》に満ち、そして両面感情《アンビヴァレント》に溢れた過程を通して彼女が判事となるような法廷を仮構することによって、私たちが判断をおこなうために依拠できるかもしれない規範をていねいに作りあげながらおこなっているのだ。

独立主権的な精神《ソヴリン・マインド》、その判断能力、そしてその個人的な自由の行使に依拠することと、共生の概念というアーレントのアイヒマンに対する告発や複数性に対する彼女自身の明確な考察から導かれるものとのあいだに、強い緊張関係があるように思われるのは、まさにこの理由によるものだ。アーレントの共生概念は、国際法の——つまり限定的に市民の権利にのみ基付くのではなく、すべての集団に属する人びとに法的地位にかかわらず拡張されるような法の——前例となるものを提供している。現に、二〇〇九年の九月に刊行されたゴールドストーン報告書（「ガザ紛争にかんする国連事実調査団報告書」）では、ゴールドストーン自身が、国際的な法と正義は「いかなる国家も武装集団もこの法より上には存在しない」ことを要求すると述べている。こう発言することによりゴールドストーンは、特定の国家や武装集団を統治するいかなる法や政策にも優先する法を想定する。ゴールドストーンは、もっと最近になって、ある論説記事（法的地位のない）のなかでこの立場から退いたが、彼の言葉を撤回させようとする重圧に抗えなかったゴールドストーンのつまずきにもかかわらず、私たちはなお彼の議論を支持することができるだろう。

この報告書全体を通してゴールドストーンは国際法の前例に訴えようとするが、報告書が法を主張し、法をこしらえようとさえするさまと、報告書が下す判断を前例が制限するさまとのあいだには、なおも緊張関係がみられる。ある意味でこれは、アーレントにおける主権と共生の緊張関係の鏡像ともいえそうだ。判断は主権的な行為を前提としているのか、それとも判断は歴史的にこしらえられてきた合意の所産、つまり複数性の側にある行為なのか。この緊張関係の一端は、イスラエル国家とガザ地区のハマース当局の双方に対して戦争犯罪の疑いのある事態の犯罪捜査を要請したゴールドストーン報告書に対する世論の反応と議論のなかにも垣間みられるように思われる。この報告書とその調査結果の一部で問題となっているのは、民間人が標的にされていたかどうか、あるいはさらにいえば、民間人が人間の楯として使われていたかどうかということだ。イスラエルは報告書のアプローチの公正さ、あるいは公明正大さに対して疑問を呈しただけでなく、ゴールドストーンが不適切な権威をふりかざし、紛争を一方的な視点から捏造したと非難し、戦争犯罪と人道に対する罪に対する調査の必要性を説いた最終勧告の正当性を受け入れないことを明言した。私たちに見えてくる問題は、報告書ではゴールドストーンが語っているのか、それともゴールドストーンが語るとき国際法が語っているのかという問題である。これはゴールドストーンの側の主権的判断であり、ゴールドストーンは自身が持つべきではない道徳的かつ法的権威を個人として引き受けているのだろうか、あるいは彼は判断をする資格を国際法によって保証されているのだろうか（もちろん判断をおこなうのは委員会なのだが、その判断は彼の名のもとに策定されているのだから）。紛争の両陣営はともに要請の正当性に異を唱えたが、それが顕著だったのはハマースの側だった。ハマースは二〇〇八年十二月から二〇〇九年一月の攻撃によって脅かされた民間人の数は、ガザの側がイスラエルを圧倒的に上回っていると考えていたからだ。パレスチナ当局が報告書を支持できなかったのは信じがたいことではあるが、同時に想定内でもあった。そしてイスラエル側が応じることになった調査は、不偏不党の犯罪調査などでは決してなく、いまだ起訴にいたっていない。〈アダーラ――イスラエルにおけるアラブ人マイノリティ人権保護協会

Adalah:The Legal Center for Arab Minority Rights in Israel〉〔占領下のパレスチナ人の人権を国際法に訴えて保護することを目的とする組織〕が報告しているように——

イスラエル軍によれば一連の調査の焦点は、イスラエル兵があくまで個人として受けた公的指示や公式命令の範囲外であくまで個人としておこなったあらゆる「不正行為」であって、イスラエル軍の作戦における方針や戦略、その遂行、使用された武器の規格や型などではない。これまでのところ調査が主眼としているのは、イスラエル政府に対する国際世論の重圧を軽減することであり、そして軍部とその司令部にむけられた非難から軍部と司令部を解放し、これらの犯罪をめぐる審議を国際的公開討論の場から除外することのように思われる。

いいかえれば、戦争犯罪と人道に対する罪を調査せよというゴールドストーンの指令に応じておこなわれた調査は、イスラエルに向けられた告発を実質的に脱犯罪化してしまったのである。その危険性は、むろん、報告書そのものが粗悪な広報とみなされることであり、その結果、競合する調査委員会の見解や調査結果がつきつけられ、報告書の真実が無効化されてしまうことだ。そうなったとき裁定委員会の調査結果は悪評にまみれ、他の法的根拠も道義的権利もなくなってしまう。

もちろん、ゴールドストーン自身はユダヤ人であり、シオニストである。著名なユダヤ人政治学者であり、国連パレスチナ人権委員会の特別報告者であるリチャード・フォークもまた、〈占領地〉における限定的な可動権をあたえられる以前に、イスラエルの官房に拘留されたことがある。これらの人びとは、ある種のアーレント的政治に共鳴し、それを拡張しようとしているのではないだろうか。ゴールドストーンとフォークの両者にとって、既存の記憶にかわるような記憶は、ナショナリズム、あるいは国民国家の要請に抗し、それを超えて、国際法を道徳的に支持することを促しているのだといえるのではないだろうか。ふたりの国際法支持者と、国際法にかんしてイスラエル当局が主張する偏向性や信頼性のなさとのあいだには断絶があり、普遍化を目指す正義の主張と国民国家による主権の主張のあいだに存在する、ある種の緊張関係をゆくりなくも露呈している。イスラエル側の文脈からみれば、これはイスラエルという国民国家が自国の市民をいわゆるテロリスト集団から守る権利を有するかどうかというだけの問題にとどまらず、根源的には反ユダヤ主義的なのではないかとイスラエルが疑っている国際社会から、ユダヤ人住民を保護するべきかどうかという問題にも暗に発展するのだ。ゴールドストーンとフォークがともにイスラエルの報道機関から自虐的ユダヤ人と呼ばれているのは、この後者の観点によるものだ。だが彼らが象徴しているのは、戦後の倫理的な思考が、そしてさらにいえば戦前にも存在していた倫理的な思考がとりうる別の軌跡だとはいえないだろうか——それは共生を社会的・政治的な生の根源にすえ、既存の国民国家の市民だけでなく、市民権が存在しない、あるいはようやく市民権を得る途上にあるような難民や植民地の人びとを含む、すべての人口を保護する義務が国際法にはあると理解するような倫理的思考の道筋だ。私は当時、ゴールドストーンは実質的にユダヤ的思考の内部でアーレント的な伝統を守っているのだと、それはユダヤ人の運命を非ユダヤ人と結びつけるような思考であり、規範的な枠組なのだと思った。この共生の倫理的価値は疑いようもなく、所有権の剥奪や迫害や追放を含むような、離散状況がもたらした所産である。だがこれを、すべての難民に適用できるような国際法の要請のひとつの方法としても理解することはできないだろうか。そしてまたこの点で二国民主義を、難民の要請に対して、彼らが占領状況下に置かれているか故国喪失状況に置かれているかによってわけへだてをおこなわない国際法の精神に基づくものと考えることはできないだろうか。

少数民族《マイノリティ》と無国籍者の問題はこのように、国民国家とその人種差別政策との密接な関係という特定の歴史から出現している。私たちは、これを集団的な記憶として理解することもできるかもしれないが、それは国民《ネイション》の集団的な記憶ではない。逆にそれは、非―国民《ノンナショナルズ》の――帰属しない者たちの、逃げ出さねばならなかった者たちの、あるいは壁のなかに逃げこんでしまった者たちの、そしてそのような喪失と恐怖の渦中にあっていまだそこに法的保護があるかどうかを知らなかった者たちの――集団的な記憶なのだ。ここで生ずる問いとは、はたして国際法は二国民主義とつながっているのか、そしてこの組み合わせははたして「国民的《ナショナル》」ではない権利の構想につながっていることとなのか、というものだ。というのも、アーレントがいうように、万人が、どこかに帰属する権利をもつが、私たちの帰属の様式が権利や義務の基盤として機能することは決してないのだから。この非選択的な隣接、いわばこの、たがいにぶつかりあいながらも、ともに生きることこそ、ナショナリズムの解体を目指すにとどまらず、国民国家への暗黙の参与を国際法から取り除こうとする二国民主義の基盤となりうるかもしれない。これが共生へとつながるのだが、それを導くのは、記憶であり、そして所有権の剥奪、故国喪失、強制的な囲い込みから浮かび上がる正義の要請なのであり、そうして導かれた共生は、ふたつの民族のためだけでなく、すべての民族のためなのである。その共生は誰もがすすんで選ぶようなものではないかもしれず、対立と敵意に満ちたものとなるだろう。けれどもなおそれは、必要であり、そして義務なのだ。

第7章　現在のためのプリーモ・レーヴィ

どんなに厳密に客観的で、ゆるがざる「明晰さ」をたもち、文飾を排した言語をもってしても、神話、詩、そして「文学的」な文章に頼ることなくホロコーストをありのままに表現することはできない。

——ヘイドン・ホワイト

プリーモ・レーヴィがみずからに課したのは、ナチスの強制収容所の現実を、その歴史的現実に忠実なフィクションをとおして伝えることだった。とりわけレーヴィの後期作品では、記憶——彼はそれを人を惑わす道具と呼んだが——と物語《ストーリー》または語り《ナラティブ》の要請の間に、ある種の緊張関係がある。彼が否応なく気付かされたことは、この時代の歴史がなんどもくりかえし語られるであろうこと、物語が記憶にとってかわるかもしれないこと、そしてやがて生存者が存在しなくなったときに物語が記憶にとってかわらなければならないだろうということだった。その晩年に彼は一連のインタビューに応じたが、八〇年代前半の政治を考察すべくインタビューのなかで彼が問われていたのは彼自身とユダヤ性との関係、イスラエルとの関係、そして〈ショアー〉〔Shoah

――ナチスによるユダヤ人大虐殺のことを意味するヘブライ語〕がいまなおもつ倫理的・政治的含意との関係であった。しかし最晩年に彼が求めたのはインタビューでこうした話題に触れないことであった。レーヴィと、語りうるものならびに語りえないものとの関係について、私たちはどう理解すべきなのだろうか。また語りえない、あるいは回復不能に思われるものは、レーヴィが使う言語をとおして、どのようにして伝達されうるのだろうか。

プリーモ・レーヴィのような作家を襲う歴史的なトラウマの数々の事例にのみならず、もっと一般的な生のありようにおいても、私たちが自分自身でおこなう説明《アカウント》には空白や裂け目があり、私たちにはなぜ人生のその部分について想起したり物語形式で語ることができないのか説明できないと、そう仮定してみよう。この問題がとりわけ先鋭化するのは、有害な帰結に対する責任の所在を突きとめたり、責任を割りあてたりするために、私たちが他者に、あるいは自分自身に、一連の行動に関する説明を求めるときだ。そのような場合、私たちは責任を究明するため、他者の説明能力に依存することとなる。そしてその説明能力が機能停止するとき、また機能停止する場では、問題となる行動の行為主体を定めるために、別種類の証拠をとりあげることになるかもしれない。法的な文脈ではたしかにこうした事態が起こる。そしてアイヒマン事件で私たちがみたように、法廷では、こうした司法上の責任概念が効力をもち、またあきらかにもつべきでもある。けれども、こうした責任のモデルを、司法上の要請と無関係の人間関係にもち込むことは、はたして正しいのだろうか。レーヴィにとって、まさに物語を語る可能性こそ、歴史修正主義者を論駁するためになくてはならないものだった。しかし、ありとあらゆる物語を屈曲させ妨害するようなトラウマ、そしてさらに、レーヴィが可能なかぎり生きることを許してくれる忘れっぽさ《フォーゲットフルネス》の諸様式までもが、何が起こったのかについて明晰な記述をあたえるというレーヴィに課せられた重要な歴史的かつ司法上の要請を妨害するかに思われるのだ。

語りは必ず文彩《フィギュア》によって進められるのであって、そのなかにはアイロニーや省略もふくまれるかもしれない。省略の瞬間はまさに何かが語られないときであり、語りの内部で打ち消しや空白が起こる。けれどもそれは同時に語りの一部であり、語りがとりうる軌跡のひとつの形式上の特徴である。それゆえ、もしトラウマ的な出来事が説明することを困難にするか、もしくは説明を不可能にする、あるいは語りのなかに削除や省略をつくりだすとしても、まさに語られないものは、にもかかわらず、この修辞上の変則《フィギュア》〔省略など〕によって伝えられているということになるだろう。言葉にされないものはそれでもなんらかの方法でひきつがれ、あるいは伝えられる。そしてそれが示唆するのは、語りとは呼びかけ《アドレス》の様式でもある、つまり私たちの理解を求める努力でもあると了解すべきということだ。自己を物語ることは、自己を存在させるひとつの仕方であるという主張が前提としているのは、「私」というものが、当該行為の中心に位置付けられる、一連の行為の流れのなかの開始点であるということだ。けれども、そもそもそのような語りの地位というのはいかなるものなのか。なにしろ一連の状況や行為者たちが、一度に、その場に働きかけ、またその状況や行為者たちも他の状況や行為者たちよって働きかけられているとき、その時点では、そうした歴史は、じゅうぶんに知られることも語られることも不可能ではないだろうか、まがりなりにいずれ可能になるかもしれないとしても。この「私」なるものは一連の出来事のまずもって最初の「原因」ではないし、このような出来事の連鎖の完全に受動的な「結果」でもない。そうであればこそ、ヘイドン・ホワイトは、難解で興味深い論考「証言文学における修辞的リアリズム」において、主体のどこまでも両義的な立場――働きかけると同時に働きかけられる――を明確に説明する中動態《ミドル・ヴォイス》〔文法で受動態と能動態の中間あるいは両者をふくむものの態を中動態という、中間態と訳されることもある〕を蘇生させることははたして可能なのかと問うことになった[1]。

私が付け加えたいのは、つぎのようなことだ、すなわち人の行動は人がそうであるところの「私」を必ずしも完璧かつ徹底して起源とするわけではないと認めること、またそう認めることには、褒められてしかるべき謙虚さが存在するかもしれないということ。これに応じて、またさらにこう付け加えたい、自分自身を説明することは、この意味で不可能だと認めることのなかには、ある種の許しとでも呼びたくなるようなものがあること。この自分自身の説明不可能性は、主体を出来事の歴史的な連鎖の第一因に据えることができないということから生ずるだけではなく、言語は、出来事の連鎖を内容だけに還元して詳らかにせねばならなくなると行き詰まるからである。この後者の理由から、説明するということは、すでに起こったことの真実を開示したり秘匿したりする問題（つまり言語のなかで、そして言語によって内容を詳らかにするということ）では必ずしもない。完全なる開示という理想は、失敗を余儀なくされるのだが、それは必ずしも、あるいはたんに語り手が信頼のおけないからそうなるというわけでもない。完全なる開示の理想の不可能性からわかるのは、物語そのものの核心にある可謬性であり、そしてこの可謬性は、実証的な内容を伝えるのとはべつの何かを行なう文彩《フィギュア》＝変則をとおして「実際に起こったこと」の叙述として理解されるものへと練り上げられてゆく。

私がここでとりあえず示唆しておきたいのは、こうした文彩と可謬性のつながりは、伝達される「何か」と、受け手あっての語りかけの様式とを私たちが分けて考えるとき参考になるかもしれないということだ――継ぎ目のない物語的説明をあたえることが不可能かもしれないときですら、いや、まさにそうしたときに。にもかかわらず、何かがまだ語られているし、その何かは、誰かにむけて語られている（たとえ、その誰かとは、頓呼法をとおして匿名的にしか形象化されないとしても）。語りによる出来事の再現がゆらぐということは、そのような語りかけ様式《モード》があることのしるしである。実に、この可謬性やゆらぎなくしては理解できない領域がある。このような語りの説明によって含意される語りかけの場面の重要性は、証言が実証可能な一連の出来事を確定することとはちがう何かであらねばならないということを示唆するのだが、それは現実の伝達《コミュニケーション》と密接な関係がある。実のところ、そのような現実をコミュニケートするという課題は、ヘイドン・ホワイトが指摘しているように、〈情動的現実《エモーティヴ・リアリティ》〉を伝達するために言語の修辞的文彩を活用することとも関係し、これは、事実を伝えるべく言語はただ、そしてどんな場合にも、透明なものとして機能すべきだという実証主義者の要請とはまっこうからぶつかるものである。

　はじめに明確にしておかなければならない点が少なくとも二つある。第一に、出来事のシークエンスの縫合は、現実をコミュニケートする一方法にすぎないということだ。第二に、このコミュニケートされた現実を形成するのは「何が起こったか」だけでなく、それが起こったということでもあり、この「起こったということ」はその現実性《リアリティ》と力を主張する言語を必要とするということだ。証言において作用している課題のなかには、出来事の継起の伝達や保存とは異なる課題がある。説明が現実を伝達するには該当する出来事の意味を中継《リレー》しなければならない――たとえ、その出来事が意味形成活動の危機を生み出しているときでさえ、いやまさにそのときこそ。もし出来事を中継《リレー》する様式《モード》が、この出来事の生起から、その情動的《アフェクティヴ》・心的《サイキック》次元を分離しようとすれば、コミュニケーションは成立しない。理論的にいって、このことが意味するのは、証拠が要求するものを満たすには、文彩が必要であること、そして私たちに内容と形式を有益なかたちで分離することはできないということだ。ホワイトは、こうした説明が修辞に頼るのは、まさに情動的な現実を中継《リレー》するためだと論じている――「レーヴィによって生み出された収容所での恐怖生活のきわめて生々しい場面は、慣習的に概念化されているものとしての「事実」の叙述ではなく、彼が創造する文彩《フィギュア》群の継起の叙述であり、彼はそれによって事実に情念《パッション》を、いわばそれに対する彼自身の感情《フィーリング》とそれゆえ彼がそれらに付随させる価値観を付与しているのだ」(FR, 119)。もしホワイトが正しいとすれば、文彩群の継起は、ときに事実の継起よりも重要なのかもしれない。さらにいえば事実のコミュニケーションは、こうした事実についてのある程度文彩に依存するような言語的自己主張なしには起こりえないのかもしれない。これからみてゆくように、文彩《フィギュア》は情動的現実《エモーショナル・リアリティ》を伝えるために必要とされることもあれば、またレーヴィによって喚起されることもある――何が起こったかに関する物語《ストーリー》と、情動的現実《エモーショナル・リアリティ》の記憶《メモリー》とのあいだに距離があることを明記するために、そうした文彩を喚起するのである。

プリーモ・レーヴィの著作にくりかえし現れる文彩のひとつに結晶化《クリスタリゼイション》〔crystallization――明晰化、明確化、単純化、図式化と同義〕がある。これがあぶりだす問題が登場するのは、何が起こったかを伝えるための言語的努力が何度もくり返されるときである。レーヴィにとってこの文彩がとりわけ顕著にあらわれるのは、何が起こったかについての正確で確定的な説明を提示することによって歴史修正主義者に対抗するなかで、彼が、出来事を再説明せねばならないと感じ、この再説明活動が自分の記憶に大きく影響することに気付くときである。ホワイトが指摘するように、レーヴィは説明から文彩をなくそうとするが、結果としてそのような文彩を排除することができない説明を生み出すのみである（FR, 115）。いっぽうでレーヴィが模索するのは、明晰で透明な言語――〈ショアー〉に関する報告は「たんなる作り話《ストーリーズ》」だといつでも主張しようとする修正主義者たちを論破できる、科学的な厳密さの水準にまで達するかもしれない言語である。他方で彼は、こうした記憶の物語が時間をかけて凝結し「結晶化する」することを意識している。つまりそうした物語は記憶以外の何かと強く結びついているかもしれないのだ。こうした結晶化作用を、いかにしてレーヴィは仲介しているのだろう。〈ショアー〉は記憶や歴史的現実の束縛からみずからを解き放つような言語的生命をもつのだろうか。記憶と歴史的現実のもたらす効果は、無効化できるのだろうか。そしてこの結晶化は、現時点で私たちが〈ショアー〉が帯びている言説的生命を考察するなかで、どんな帰結を私たちに、もたらしてくれるのか。

レーヴィが収容所での歴史的経験を保存し伝達する言語形式は、少なくとも異なるふたつの困難を生じ、そしてこれらの困難が今度はまた異なる二つの政治的問題を形成する。いっぽうには、歴史的・経験的記録の再構成をとおして論破すべき修正主義者たちがいる。他方には、イスラエルの過度の軍国主義を正当化するために〈ショアー〉を「利用する」者たちがいて、彼らのおこなう歴史の搾取もまたレーヴィが公然と反対したものだった。言語のなかのいったいどのような性質が、こうした事例において〈ショアー〉の否認と搾取の双方を生じさせるのだろうか。どうすればこうした抹消形式や戦略的利用形式を回避できるのだろう。そして言語のなかにはこれらふたつの――レーヴィがひとしく容認しえないとみなした――政治的軌跡に抵抗しうるような何かがあるのだろうか。問題となっているのは政治的立場だけではなく、レーヴィが自分の受けた経験に対して自分自身を道徳的に位置付ける仕方でもある。彼は物語を語らねばならない――その物語の歴史的地位を温存しなければならない。それを否定しようとする者たちに抗って。けれども彼はまた物語を語らねばならない、自分自身の説明責任を受けとめるためにも。第一の課題は言語が透明であることを要求するように思われる。第二の課題が要求するのは彼自身の行動主体でもあり連帯責任者でもあるという地位と折り合うために該当する出来事の継起的連鎖が担保されることである。

少なくともレーヴィのふたつの著書、『これが人間か』と『溺れるものと救われるもの』で、彼は、彼とともに収容所にいた人びとの生と死を言語をとおして保存し伝える必要性のみならず、そうした状況における自身の道徳的立場を確定する必要性にも焦点をあてている(2)。彼はたんに被害者と死刑執行人がいただけだと述べることもあるいっぽうで、どこまで説明責任があるのか確定するのが困難な「グレー・ゾーン」と呼ばれるものの存在を指摘することもある。グレー・ゾーンについて記述するなかで、レーヴィは拘束下で、まさに死の脅威の下で、囚人たちがとった行動に言及し、さらに、彼らは殺人収容所と強制労働収容所を維持するためといわれている活動に従事したが、彼らの行動は大部分が強制されたものだったことを示そうとする。だがレーヴィはさらに、悪名高い囚人頭《カポ》となった他の囚人たちも活写し、彼らのなかにあるところのナチス親衛隊の下士官や兵卒クラスになりたいという、広くびこるサディスティックとまでいわなくとも熱狂的な欲求、そしてそれゆえ協力者として働きたいという欲求――レーヴィにとって道徳的嫌悪感を引き起こすもの――を見出すのである。レーヴィは揺れ動く、すなわち生き残ったことに対しみずからに説明責任を課すこと、自身の生存をある種の罪責の証とみなすこと、そして収容所での人間の生の破壊の責任をナチス親衛隊とその明白な協力者たちに求めることのなかで。ある時点でレーヴィは収容者たちが、自分たちの逮捕や収監はなんらかの罪の帰結に相違ないという思い込みをもっていたと主張する——彼らは名前もなく現実になんの根拠もありはしない罪を償う努力のなかで日々をすごしていた（DS, 76〔78〕）と。元収容者たちの自殺率が上がったのは、収容所から解放されてからのことだ。こうした結果にいたった悲劇的な心理的理由付けを、彼はこう詳述して、結論にいたる——

自殺はいかなる罰によっても減ぜられない罪の意識から生まれるものだ。監禁生活の苛酷さは罰として受けとめられ、罪の意識（罰があるなら、そのまえには罪があったはずだという意識）は、背景に押しやられていたが、いまや、解放後にふたたび出現した。言い換えれば、拘束下では（ほんとうのものだろうが、思い込みによるものだろうが）罪のために自分を罰する必要などなかった。ひとは日々の苦しみのなかですでに罪を償っていたのだから。（DS 76〔78〕）。

レーヴィはあきらかにこの罪悪感は不正に誘発されたものであること、そして自己を「原因」として確立するのは強制収容に理由を見出そうする欲求から生じたことだと考えている。そしてレーヴィはこの誤った思考の道筋の概略を示すことはできるのだが、時にこうした思考の要求に屈したりする。彼は自分自身が生きのびたことを偶然によるものだとはっきりと理解している。たとえば彼は一九四四年の晩春、彼がいた小屋の他の者たちがみな死の行進に引き連れられていたとき、自分が病に倒れたことが彼を診療所に導き、それが彼の偶然の生存と救出につながったことを伝える。彼は明晰さをもって書く、「私が罪のない犠牲者であり、殺人者でなかったことはわかっている」(DS 48〔46〕)。しかし時にレーヴィはこう考えているようにもみえる——自分は誰かを犠牲にして生きのびたのだと、自分の行動や行動の欠如は他の者たちの死に対して責任があるのだ、と、そして他のものが生きのびられなかったときに、自分が生きのびたことは耐えられない、と。彼は誰かのかわりに自分が生きのびたのだと考えているようにもみえるし、人生において自分が生きのびたのは誰かほかの者の場を不当なかたちで強奪したためだと実感しているようにもみえる。それゆえ、彼はこう書く、「これは仮定以上のなにものでもなく、いってみれば疑惑の影にすぎない——誰しもひとは自分の兄弟にとってのカインなのであり、私たちひとりひとり(だがこのとき私はもっと広い、いわば普遍的な意味で「私たち」と言っている)がその隣人の場所を強奪し、彼のかわりに生きてきたのだと思っている。それは想像にすぎないが、しかし私たちを蝕む。それは木食い虫のように深く巣くってきた。外からは見えないが、それは心を蝕み、神経をすりへらす」(DS, 82〔85〕)。

〈強奪する〉は、あきらかに動作動詞であり、ある者の生存はほかの者の死の原因であるという確信を強める。この論法にのっとって、ある者の生命はほかの者の犠牲の上にあるのだとすれば、みずからの生命を放棄することはすなわち他者を生かしめることとなる。ひとが他者の生命を再生するために、自分自身の死を願うこともありうる話だ。もしレーヴィによる収容所のさまざまな人物たちの肖像が、殺されたものたちを「甦らせる」試みであるとするならば、この文学的肖像の「再生」機能は自殺を予示していると考えてよいかもしれない。自殺では強奪の堪え難い論理が反転される。すなわち、ひとは他者の犠牲の上に生きるのではなく、他者が生きられるようみずからの命を捧げる。このような罪悪感の論理は生死を決定する主体の力を必要以上に大きくし、生存する主体のなかに他者の死の原因を組み込むまでになる。これは自己の因果的主体性の上に《オントゥー》、そしてそのなかに《イントゥー》、集団死のからくりを痛ましくも投影することとしてしか解釈できないし、こうして自己は、強制収容された被害者である自己は、集団死を操作するからくりとして再形象化されるのである。

それでもなお、レーヴィは、彼が生きのびた時代にあって、アウシュヴィッツの物語を何度も何度も語ろうとした。それは歴史的記録を歪みなく保存し、そしてまたおそらくは収容所におけるみずからの立場と折り合いをつけるため、またさらに、そのような現象が歴史のなかでくり返されることがないようにするためでもあった。彼の政治に対する考察は、この途方もない苦しみの体験に、そして証言することへのはかり知れない献身《コミットメント》によって深く支えられていた——たとえ彼がそこで何が起こったかについて、完璧な、あるいは適切な証言をおこなうことのできない存在としてみずからを認識していたとしても。政治問題に対してみずからの立場を表明するとき、レーヴィはファシズムの徴候や暴走、そして反ユダヤ主義の残存に警鐘を鳴らしただけではなく、さらに彼はまた〈ショアー〉そのものが、いかなる生存者も容認できないような、そして容認すべきではないと彼が考えていた政治を正当化するために利用されうることにも警鐘を鳴らしていた。

イスラエル国家への批判を提示することは反ユダヤ主義であるとみなされる、あるいはさらにいえばユダヤ民族の新たな破滅に手を貸し煽動することですらあるとみなされるという難題をもって本書ははじまった。プリーモ・レーヴィは、一九八二年のベイルート爆撃とサブラー・

シャティーラの大量虐殺への異議申し立てを明確にすることは、みずからのユダヤ人としての、そして生存者としての公的責任であると考えていた。彼はイスラエル建国をユダヤ人のナチスによる破壊からの避難所として、そしてユダヤ人が帰還する権利をもつ場として明確に尊重してはいた。しかしレーヴィはイスラエルの存在をユダヤ人の恒久的な避難所として尊重する議論を、その当時のイスラエル国家政策とは分けて考えようとしていた。その結果、彼は八〇年代初頭、メナヘム・ベギンとアリエル・シャロンの双方に対する批判を強め、サブラー・シャティーラの大虐殺の後には彼らの辞任を求めた。(3) インタビューのなかでレーヴィは、ユダヤ的な価値観とイスラエル国家とを区別することを主張し、イスラエル内部での左翼の反国家デモに期待をかけ、そしてこの地域で「流された血」、ユダヤ人の血だけではなく、すべての者の血が彼に苦痛をあたえると述べた。(4)『ラ・レプッブリカ』でベギンとシャロンの退陣を求めたのち、彼は、イスラエルに対し公然と批判的態度をとったことに対して、批判の手紙の数々をイスラエル人から受けとることになった(実際にはレーヴィはイスラエルのいくつかの軍事行動に対して反対したのであって、イスラエルそのものに反対したのではなかったが)。

レバノン南部の大半を壊滅させ、何千人ものアラブ人住民を殺戮したベイルート爆撃にレーヴィは反対した。また彼は占領地に入植地を作ることにも反対した。そして数ヶ月後、彼はサブラーとシャティーラにおける無防備なパレスチナ人殺害を糾弾した。この攻撃は、身の毛もよだつような殺戮、身体の切り刻み、妊婦の臓腑の取り出しなどをふくむと報道された。こうした残虐行為には「恥と苦悶」を感じるとレーヴィは語ったが、それでもなお彼は、状況は変わりうるという可能性をねばり強く信じた。一九八二年にジャンパオロ・パンサとのインタビュー「プリーモ・レーヴィは語る、ベギンは撤退せよと」でレーヴィは、「私はイスラエルがずっとこんな風でありつづけると信じるような悲観主義者ではありません」と述べている。[5] しかしインタビュアーに、イスラエルから寄せられた「長年にわたり流されてきたユダヤ人の血」が見えないのかと問う手紙に対してはどう応じるのかと問われると、彼は次のように答えている――

流されたその血は、流された他のすべての人間の血と同じように私を苦しめると答えます。けれどなかにはもっといたたまれない手紙もあるのです。私はそうした手紙にさいなまれていますが、それはイスラエルが私のような人びとによって、ただ私よりももっと不運な人びとによって建国されたのだと知っているからです。アウシュヴィッツの囚人番号を腕に入れ墨された人たち、家も祖国もなく、第二次世界大戦の恐怖から逃れ、イスラエルに家と祖国を見出した人たちです。それはみな、わかってはいるのです。しかし私はこれがベギンの愛用する抗弁だということもまた知っています。そして私はこの抗弁にいかなる正当性を付与することも拒否します。[6]

この抗弁にいかなる正当性を付与することも拒否するなかで、レーヴィは民間人に対するイスラエルの恣意的で破壊的な暴力を正当化するために〈ショアー〉を喚起するようなまねは容認できないと主張する。この瞬間、あきらかにレーヴィは、彼の公然たる批判を難じるイスラエルからの手紙にさいなまれながらも、自分の公的な見解を撤回するにいたらせるような罪悪感の餌食にはなってはいない。そのかわりに彼は、この抗弁の正当性を拒否する「私」の権威を主張する。

そして彼はこの「私」がほかのどの「私」でもなく、もっとも雄弁で影響力をもった〈ショアー〉のヨーロッパ人生存者による一人称の声明であることをたしかに知っている。レーヴィをさいなむ苦悩は彼を沈黙させてもおかしくないものだった。けれども沈黙するかわりに彼は「私」をあらためて主張する。この「私」は〈ショアー〉の歴史的記憶をパレスチナ人に対する現代の軍事暴力を合理化するための手段として決して使おうとしない「私」である。同時に留意しておかねばならないのは、レーヴィがイスラエルとナチス・ドイツを同一視することを拒否し、一九八二年以降イタリアで公然のものとなっていた反ユダヤ主義の急激な高まりを非難したことだ。イスラエルそのものが反ユダヤ主義を助長する原因となりうるかもしれないことを彼は案じた。しかし彼は、当時のイスラエルの国家暴力も反ユダヤ主義も自分には決して容認しえないものであるとも明言していた。

　私が指摘しようと思うのは、〈ショアー〉の少なくともふたつの次元についてである。それらは、レーヴィにとってのみならず、今日にいたるまでこの話題について私たちがもちうる言説に広範囲に作用しているように思われるのだ。いっぽうでショアーとはトラウマ化するものであり、自分自身を説明することの可能性を妨げたり歪ませたりするものである。それはつねに維持されたり持続されたりできないような記憶の集合であり、またそれは十全な、あるいは把握可能な説明をきわめてむつかしくする。ときにはレーヴィにとってさえ、「グレー・ゾーン」に照らすと、責任《アカウンタビリティ》にかんするいかなる包括的な理解もむつかしいものとなる。なにしろ「グレー・ゾーン」では、囚人の行動主体性は、強制と死の脅しに対してあってなきがものとなるからだ。他方ではショアーが国家暴力を合理化するために利用されうることはあきらかであり、これに対してレーヴィは明確でゆるぎない道徳的・政治的な異議を申し立てた。ここで私たちは、いっぽうではトラウマによって妨げられ攪乱される言説と、またいっぽうで政治的な道具として使用可能になるような言説との関係を考えることができるだろうか。(7) トラウマ的なものとしての〈ショアー〉はレーヴィの言語を利用する。その言語は、生き残った者たちと、人間の生命の恐るべき破壊の余波のなかに生きつづける者たちの言語である。道具化されたものとしての〈ショアー〉は批判を沈黙させ、国家暴力を合理化し、そして適切に反対され拒まれるべき――レーヴィがはっきりとそうしたように――イスラエルの行動に正当性を付与するための方途となる。

けれども、もしかしたら私たちは、先走ってしまっているのかもしれない。結局のところレーヴィは、言説による記憶の奪取から生ずる大きな問題をふたつかかえている。彼は修正主義ならびに記憶の政治的搾取の両者を拒むために、こうした問題をなんとしても解決しなければならない。それではこうした言説構成体が、いかにしてコミュニケーションの可能性と責務を生みだすかを理解するために、これらの問題がいかに彼の前に浮かび上がるかをあらためて確認してみよう。かりに私が「言説奪取」とここで呼ぶものと、ホワイトが「文彩の継起」として特定したものとが、それらがコミュニケートするよう意図されている現実そのものを破棄するような、たんなる「構築物」として理解されてはならないとしよう。そうすると私たちは、どのような意味でこの言説奪取が、〔一見、指示性の破壊であるかにみて、その実〕指示性《リファレンシャリティ》の様式であるのかを理解しなければならないようだ。たとえばホワイトは、レーヴィが提示する収容所の被抑留者たちの一連の肖像は「完全にそして明示的に指示性のある文彩の継起」(FR, 122) をなしているとはっきりと述べている。レーヴィの記述が、「その形式にインスピレーションをあたえている道徳的告発を表現している」(FR,122)という事実は、その形式の指示性のなさを説明する理由とはならない。むしろそれは、伝播される客観的現実の一部として、道徳的告発を理解することの理由なのである。具体的にはどのようにそれがおこなわれるのか、そしてどんな効果をともなうのかは、本章の後半で私たちが検討すべき課題である。

　プリーモ・レーヴィは『溺れるものと救われるもの』をはじめるにあたり、ナチスは生命を破壊しようとしただけではなく、その破壊の証拠を根絶しようとしたのだと読者に語る。第三帝国は「記憶に対する戦争をしかけたのだ」(DS 31〔27〕)とレーヴィは書く。だから、レーヴィのテクストの語りの声はこの事実を伝えるだけではなく、その存在そのものによってある種の証拠を形成するのである。レーヴィがその語りによってこの証拠は完全に破壊されていなかったということを証立てるようなテクストを私たちにあたえるかぎり、ナチスがその殲滅の証拠となる痕跡を抹消しようとするための企みをそれは挫くことになる。そこに、なおも語る主体が存在するということ自体が、企てられた抹消に対する反論となるのである。もしもナチスが、エリ・ヴィーゼルが推察するとおり、誰もそんなことを信じないだろうと(つまり彼らは自分たちが信じられないことを実行しているということは理解していたのだ)、あるいは生き残って証言するものなどいないだろうと考えていたのだとしたら、証言することによってレーヴィは彼らの計画を挫き、稼働中の彼らの装置の破壊工作を敢行している。なにしろナチスは戦時中にのみ活動をしようとしていたわけではなく、彼らが何をしたかについての歴史が語られるかもしれない未来のすべてに影響をあたえようとしていたのだから。レーヴィの物語行為《テリング》、彼の物語《ストーリー》は、ナチスの装置が機能停止したことの証左となる。彼は生存する証言者となり、証拠を提示し、そしてそれによってナチスが否認しようとしたものの存在を裏付けるのだ。

証拠を確立しようとするこの課題に着手するやいなや、レーヴィは問題に取り囲まれることとなる。なにしろ彼は、四十年後に書いているのであり、自分の記憶の正確さをみずからに問いただざねばせねばならないからであり、またこの問いただしが記憶のトラウマに対する関係、あるいは少なくとも想起に抵抗するものと記憶との関係、そしていうまでもなく記憶と物語との関係を浮かび上がらせるからだ。彼はいまだになおも物語を語ることができるのだろうか。そして彼の物語は彼の記憶を確証するのだろうか。ひょっとすればナチスは、その出来事を言葉にしえない、語られえないものにすることに成功したのだろうか。もしも語りが完全な語りにはなりえないことが判明したならば、それはナチスの成功物語だということになるのか。あるいは語り内部の、そして語り自体の可謬性を何か他の目的のために擁護することができるのではないか。語りの可謬性自体が、語りの破綻そのものが、トラウマの証拠となる痕跡であるとみなす方法があるのではないか。

『溺れるものと救われるもの』は、ナチスが記憶を破壊しようとし、未来の証言を不可能にしようとしたという強い主張によって始められるのだが、数頁の後には、記憶の単純な再構成をさえぎるような問題に目を向けはじめる。レーヴィは記憶、とくに苦しみの記憶を「疑わしい情報源」(34〔30〕)と呼び、苦しみの記憶は物語として「結晶化する」傾向があると述べる。この結晶化した物語はそこから自分自身の生命をもちはじめる。そしてさらにこの記憶は、このように語られ結晶化されるうちに、今度は記憶自体を再構成しはじめる。実に、物語を語ることはその苦しみの記憶の結晶化をおこない、その結晶化はもとの記憶が失われてしまうようなかたちで記憶を変成してしまう。それゆえ物語は記憶そのものを犠牲にして生ずる生命をもつようになる。逆説的に、そして痛ましいことに、物語はそれによって、もとの苦しみが記憶から失われるような手段に実際になりうるのである。レーヴィの言葉ではこういうことになる――「あまりにも頻繁に呼び起こされ、物語のかたちで表現される記憶は、経験によって検証されたというかたちで、結晶化され、完成され、装飾をほどこされ、生の記憶のかわりにみずからを定置し、それを犠牲にして育ちながら、紋切り型に固定されがちである」(24〔18〕)。

このような物語が語られるほど、物語が結晶化するものが多ければ多いほど、その物語を引き起こす苦難の歴史の記憶を私たちが失ってゆくという考えは、むろん恐ろしい。そしてレーヴィはこの洞察の諸帰結に抵抗するのだが、彼はそれでもその洞察を言語化してしまうほどに誠実なのである。私たちはここで考慮しておいてよいかもしれない――レーヴィが恐れること、そして彼が部分的には真実だと知っていることとは、喪失そのものの喪失がありうるということであり、またそれが私たちの語る物語の結果でありうるということだということを。もちろんその物語が語られるのは、証拠を破壊するというナチスのプロジェクトの目的達成を阻むためであり、それはまさに絶滅収容所の事実そのものを疑おうとする修正主義者に対抗して語られている。そこにその物語があるのは、証拠を確立するためであり、そこにははかり知れないとはいわずとも膨大な生命の喪失があったということを承認するためであり、また喪が要請する喪失のはっきりとした認識を提示するためだ。しかし、もしその物語が苦難と喪失の記憶をさらにもっと遠いものとしてしまうならば、物語は苦しみや喪失が否認されるようなある種のメランコリアを制定するのだといえるのかもしれない。物語は、それが伝えようとする出来事を置き換えてしまう恐れがあり、そして結晶化はこの置き換えの手段なのだ。置き換えは出来事と引き換えに起こり、それゆえそこにはある種の厳格な責任義務が適用されるように思われる。いわく、物語は出来事と引き換えに手に入れられる――生存者の生命が死者と引き換えに生ずると理解されるのと、同じように。

その結晶化は、しかし、厳密にいって指示対象の喪失に責任があるわけではない。言語の指示能力を蝕むのは、喪失と罪の耐え難さだ。しかしホワイトにならい、こうも言わねばならないだろう――「その形式にインスピレーションをあたえている道徳的義務」は、伝えられるべき客観的現実の一部なのだ、と（FR 122）。もし指示性がいまだ覚束ないものであるならば、その覚束なさは苦しみを思い出す、または呼び起こすことの困難と関わりがある。それはすなわち、記憶のために表現形式を保持する能力そのものを害するような困難である。レーヴィは次のように指摘する――「戦争やその他の複雑でトラウマ的な経験の生存者の多くは、自分たちの記憶に無意識にフィルターをかける傾向がある。……彼らは束の間、苦痛が軽減された瞬間の記憶に固着しがちである。……もっとも悲痛なエピソードは……その輪郭を失う」（DS 32〔27-28〕）。記憶を記述で置き換え、不誠実を正直へと転じながら自分たちの記憶を復唱する者たちにかんする文脈で、彼はこの輪郭の喪失について触れていた。記述で記憶を置き換えようとする者たちのなかで、「真と偽の区別はその輪郭を徐々に失ってゆき、ひとは最後には自分がこれまで幾度となく語り、これからも語りつづけてゆく物語を完全に信じることとなる」とレーヴィは書く（DS 27〔22〕）。この状況は道徳的失敗としてはじまる。たとえ、それが偽ろうとする明晰な意図に支えられていなくとも、それは自己欺瞞の形態である。けれども、次の一節でレーヴィは、物語が記憶を置き換える能力を帯びるのは、「出来事が過去に消えてゆく」ときなのかもしれないと示唆する。このような状況下では、「都合のよい真実の構築がすすみ、やがては完成される」(DS 27〔22〕)。そのたった数頁の後に、彼はこの問題にたちかえり、記憶の痛ましさそのものが、それを最終的に置き換えることとなる物語形式を誘発させるのかもしれないと示唆する。この時点で、つかのま出現する物語は、道徳的失敗の徴ではもはやなく、トラウマの徴である。

トラウマは、拘束されたテクストとしての悲痛な記憶を解体するようにはたらく。そして物語は記憶を結晶化するなかで、まさにこのトラウマ的遭遇からの解放を提供する。ここで一考に値するのは、物語がある種の健忘《フォーゲットフルネス》と連携して作用することだ。それはいわば生存のために実際に必要とされる健忘である。物語は記憶に基づいて苦しみの証拠を確立しようとするのだが、それは苦しみを結晶化し、話者の生存を助けるような健忘を誘発させるのである。生き残るための要件は、証拠を提示するための要件とはときに反対に作用するように思われる。物語は元の記憶《オリジナル・メモリー》に立ち返ることはなく、むしろそれをねじ伏せることに役立つ。レーヴィは元の記憶《オリジナル・メモリー》がもし保存されていたならば、その記憶は彼の語りに正確さを付与するだろうと信じている——しかし彼の語りは彼の生存に資するためのものでもあり、それゆえその語りは記憶に作用し、記憶のトラウマ的な影響を軽減し、そしてそれにとって代わることとさえしなければならない。その結果としてコミュニケートされるものは、トラウマが物語行為にあたえる効果そのものということになる。そしてみずからが語る物語がはたして現実に根ざすものとなるだろうかと案ずる、こうして書かれた考察がコミュニケートしているのは、まさにこのトラウマのリアリティ、すなわち物語の慣習的《コンヴェンショナル》な機能をぐらつかせるトラウマのリアリティにほかならない。レーヴィが書くものには物語や肖像、スケッチ、歴史的考察、そして省察がふくまれるが、これらは単一の形式に落ち着くことがない。ここでコミュニケートされるものは、形式を問題にかえるものであり、この問題は、レーヴィが提供するさまざまな形式のなかに登記されているのだ。まさにこの意味において私たちは、彼の書くものには指示性があると、たとえそれをレーヴィ自身が疑わしいと思っていたとしても、——主張しつづけることができる、まさにホワイトが提示する理由によって。すなわち、道徳的義務が、そうした形式を触発《インスパイアー》するのであり、ここで付け加えるなら、道徳的失敗に対する恐怖もまた形式を触発するのである。さらにいえば、ひとは出来事との関係のなかで書くだけでなく、受容者との関係のなかでも書くのであり、そしてレーヴィはその物語を信じうるものにするために悪戦苦闘せねばならなかった。この苦闘もまた形式のレベルに登記されている。

真実と語りとのレーヴィの闘争は、彼だけに固有のものではない。たとえばシャーロット・デルボは『アウシュヴィッツとその後』の序文でこう書く、「私があなたにアウシュヴィッツについて語るとき、それは深い記憶（感覚記憶《センス・メモリー》）によるものではなく、〈外部記憶《メモワール・エクテルネ》〉つまり思考と関連した記憶によるものなのである」[8]と。ここで外部記憶と言われているのはまさに、語るために出来事を追体験〔relive〕しない記憶である。もしも彼女がその出来事を追体験していたならば、彼女はそれを語ることなどできなかっただろう。現に彼女の作品のなかで、感覚記憶が外部記憶を妨げると、語りの機能が停止してしまう。これが示しているのは「語ること《テリング》」と追体験《リリヴ》することのあいだにはつねになんらかの隔たりがあるということ、また隔たりがなければならないことだ。ある時点で彼女は、朝の早い時間、アウシュヴィッツで点呼がなされるとき、凍えるような空のもとに立っていたことについての物語を語る。そこに立ちながら、いつか私は点呼のときここに立っていたことの物語を語るのだとひそかに考えていたと、彼女は述べる。その次の文で彼女は言う――これは実はまったくもって真実ではない。私はなにも考えていなかった。考えることなどできなかったのだ。そしてだからこそ、この経験をした者は誰しもそのことを説明できるはずだなどと考えるのは道理にかなっていないのだ、と。彼らは説明などできはしない。けれども、これは、それゆえどのような説明もされるべきではないということを意味しない。まったくその逆だ――デリダの言葉をパラフレーズすれば、人は説明することができないからこそ、人は説明しなければならないのだ。トラウマによって停止され、あるいは衰弱させられた語りの能力こそまさに、生きつづけ、生き残る能力の徴と証拠として浮かび上がるものである。そしてデルボは、自分の語りの正確さに思いを馳せるとき、それが真実《トゥルース》かどうかはわからないがそれは正直に嘘偽りなく話している〔truthful〕のだと結論づける。[9]

　だから、ここで作用しているような記憶、物語、そしてトラウマの間の複雑な関係を考慮に入れるなら、修正主義者に対する証拠となる反論を、記憶の正確さ以外のものに根拠づけることは理にかなっているのだ。もちろん生存者の物語のアーカイヴは記憶に基づいていることはいうまでもないが、次のことははっきりさせておこう、物語が目指しうるのは嘘偽りのない話という状態であり、真実という状態ではおそらくないのだということを。証言は記憶にはできないような仕儀ではたらきかけるのであり、記憶は伝達され、時間を超えて残ってゆくために、物語に依存するのである。

　言語は記録し、保存し、そして伝達するだけではない、たとえ時にはそうしたことを全部おこなうこともあるとしても。言語はさらに、それが記録し、保存し、伝達する素材を不可避的に加工もするのだ。たとえばヘイドン・ホワイトは、レーヴィにとって証言とは「指示対象を創出＝演出《プロデュース》する」ものであると論じたが、私たちはここで彼がいわんとしていることを慎重に吟味しなければならない。指示対象のこの生み出し《プロダクション》は、指示対象などなく言語があるのみだという観点、つまり言語は指示性そのものを空洞化するという視点とは峻別しなければならない。ホワイトの見解は、もしこれらの出来事が受容者《オーディエンス》に伝えられうるのなら、それらは私たちのために指示対象を創出するような、あるいは演出するような修辞的表現形態――その指示対象を読解可能にし意味を付与するような――をもってして伝達《リレー》されねばならないということだ。ある時点でホワイトは、文彩は「現実の状況を…把握する」ために必要とされると論じる（FR, 116）。同じ論考で、彼は次のようにも述べる。レーヴィのリアリズム的表象からの逸脱は、それが起こるとき、「たんに指示対象を指し示すというよりは、指示対象を実際に創出《プロデュース》するという効果がある――いまだかつてどんな非人称的な「事実」の登録も決してできなかったような鮮烈さをもって」（FR, 119）。

もし人が、修正主義者に抗い、言語に、出来事の指示性を保存させ、いわばアーカイヴのように機能させようとするのなら、出来事が保存され伝達される手段こそ、言語が指示対象に働きかけるまさにその手段であるといえるかもしれない。これは避け難いことのように思われるし、精神分析的な「徹底操作《ワーキング・スルー》」の概念とはまさに、言語が過去の出来事に働きかけるというこうした可能性に依拠しているとさえ考えることができるかもしれない。しかし、ここにはさらにより強い主張がすくなくとも二点ある。第一に、指示対象を保存するためには、ひとはそれに働きかけなければならないし、そしてそれに働きかけるということは、それをある意味で変容させることである。いってみれば指示対象に働きかけなければ、アーカイヴは保存されえないのだ。第二に、現実が伝達されるために――これは不信の諸条件が克服されなければならないということを意味するが――言語は事実に働きかけ、事実を把握可能な現実として作りださなければならない。このことは容易な課題ではない。それはこの現実をコミュニケートしうる表現形式を考えださないといけないことを意味するため、修辞的と指示的なもの両方にまたがる課題なのだから。

　もちろん物語だけが、記憶に働きかけ、それをべつのなにかに置き換える唯一の言説手段ではない。おそらく、私たちがトラウマに言及するとき、私たちは記憶とは似て非なるものを指している。たとえトラウマが過去を構築するとしても。トラウマは起こることをやめない過去として他から峻別される。トラウマはつづく。だが継ぎ目なくつづくわけではない。それはくり返されねばならず、そしてそのくり返しはつねにある種の構文的な形式をとる。さらに、知られたりコミュニケートされたりするには、語り直し《リテリング》は、ある程度まで、追体験《リリヴィング》とならねばならない。さもなければ、そこで語られていることを読むこと、そしてさらにいえば聞くことが、出来事の物語的継起のもつ「情動的現実《エモーショナル・リアリティ》」とホワイトが呼ぶものの包括的な記述《アカウント》に到達することはない（FR 123）。特定の物語的語り直しがトラウマ的であると述べることは、その語り直しの手段、統語法が、正確にいえば決定されたのではなく、むしろやむをえないものとして採用されたのだと主張するにひとしい。しかしそうなると私たちは複雑な状況に置かれることになる。そもそも、出来事の現実性を保存し伝達することを意図しておこなわれる出来事の結晶化は、そうした諸目的を達成すべく、出来事に働きかけるだけでなく、物語的結晶化が考案されたときの目的を上回るような新たな言説効果を帯びるようになる。何かが語り手の選択したものではない物語を利用することになるが、私たちはこのことを、結晶化効果の疑似独立性以外にもみることができる（それは私の物語なのか、別の誰かの物語なのか、私が何度も語るあまり何が物語的説明で何が指示対象なのかわからなくなってしまった物語なのか?）。結晶化とはある種の言説奪取操作を、それも必要で避けることのできない操作を、名付けたものだ。

トラウマ的な反復強迫に属するような物語行為の反復があると語ることは、私たちは語られる物語の言説的使用を完全にはコントロールできないとすでに語っているにもひとしいのだ。働きかけることなしには語り直すことも追体験することもできないのだとすれば、この働きかけるという行為は物語の伝達《リレー》には欠くことができず、物語に必要な修辞的次元を形成する。しかし物語の受け手たちもまたその物語を語り直すのであり、たとえトラウマ的な効果が——そのトラウマとともに生ずる自由意志の危機ともども——伝達されるとしても、そのトラウマ的効果は、オリジナルのねらいに繋ぎとめられなくなったものとなりうるのだ。これが結晶化につねにつきまとう危険性であるように私には思われる。

結晶化はこのように、アーカイヴの成立条件であると同時に危険性でもあり、そしてそれゆえ修正主義に反駁するための前提条件であるように思われる。しかしこれまでみてきたように、この結晶化の過程はまさに、痛切な説明責任感覚《アカウンタビリティ》とつながっている。この説明責任感覚こそ、〈ショアー〉の政治的宣伝利用《ポリティカル・エクスプロイテーション》のなかで作用しているものだと私は示唆したい。この宣伝利用《エクスプロイテーション》の第一目的は、ある種の説明責任の感覚を高め、告発を活性化して、対立する政治的観点を道徳的に忌むべきものとする方途とすることである。この〈ショアー〉の修辞的召還は、告発に奉仕させるべくトラウマの蘇らせるのだが、その告発とは、現代における敵を「事実上のナチス」と演出し、そしてその敵に対する、いかなる、そしてあらゆる暴力をも正当化するように働きかけるものなのだ。

このような政治的文脈でのトラウマの蘇生は、それが指示する歴史を保存しはしない——そのスローガンが「もう二度と！」《ネヴァー・アゲイン》であるときでさえ。むしろトラウマの蘇生は、言説武器をもって、同時代の政治領域に介入する。これを結晶化のいまひとつの変型として考えることができるだろうか。この場合、言説は、主体にとって耐えがたい苦しみや罪からの距離を設けるためにだけに記憶にとってかわっているのではなく、罪を完全に（そして無限に）外在化する告発をおこなうためにそうしているのであり、こうして自己の継続的な苦しみに対して完全に責任がある《アカウンタブル》存在として、他者が構築されるのだ。告発が苦しみを蘇生させるのはその告発を支援するためであり、そしてその告発が、今度は、罪悪感の「原因」を同時代における他者として特定することをとおして、根拠なき罪悪感を緩和しようとするのであり、かくして、この告発は、過去が過去であることを止めることのないトラウマ的時間性を継続させ、あの時と今との歴史的距離をなきがごときものとするのだ。情動《アフェクト》の転移可能性、つまりトラウマの伝達可能性は、ある政治的現実をいまひとつの政治的現実にこのように歴史的に転置するためには不可欠なものである。この過程のどこに行為主体《エイジェンシー》を位置づけるべきなのか、私にはわからない。なにしろ、すでに示唆したように、トラウマ的様相は通常の意志決定への訴えを頓挫させるからだ。それでもなお、イスラエルに関する政治的論争をおこなう両陣営に、このトラウマと言語の結合体《ネクサス》を、身もすくむほどに壮大な告発をおこなうべく、ある種戦略的に宣伝利用する試みが認められるのだ。ホロコーストを再召喚するときの言説手段はまさしく、それが反復されるときの痛みに訴え、その反復と痛みを他の手段のために動員する方途なのである。問題となるのはそれが政治目的のために動員され、痛みを置き換え転置し（そして現在と過去の歴史的な隔たりを閉じ）、指示対象そのものを失うような結果をともなうかどうかである。

　こうしたことはこの政治問題を取り囲むさまざまな陣営で起こりうるし、実際に起こってもいる。和平交渉にすすんで従事しようとする者たちはユダヤ人をふたたびガスオーブン送りにすると批判され、そしてこの国家を批判する者たちはユダヤ人をあらたなホロコーストの標的にしていると責められてきた。(10) けれどこの申し立てでは、イスラエル人がイスラエル人に対して、イスラエルを批判する者がイスラエル人に対して、イスラエル人が離散《ディアスポラ》のなかにあるユダヤ人に対して起こしているものだ。(11) トム・ポーリンの「シオニスト・ナチス親衛隊《エスエス》」への言及はこの適例である。(12) イスラエル国がいまやトラウマ的にナチス政権を模倣しているというのは、イスラエルに批判的な者たちの一部にとってはおそらく満足のゆく主張だろう。その国家を擁護するものとその国家に——あるいは少なくともその政策と実践に——異を唱えるものは、異なった方法ではあるがともにナチスであるという告発にさらされているのだ。(13)

　もしレーヴィが正しく、ホロコーストないし〈ショアー〉の物語は苦難の記憶と引き換えに大きくなってゆくのであれば、ホロコーストの物語は人間の苦難への理解と引き換えに大きくなってゆくともいえるのかもしれない。そしてこれは少なくともふたつのやり方で起こりうる。第一に、〈ショアー〉とその継続するトラウマ的重要性を否定することによって。第二に、すべての軍事攻撃は必要な自己防衛であると正当化するために、〈ショアー〉のトラウマ的重要性を横領することによって。ホロコーストは「イデオロギー的な煙幕」であり感情的な負荷をもって対立相手に汚名を着せること以外のなにものでもない、と主張することは——実際にそう主張する者はいる——許されざることだ。なかにはホロコーストは虚構の現象であり、イスラエルに偽りの正当性をあたえるために考えだされたとさえ主張する者たちまでいる。だがその対極で起こっていることもひとしく看過しえないことだ。敵はときに甦ったナチスとして描かれうるし、パレスチナ人に対するイスラエルの政策に批判的なユダヤ人たちは自己嫌悪にまみれた裏切り者であるともみなされる。ホロコーストはその歴史的現実や重要性の偽りを暴くためか、あるいは新たな軍事攻撃の正当化のためにその道徳的恐怖を蘇生させるべく召喚される。ふたつの戦略はともに、ホロコーストから現在のためにどのような倫理的で政治的な枠組みが有効に導き出されうるのかを考慮しそこねている。こう問うことは、第一に、ホロコーストは現在を考えるにあたりもっとも有効な範例《パラダイム》ではないかもしれないという可能性を考慮することだ。しかし同時に考慮すべきは、ホロコーストが歴史になることを——あのときと今の間の歴史的区別を知らないトラウマではなく、歴史になることを——助けるためには、なんらかの歴史的翻訳がなされなければならない、ということでもある。(14)

歴史家であるイディス・ゼルタルは、一九四〇年代後半から一九五〇年代をとおしてのイスラエルの建国期には、ホロコーストに対する言及があまりみられなかったと指摘する。当時のイスラエルは踏みつけにされた強制収容所の被抑留者というイメージを打ち消し、新たな雄々しい好戦性の規範を確立しようとしていたのだ。ゼルタルはホロコーストをめぐる言説がイスラエルの政治のなかでもっとも痛切なかたちで生命をふきこまれた主要な歴史的瞬間を指摘する。そのひとつはアイヒマン裁判であり（そしてだからこそハンナ・アーレントによる批判的見解の排除が生じた）、いまひとつは一九六七年の第三次中東戦争である。後者においてイスラエルは、この戦争でふたたび問題となっているのはほかでもないユダヤ民族の破壊なのだという共通理解を確立した（IH, 91-127）。しかしゼルタルの分析を水際立ったものにしているのは、彼女が政治目的のためにホロコーストが戦略的に利用されたことを強調しながらも、その戦略的利用に彼女が反対する理由というのは、それが収容所を生き延びた人々の苦しみを卑しめ貶めたからということである。ゼルタルは次のように書く――

時と場所に応じて、ホロコーストの犠牲者たちは何度も生き返らされ、イスラエルの政治的配慮のなかで中心的機能を担うことになった。それはイスラエルとアラブの紛争という文脈にとりわけ顕著であり、危機と災禍の時、すなわち戦時下においてそうだった。一九四八年から現在の、二〇〇〇年十月に端を発し今なお進行中の暴力の噴出にいたるまで、ホロコーストの観点から認識され定義され概念化されることのない戦争は存在していない。当初は限定的な目標をもち、比較的合目的であったこの手法は、イスラエルの権能と権能意識をユダヤ人の全面的な無力感からまさに築き上げることを狙っていたのだが、やがて、それは、イスラエルの状況がホロコーストから時間的にも場所的にも遠ざかるにつれて、かなり陳腐な手法になった。アウシュヴィッツ――総合的な、究極の悪の権化としての――は、かつて、そしていまも、軍事国防問題や政治的ディレンマ――イスラエルがひたすら、直面を、問題の解決を、代償の支払いを拒んできたもの――のために召喚されてきた。こうしてアウシュヴィッツはイスラエルを非歴史的で非政治的な薄明帯《トワイライト・ゾーン》に変質させた。この薄明帯では、アウシュヴィッツは過去の出

来事ではなく脅迫的な現在であり、恒常的な可能性なのである。(IH, 4)

ゼルタルの著書は、ホロコーストが記憶され忘れられるさまを、イスラエル建国当初から十年間、アイヒマン裁判時、そしてイスラエル軍事力の膨張と正当化時期にねらいを定めて追跡した多元的かつ壮大な試みの産物である。私にとってある意味でこの著書の瞠目すべきところは、またさらにこの著書に、ホロコースト問題に関するプリーモ・レーヴィ自身の繊細で誠実な思考の政治的継承者としての資格をあたえているところは、いっぽうで、この本がユダヤ民族にとってのホロコーストないし〈ショアー〉の甚大なトラウマ的効果の存在を執拗に主張しながら、また他方で、さらなる不必要な暴力を権威づけるためにこの苦難を宣伝利用《エクスプロイテイション》することに警鐘を鳴らしていることである。彼女はイスラエルの国家形成にまつわるさまざまなエピソードを再構築するが、それは「出来事の歴史的次元と、こうした出来事をもとに形成された国家的・民族的記憶《ナショナル・メモリー》のあいだの齟齬を検討する」ためである(IH, 5)。ここで私たちは、ゼルタルがレーヴィの定式化への修正を示唆していることがわかる。記憶は物語や言説によって影響をうけ、その結果変容されてゆくだけではなく、物語と言説は、歴史的出来事の成り行きから、いちじるしくかけ離れた国家的・民族的記憶《ナショナル・メモリー》を生み出しうるのである。

ゼルタルはレーヴィを長く引用するが、彼女がとりわけ引用するのは、ホロコースト生存者がみずからの苦しみについて説明《アカウント》をしようとするときに直面する困難についてのレーヴィの主張である。レーヴィにとっては、真の証言者となるはずの者たちは彼らが経験したことの残虐性によって沈黙を余儀なくさせられていた。生き残り、語るはずの者たちは、彼らが必要とした記憶を、トラウマゆえに、しばしば失っているか、あるいは物語を、その物語が記憶そのものからどれほど乖離しているかについてついには知るよしもなく、くり返し語るのみである。エリ・ヴィーゼルによれば――そしてまたジャン・フランソワ・リオタールによれば――イスラエル建国の目的のひとつは、この語りのための場《プレイス》と枠組《フレームワーク》を提供することにあった。レーヴィはイスラエル建国の目的について次のような独自の見解をいだくようなる――「イスラエル国はユダヤ民族の歴史を変えるはずだったが、それはとても明確な意味での変化であった。それは救命ボートに――他の国々で脅かされたユダヤ人たちが逃げ込むことのできるような避難所に――なるはずだったのだ。これが建国の父たちの理念であり、それはナチスの悲劇に先立つものだった。ナチスの悲劇によってこの理念は千倍にも増した。ユダヤ人たちは救済の国をなくしてはもはやたちゆかなくなったのだ。この国にアラブ人がいたのだということを立ち止まって考えるものは誰もいなかった[15]」。一九七六年にはしかし、インタヴューでレーヴィはこう語っている。「一九五〇年以降、このユダヤ人の祖国というイメージは徐々に私のなかで色褪せていった、と認めざるをえません[16]」。事実、一九四八年のイスラエル建国期間中に七十五万人以上のパレスチナ人が土地と家を強制的に取り上げられた。土地を占拠する時、イスラエル軍の念頭にはこうしたアラブ人口があったことは疑いない。そして一九五〇年から一九五三年のあいだに、これらの地所をイスラエルが譲りうけることを正当化する法が、賠償と難民の帰還にかんする国連決議を無視して制定された。

　この問題についての答えは、ホロコーストを忘れ、今を生きることだと語ることが誤りであることは言うまでもないだろう。このような語りは立ちゆくはずがない。ナチスの強制収容所の後に、歴史そのものが、ユダヤ人にとって激変したからというだけではない。ここでの課題はむしろ、どのような意味で歴史が変わったのかと問うことである。そしてレーヴィやゼルタルのような著者たちは、現代における倫理的かつ政治的枠組みに、〈ショアー〉とその苦しみが寄与しうるか否かを問うているように私には思える。この倫理的かつ政治的枠組みがまっこうから反対するものこそ、ほかでもない国家暴力である。それは生活のほとんどを、受け入れがたい制約、政治的権利剥奪、そして貧困のなかですごしている人口層を支配し威嚇し貶める以外のなんの目的にも奉仕しないのだから。アーレントもまた、こうした著者のなかに含まれなければならないだろう――政治的シオニズムに対して一九四四年にアーレントが唱えた第一の異議は、それが国民国家のナショナリズムを強化し、限りなく長い時間にわたり膨大な人口の無国籍状態を作り出すだろう、というものだったのだから。

『ホロコーストは終わった、私たちは灰のなかから立ち上がらねばならない』においてアヴラハム・バーグは次のように論じている。イスラエルにおいて「〈ショアー〉は、程度の差こそあれ、ほとんどすべての政治談議に織り込まれている。他の過去の出来事とちがって、〈ショアー〉は遠ざかることなく、つねに近づいてくるものである。それは現前し、維持され、監視され、耳にされ、そして表象される過去である」と。彼の論点は二重のものである。いっぽうで、彼はこう書く。「〈ショアー〉ゆえに、イスラエルは死者の声となり、まだ生きている者たちの名において以上に、すでに亡き者たちの名において語るのである」。他方で、日ごとくりかえされる〈ショアー〉への言及は、戦争を合理化し、イスラエルを防衛的な、被害者の立場に据えつづけ、さらにそれはイスラエルがナチスの集団虐殺の政治的教訓を普遍的なものにするとき、イスラエルだけは適用外とすることに貢献する。あのような人種差別は、あのような国外退去は、あのような殺人は、誰にも、決して、二度と起こってはならないという教訓を、イスラエルだけは無視していいのである。バーグは現代のイスラエルにおける生活では、未来への希望、協力精神、そして肯定的な倫理が失われていると憂う。彼は次のように書く、「〈ショアー〉は私たちの生であり、私たちは決してそれを忘れないし、誰にも私たちのことを忘れさせはしない。私たちは〈ショアー〉を歴史的文脈から引き抜き、それをあらゆる行為の口実と動因にしてきた。すべてのことが〈ショアー〉に比せられ、〈ショアー〉によって矮小化され、そしてそれゆえにすべてのことが裁可される――隔離壁であろうと、包囲攻撃であろうと、兵糧攻め《クラウンズ》であろうと、夜間外出禁止令であろうと、水や食物の欠乏であろうと、あるいは理由亡き殺害であろうと[17]」。

この政治的分析のさなかでバーグは、〈ショアー〉に対する「直接的な」歴史的つながりをもたないにもかかわらず、実際上〈ショアー〉を個人史とトラウマとして自分のものにしてきた人びとがいることを示す挿話を提供する。それは滑稽で皮肉な瞬間のはずなのだが、意図せずしてこの挿話は、いかにしてトラウマが、世代をとおして、あるいはさらに、世代を超えてコミュニケートされてゆくのかの問いを提起することになる。バーグはセファルディームとミズラヒーム（もともとスペインから派生したユダヤ人とアラブ系ユダヤ人）の大量移民が、イスラエルによる歴史記述に対してある問題を生み出したと述べている。このような移民たちはしばしば貧困、欠乏、政治的亡命という境遇で、沈みそうなボートに乗り、彼らなりの強制国外移送というトラウマ的経験をともなってやってきた。バーグは次のように記す――「トラウマを運ぶ者たちすべてのなかで、沈黙の対話が起こっていたに違いない。なにもはっきりとは語られなかったし、公的な指針が明文化されたわけでもなかったが、語られないトラウマが比べられるとき、アシュケナジームはセファルディームを圧倒した。……〈ショアー〉についての強迫観念は、それ以外のイスラエル人の苦しみをめぐるあらゆる議論を押しのけてしまった[18]」と。バーグはD氏という男に関する物語を語る。イスラエル人であるD氏はポーランドに旅行にでかけ、そこに数週間滞在する予定であったが、数日後、突然戻ってきた。パーグはD氏になぜ滞在を短縮したのかと問う。D氏は次のように答える――

「もう耐えられなかったのです…すべてが私のなかに蘇ってきたのですから。ワルシャワに到着すると、寒くて、雪がふっていました。同じ日に私たちはポーランドの辺境地をちょっとみようと旅行をしました。…雪に覆われた平原に目が眩みました。体の芯まで冷えるような寒さで、みえるものといえば樺の森と低木だけでした。私たちはそこで夜をすごし、そして夜行列車に乗って旅をつづけました。列車は何時間も走りつづけます。車輪と車両が揺れ、切符を確かめる車掌は横柄です。そして突如、切符の確認が始まりました。そこでもうたまらなくなったのです。ポーランドの列車は私にとって耐えられないものです。その翌日、私は飛行機に飛び乗り、家に帰りました」。次の日、バーグは男に電話をし、こう言う「教えてください…あなたのご両親はどこのご出身ですか」。そしてD氏はこう答える――「イラクです[19]」。

ジョークの意味はわかる。わかるような気はする。男は自分のものではない歴史を借りてきているのであり、家族の歴史的絆によって伝えられているわけでもないトラウマを追体験しているのだから。トラウマが家族的論理の内部で構成される世代をとおして伝えられるものであると私たちが受け入れてはじめて、この挿話は滑稽に感じられる。「中東のユダヤ人はイスラエルの生存者の物語を受け入れていた。〈ショアー〉は私たちをみな同一のものにしたのだ」[20]とバーグはこの物語が示すところを結論づける。しかしこれは必然的な結論だろうか。この男は自分のものでない歴史を受けとめているのか、あるいは、この歴史をもっと切実に引き受けている他者の近くにいるおかげで、この歴史がみずからのなかに入り込んでいると思い知ったのか。彼がこの他者の歴史を引き受ける、あるいはみずからのなかに取りこむにいたったのは、彼の国民《ネイション》・民族との同一化によるものだったのだろうか。あるいはこの分析のなかで検討されていない、トラウマ伝達のほかの方法があるのだろうか。たとえば、トラウマは世代によってのみならず、横方向にも伝達されうるのか――または「世代」というものは、人々の伝記的な歴史から逸脱するような支配的な語りのもとに民族をひとまとめにするような、ある種の国家的《ナショナル》枠組みのなかで浮かび上がるものなのだろうか。

バーグの物語は、支配的な語りというものがいかにその語りと同一化するために歴史的な基盤をもたぬ者たちを招集するかを示していて重要なものではあるが、なぜ人びとがそのような同一化をするにいたるのかについての説明は、さほど成功しているとも思えない。私たちは、ここで結論をくだすべきなのだろうか――問題は、生存者の語りが、基本的情動《アフェクト》レベルに登記され、イスラエルへの国家的《ナショナル》帰属のための言説条件になっているがゆえに、D氏は自身に帰属するものではない生存者物語を受け入れたということなのだ、と。いっぽうで私はバーグの主張、すなわち、こうした事態が実情としてありつづけ、そしてイスラエルの政治的想像力は、この前提条件に顕著な影響を受けているという主張を理解はする。さらには、数十年にわたる暴力的占領政策をつづける強力な国民国家にとって、迫害と生存が政治的自己理解の唯一の座標軸となるとき、その国家の側のあらゆる攻撃的行為が自己防衛と命名しなおされるのも当然といえば当然である。他方で私は、次の点は、疑問のままにしておこう。この男性の家族がイラクから移民としてやってきたのにもかかわらず、なぜ、そしていかにして彼が二十一世紀初頭にポーランドを後にしなければならなかったのか。言い換えれば、トラウマが時として水平的《ラテラル》に拡散的《ディスパーシヴ》に伝播《リレー》され、生物学的な親族関係と再生産の絆に沿ってのみ進行する世代の概念が無効になることはあるのだろうか。ここで、〈ナクバ〉のトラウマを理論化するためにベンヤミンを援用する議論に従うことで、私たちは、このバーグの事例を使って浮き彫りにすることができるだろうか——ひとつの歴史的トラウマがほかのトラウマと共鳴する経緯を、あるいは一連のトラウマ的出来事を伝播するために分節化された語彙が別のトラウマ群の分節を可能にすること、を。他の形式の歴史的トラウマの伝播が体系的に阻止されているまさにその時に、ある種のトラウマだけが時間的・空間的に中継《リレー》されることを、いかにして私たちは説明することができるのか。もちろんバーグの例は、文化的帰属を正当化する目的のためにトラウマを領有化《アプロプリエイション》することに対する警鐘である。そして彼がそうするのはもっともなことだ。しかし、もし私たちが彼の結論に甘んじるのであれば、つぎのふたつの必要性を厳密に区別できないことになる。そのふたつの必要性とは（a）記憶すること、そしてまたいかなる民族の破壊と強制移動であれ、それを忘却に委ねてしまうようないかなる形態の歴史修正主義にも抵抗することの必要性（それは記憶と批判的異議申し立てとの決定的なつながりを前提とする責務）、そして（b）不法な支配体制を正当化する目的のために、たとえば〈ショアー〉

のような歴史的トラウマを道具化して利用することを拒む絶対的必要性である。

プリーモ・レーヴィはこのどちらの責務をも意識していた。ある意味でこのトラウマの二重の軌跡は、トラウマの反復的な性格に起因するものだ。トラウマは現在に侵入し、現在の可能性そのものを過去に再吸収し、トラウマに苦しむ者を不確実な歴史的時間のなかに捉えてしまうのだ——その時間のなかでは、トラウマとなる苦しみを加える者たちが世界をふたたび跋扈し、異なる未来を開く可能性を閉じてしまうかに思われる。一九八二年、ベイルートを軍隊で包囲したのちにベギンが、「まるでヒトラーを掩蔽壕のなかに一掃すべくベルリンに軍を送ったかのような気分だ」[21]と告示したのは徴候的な瞬間である。私たちはこの置き換えのなかに、現在のあらゆる状況を、反芻され消えることのない痛みをともなう過去へ再吸収するトラウマの働きのようなものを読みとることができるのではないか。ファシズム、人種差別、国家暴力、そして強制拘留に抵抗する必然性を、ホロコーストから学ぶような現在に直面するとはどういうことなのか。おそらく私たちが理解すべきは、異なる歴史的状況のなかで、この種の行動は再発しうるし実際に再発していること、またそれらはつねに同じではないこと、しかし、そうであっても、それらが再発するときはいつでもどこでも、声をあげ執拗に、抵抗すべきであるということだ。そしてそれはまた迫害者や加害者の位置を占めることを歴史の裁可によって免れるものなど存在しないということをも意味するのであり、レーヴィはこのことを、ユダヤ人のナチス協力者の行為を考察するときにすでに知っていた。ユダヤ人だから、あるいはパレスチナ人だからといって、その事実によって無罪である者は存在しない。存在するのは歴史的要求のみ、すなわち、生そのもののあやうさ《プリケアリアスネス》の保全を尊重し制度化するような政治的実践と政治参加の様式を生み出さねばならないという要求のみなのだ。
トラウマによって生命を吹き込まれ、また自身の目的のために戦術的にトラウマを蘇生させようとする政治と、そのような人道に対する罪を阻止するために必要となる政治的条件とはなにかを模索する政治とは別のものである。そこで模索される政治的条件、それはまちがいなく、ホロコーストあるいはナチスのジェノサイドから導きだされる倫理的・政治的枠組みである。しかしそれは現在《プレゼント》を生き、それを乗り越えてゆくという目的のために過去から原則を導きだすものでなければならない。この置き換え、あるいは翻訳は、「かつて」〔then〕と「いま」〔now〕の差に対する理解があってはじめて可能になるものだが、しかし「かつて」が「いま」に取って代わりそれを吸収するようであれば機能しない、なぜなら、そうなれば現在に対する、そして現在における盲目性を生み出すだけだからだ。実際、逆説的ではあるが、私たちは〈ショアー〉が過去となることを許すことによってのみ、その経験に基づいて、正義と平等とを、生命と土地に対する敬意とを導きだすことができる。これは決して忘れるな
の別様の表現である。なぜならそれは、過去を現在として組み込むことではなく、むしろ私たちが過去を参照し、比較ならびに考察作業をおこなうのであって、その作業のねらいは、人間の行動原則を導き出せるようにすることだが、その行動原則とは、歴史的時間の犯罪を、どのようなかたちであれ、くり返さないという約束をはたすためのものである。
トラウマはそれ自体として政治的主張を正当化することはない。例外として正当化されるのはおそらく、トラウマを改善する状況は、民族性、宗教、人種にかかわらず考えうるすべての人間にとって必須であるという政治的主張くらいだろう。トラウマは権利を生み出しはしない。たと

え、あらゆる人間にとってトラウマが改善され阻止されるように権利保証を制度化する最適な方法を模索する方向に、トラウマが私たちを導くことができるかもしれないとしても。だがトラウマに対する反動的な関係においては、私たちがそのトラウマの地平の内部で、そしてその内的論理によって行動をするときですら、トラウマは一方的に私たちを決定づける。現在を拒否すること、そして具体的な他者とでも呼ぶべき存在を拒否することは、この種のトラウマ的神秘主義の所産であり、だからこそトラウマからの目覚めこそ、その終わりなき反復を未然にくいとめる唯一の方途なのである。実際、このようにしてトラウマは、私たちに特殊な責任を提示するといえるかもしれない。まさにトラウマが、私たちを純然たる被害者におとしめるのであり、純然たる被害者とは定義上、自分たちが他者に強要している状況に責任をもつことができない。ただしトラウマを意志によって捨て去ることはできないとしても、ある程度、トラウマに対処することはできる。もし私たちが次のようなことに留意するならば。トラウマが現在を過去に吸収しかねないこと、あるいはむしろ過去を現在として再演しかねないこと、また歴史的距離の経験を飛び越えることでそうしかねないこと、すなわちそのような過去に照らして今いかにして歴史を構築するのが最善であるかについて省察したり思考するのに必要な間隔が飛び越えられかねないことに。

レーヴィ自身の省察はやがて彼にユダヤ民族の「離散的《ディアスポリック》」状況がより良い選択肢《オルターナティヴ》なのではないかと考えるにいたらせた。これはハンナ・アーレントの政治観にレーヴィを近づける立場でもある。レーヴィは自発的な自己検閲期間を経て、死の三年前となる一九八四年にイスラエルについて再び口を開くことになった——「私はこれについてたくさん考えてきました——その中心は離散にあり、それは離散にもどってゆくのです。……ユダヤ教の重心はむしろ、イスラエルの外部にありつづけてほしいと私は思います」。そしてまたこうも語っている、「ユダヤ文化の最良なるものは、散逸して、多心性であるという事実に切り結ばれていると言いたいのです」。そして「離散の歴史は迫害の歴史でありましたが、同時にそれは民族間の交流と関係性の歴史、いわば寛容の学び舎でもありました[22]」。

ライデンに住むあるホロコースト生存者の女性がイスラエルの新聞『ハアレツ』に寄稿し、イスラエルにもどってくることを余儀なくされたガザの入植者たちが、自分たちの状況と、列車に押し込まれ強制収容所に送られた人びとの状況とのあいだにアナロジーを見出したことに対し憤慨したと語っていた。彼女はあらゆる種類の細かな歴史的事実にうったえ、二つの状況は経験的にはっきりと異なるものであると論じていた。生き証人としてのみずからの立場のおかげで、ホロコーストの、こうした宣伝的、侮辱的、かつ麻痺的な利用のもつ力の正体を暴くことできると彼女が考えたことを考慮すれば、これは、私にとっては、称賛すべき身振りだった。彼女はトラウマ的な隠喩としてホロコーストの虚偽を暴き、それを経験的な現実にさしもどそうとしたのだ。しかしこのトラウマ的言説に対し道理を説くことはできるのだろうか。彼女の言葉は根拠があり、真実でもあるが、この問題はもはや証拠《エヴィデンス》いかんの問題ではなくなっているのではないか。あるいはいまやこの言説は、それ自身ひとつの命をもつようになっているのだろうか。それは、記憶そのものを犠牲として育ち、そしてナチスによる記憶抹消の闘いに対抗して証拠を供給することに奉仕するのではもはやなく、土地収奪と勢いを増す軍事攻撃の政治的正当化を構築するために、いまや働いているのである。

レーヴィの理解によれば、ホロコーストは彼自身のイスラエル批判に対し道徳的枠組を付与するものだったし、彼のような立場にある者は沈黙を守るべきだと非難する者たちに彼は耳をかさなかった。一九八二年アウシュヴィッツ再訪の出発前夜に、レーヴィは、イスラエル軍のレバノンからの撤退を求める『ラ・レプッブリカ』紙の公開書簡に署名した。彼はイスラエル軍を迫害された少数者を代表するものとみなすことを拒否した。迫害の言説はそのような目的で使われるべきではないのだ、と。イスラエル軍の攻撃を権威づけるべく収容所のイメージを呼び起こそうとする者たちを念頭に置き、彼らに反論すべく、彼は『宣言』において挑発的に書いた——「誰もが誰かにとってのユダヤ人である。そして今日においてはパレスチナ人がイスラエル人にとってのユダヤ人なのだ[23]」と。もちろん、これは物議をかもす主張であって、それを軽卒だと退けることはたしかに正しい。結局、もしレーヴィがパレスチナ人はイスラエル人にとってのユダヤ人だというのなら、それはナチス下の「ユダヤ人」の犠牲者としての位置づけを、イスラエル下のパレスチナ人の犠牲者としての位置づけに置き換えていることになる。これもまたホロコーストと共鳴するものの粗雑でシニカルな使用であると考えることもできるかもしれないが、しかし、彼が語っているのが、ナチス政権下でユダヤ人が迫害されたのと同じように、ほかの者たちも迫害される立場になりうること、そしてもし私たちがユダヤ人と被迫害者とを同列におくならば、今日においてパレスチナ人を含むほかの者たちもまたユダヤ人たりうるのだということは考慮しておこう。さらにイスラエル人は——イスラエル政府としてここでは理解されているが——ユダヤ人と同義ではない。後にレーヴィがこの物議をかもした定式化について問われたとき、彼はベギンやシャロンがナチスだと考えたわけではないと明言していた[24]。そして「パレスチナ人はナチス政権下のユダヤ人と同じ立場にあるのか」と問う『ラ・レプッブリカ』のインタビュアーに応じて、彼はそのような単純化したアナロジーは受け容れられないし、「パレスチナ人を皆殺しにする政策は存在しない」[25]と答えていた。

レーヴィが他のイタリア人やユダヤ人の知識人たちとともに公にベギンとシャロンの退陣を求めたあと、彼はまた自分の町の壁に書かれたユダヤ人とナチスを同一視する反ユダヤ主義的スローガンにショックを受けた。これはどうしても擁護できない状況であり、彼にとって葛藤を生み出した。すなわち、はたして彼はアウシュヴィッツ体験から導き出される原則を、ホロコーストの反ユダヤ主義的な奪取に貢献することなく、国家暴力を糾弾するために練り上げることができるのか。これはレーヴィが乗り越えねばならない問題だった。数箇月以内に、レーヴィはこの件について沈黙するようになり、深刻な抑鬱状態に陥っていった。もちろん原因はいくつかあったにしても、眼前の難局によって緩和されるような抑鬱状態ではなかった。彼の政治的窮地は私たち自身のものから遠く離れたものではない。イスラエルの政策について少しでも話そうとすれば、イスラエルのみならずユダヤ人一般を反ユダヤ主義精神にのっとって糾弾する者たちを勢いづかせることにもなりうるのだから。はたしてこれは、語らないことの理由なのだろうか。それとも私たちが語るとき、あるいは語ろうとするとき、私たちは理不尽な国家暴力に対し道徳的、政治的異論を唱えると同時に、反ユダヤ主義に対しても非難の声を上げねばならないことを意味するのか。同様に、ホロコーストが、残虐な国家・軍事行動を正当化する目的のために戦略的に用いられていることを、私たちが非難するのなら、私たちはまた、こう語らなければならない——ホロコーストはこのような戦略的使用に還元しえず、このような還元はホロコーストの特有の苦しみや政治的課題の価値を貶め抹消することであると。

必要不可欠なことは、ホワイトがしたように、次のように示すことだ、すなわちホロコーストが伝達《リレー》される際の修辞的手段は、現実を「把握」し、その道徳的力を、それが伝えられる形式のなかに登記せんとする手段となりうること。同じように必要不可欠なのは、物語の「道徳的命令」は置き換えられたり転置されたりすることもあり、そのありように誰もが納得するわけではないことを理解することである。問題は修辞と指示対象の対立ではなく、どの修辞を使い、なんの目的のために、そしてどのような責務をもってして、物語を公正に扱わんとするやり方で語るかである。もしレーヴィが『溺れるものと救われるもの』を著したときに、苦境について考察していたとすれば、晩年になって彼は気づくと、もうひとつの苦境のまっただなかにいた。修正主義者たちを論破する彼の努力は、いっぽうで反ユダヤ主義者たちに対抗し、またいっぽうで残虐な国家権力を正当化する目的で歴史を動員するような者たちに対抗する努力のなかでつづけられた。ホロコーストを否定しようとする者たちを論破するには、ホロコーストの言説的奪取は不可避で、必要ですらあった。しかしそれは新たな危険性をともなったのであり、このことは同時代の政治に関するレーヴィのほぼ完全な沈黙の原因であるかのように思われるのだ。

レーヴィは一九八二年に公然と声をあげたが、その後自身の発言を軟化させ、質問者がイスラエルのことを取り上げないという条件のもとでのみインタビューに応じるとしばしば語っていた。トラウマ的なものは脇にどけるしかなく、レーヴィもほかの誰も、そのなかで彼が生き語ることを余儀なくされたような政治的語彙を作りかえることはできなかった。レーヴィの置かれた状況は、私たちに彼を追うなと命じている。しかし彼が直面した行きづまりからは、いくつかの政治的原則が浮き上がってきた。ドイツ人を憎んでいるかと問われたときレーヴィは一国民全体を、国民性にもとづいてカテゴリー分けすべきではないし、できるとも思っていないと語っていた。ユダヤの血が失われることに対する彼の鈍感さといわれるものについて問われたとき、彼はユダヤの血は他のどんな血に対してであれ特権化されるべきではないと答えたし、この話題に対して彼は最後にこう語った——私たちはホロコーストの苦難をもちだして、すべてを正当化するようなことを許してはならない、と。(26)

もしこの単純な一文が、発せられないというのなら、それは私たちがまちがいなく第二次世界大戦の残虐行為から誤った教訓を学んでいるということだ。間違った教訓、それは、私たちは語ってはならないし、沈黙こそがこの種の告発の唯一の別の選択肢《オルターナティヴ》であるということ。あの歴史的苦難を、現代におけるいかなる種類の政治的宣伝利用《エクスプロイテイション》からも切り離すことは、私たちが、レーヴィの導きに従って、歴史をそこなうことなく正しくとらえ、現在において正義のために闘うのなら、なすべきことの一部である。

第8章　「エグザイルなくして、私たちはどうしたらよいだろう」

——サイードとダルウィーシュが未来に語りかける

アイデンティティが複数性に開かれる場所
要塞でなく、堀でなく

——マフムード・ダルウィーシュ

エドワード・サイードの晩年の思考のなかには、私のみるところ、二国民主義はナショナリズムの解体でありうると示唆するような一連の思索が存在する。もちろん、そのような考察をおこなうなら、その出発点でいったん立ち止まらねばならない。というのも、ナショナリズムのシオニズム形態に反対するのは道理にかなっているとしても、いまだ国家を目にしたことのない人びとのナショナリズム、それも国民《ネイション》を結束させようといまだ試みている人びと、また強固な国際的支援もないままにはじめて国民国家を樹立しようと試みている人びと、すなわちパレスチナの人びとのナショナリズムにも私たちは反対したいのかということになるからだ。この喫緊の問題に対して、私は次のことを提案したい。すべてのナショナリズムは同じものなのか（もちろんそんなことはない）というだけでなく、「国民《ネイション》」というときに、私たちは何を意味しているのかを考えてみることを。なぜなら、私たちの最初の大前提のひとつは、国家とは、人びとをひとつ場所と時のなかに集め、軍事的手段をもちいて守られるべき境界線や国境を作り上げ、そして民主主義的自己統治と独立した領土と権利からなる様式を発展させるもの、ということだからだ。そしてたしかにパレスチナのものである土地に対する権利を主張すること以上に重要なことはパレスチナにとってほとんどないけれども、その権利はただちに固有の形態の国民国家を含意するわけではない。実際、そうした権利を、国際法に照らして、あるいは道徳的・政治的議論——それも特定の国民国家のヴァージョンにおさまるかもしれないし、おさまらないかもしれない議論——に立脚して定式化することも可能だろう。イスラエルという国民国家の建国と自己正当化の実践になくてはならないものとなってきた一連の違法な土地収奪についての歴史的分析に基付けば土地を要求する権利を主張できるかもしれない。イスラエルを築き上げてきた連綿とつづく土地収奪は、一九四八年にはじまり、一九六七年を経て、いまなお入植地の拡大や、分離壁の建設や再建設というかたちで、またチェックポイントが恣意的に移転されるたびに国境を拡張するという戦略的措置によってつづいている。しかし、もし私たちが、違法な土地の獲得と収奪の実践なくしてはイスラエル国が存在しえないという仮定からはじめるとして、私はそうすべきだと思っているのだが、それでもなお私たちはふたつの事実にひきもどされる——私たちにパレスチナという国《ネイション》をどう理解すべきか、また、どういう点でその国《ネイション》が特殊化されうるのか、特殊化されねばならないのかと問わしめる、ふたつの事実があるのだ。

　そのひとつは、一九四八年に土地と家を失い、領土から立ち退かされたパレスチナ人たちが現在、離散状態にあり、そのほとんどがさまざまな地に——歴史的にパレスチナを構成するとされる土地の外部に――離散《ディアスポリック》したままであるという事実だ。たしかにパレスチナ人のディアスポラの歴史は事実上、一九四八年に起こった事件の数々に端を発する。(1)土地と仕事を奪われパレスチナ人ディアスポラに加わってきた人びとの帰還権は、パレスチナ人の国《ネイション》理解にとって最重要課題でありつづけている。(2)この意味で、この民族《ネイション》は部分的には散り散りなのであり、そしてこの国をめぐるどのような見解であれ、家や土地から強制的に追い立てられた人びとの権利を考慮に入れねばならないだろう。したがって歴史的に考えてみると、パレスチナという国《ネイション》はいかなる既存の境界線あるいは交渉下にある境界線にも囲まれていない。とはつまり、これは権利や義務が既存の境界線を越えて広がっているということだけでなく、既存の境界線は不法な土地横領の結果であるということを意味する。かくしてこうした境界を国民国家の国境として受け入れることは、その違法性を国家の容認可能な基盤として裁可し承認することになる。違法性が国民国家の起源を特色付けるだけでなく、その自己再生産様式としてなおも継続されるのである。現在の境界を(それがその時点でたまたまどこであろうとも)受け入れることは、出現しようとしているパレスチナ人国家にとって、土地収奪と強制追放の問題の棚上げに実質的に合意することになる。こうした前提にのっとって築かれる国は、どのようなものであれ、その国は一九四八年に起こったことへの否認に立脚し、その否認を推し進め、今なおつづくディアスポラ状態のパレスチナ人の排除状態には目をつぶるしかなくなる。

パレスチナ人にとっての帰還権はさまざまなかたちをとりうる。再入植計画を提案する向きもある(イスラエル人は入植地を作り上げるのに長けているのだから、その才能の一部はパレスチナ人が権利を有する土地に新しく家屋を建てるために流用できるかもしれないというわけだ)。(3)さまざまな経済的補償様式を考慮する人もいれば、また公的かつ国際的な認知の様式を模索する人もいる。一九四八年のパレスチナ村落の大量破壊を告発し追悼しようとするゾフロットが、イスラエルの独立記念日と呼ばれる日に法的に活動を禁じられ、追悼活動に参加する者たちが反逆罪で次々と告発されているこの時にあって、一九四八年のパレスチナ人の破壊と収奪《ディスポゼッション》の公的な認知を、たんなる象徴的な問題にすぎないなどということはできない。それどころか、その象徴性は強力なのである。(4) さらに、帰還権は国連の決議によって支持されており、強制的に家を追われた難民たちの権利を保護するための国際法全体とも一貫して符合している。帰還権がさまざまな意味をもつことを考慮すれば(その多様な意味のなかには逆説的なことに、五百年以上前にスペイン宗教裁判のもとで家を追われたユダヤ人たちによって現在模索されているものもあるのだが)、次のようなことを語るのは意味がとおらないとわかる。すなわち、少なくとも議論されているのは、帰還権のいかなるヴァージョンなのか、そして考慮されている権利が正当なものであるかどうかを理解しないかぎり、人は、権利を支持することもそれに異議を唱えることもできないと語ることは。もしこの問題がたんに不可能だと、あるいはあまりにも複雑で、思考不能で、または大きな代償をともないすぎるということで、これを払いのけようとするならば、この「払いのけ」こそ、強制的な排斥についてみてみぬふりをする姿勢が現在においてとる身振りなのかもしれない。それは日常生活のなかで、常識というものに不気味にも陣取っている強制移動の痕跡になりおおせている。

たとえば帰還権を考える国際会議を開催し、さまざまな帰還権の策定やさまざまな救済様式を注意深く考察することを最優先課題とすることは、難民や無国籍者の未解決問題に取り組むための理にかなった方策のひとつと思われる。そうした場における課題とは、帰還権が何を意味するのか、それがどのように尊重されうるのか、そして国際法と国際的義務の遵守ははたしてどうすればなされうるのかといった問いに対し、合意（苦渋に満ちた合意であれ、合意ではあるのだから）をとりつけるべく動くことだろう——こうした民間の、そして法的な一連の動きが、今なおつづく不正を告発することになり、不正を解決することが、この地域における現在よりも暴力的でないかたちでの民族共生を実現するための道を拓くことになるかもしれない。

けれども往々にして私たちが主要な世論のなかで目にするのは、この権利に対する反射的な否認（いやいやと振られる手、床に落とされた視線、憤慨のしぐさ）である——あたかもそのような解決策が意味するのは、パレスチナ人が突如としてイスラエルのユダヤ人の家に押し入り、彼らの調理用具やら家財やらを取り上げようとすることでしかないとでもいわんかのように。だからこそ、どんなやり方であれ、この問題に対して取り組むというのは、こうした突き放したような態度と投影による妄想を退けることを意味する（そもそも、実際に乗っ取られたのは誰の家だったのか？ 逃げ出さざるをえなかったのは誰だったのか？）。帰還権は複雑かつ有効でなければならず、そしてこのことは帰還権が難民の権利、収奪の不当性、土地再分配の新たな構想を考慮していなければならないことを意味する。それは非現実的あるいは不可能にも思えるかもしれないし、またこの地域には地均しをして、はじめからすべてを作り上げる必要があるということを示唆するものかもしれないが、ここで私は指摘したい、イスラエル人たちはいつも、土地の再配分をおこなっているのだ、と。土地再配分の工程や手法は整っているのだ、と。だから問題となるは次のようなことだろう。難民の権利を尊重し、財産や土地を強制的に収奪された人びとの認知と補償を求める正当な要求を尊重するために、こうした土地再分配のプロセスに介入し、その方向を逆転させるには、どうすべきなのか。もちろん、これは歴史の明確な承認をともなって事を進めるべきことを意味する。このプロセスをなおのこと複雑にするのは、次の事実である、すなわちこの固有の歴史がつねに消滅の危機にあり――アブー・マーゼン〔マフムード・アッバース、パレスチナ自治政府第二代大統領〕はいくどとなく、この問題を棚上げにしておこうと提案している――いつも抹消される危機にさらされ、そして実際のところ、なんとか歴史の一部として理解されるよう苦慮していると ころなのだ。現在の状況下、歴史的過去がいまだ確立されぬままに前進することとは、いったい何を意味するのだろう。

もしもこの絶えまない歴史的抹消の危機に抵抗することができないのであれば、むろんいかなる未来への前進も無益なものとなろう。にもかかわらず、パレスチナ問題に対する現実的なアプローチと考えられているものには、こうした抹消に依拠しようとするものがあまりにも多い。いうまでもなく、ある一連の出来事は抹消されないことではじめて歴史的なものとして立ち現れるのだし、こうした出来事が歴史的なものとなってはじめて、ようやく私たちは未来にどんな新しい可能性があるのかと意義あるかたちでおおやけに考えはじめることができる。さもなければ、〈ナクバ〉は起こりつづけ、現在と区別がつかなくなり、そうしてほかのあらゆる時間的動きをあらかじめ排除することとなる。それゆえ〈ナクバ〉の抹消に抵抗する闘争はどんな前進の可能性にとっても不可欠なものなのであり、そしてそれはその同じ一手が歴史的な記録を確立し、未来が起こることを可能にするのだということを意味する。かくして〈ナクバ〉がたえず陥ろうとしている忘却の淵は、ベンヤミン的な介入を必要とするのみならず、プリーモ・レーヴィの二重の責務――修正主義の拒否、そして芸術的創作と実存的生存のための健忘の活用――の重要性をも呼び起こす。この章の後半で私は、マフムード・ダルウィーシュをとおして、どんな未来がサイードによって――とりわけ二国民主義についての彼の晩年の考察のなかで――問われていたのかを理解しようと試みるだろう。サイードと、ここでの私自身の議論にとって、次のことを留意しておくことは重要である。つまり、二国民主義は二国家解決案へとつながるのではなく、一国家へと、すなわち民族、人種、宗教にもとづくすべての差別形態を根絶するような国家へといたるのだ、と。そのためにも、人口《ポピュレイション》、国民《ネイション》、そして国家《ステート》という概念のあいだを辛抱強く往復することにしよう。

しかし、はじめに示唆しておきたいのは、パレスチナ人の国《ネイション》についてのどのような考察においても、そこに賭けられているのは離散《ディアスポラティク》パレスチナ人の権利なのであるから、私たちには義務めいたものとしてたちはだかるのだ――離散的なるもの、あるいは〈アル＝マンファー〔al-manfa〕〉すなわちエグザイルとしてもっともよく言及されるものを「含む」ものとして、パレスチナの国を再考することが。(5)疑いなくこれがサイードの主張なのであり、彼はこの主張を幾度もくり返している。(6)そしてこのとき、帰還権はあらゆる離散状態を国に回収することを意味するのではない。そうではなく、むしろ、〈アル＝シャッタート〔al shattat〕〉、つまり人口の散在として理解されるところの離散的なるものから、可能な未来の政策のための指針を導き出すことを含意している。私の理解では〈マンファー〉とは、困難な状況に対する反応として不本意なかたちか自発的かを問わず起こる強いられた故国喪失・亡命《エグザイル》を含意する。〈シャッタート〉は散逸するという意味でのディアスポラを指すものであり、これもまた多くの場合には強制によるものではあるのだが、かならずしもつねにそうであるとはいえない。離散状況から導き出され、そしてそこからいわば、痛感される＝家に持ち帰られる〔brought home〕べき、難民状態と収奪に中心的にかかわる政治原則ははたしてあるのだろうか。もし私たちが国民的なるもの《ザ・ナショナル》を選択して離散的地位を解消するものとして帰還権を考えるのなら、国民的なもののなかにもいくばくかはディアスポラ的なものが残されるのか、あるいは残されねばならないのか――いわば、いかなる可能な国民のなかにも内在する緩和条件や安全弁とまでいわなくとも、国民的なものに対する内的批判として、ディアスポラ的なものはみずからを提示するのだろうか。言い換えるなら、もしディアスポラ状況が、難民の状態に対するある種の展望を、時間的・空間的距離を越えた生活様式を、喪の実践を、文学・音楽・映画・美術品などを含む文化伝達を、散逸と封じ込めの諸状況の内部で生起する祝賀と連盟の諸様式を、提供するのであれば、次のように問うこともそう不思議ではないだろう。ディアスポラ状況から立ち現れる政治的主張は、どのように国家と国民的なるものという概念を活性化し、また攪乱するのだろうか、と。

　難民の根本的な権利からはじまる国民的なるものの解明は、どのような様相を呈するのだろうか。そしてさらに、その権利に対するイスラエルの解釈――イスラエル自身がもつ〈帰還法〉内での、また現代のユダヤ教義に合致するすべてのユダヤ人のための聖域的避難所としてのイスラエル国建国における――を考慮すれば、難民の権利について、特定の民族からその土地を取り上げる権利を正当化することのない認識を確立することは急務である。実に、イスラエル国の建国によって犯されたもっとも壮大で甚大な矛盾のひとつは、ヨーロッパから強制退去させられた難民の避難所を求める権利を基盤として築かれた国家が、今度はかわりに、そして同じ原則に訴えることなく、パレスチナ人たちをその土地から強制退去させるにいたったということである。そこでいかなる難民の権利の喚起にかんしてであれ私たちが提起すべき問いかけとは、単純なものである。すなわち強制的な収奪や退去命令に抵抗する権利――とりわけ少数者にとっては重要なこの権利――との関係において、難民の権利はいかにして策定されるのだろうか、と。現に、少数者がその少数者としての地位を失い無国籍者となるまさにそのとき、こうした権利は彼らに属する権利となる。難民の権利と抵抗する権利、その両方の権利の結合を要求する法的・政治的想像力が必要であるのは、ナクバの不正を記述し評価するためだけではなく、難民の権利を尊重するためのいかなる方策も、新たな無国籍者階級を創出することが絶対にないようにするためでもある。イスラエル／パレスチナにおいてこの原則に基づく解決に到達しないかぎり、イスラエルの〈帰還法〉に無期限の一時停止措置を課すことが必要となる。現に、ユダヤ人口の統計的優位を維持するために幾度となく〈帰還法〉が利用されてきた状況下では、この法は明白に差別的であり、反民主主義的なのである。

したがって私たちは以下のようなことを結論としてよいかもしれない。帰還についての法が帰還の権利と結びあわされるまで、イスラエルの〈帰還法〉はあってはならない、と。あるいは、こうもいえるかもしれない。現行のイスラエルの〈帰還法〉がパレスチナ人の帰還権を排除するようにできている以上、帰還法は無国籍者階級の創出にいまだ、そしてふたたび、携わっているのであり、それゆえそれ自体の正当性の原則を無効化しているのである、と。そしてこの法は難民の権利に基づいているかにみえてまさにこうした権利を棄却しているのである。それが意味するところはつまり、イスラエル帰還法は難民の権利を支持するはずのものでありながら、難民の権利を積極的に否定しているということだ。ハンナ・アーレントはこの事態をまちがいなく見抜いていた――ユダヤ人の国民国家としてのイスラエル建国に異を唱え、イスラエル建国はあらたな無国籍人口を作り出すことによってしか達成されえず、そして結果として数十年にわたる抗争を生み出すだろうと彼女は予言していたのだから(7)。

したがって、いえるのは、いかなる難民の権利も、難民の権利が否定されないようなやり方で行使されねばならないということである。ここで提起される政治的問題は、一九四八年から、また一九六七年からディアスポラ状態におかれたパレスチナ人たち、あるいはまた一九八二年にベイルートを追われた人びとや一九九三年のオスロ合意によってさらに権利を剥奪された人びと、そしてこの地域のいたるところでいまだに、またときには数十年ののちにおいても、難民キャンプに暮らしているであろうすべての人たちの法的地位や主張を確立することによってさえ、完全に決着がつく話ではないということだ。帰還権によって意味されているのは、法的補償と承認、そしていうまでもなく再入植である。この最後の言葉、〈再入植《リセトルメント》〉は、多くの人びとの耳に、たとえ母音と子音は明確にちがうものであろうと、〈一国家解決〉案と同じように認識される。事実、帰還権には一国家ヴァージョンと二国家ヴァージョンがある。再入植に対する反対意見は、ユダヤ人がイスラエルにおける人口統計的優位を失い、それにともない事実上の二国民主義が生まれるのではないかと危ぶむ者たちに広がる深い恐怖心に基づいている。そこにある前提は、ユダヤ国家は人口統計的優位によってしか守られえないというものだ。たとえ、この種のあらゆる支配形態に反対するさまざまな形態のユダヤ教やユダヤ性があると確言しても、である。ユダヤ教のそうしたヴァージョンはまちがいなく反イスラエル的だと切り捨てられるだろう。そしてそれがシオニスト的でないのは確かである。けれどもこうした反応は、次の反応に比べればさして重要ではない。第一の反応は規範的なものだ。つまり、どんな民主主義政治形態であっても、特定の民族ないし宗教集団の人口統計的優位を保持する権利はない。第二は戦略的なものだ。つまり、イスラエルにおけるユダヤ人口の優位が失われることは、この地域の民主化への展望を改善するものである。私が提示する第三の返答は、妙な話ではあるが、記述的なものである。つまり、すでに、事実上の二国民主義のさまざまな形態がすでに生起しているのであり、そしてその形態はあきらかに悲惨なものである（現在進行中の土地分配プロセスがそうであるように、またそのプロセスは明白に不正であるように）。私たちは二国民主義の無残な形態を軍隊の配備された東エルサレムの街並みに見出す。そこでパレスチナ人たちは、自分たちの家を守らねばならない、それも彼らが所有している財産──ときには百年以上にもわたって所有されてきた財産──に対する権利をもつのだと主張し、再所有をねらっている右翼イスラエル人たちから。右翼イスラエル人たちのこうした活動は、そのほとんどがイスラエル法廷に支持されているし、イスラエル警察によって安全が確保されている。[8]

無惨な二国民主義は、屈折した経済的依存関係のなかにも見出すことができる。それはヨルダン川西岸地区の入植地と、パレスチナ人労働者──彼らは、ほかの仕事場に赴くことを禁じられているため、入植地に商品や労働を提供する──との間に生じている。パレスチナ人とイスラエル人のあいだのこうした交換を二国民主義の一形態だと考えるのは、はなはだ皮肉なことではある。これは無政府主義のイスラエル人とパレスチナ人がともにイスラエルの軍事部隊に反撃を行うといった、分離壁沿いのブドゥルスやビルインなどの町で散見されるような、選択的で半ば意図的な連帯とは、ほど遠いものなのだから。いま述べたこうした無惨でないかたちの連帯は、主流である無惨な二国民主義に比すれば、はるかに周辺的《マージナル》な事例にすぎない。無惨な二国主義の第三の形態は、イスラエル国家の名目上の、あるいは部分的な市民であるパレスチナ人のなかに見出せる。彼らの雇用、住宅、教育、そして移動可能性をめぐる展望は、法的・社会的政策によって制限されるいっぽうである。(9) サーミラ・エスメイアが論じてきたように、イスラエルがユダヤ人国家であったことはいまだかつて一度もない。イスラエルはつねに、征服を通じて、非ユダヤ人、キリスト教徒のパレスチナ人、イスラム教徒のパレスチナ人、ドゥルーズ派〔イスラム教シーア派から分派したと考えられる宗派〕やベドウィン〔アラブの遊牧民〕をその人口に含めてきたし、エルサレムにはこの都市とその重層的な歴史や土地に対して所有権を要求するにたる理由をもつ、さまざまな信仰をもつ人びとがいる。いってみればユダヤ人の統計的優位を実現しようとする奮闘は、その多数派としての地位がすでに覚束ないものであるということを、そして軍事的・政治的・文化的抗争はつねに、ほかのすべての人びとに比してユダヤ人口を不釣り合いに庇護する政治的不均衡を維持するために仕掛けられているのだと告白しているようなものである——そしてこの不均衡のなかではヨーロッパ起源のユダヤ人のほうが、アラブ系ユダヤ人やスペイン系ユダヤ人（ミズラヒームとセファルディーム）の両者よりも優遇されている。

依然として事実なのは、イスラエルはユダヤ主権の原則に基づいて建国されたユダヤ人の国《ネイション》としてみずからを規定しているということであり、それはつまりパレスチナ人たちを恒常的な少数民族に留めおくこと（そしてもし国境内のパレスチナ人が増えすぎたなら、その人口をさらなる収奪や退去、そして封じ込めによって管理すること）をその使命としていることだ。折りにふれてイスラエルの政治家たちはパレスチナ人口の完全追放についておおっぴらに討議している。だが留意しておこう。

たとえ完全退去が実現したとしても、イスラエルはそれによって、国境周辺での恒久的な戦争状態を余儀なくされ、そしてイスラエルが強制退去させただけでなく強制退去させつづけねばならない人びととの永続的な紛糾をも余儀なくされるだろう、と。ことほど左様に、イスラエルの主権の主張は、強制退去と封じ込めからなる恒久的な戦略に依拠しているのであり、そしてこれがパレスチナ人との永続的な関係のありようとなっているのだ。完全強制退去の戦略には、意図せざる近接性と恒久的な交戦状態を打開するようなものはなにもない。それはたんにダルウィーシュが「自己と敵が……過剰な歴史と多すぎる預言者にあふれた土地に閉じ込められ、もつれあい、角突き合わせる[10]」と評した事態をべつのかたちでつづけるにすぎないのだ。ここでまたパレスチナ人を「少数民族《マイノリティ》」として記述することは、それがどんなものであれイスラエルが目下のところ定めている境界の内部で（この境界はイスラエル拡大の方向にむかってつねに前のめりに変化しているわけだが）公的文書をもって生きる人びとに限って言及するときにしか意味をなさないということもわかるだろう。いっぽうで、人口統計的優位は人種差別的で非民主主義な原理であるとして反論し、少数民族《マイノリティ》の権利を擁護する必要があるし、さらにそうした少数民族《マイノリティ》の権利の擁護は、その地位がイスラエルにおいて公的に少数民族《マイノリティ》として認定されているからということだけでパレスチナ人限定でおこなわれてはならない。他方で、こうした恒久的な少数民族としての立場に反対する闘争そのものは、占領に対する反対運動と難民の権利にリンクされなくてはならない——たとえ難民と呼ばれるのが、ディアスポラ状態にある人びとであろうと、難民キャンプに閉じ込められている人びとであろうと、あるいは軍隊が配属された地域で身動きがとれない人びとであろうと。

刻々と推移するこの地域の人口情勢に鑑みれば、現代のシオニズムの特徴である人口統計的優位を維持するためのプロジェクトを推進しようとするならば、それはさらなる土地の所有権を主張し、非ユダヤ系統の人びとの——主としてパレスチナ人とベドウィンたちの——権利を剥奪し強制退去させるほかはない。興味深いことに一九九九年にサイードは、二〇一〇年にはユダヤ人の人口的優位は失われるだろうと予測していた[11]。サイードが計算に入れていなかったのは、ユダヤ人移民を増やすためにイスラエルの帰還法が利用されるであろうこと、そして新たな土地収奪と新たな境界設定の両者が人口情勢を変化させるだろうということだった。こうした事態の結果としてあるのは、完全な市民権をもたない国内の少数民族と、政体——マジョリティとしての立場が定められている特定の民族的・宗教的マジョリティにしか完全な権利と資格を認めないような——との関係を検討することは、この大きな問題系のたった一部でしかないということだ。占領下そして／あるいは難民キャンプ内で、植民地主義的征圧下の暮らしを余儀なくされる主体は、封じ込め戦略もしくは強制退去のいずれかによって従属させられており、この主体には安定性がない。それどころか、レバノン南部の難民キャンプとは、強制退去させられた人びとを封じ込める努力の一環であり、そのような封じ込め的収容は、強制退去戦略の延長にあると論じることも充分できるのだ。それらは帰還権を無効化し、その行使を妨害するためのひとつながりのメカニズムなのである。

そのうえ土地に対する権利を有する疑似市民たちが占領下に生きる者たちへと幾度も立場を変換されるさまは、このふたつのカテゴリーの構造的つながりを浮き彫りにする。さらにいえば、占領下で生きる者は、ある意味では、強制移動させられるのだが、それは私たちが通常、ディアスポラ状態にある者として認識する状態とは異なる意味においてのことである。しかも二級市民の強制移動と土地収奪が示すのは、二級市民、植民地占領下の主体、そして故国喪失者《エグザイル》は内的にむすびついていて、そのメカニズムはさらに徹底的な形態の収奪への変換のために存在するということだ。ある者は国境の内側にいるように見えるし、ほかの者は統制されてはいるが外部に置かれた境界線のもとで占領下に置かれており、またさらにはこうした両方の境界線の外部におり、その意味で、ディアスポラ状態にある人びともいる。だが、もっぱら、この最後の状況にのみ〈ディアスポラ〉という言葉をあてはめようとするならば、私たちはおそらくまちがいを犯すことになるだろう。ディアスポラへと追いやることとは、立場が変換されるこのプロセスにおいて終始一貫して稼働していることが見て取れるのだから。それこそディアスポラという概念なくしては、私たちは立場の変換可能性や、その立場が一方向的に収奪へとむかう体系立った動きをすることを理解できないだろう。と同時に、収奪があるがままの状態で、動きをともなわず起こること、しかしそれはつねに立場の変更や、土地の喪失、さらなる権利の剥奪、また恣意的な統制も含むのだが、それらをとおして起こるのだと記憶しておくことはきわめて重要である。そしてもちろん離散したパレスチナ人たちはしばしばほかの場所で市民権を得るのだから、この動きは必ずしもつねに恒久的な権利剥奪というかたちで終わるわけではない。しかしパ、レ、ス、チ、ナ、に所属する権利の剥奪は、パレスチナ人たちがほかの場所で権利や市民権を得ることによって克服されるわけではない。それはそのあらたな帰属の感覚に亡霊のごとくつきまとい根強く存続しつづける。グローバルな不正、それも歴史的かつ同時代の不正として、つまりは現在進行形のカタストロフとして、是正されることなくありつづけるのだ。

目下のところ私は比較的単純な主張を試みているにすぎない、すなわち少数者や被占領者や強制追放者を、あたかもそうしたカテゴリーが普遍のものであるかのようにただ言及することなどできない、と。そもそも、そうしたカテゴリーを区別する無時間的方法などないし、あるのは、ひとつのカテゴリーをいまひとつのカテゴリーに、さらなる収奪に向かって変換する一連のメカニズムなのだから。シオニズムはいくつかの矛盾した前提に依拠しているのだが、そのうちのひとつは次のように定式化できるだろう。（a）イスラエルはユダヤ主権の原則によって統治されており、そしてイスラエル国家自体がユダヤ人国家である。（b）イスラエルは、まさにそれが完全なるユダヤ人国家ではないからこそ、非ユダヤ人少数者に対する人口的優位を維持するために戦わなければならない。人口統計的優位を保つためにはパレスチナ人をめぐる三つのプロセスが必要となる。すなわち、マイノリティー化、占領政策、そして強制退去である。と同時にイスラエルは、みずからがユダヤ人国家であるという主張と、それがユダヤ人国家ではないからこそ人口統計的優位を保つために奮闘しているという事態とのあいだに恒久的に存在する乖離を、つねに覆い隠しつづけねばならない。私がここで強調したいのは、この最後の奮闘が多くの意味で、私がまさにいま記述してきた変換可能性のプロセスを説明するものということだ。ユダヤ人の人口統計的優位を保とうとするプロジェクトは、土地の収奪を含むマイノリティー化と権利剥奪の能動的なプロセスを前提とするのみならず、こうした入植型植民地主義の継続的な実践を、その存続のまさにそのために必要とするのである。私たちが政治的永続性と呼んでもよいかもしれないもののために、このプロジェクトは、こうした戦略を増幅し拡大し、それに関与しつづけなければならない。言い換えればこうした植民地主義の実践は、イスラエルをいつまでもその被植民者に結びつけ、そしてそれゆえにまさにそうした植民地主義的状況の最中にもうひとつの、そしておそらくはもっとも根源的なかたちの無惨な二国民主義を作り上げているものとして理解されるべきかもしれない。

実際、従属させられ、強制退去／国外追放させられた人口層なくして、そして収奪のメカニズムなくして、イスラエルはどう立ちゆくというのだろう。事実、イスラエルは、現状の形態では、収奪のメカニズムなくしては、みずからをイスラエルとして維持することができない。この意味でイスラエルがさらされている脅威は、収奪と強制退去／国外追放にその存在を根源的に依拠するイスラエルのありようの帰結であるといえる。だからこれは今日のイスラエルの行為を粛正するとか改革を実施するといった問題ではなく、イスラエルの存在の基盤をなしている根源的で進行中の植民地支配による従属の構造を打破するという問題なのだ。だから、パレスチナ人の隷従化なくしてイスラエルはどうありうるのかと問うとき、私たちは私たちの知るイスラエルはその隷従化なくしては想像もできないのだということを浮き彫りにする問いを掲げているといえる。こうした隷従化支配がなくなったときイスラエルではない何かほかのものが立ちあらわれる——けれどそれはそもそも思考可能なものだろうか。それが何であるにせよ、それはユダヤ民族の破壊ではない。そうではなく、それはユダヤ人主権の構造と人口統計的優位の解体だ（あきらかにこれはユダヤ人にとってもその土地のすべての居住者にとってもより良い状況であって、だからそれはユダヤ民族の破壊にも、パレスチナ民族の破壊にも、ほかのどんな民族の破壊にも結びつきはしないと論ずることもできる）。現在進行形のパレスチナ人の収奪なくして、イスラエルはどうするのか、そしてどうなるのか。私たちがこの問いを、マフムード・ダルウィーシュの詩のタイトル「故国喪失《エグザイル》なくして、私は何者たるだろう」と、その詩のリフレインで提起されている問い「故国喪失なくして、私たちはどうすればよいだろう」とを組み合わせてみたとき何が起こるだろう。これらの問いは、未来が阻まれた状況下で、または未来が従属化の反復としてしか思い描かれえないような状況下で、未来を切り拓こうとしている。

「未来に語りかける」とはどういう意味かを考えるために、私はエドワード・サイードの最後の政治的省察に立ちかえる。そのひとつは一九九〇年代後半、彼が二国家解決案から一国家解決案へと移行した理由のなかに見出される。ふたつめは、パレスチナとユダヤの歴史を、その異なる歴史のなかにあるディアスポラ的性格に注意をうながして、考えようとする彼の明確な努力に見出される。この最後の問題圏に関して、サイードが詳述《エラボレイト》するのは、いかにして両者のアイデンティティがその他者性との関係によって構成されるのかであり、この状態は、散り散りになり、自分が明確に所属しているとはいえない人びとのあいだで、そしてともすれば意図しない近接性の様式のなかで生きることなのだ。これらは文化的に異種混淆的な資源から引き出される生活様式である。いうまでもなく、サイードはふたつの苦境が同じだといっているわけでも、ふたつの歴史が厳密に相似関係にあるといっているわけでもない。そしてまた、マルティン・ブーバーの『ひとつの土地にふたつの民』に見られる文化全体論《カルチュラル・ホーリズム》に回帰しているということでもない。(12)

隔たりあいながらも収斂するふたつの故国喪失《エグザイル》の歴史から導き出されうるような、難民の立場を考えるための歴史的資源がはたしてあるのかどうかと、サイードは積極的に問うているように思われる。(13)サイードはユダヤ人たちに対し、故国喪失者《エグザイル》としての、放浪者としての、そして難民としての立場を思い起こさせ、そして彼らにそうした特殊個別性から、少数民族と難民の権利を強制退去と封じ込めから守るようなもっと一般的な原則を外挿敷衍《エクストラポレイト》するよう呼びかける。サイードにとってディアスポラ的存在とは、文化的異種混淆のさなかで差異と折り合いをつけながら、自身の存在条件として差異あるいは複数性をまさに肯定しながら作られていくものである。彼が『フロイトと非 - ヨーロッパ人』という短い本のなかでこの問いを提起したとき、サイードが重視するのはモーセがエジプト人だという見解、そしてそれゆえモーセはアラブの地からやってきてアラブの地に住まうユダヤ人、いわばアラブ系ユダヤ人そのものの形象であるという見解である。[14] しかしここでもっとも重要なのは荒野から民を導いたモーセ像ではなく、さまよう人としてのモーセである。このモーセ像はまた、ユダヤ的生のためにシオニスト的解決に抵抗し、パレスチナにおける政治的領土がユダヤ的政治のゴールであるべきか否かを問うてきたユダヤ人哲学者たち、なかでもフランツ・ローゼンツヴァイクによって、くりかえし肯定されてきたモチーフでもある。サイードはモーセに難民の一員としての役割をあたえ、ユダヤ的生の「ディアスポラ的かつ漂泊の」性格を想起させることで、モーセ研究に興味深い転回をもたらした。さらにサイードは、このユダヤ性のディアスポラ的ヴァージョンの現代性を力説する――「大いなる人口移動の、難民、故国喪失者、国籍離脱者、そして移民からなる、われらの時代において」(FNE, 53〔70〕)。

難民の権利の理解とともに始動する政治体制を優先し、シオニスト的形態をとる入植型植民地主義への専心を捨て去るような二国民主義へとユダヤ人が接近するのを求めるかのように、サイードはこううつづける――「この考え方の強みは、他の包囲されたアイデンティティの数々のなかに接続＝分節され、そしてそうしたアイデンティティの数々に語りかけることができるということだ……厄介で、私たちを無力化し、撹乱する世俗的な傷として」(FNE, 54〔72〕)。「接続＝分節されること〔articulated in〕と「語りかけること〔speak to〕」は、同一ではないし同一になりえないながらも、たがいに収斂しあうディアスポラから出現する現代との類似性の、ふたつの様態をなすものだ。ふたつのディアスポラにある民族がともに生きるという、この考え方を私たちは維持できるだろうかとサイードは問いかける。この考え方のなかでは、ディアスポラが――他者とともに、そして他者のなかで生きるという状況において――アイデンティティを獲得するための条件を限定する。そしてそれこそが、より悲惨さのすくない二国民主義の潜在的基盤となるのだ。いっぽうは他方のなかで分節され、そしてこの意味で、二者はたがいに語りかけ、たがいに呼びかけあい、この語りかけのモードの外側では思考することはできない。

　より無惨ではないかたちの二国民主義に近づくためには、ユダヤ系イスラエル人たちは市民権や難民の権利についてのあらゆる点において、みずからのユダヤ性を脇に置かねばならない。逆説的ではあるが、そしてきわめて重要なことだが、この脇に置く《セッティング・アサイド》ことにもっとも労せずして取り組む方法は、まさに自身の故国喪失の歴史を参照してみることなのだ――すべての少数者と難民の権利を、強制的封じ込めと強制退去／国外追放への反対を、国境と天然資源そして人間の自由に対する植民地主義的で軍事的な支配を解体する必要を、無条件に擁護するような一連の原則を外挿敷衍《エクストラポレイト》するために。くりかえすようだが、ひとつの苦難の歴史からもうひとつの苦難の歴史への外挿敷衍《エクストラポレイト》は厳密なアナロジーに依拠するわけではない。まさにアナロジーが破綻するそのときにこそ翻訳がはじまり、ある種の一般化可能な原則が可能になるのである。そしてそうした原則には、次のようなものが含まれるだろう――すなわち、難民の権利の行使そのものが新たな無国籍人口を作り出すようならば、その難民の権利は正当なものではないという原則が。

サイードはここで二国民主義の再考のために、文化的・歴史的資源に頼ろうとしているように思われるのだが、彼の仕事が、政治原則の模索と新たな政治体制の想像という方向性をもつことは留意すべきである。また二国民主義は二国家解決案と結びつけられることが多いのだが、サイードにとって二国民主義は一国家解決案の礎なのである。文化的善意を「両側」で養おうとする二国民主義的プロジェクトあるいは共存プロジェクトが問題ぶくみでありつづける理由のひとつは、こうしたプロジェクトが、入植型植民地主義の構造と向きあえずにいるからである――入植型植民地主義こそ、問題の基盤をなす執拗な収奪行為の温床だというのに。まさに、たとえばエンカウンターグループ〔集団心理療法のためのグループ、メンバーは相互に自己をさらし自己表現を促進する〕のなかに人工的な対等性を組み込むような枠組み――そのなかではどちらの側も、自身の経験に声をあたえることになる――は、両者のあいだに厳然として存在する権力関係を抹消するだけでなく、協議の場あるいはプロジェクト実行の際に、構造的に想定された対等性を利用して、イスラエルの植民地支配の構造を隠蔽し、それゆえそれを守ることになる。(15)

同様のことは、入植地および入植地に建てられた大学だけを対象としたボイコット、または西岸地区の占領だけを問題としてこの地区の解放こそが目的のすべてだと主張するようなボイコットについてもいえるかもしれない。グローバルな〈ボイコット、投資撤退《ダイベストメント》、制裁《サンクション》運動 Global Boycott, Divestment, and Sanctions Movement〉〔略してBDS運動　イスラエルの非合法活動をやめさせるグローバルな運動、二〇〇五年より〕が、その目標のひとつに、イスラエルのパレスチナ人の損なわれた権利だけでなく一九四八年に土地を追われたパレスチナ人たちの権利の回復を含めているのは、パレスチナ人従属問題を占領地だけに限定することが不可能だからである。もし問題をそのように限定するなら、私たちは一九四八年の訴えを忘れ、帰還権を埋没させてよしとするだけでなく、現在のイスラエル国境の内部で行なわれている多数派による不正な差別を容認することになる。そこで私たちが見落とすのは、人口統計的優位の維持をめざすシオニスト的要求と、ディアスポラを余儀なくされたパレスチナ人に影響する多様な収奪の諸形態とのあいだにある構造的なつながりだ。ちなみに、ここでいうパレスチナ人には国境の内側で部分的な権利しかないまま生きている人びと、そして西岸地区の占領下に生きる人びと、ガザという野外収容所で生きる人びと、あるいは中東地域の他の難民キャンプで生きる人びとも含まれる。もし共存《コエグジステンス》が、否認された植民地権力の枠組内において実現することを必要とするならば、植民地権力が共存の前提条件となってしまう。それが意味するのは、植民地権力が目につかないかたちで温存されるという条件のもとではじめて、共存が実現するということだ。文化交換や相互的自己開示に固執する人びとの念頭に、このような解決策があるのではないとしても、それが依然として彼らがおこなっていることの構造ではあることにかわりはない。これが間違った方向性であるのは、これが前政治的だからではなく、むしろ、正当化不可能な政治を再生産しているからだ――構造的不平等という土台の上にみせかけの対等《イクオリティ》プロジェクトを据えているにすぎない。もしイスラエルの植民地支配と軍事力を解体することを、その唯一の指針的目標とするならば、おそらく共存《コエグジステンス》プロジェクトはもっと善戦することができるだろう。賭けてもいい、共存プロジェクトがそうであったなら、協調体制の構築は今よりもむつかしくなくなるだろうし、また、実体をともなった共存がどのようなものとなるのか、垣間見ることもできるだろう。だが現時点ではそのような前途有望な二国民主義の兆しはほとんどないのであり、それが私をはじめの問いに立ち返らせるのだ。

それではたった十一年前〔二〇〇〇年頃〕にサイードとダルウィーシュがそろって未来にたいして開かれた態度をとることができていたというのは、いったいどういうことなのだろう。それにはむろん歴史的な理由もあるのだが、彼らの駆使した呼びかけ形式を考えてみると、それ以外の理由も立ちあらわれてくる。そしておそらく、それをなににもまして物語るのは、ダルウィーシュがサイードの死に際して彼のために用意した最後の呼びかけ形式だろう。意図せざる近接、そしていがみあいながら鼻突きあわせ婚約もせずにくっつくという存在様態《モード》に、マフムード・ダルウィーシュほどはっきりと声をもたせた者はおそらくいない。ダルウィーシュは必ずしもこの問題に対する解決策を思い描いていたわけではないが、彼はこの悲惨な抱擁は何かほかのものにならなければいけないということを、そして故国喪失《エグザイル》は未来への道標のようなものを形作るのだということを明確にしていた。

サイードの死に際して書かれた詩である「エドワード・サイード——対位法的読解(16)」のなかで、ダルウィーシュはふたりの対話を次のように描いている。

彼はこうも言った、もし私がきみの先に死んだなら
私が遺すのは不可能なものだ。
私は尋ねた、それは、はるかかなたにあるのかい？
彼は言った、ひと世代むこうにね。
私は尋ねた、それでは、もし私がきみより先に死んだなら？
彼は言った、私はガリラヤの山に哀悼の意を表し

そして書くだろう、「美的なものとは調和に
辿りつくことだ」と。さあ、忘れるな、
もし私がきみの先に死んだなら、私が遺すのは不可能なものだ。

サイードのものとされるこの声のなかで、ダルウィーシュは「不可能なもの」〔the impossible〕（翻訳によっては「不可能な責務」〔impossible task〕とも訳される）とともに残される。二度くりかえされることの言葉は、形見のようでも遺産のようでもあり、哀悼の至高の形式――調和や均衡として訳される〈〈ムラーイム〉mulaa'im（合意、集合）〉――をみつけよという美的な命令である。この責務はなんなのだろう、そしてもしそれが不可能なのだとすれば、ダルウィーシュはどうすればそれを、みずからのものとして引き受けられるのだろう。この不可能性はこの詩のいたるところでくりかえし表明される。それは位置付けられることの不可能性であり、自分自身の言語を持つことの不可能性である。もう一度「エドワード・サイード――対位法的読解」でダルウィーシュがサイードについて述べている次の一節を考えてみよう――

風の上を彼は歩き、そして風の中に
彼はおのれを知る。風に天井はなく
風に家はない。風は方位磁針で
漂泊者の北を指している。
彼は言う、私はあそこから来た、私はここから来た、

しかし、私はあそこにもここにもいない。
私には出会いそして別れるふたつの名がある……
私には二つの言語があるが、忘れてから久しい
どちらが私の夢の言語なのかを。（176-77）

そして同じ詩の後半部で、サイードに対するアイデンティティをめぐる問いを提起するのはダルウィーシュのほうである。そしてサイードの声はやにわにその問いを故国喪失《エグザイル》の問題へと差し向ける。

アイデンティティはどうなるんだ？　私は尋ねた。
彼は言った、それは一種の自己防衛だよ……
アイデンティティは生れついた子供だ、けれども
究極的には、それは自己による創作であって、
過去の継承ではない。私は多数から成っているんだ……
私のなかにはいつも新たな外部がある。そして
私は犠牲者の問いに属しているんだ。たとえ私が
あそこから来たのでなかったとしても、私は自分の心を
あそこで、隠喩の鹿をはぐくむよう鍛えただろう……
だからどこにいこうと故国をたずさえていくのだ、そして

必要ならばナルシストになるといい
外側にある世界は故国喪失で
故国喪失は内側にある世界だ。
ならばそのふたつに挟まれたきみはなんだい？（177　強調は筆者による）

この詩の対位法的な力には、ふたつの声が関係している。呼びかけの問い様式《モード》が、もうひとつの声、すなわちサイードの活喩《プロソポピーア》〔prosopopoeia――死者や想像上の人物に語らせる表現法〕によって応えられるのだ。ひとつの声が、ダルウィーシュのものらしい声が、エルサレムのタルビアの生家に帰還したとき、どのようであったかと尋ねる。怖かったかと。サイードの声は答える、「喪失に対峙することはできなかった。ドアのところで物乞いのごとく立ちつくした。私自身のベッドで寝ている見ず知らずの者に、どうして許可を求めることなどできたろう」。彼は、かつて自分たちが暮らしていた地区のなかにいる、自分たちが暮らしていた家のなかにもいる、それでいて、いまだ故国喪失《エグザイル》の身である――故国喪失《エグザイル》が同時に外的なものでも内的なものでもあることを、いやむしろ、まさにその区別を混乱させるものであることを暗示しながら。それは、国境の内側でも国境の外側でも起こる。ひとは内側《インサイド》にいてもなお外側《アウトサイド》にいるのだし、そして、外側《アウトサイド》にいてもなお、ある意味ではあくまでも内側《インサイド》にいるのだから。

　ダルウィーシュはサイードの口に詩をふくませ、サイードに彼自身の言葉をあたえる。だが、その後彼は、サイードを読者のほうに向かせ、そうすることで今度は私たちに言葉をあたえる。だがまさにこのサイードの声のなかで私たちは耳にする、「詩は宿しうるのだ／喪失を、ギターの深部で／輝く光の琴線のように」と。そしてさらに、あたかもそれを説明するかのような次の一節、「美的なものは現実の／かたちある／現前にほかならない／空のない世界では、地球は／混沌の闇となる。詩／それは慰めだ、風の／属性なのだ……」。そしてこの一節につづくのが、一連の警告である――

描写してはならない。カメラが見ることのできる
きみの傷を。そして叫ぶのだ〔「叫ぶな」ともとれる。以下の議論参照〕、自分の声が聞こえるように、
そして叫ぶのだ〔「叫ぶな」〕、自分がまだ生きているのだとわかるように、
そしてきみは生きている、そして、この地球上にも生は
可能なのだ。（181）

この最後の転調の読み方はむずかしい。「そして叫ぶのだ」――これは命令なのか勧告なのか。あるいはこの声は、もしかして禁止命令を発しているのだろうか。つまり「カメラが見ることのできる自分の傷を描写してはならないし、自分の声が聞こえるように叫んではならない」ということか。ここの接続詞〈そして〉は結節軸《ピボット》として機能していて、語りかけられている「きみ」はカメラが見ることができるきみの傷を描写するなと言われているのか――その傷はもうすでにカメラが記録しているという理由で。それともこの詩の「きみ」は声によってなにか他のことをすべきだというのか――まさにカメラができない何かを。読者はこのふたつの読み方のあいだに、対位法的に、挟み撃ちになる（そして読者は、もしかして対位法的なものはこの不可能な責務の詩的形式で

あり、その不可能性を自己分裂のかたちのなかに保ちつづけているのかもしれないと思い始める〕。この両義性は幾度も、接続詞〈そして〉によって開始される反復とともにつづく――「そして叫ぶのだ〔叫んではいけない〕、自分の声が聞こえるように」というように。この声は叫べと言っているのだろうか。それがくりかえし言おうとしているように思えるのは、いろいろな接続が可能であるし、そしてこうしたつながりは論理的に決定されるわけではないし、そしてこれらは因果的に決定されるわけではないということだ。この「そして」はどんな一貫性にもどうにも納まりきらないようなふたつの句をつないでいる。「そして」は横方向にシークエンスを形成し、換喩のもつ水平性〔換喩は部分的な共通性をもとに語を水平的に結びつける比喩で、類似性をもとに同類の語を垂直方向に積み上げるような隠喩と対照をなす〕を押し進め、そして私たちは転換につぐ転換にただ従い、進んでいくたび、いったいなにが起こっているのだろうと惑うばかりだ。警告から一連の命令へという非因果的な動きを開始するこの「そして」は、はたせるかな、その命令のなかにおいてもくりかえされる――「そして叫ぶのだ〔叫んではいけない〕、自分の声が聞こえるように、そして叫ぶのだ〔叫んではいけない〕、自分がまだ生きているのだとわかるように／そしてきみは生きている、そしてこの地球上にも生は／可能なのだと」。この行にきてこの命令はサイードによって発せられているように思われる。だがサイードの声すらもこの対位法のリズムをとおして分節されている――同じ主張を申し立て、それに反論もして、ときには両者のあいだに曖昧性をつくりあげながら。

理解の光がすぐ次の行にきざす。いまだ遺贈と命令の言語のなかで、サイードの声が語る、「語り《スピーチ》への希望を考案するのだ」と。一見してこの行は読み手を当惑させる。詩人は希望への語りを考案せよと命じられているのかと思うからだ。いやしかし、そうではない。命令は語りへの希望を考案することに向けられているのだ。なにしろ語りはそのような希望を欠いているらしいのだから。そしてさらに「行き先を、希望を引き伸ばすための蜃気楼を、作りだすのだ。そして歌え、美的なものは自由なのだから」。この連の終わりで私たちはすでに叫びを置き去りにしているようだ。いやむしろ、叫びはここにきて突如として歌に作り変えられ、そして私たちは美的なものの領域に足を踏み入れている。叫びはその座を奪った歌のなかに引き継がれている。私たちはここにいたるまでに、つねに因果関係とはほど遠い一連の接続詞を通り抜けている。その動きは換喩的だ。同じ詩のなかで、ダルウィーシュは書く、「換喩はその川岸で眠っていた。もしも汚染がなかったのなら／それ〔換喩〕は川の向こう岸をも包み込んでいたはずだった」(178)。これが驚嘆に値する一節であるのは、換喩そのものが擬人化されているから――比喩が折り重ねられているから――というだけではない。換喩はどうやらひとりで眠っているようで、付随性や近接性によってのみ生ずるつながりを作ることができない。結局のところ換喩が私たちに示すのは、あるものからもうひとつのものに、それもみたところたいして共通点のなさそうなものに、いかにして辿り着くかということだ。この詩的場面では、その川は汚染されていて、渡ることができない。あまりに強烈な毒気が立ちはだかっているのだ、そもそも毒気がなければ驚くべき、または至福にみちた遭遇となるものに対して。しかも、この遭遇は、高度に備給された〔精神分析の用語で、心的エネルギーを投入されること〕、もつれの形式でもあろう。たとえそれが意図せぬ遭遇で、悲惨な絆ではおなじみの遭遇ではないとしても。

ここで少し、ダルウィーシュのシークエンスに戻ってみよう。ひとたびあの叫びが歌になったときから、私たちは自由と同一視される美的領域に足を踏み入れているというのだから。この美的なものを私たちはどう理解すべきだろう。多くの実例があたえられてはいる――そのなかで、披露される考え方には人は、語りへの希望や行く先、そして希望を引き伸ばすための蜃気楼を作りだすことができるかもしれないというものもある。そして私たちは歌うようにと命ぜられ、そしてその歌は美的なものに属していて、その道筋は自由であるというわけだ。それから一連の陳述が生まれる。おそらくは語りへの希望を考案するあまたの方法として。この「私」――ダルウィーシュ――は、みずからの宣言に触れ、そしてその宣言を自分の発言として認める――「私は言う、その定義をおこなえるのが／死しかないような生は、生ではない」(182)と。そしてその後、この詩は、それがあたかもどこか他の場所から押し付けられた台本のト書きの集合へとシフトしたかのようだ。その声たちはどこにも位置づけられないように思われ、そして、それが語られている時間も不分明なままである――

> 彼は言う、私たちは生きるだろう。
> だから、さあ、言葉の主人になろう
> その読み手を不死の人とするような言葉の…(182)

この連に私たちは立ちすくむほかない。彼、サイードは、いなくなってしまったのに、それでも彼はここに、ダルウィーシュの詩のなかにいて、現在において語り、おそらくは不可能にもその言葉のなかで不滅にされ、そしてみずからの名においてのみならず、複数形として、自信をもって言語行為を示しているのだから。生きるべき「私たち」とは、むろんパレスチナ人だ。だがそれはまたサイードでもある。サイードは、ダルウィーシュがもたらす詩的現前のなかに、連帯して、そして引き伸ばされた現在時のなかに生きている。これを実現しているのはサイードの声なのか、それともダルウィーシュの声なのだろうか。あるいはそれはまさに私たちが、どれが彼の声でどれがダルウィーシュのもので、またどれがすべてのパレスチナ人に属するものとして形象化されているのか知りえないがゆえに起こっているのだろうか。この対位法的リズムはふたりの書き手をそのリズムのなかに取り込む。けれどもサイードに生命をあたえるものとして描かれているのはまだ生きているダルウィーシュのほうだ。これはサイードに語りかけ、彼にダルウィーシュに語りかけ返させるという動きのなかでだけ起こっているのではない。すべての、そして他のいかなる人に対しても呼びかけていることによっても起こっているのだ。この語りかけはどのように生命を付与するのだろう、あるいは希望を作りだすのだろう。それはある意味で〈ナクバ〉が、けっして起こることをやめないからであり、歴史として落ち着くことがないからだ。だからそこにはいつも、他のどんな時間がはたしてまだありうるのかという問いが残されている。ある部分でダルウィーシュは書いている、「尋ねているのは私でも彼［サイード］でもない。尋ねているのはひとりの読者だ――カタストロフの時代にあって、詩は何を語りえるのか、と」(180)。これにこう付け加えることもできるかもしれない――詩が語っていることは、カタストロフを超えた未来を開くために、どんなことをするのか、と。

おそらく、こう尋ねるとき私たちはまだ、叫びから詩への動きをたどっている。これはサイードがダルウィーシュに残したという不可能な責務と関係があるのだろうか。その叫びがなされるべきなのか否かがいかに不明確であるかということを、私たちはすでにみてきた。その叫びから生ずるものは歌のようである、そしてだとすればそれは美的なもの、自由として思い描かれる美的なものに対するまぎれもない頌歌《オード》なのであり、十九世紀のドイツ観念主義の小冊子から飛び出してきたものかのようにもみえる。だが不可能な責務を探るためには、私たちは一度、立ちかえる必要がある――「叫ぶのだ、自分がまだ生きているのだとわかるように／そして生きている、そしてこの地球上にも生は／可能なのだ」というあの一節に。

この詩のサイードがはっきりさせているのは、その責務が可能性を獲得することでも、おそらくは可能なる生を獲得することですらもないということだ。彼の遺志とは不可能なものなのだから。あの詩行が繰り返される。始まりと終わりがたがいをくりかえしあい、その間に語られたことのすべてを抱きかかえている――「もしも私がきみより先に死んだなら、私が遺すのは不可能なものだ」。カフカの寓話と呼応するような行で、ダルウィーシュの声が尋ねる、「不可能なものははるかかなたにあるのかい」。そしてサイードの声が応える、「一世代むこうにね」。彼の遺志ははたして不可能なものなのか可能なものなのかと問いたくなるのもむりはない。なにしろ、もしも一世代むこうにあるのならば、それは可能なのだから――ただ私たちには可能でないだけの話だ。この行はカフカの有名な警句――「ああ、希望はたっぷりある、無尽蔵の希望だ。ただそれが私たちのものではないだけで」――と響きあっている。カフカがこれを書いたのは、私たちの生は神の不機嫌によるものにすぎず、神の自殺的思いつきの産物だと述べた後のことだ。この瞬間がどこか奇妙なのは、神にはほかの気分もたしかにあるものの、私たちの生はそうした気分のなかには存在しないと示唆しているからだ。[17] サイードと不可能なものを遺贈すること／志すこと《ウィル》をめぐる問いにも、どこか似たようなことが起こっているようだ。もちろんこのパラドクスを理解するかどうかは私たちに委ねられているのだろう――可能な生とは不可能なものを志す生だという逆説を。ダルウィーシュに声をあたえる「私」は詩のなかですでにこう言い切っている、「その定義をおこなえるのが／死しかないような生は、生ではない」と。

さて、それではいかにして私たちは不可能なものを理解できるのだろう。それはまさに死によってではなく、ある種の生の地平によって定義されるような生だということなのだろうか。サイードはダルウィーシュによっていまだ生きるための詩的契機を、パレスチナ人の生が可能になるように、あたえられているのだろうか。ダルウィーシュがサイードの挽歌であるこの詩という場で、不可能な現在のモードにおいてサイードに言及するときに起こっているのはこういうことなのだろうか。「彼は言う、私たちは生きるだろう」と。これは過去の出来事の語りではけしてない。「私たちは生きるだろうと彼は言ったのだ！」という楽観的な伝聞ではないのだ。いやちがう、サイードはいま、この現在においてそう語っているのだと語られている。そしてサイードはあらゆるすべてのパレスチナ人のために、開かれた「私たち」のために、時を超えて広がる発話のために、そう語っているのだ。サイードの生はかくしてパレスチナ人の生と結ばれ、そして複数性が、堀も要塞も存在しないところに立ち現れる。

そしてそのような生はサイードの言葉によって、少なくともこの詩の世界のなかでは可能になる。もちろん誰の言葉であれ、生を可能にすることなどできない。だが、もしかして、ここでサイードの言葉は、サイードがもう生きてはいない現在の時制で伝えられるその言葉は、声をとおしてサイードの生をいまだ可能にしているのかもしれない。このサイードの不滅化が暗黙裡に示しているのは、彼が語るのをやめれば、パレスチナ人も生きるのをやめるだろうということだ。逆説的なことに、どこからでもなく、いつとも知れぬ現在時のなかで、一人称で語っているのはサイードであるにしても、サイードをそこに連れてきているのはダルウィーシュの言葉である。何かが言語のために創造《インヴェント》された。そして創造《インヴェント》されているのはサイードその人である。彼がもはや語ることのできない時間のなかで語るサイード、彼の民が、カタストロフの時代を超えて、べつの時代へと移行することを保障しながら。だとすればこの詩は、語りへの希望をまさに創造《インヴェント》しているのだ。そしておそらくまた、この詩は遂行的な力によって言葉と訴えを伝えるのだ、「私たちは生きるだろう」と申し立て、そして予言するために。それは希望の宣言だ。だが同時に、計り知れない自信の宣言でもある、とりわけ占領下における生に対する脅威や、ゆっくりとした、散発的な、だがシステマティックな、日常生活の腐蝕を考慮するなら。不遜なほどの自信と確信は、「彼」つまりサイードが次のように語るといわれるとき、すでにそこにある――「だから、さあ、言葉の主人になろう／その読み手が不死の人となるような言葉の……」。

　なるほどこの時サイードを不滅にするために言葉を付与するのはダルウィーシュではないかと私たちは問うてもよい。なにしろサイードは、なにか無気味な現在にいて、いまだに語っている――たしかにそれは不可能な責務にはちがいないが、それはダルウィーシュがおこなわねばならない務めではないか。けれどもダルウィーシュがサイードをして語らしめているのはまさに「不滅の生」である――そう、読者のためにだが、それは、すべてのパレスチナ人にも向けられている。内側か外側か、あるいはその両側にあって、ダルウィーシュやサイードを、不可能を生きるための道を見出すために読む、そうした人びとのために。それは生を定義する死の脅威の外側で生きるということだ。そこでは死とは実存的な問題というよりも日常の毒気にまみれた空気であり、突然の襲撃であり、執拗な妨害であり、ありきたりな破壊であり、反復される強制退去と封じ込めである。だから、詩をつうじてダルウィーシュはサイードに生を付与し、サイードはすべてのパレスチナ人に生を付与する。そしてこの言いようもない不可能な肯定こそが、この詩を結語へと動かしていく。最後にくるのは別れの言葉だ。それはサイードへの別れにちがいないと、私たちは思う。けれどもダルウィーシュが書くのはただこの二行だ。

さようなら
さようなら、痛みの詩よ

サイードを送る言葉は痛みの詩を後に残してゆく。この対位法的な頌歌においては叫びが実質的に歌へと変えられ、そしてその歌はサイードに捧げられ、サイードはそれをダルウィーシュに残すのだが、しかし同時に彼の読者たちにも残す――不可能を志すように、と。そしてこのように、詩は、まさにこの遺志の執行となり、その遺贈の実現となる。もしひとがサイードの最後の願いを引き受けようとするならば、そのとき痛みの詩は不可能を志す詩によって乗り越えられることとなる。それは誰の意志なのだろうか。それはダルウィーシュにだけに属するのでもサイードだけに属するのでもなく、究極的にはパレスチナの民に属するのだ――この詩の領域のなかで、読者となり、詩の美的形式をとおしてあの不可能な生と自由へと参入するパレスチナの民に。そしてその形式は、語りかけであり、それはその読者を戒め檄する。行動せよ、語れ、考案せよ、不可能を志せと、読者を鼓舞する。そこでいう不可能なものとは、はてしなくつづくカタストロフとは異なる未来だが、それだけではなくカタストロフとの断絶でもあり、それはまさに未来の可能性そのものともなろう。一九四〇年にヴァルター・ベンヤミンが先見の明をもって、その進む跡に累々と破壊の塔を築き上げるだけの、まやかしの進歩概念にあらがうかたちで書いていたのは、シオニズムの進歩史観とははっきりと批評的距離をとる立場だった。カタストロフとは過去のなかの何かがが未来のなかの何かへとつながってゆくような出来事の連鎖ではまったくない。カタストロフの諸状況のもとでは、たったひとつの破局しかない。そしてそのひとつの破局は起こりつづける。それは現在時において「残骸の山に残骸を重ねつづける」のであり、その現在時は反復される破壊の時間にほかならない。もちろん、強制退去／国外追放と占領の様式や戦略は変化してきたし現在でも変化している。しかし、もし私たちがあれこれの変化——入植地、リクード党、そして壁など——に対応することが、パレスチナの人びとにむけられた植民地主義的征圧や追放政策に対し、解決を提供することになると想像するならば、私たちは、カタストロフを、その甚大さと反復性において把握していなかったことになる。

人は望むかもしれない。この詩が、故国喪失《エグザイル》に終止符をうつような故郷《ホーム》や故国《ホームランド》となりうるであろうとことを。だが、詩は場所ではないし、その境界は閉ざされていない。この意味で、それはユートピア的であり、その語りかけの場によって呼び起こされる複数性へと開かれている。この詩はサイードを召喚し、彼を言語のなかに宿らせる。だが同時にそれは、民を呼び起こし構成する、それも自己決定権が徹底的に接収されるか切り崩されている時代の状況下であえぐ民を。ダルウィーシュを引いて、こうも言えるかもしれない——詩は「アイデンティティが……複数性に開かれる場所／塀にでも要塞にでもなく」(178) と。

ダルウィーシュが一九九九年に「故国喪失《エグザイル》がなかったなら、私は一体誰なのだろう」と題された詩で、「故国喪失《エグザイル》なくして、私たちはどうしたらよいだろう」と問うとき、その問いは他者に向けられているだけでなく、この問題が実際に生じる土地と時代にも向けられている。(18) そもそも故国喪失《エグザイル》を超えたところにはどんな思考も存在しないような時代に生きるというのはなにを意味するのか。彼が詩によって呼びかける異邦人は自分ではない誰かであるが、同時に彼自身でもある。それは国民《ネイション》の神話を遺棄することにかかっている二国民主義に対する問いでもあるようだ――

私にはきみを措いて残されたものはなく、そしてきみには
私を措いて残されたものはない、その異邦人は彼にとっての異邦人の腿をさする。
異邦人よ！私たちに残されたもので私たちは何をしよう
ふたつの神話のあいだの静けさとうたた寝のようなもので。
そしてなにも私たちを運びはしない――路も、家も。(91)

こうしてダルウィーシュは名もなき異邦人とともに地図にない土地の荒野に解き放たれる。ほかの部分で彼はこの詩自体を故国喪失《エグザイル》の場所として言及する。詩なくして私たちはどうしたらよいだろう。ほとんど勝機のないなかで、詩が私たちに指し示すのは進むべき方角ではなく、あらたな政治的地図の作図法だ。ダルウィーシュはその対位法的頌歌のなかでサイードを呼びだす

――「彼は言う、私はあそこから来た、私はここから来た、／だが私はあそこにもここにもいない」。こうした詩行を語りうるのは誰だろう。イスラエル国家の内部にいる者たちだろうか。たしかにそうだ。西岸地区やガザのパレスチナ人たちはどうだろう。まちがいない。レバノン南部の難民キャンプはどうか。もちろんだ。故国喪失《エグザイル》とは別離《セパレイション》の謂だ。けれど連帯はまさにそこに見出される。そこはひとつの場所ではいまだなく、かつてあった、いまある、いまだない不可能な場所だ――それはいま、起こっているのだ。

原注

はじめに

(1) Daniel Boyarin and Jonathan Boyarin, *Powers of Diaspora: Two Essays on the Relevance of Jewish Culture* (Minneapolis: University of Minnesota Press, 2002).

(2) ここでも、他の部分と同様、私は Ammon Raz-Krokotzkin の哲学的・歴史的著作――*Exile et souveraineté: Judaïsme, sionisme et pensée binationale* (Paris: LaFabirique, 2007) を含む――に、はかりしれぬほど多くを負っている。

(3) "Dialogue: Jürgen Habermas and Charles Taylor" in Jonathan Antwerpen and Eduardo Mendietta, eds., *The Power of Religion in the Public Sphere* (NewYork: Columbia University Press, 2011)〔「〈対談〉ハーバーマス×テイラー」、ヴァンアントワーペン+メンディエッタ(編)『公共圏に挑戦する宗教――ポスト世俗世代における共棲のために』箱田徹・金城美幸訳(岩波書店、二〇一四)所収〕

(4) Friedrich Nietzsche, *On the Genealogy of Morals*, trans. Walter Kaufmann and R. J. Hollingdale (New York: Vintage, 1989).〔ニーチェ『道徳の系譜学』中山元訳、光文社古典新訳文庫(光文社、二〇〇九)、『道徳の系譜』、『ニーチェ全集11 善悪の彼岸/道徳の系譜』信太正三訳、ちくま学芸文庫(筑摩書房、一九九三)所収、『道徳の系譜』木場深定訳、岩波文庫(岩波書店、一九六四)ほか〕

(5) Avital Ronell, *The Telephone Book* (Lincoln: University of Nebraska Press, 1989).

(6) レヴィナスにとって顔は、必ずしも字義通りの顔ではない。それは非暴力を命ずるものであり、いかなる意味を経由しようとも実現されるべきものとなる。それゆえにレヴィナスは「首の後ろ」を顔として言及するのだが、これによって示唆されるのは人間の生のありようのなかで「顔」が可傷性を帯び、その顔が現れる人間に対する倫理的責務を課すような次元である。私の *Precarious Life: Powers of Mourning and Violence* (London: Verso, 2004), 131-40〔バトラー『生のあやうさ――哀悼と暴力の政治学』本橋哲也訳(以文社、二〇〇七)二〇九―二三九頁〕参照。

(7) たとえ必ずしも正確でないとしても重要なヴァルター・ベンヤミン論、翻訳論ならびに地平の融合論については、Hans-George Gadamer, *Truth and Method*, trans. Joel Weinsheimer and Donald G. Marshall (New York: Continuum, 2004)〔ガダマー『真理と方法I』轡田収・麻生健・三島憲一ほか訳(法政大学出版局、一九八六)、『真理と方法II』轡田収・巻田悦郎訳(法政大学出版局、二〇〇八)、『真理と方法III』轡田収・三浦國泰・巻田悦郎訳(法政大学出版局、二〇一二)〕を参照。

（8）現代の解釈学研究は、ディルタイとシュライエルマッハーの仕事に負っているが、彼らはふたりとも、人文科学《ガイステスヴィッセンシャフテン》（Geisteswissenschaften）の基盤を確立せんとするなかで、聖書解釈学の諸問題を参照することになった。聖書の一節を、それが書かれてから後の歴史的状況という優位な視点からいかにして読むかという問題が、いかに解釈が時間の経過に不可避的に拘束されるかという問題へとつながることになった。ガダマーは対話的解釈の概念をとおして伝統の歴史的連続性を確立しがちなのだが、一時期有力だった権威の様式が危機に陥り、その正当性を喪失するときに生ずる時間的断絶形式については彼の観点では説明できない。ガダマー批判は、いっぽうでハーバーマスをして、無伝統的・前文化的手段をとおして正当化を説明する試みへとむかわせたが、他方、ヴァルター・ベンヤミンに影響をうけた思想家たちに翻訳行為そのものに注意を喚起させることになった――翻訳行為においては過去は、未来へと導入されるには効果的に解体されねばならないのだ。どちらの観点も、伝統や権威を支える歴史的連続性の様式を否定するのだが、ハーバーマスのほうは準超越的アプローチをとるのに対し、ベンヤミン主義者たちのアプローチは、翻訳を進行させる時間的不連続性に焦点を絞ることになった。翻訳における解体あるいは散逸の必然性こそ、本書の考察の実質的な背景を形成するものでもある。興味深いことに、このことは、ユダヤ教内部におけるメシア的伝統の一ヴァージョンとも呼応することになる。しかしもし私たちがここでベンヤミンに従うのなら、彼の作品にあらわれる散逸のメシア的形式は、すでにその初期の形式からの逸脱である。言い換えると、それは散逸されるものの、さらなる散逸である。

（9）Gayatri Chakravorty Spivak, "More Thoughts on Cultural Translation." http://eipcp.net/transversal/0608/spivak/en 参照。

（10）Talal Asad, "On the Concept of 'Cultural Translation' in British Social Anthropology" in James Clifford and George E. Marcus, eds., *Writing Culture: The Poetics and Politics of Ethnography* (Berkeley: University of California Press, 1986).〔アサド「イギリス社会人類学における「文化の翻訳」という概念」春日直樹訳、クリフォード＋マーカス編『文化を書く』春日直樹・足羽與志子・橋本和也・多和田裕司・西川麦子・和迩悦子訳（紀伊國屋書店、一九九六）所収〕

（11）デリダの作品におけるメシア的なものについての考察としては、Jacques Derrida, *Acts of Religion*, ed. Gil Anidjar (New York: Routledge, 2002) 参照。また Jacques Derrida and Gianni Vattimo, eds., *Religion* (Stanford: Stanford University Press, 1998); Gideon Ofrat, *The Jewish Derrida*, trans. Peretz Kidron (Syracuse: Syracuse University Press, 2001) 参照。

（12）Yael Tamir, *Liberal Nationalism* (Princeton: Princeton University Press, 1993) 参照。

（13）*Hannah Arendt's Jewish Writings*, ed. Ronald Feldman and Jerome Kohn (New York: Schocken, 2008)〔アーレント『反ユダヤ主義――ユダヤ論集1』山田正行・大島かおり・佐藤紀子・矢野久美子訳（みすず書房、二〇一三）、アーレント『アイヒマン論争――ユダヤ論集2』齋藤純一・山田正行・金慧・矢野久美子・大島かおり訳（みすず書房、二〇一三）〕

（14）Yehouda A. Shenhav, *The Arab Jews: A Postcolonial Reading of Nationalism, Religion, and Ethnicity* (Stanford: Stanford University

Press, 2006); Ella Shohat, "Rupture and Return: Zionist Discourse and the Study of Arab Jews." *Social Text* 21, no. 2 (2003): 49-74.

(15) Boyarin and Boyarin, *Powers of Diaspora* 参照。

(16) Najat Rahman, *Mahmoud Darwish, Exile's Poet: Critical Essays* (Northampton, MA: Olive Branch, 2008) 参照。

(17) Étienne Balibar, "Cosmopolitanism and Secularism: Controversial Legacies and Prospective Interrogations," *Grey Room* 44 (Summer 2011): 6-25, 引用は 21.

(18) 別の選択肢については Asad, "On the Concept of 'Cultural Translation'"〔アサド「「文化の翻訳」という概念」〕を見よ。

(19) Balibar, "Cosmopolitanism and Secularsim," 21 参照。バリバールが書くところによれば宗教的差異は「いかなる、そしてすべての宗教の観点からも「異端」であるように思われるにちがいない……言説の導入によって「媒介」されねばならない。したがって諸種の宗教的言説が、同じ公共圏において相互に両立可能となるために、あるいは「自由な」対話へと参入するために、付加的に無宗教的要素の導入あるいは介入は必要とされる」（二一―二二頁）。しかも、彼は、こうも書いている、「それ〔＝異端的要素〕は「遂行的」であり、その最初の段階では、それ自身の、〈parrhesia〉すなわち真実の発話、を遂行し、権力行使をするあらゆる神学と神話に対抗するのである」（二三頁）と。この議論によって提起される問題とは、異端的瞬間というのが必ず「無・宗教的」であるかどうかである。つまり、この主張によれば「無・宗教」だけが宗教的差異＝対立を媒介できるのだから。しかし多くの論者が指摘してきたように異端的瞬間なり可能性こそ、宗教そのものを形成しているのだとすれば、異端的なものは、宗教的差異＝対立を翻訳するための契機となりうるのであり、しかもそのときそうした媒介を可能にするのは宗教の超越もしくは宗教の否定しかないとまえもって想定しなくてもよいのである。けれどもこの観点は、そもそも翻訳を媒介としてみなすべきか、みなしていかねばならないのかという問題に、最初から答えを出している論点先取ではあるのだが。

(20) Walter Benjamin, "The Task of the Translator" in Walter Benjamin, *Selected Writings, vol.1, 1913-1926*, ed. Marcus Bullock and Michael W. Jennings (Cambridge: Harvard University Press, 1996).〔1. ベンヤミン「翻訳者の使命」内村博信訳、『ベンヤミン・コレクション2　エッセイの思想』浅井健二郎編訳・三宅晶子・久保哲司・内村博信・西村隆一訳、ちくま学芸文庫（筑摩書房、一九九六）所収、2. 「翻訳者の課題」『暴力批判論他十篇――ベンヤミンの仕事1』野村修編訳、岩波文庫（岩波書店、一九九四）所収、3. 「翻訳者の課題」『ベンヤミン・アンソロジー』山口裕之編訳、河出文庫（河出書房新社、二〇一一）所収ほか〕

(21) Balibar, "Cosmopolitanism and Secularsim," 21

(22) たとえば Ilan Pappé, *The Ethnic Cleansing of Palestine* (Oxford: Oneworld, 2006)〔パペ『パレスチナの民族浄化――イスラエル建国の暴力』田浪亜央江・早尾貴紀訳（法政大学出版局、二〇一七）〕参照。ユダヤ人知識人は、シオニズムに対し人権侵害であるとして異議申し立てをするとき、どのようにすべきかという論争において、Anat Bilezki は次のような議論を展開した。人権は理性に基付くべきであり、厳密に世俗主義と同一視されるべきであり、そのため宗教的材源から人権論を引き出すことはできない。もし宗教的な文献に、人権を擁護するよい理由があるとしても、そうした理由は、あらゆる宗教から独立して機能する理性の形態に基付いているからにすぎない。Anat Biletzki, "The Sacred and the Humane," opinionator column, *New York Times* online, July 17, 2011.

(23) 以下の論考における私の議論を参照のこと。"Competing Universalities" in *Contingency, Hegemony, and Universality: Contemporary Dialogues on the Left,* coauthored with Slavoj Žižek and Ernesto Laclau (London: Verso, 2000).〔バトラー「競合する複数の普遍」、バトラー／ジジェク／ラクラウ『偶然性、ヘゲモニー、普遍性』竹村和子・村山敏勝訳（青土社、二〇〇二〔二〇一九〕所収〕

(24) パレスチナ人は顔をもっていない（そしてそれゆえにパレスチナ人の人間的傷つきやすさは、殺すなという責務を発生させる根拠とはならない）というレヴィナスの発言については以下を参照。Levinas, "Ethics and Politics," Emmanuel Levinas, *The Levinas Reader*, ed. Sean Hand (Oxford: Blackwell, 1989), 289.

(25) ユダヤ＝キリスト教文化の倫理的基盤を脅かしかねない「アジアの大群」についてのレヴィナスの発言については以下を参照。Levinas, "Jewish Thought Today" in Emmanuel Levinas, *Difficult Freedom: Essays on Judaism*, trans. Sean Hand (Baltimore: John Hopkins University Press, 1990), 155 参照〔レヴィナス「今日のユダヤ思想」、『困難な自由』合田正人監訳・三浦直希訳（法政大学出版局、二〇〇八）二一二頁、「今日のユダヤ教思想」、『困難な自由――ユダヤ教についての試論』内田樹訳（国文社、一九八五）一八一頁〕これは以下の私の著書でもっと本格的に論じられている。*Giving an Account of Oneself* (New York: Fordham University Press, 1995), 84-101〔バトラー『自分自身を説明すること』佐藤嘉幸・清水和子訳（月曜社、二〇〇八）一五九―一八八頁〕.

(26) Yoseph Grodzinsky, *In the Shadow of the Holocaust: The Struggle Between Jews and Zionists in the Aftermath of World War II* (Monroe, ME: Common Courage, 2004).

第1章　不可能で必要な責務

本章を構成するこの試論の初期形態は二〇〇四年から二〇〇六年にかけて発表されたものであり、非公認の初期ヴァージョンはインターネット上に"Jews and the Binational Vision"として現われた（*Logos* 3, no. 1 (Winter 2004)）。現在のかたちになった試論は、私の議論の初期形態を示しているが、本書収録にあたって加筆修正している。

(1) Edward Said, *Freud and the Non-European* (London: Verso, 2003).〔サイード『フロイトと非ヨーロッパ人』長原豊訳・鵜飼哲解説（平凡社、二〇〇三）〕

(2) もちろんモーセがアラブ系ユダヤ人という主張そのものが論争点である。以下を参照。Jan Asssman, *Moses the Egyptian: The Memory of Egypt in Western Monotheism* (Cambridge: Harvard University Press, 1998). しかし、ここで重要なのは、

モーセがエジプトから出現していること、そしてこの意味でモーセは、確かにこの地域における奴隷であるとはいえ、エジプト史の一部でもあったということである。なるほどモーセは放浪者として、彼の未来の故国からのみならず、エジプトからも追放状態にあり、ここから彼自身が、ふたつの伝統の交わる故国喪失の人物であったことが暗示される。

（3） Yehouda Shenhav, *The Arab Jews: A Postcolonial Reading of Nationalism, Religioin, and Ethnicity* (Stanford: Stanford University Press, 2006).; Gil Anidjar, *The Jew, the Arab: A History of the Enemy* (Stanford: Stanford University Press, 2003).

（4） Edward Said, *Orientalism* (New York: Vintage, 1978)〔サイード『オリエンタリズム』（上・下）板垣雄三＋杉田英明監修・今井紀子訳、平凡社ライブラリー（平凡社、一九九三）〕

（5） Said, *Freud and the Non-European*, 54〔サイード『フロイトと非‐ヨーロッパ人』七二頁〕

（6） Hannah Arendt, "I Do Not Belong to Any Group," dialogue, with Hans Morgenthau and Mary McCarthy, in Hannah Arendt, *The Recovery of the Public World*, ed. Melvin A. Hill (New York: St. Martin's, 1979).

（7） 本書第四章と第五章における、アーレントの観点にかんする私の議論を参照のこと。

（8） マルティン・ブーバーの「凝集的入植」については、以下の文献を参照。Martin Buber, "Concerning Our Politics," in Paul Mendes-Flohr, ed., *A Land of Two Peoples: Martin Buber on Jews and Arabs* (Chicago: University of Chicago Press, 2005), 137-42.〔ブーバー「われわれは自分固有の道を有しているのか」、『ひとつの土地にふたつの民――ユダヤ－アラブ問題によせて』合田正人訳（みすず書房、二〇〇六）一三二－一三七頁〕

（9） ブーバーは、その公的な文章のなかで、アラブ人の信頼を裏切ったことでイスラエルを非難し、一九二九年八月におけるシオニストの軍事的暴力へのアラブ人の抵抗を、（擁護することなく）どのように理解したらよいかについて提言していた。ハンス・コーンは「アラブ人」――パレスチナ人――に対するシオニズムの政策は倫理的に正当化できないことを根拠にシオニズムを否定したが、これに対するブーバーの反応は、以下を参照。Buber, "Hans Kohn: 'Zionism Is Not Judaism'" in Mendes-Flohr, *A Land of Two Peoples*, 97-100.〔ブーバー「ハンス・コーン――シオニズムはユダヤ教ではない」」、『ひとつの土地にふたつの民』七五－七九頁〕

（10） ブーバーの一九四七年におけるマニフェスト "Two Peoples in Palestine," in Mendes-Flohr, *A Land of Two Peoples*, 194-202〔ブーバー「パレスチナにおける二つの民族」、『ひとつの土地にふたつの民』一八一－一八七頁〕参照。

（11） レヴィナスにとってメシア的伝統は苦難との関係を明確にするものである。彼が引用するのはラビ教義のふたつの声明である、すなわち「雨の日は、トーラーがあたえられた日と同じく偉大である」と「雨の日は、天と地が創造された日と同じく偉大である」。彼は、この偉大さの等式を、正義の概念とむすびつけ、私たちにこう語るのである、「私たちが通常、ユダヤ的メシアニズムと呼ぶのは、おそらくこの精神状態である」（DF, 36〔1-29;2-39〕）と。

（12） カフカの一九二二年一月の日記の記載における彼自身の著述にかんする省察を参照――「もしシオニズムが介入

しなかったとしても、シオニズムは、簡単に、新たな秘密の教義、一種のカバラへと発展していたであろう。この兆しはある」。Franz Kafka *Diaries, 1910-23*, ed. Max Brod (New York : Schoken, 1975).〔『カフカ全集7――日記』谷口茂訳（新潮社、一九八一）〕

（13） Emmanuel Levinas, *Otherwise Than Being; or Beyond Essence*, trans. Alphonso Lingis (Pittsburgh: Duquesne University Press, 1998), 111.〔レヴィナス『存在の彼方へ』合田正人訳、講談社学術文庫（講談社、一九九九）二五九頁〕

（14） Hannah Arendt, *The Jews as Pariah: Jewish Identity and Politics in Modern Age*, ed. Ron Feldman (New York: Grove, 1978), 247.〔アーレント「アイヒマン論争――ゲルショム・ショーレムへの書簡」、『アイヒマン論争――ユダヤ論集2』齋藤純一・山田正行・金慧・矢野久美子・大島かおり訳（みすず書房、二〇一三）三一八頁〕

（15） Mahmoud Darwish, *Memory for Forgetfulness, August, Beirut, 1982*, trans. Ibrahim Muhawi (Berkley: University of California Press, 1995), 124-25.

（16） あるいは、そのように彼はその詩「対位法」"Contrapuntal" (http:/mondediplo.com/2005/01/15said) で書いている。これはサイードに対する追悼歌で、本書、第5章で論じられることになるが、この詩のなかで彼はサイードの声を引き受ける――「私自身のノスタルジアは、未来へとつながる現在を求める闘争である。

彼はこうも言う、もし私がきみより先に死んだなら、私が遺すのは不可能な責務だ！

私は尋ねる、それは、はるかかなたにあるのかい？

彼は答える、ひと世代むこうにね。

私は言う、それでは、もし私がきみより先に死んだなら？

彼は答える、私はガリラヤの山に哀悼の意を表し、そして書くだろう、「美的なものとは調和に辿りつくことだ」と。さあ、忘れるな、もし私がきみより先に死んだなら、私が遺すのは不可能な責務だ！」

〔この詩は本書四一二―三頁に引用される詩と同じだが、英語訳は両者で異なる部分があり、日本語訳でもそれを反映している〕

第2章　殺すことができない

本章のもととなった論文は、以下のタイトルで、次の文献に掲載された。"Etre en relation avec autrui face à face, c'est ne pas pouvoir tuer", *Emmanuel Levinas et les territoires de la pensée*, ed. Danielle Cohen-Levinas and Bruno Clément (Paris: Presses Universitaires de France, 2007). 本書収録にあたり、加筆修正した。

（1） ショーレムの説明によればカバリストはトーラーを複数の異なるかたちで解釈していた。そのうちのひとつは、〈ゾハール〉によって提示されたものだが、「あらゆる語、いや、あらゆる文字は七十の様相を、つまり「顔」をもっている」ことを前提としていた。Gershom Scholem, *On the Kabbalah and Its Symbolism* (New York: Schocken, 1965), 62.〔ゲルショム・ショーレム『カバラとその象徴的表現』小岸昭・岡部仁訳（法政大学出版局、二〇一一）八四頁〕

（2）Emmanuel Levinas, "Peace and Proximity", Adriaan T. Peperzak, Simon Critchley, and Robert Bernsconi, eds. *Emmanuel Levinas: Basic Philosophical Writings* (Bloomington: Indiana University Press, 1996).〔レヴィナス「平和と近さ」、『他性と超越』合田正人・松村和弘訳（法政大学出版局、二〇〇一）所収〕

（3）私の著書 *Precarious Life: Powers of Mourning and Violence* (London: Verso, 2004)〔バトラー『生のあやうさ――哀悼と暴力の政治学』本橋哲也訳（以文社、二〇〇七）〕の第五章参照。そこでは本章での議論の一部を展開していた。

（4）Emmanuel Levinas, *Otherwise Than Being; or, Beyond Essence*, trans. Alphonso Lingis(Pitsburgh: Duquesne University Press, 1998), 116, 117.〔レヴィナス『存在の彼方へ』合田正人訳、講談社学術文庫（講談社、一九九九）二八一頁〕フランス語の原文は以下のとおり。"La persécution est le moment précis où le sujet est atteint ou touché sans la médiation du logos."〔「言葉の媒介なしに主体が打たれ傷つけられるまさにその時に、迫害は生ずるのだ」合田正人訳〕Emmanuel Levinas, *Autrement qêtre ou au-delà de l'essence* (Paris: Livre de Poche, 2004),193. Lingis の英語訳には、引用文中の sans〔～なし〕を with〔によって、ともに〕に置き換えるという重大なミスがある。

（5）レヴィナスは、フランス語原文でつぎのように書いている。"Responsibilité dont l'entrée dans l'être ne peut s'effectuer que sans choix"〔「かかる責任の存在内への参入に関しては、私たちはまったく選択権を有してはいない」合田正人訳〕(AE, 183); "être soi – condition d'otage – c'est toujours avoir un degré de responsabilité de plus, la responsabilité pour la responsabilité de l'autre"〔「自己であること――人質ないし捕囚の条件――とは、他人よりも次数が一つ上の責任をつねに担うこと、他人の責任に対する責任をつねに担うことなのだ」合田正人訳〕(AE, 185-86).〔レヴィナス『存在の彼方へ』合田正人訳、講談社学術文庫（講談社、一九九九）二七〇―二七二頁〕

（6）Emmanuel Levinas, *Difficile Liberté* (Paris: Livre de Poche, 1984), 336.

（7）Wendy Brown, *Regulating Aversion* (Princeton: Princeton University Press, 2006) における議論を参照。

（8）Emmanuel Levinas, *New Talmudic Readings*, trasn. Richard A. Cohen (Pitsburgh: Dusquesne University Press, 1999), 48.〔現時点で日本語訳はない。〕

（9）*Otherwise Than Being*〔『存在の彼方へ』〕においてレヴィナスは次のように書いている――「責めさいなむ悔恨のなかでの〈自我〉の誕生、それはまさに自己自身への引きこもりにほかならない。これは身代わりの絶対的な再起である。〈自己〉の条件あるいは無条件は、起源においては〈自我〉を前提とする自己愛ではなく、まさしく〈他者〉による愛、〈無秩序的《アナーキー》外傷主義〉［アナーキー＝原始的《アーカイック》で無原則で確実に謎めいていて、それに対していかなる明確な原因もあたえられないもの］、自己愛と自己同一性の手前、因果関係ではなく責任のもつ外傷主義である」（93-94〔246〕）。

第3章　ヴァルター・ベンヤミンと暴力批判論

本章のうち数節の前身となるものは“Critique, Coercion, and Sacred Life in Benjamin's Critique of Violence”としてHent de Vries and Lawrence E. Sullivan, eds., *Political Theologies: Public Religions in a Post-Secular World* (New York: Fordham University Press, 2007) に発表したものである。

（1）Peter Fenves, *The Messianic Reduction: Walter Benjamin and the Shape of Time* (Palo Alto: Stanford University Press, 2010) を見よ。

（2）本章の「暴力批判論」からの引用はすべて、次のものを採用。*Walter Benjamin, Selected Writings, vol. 1: 1913-1926*, ed. Marcus Bullock and Michael W. Jennings (Cambridge: Harvard University Press, 1966), 236-52. また、ドイツ語は Walter Benjamin, *Kritik der Gewalt und andere Aufsätze* (Frankfurt: Suhrkamp, 1965).〔ベンヤミン「暴力批判論」、『ドイツ悲劇の根源（下）』浅井健二郎訳、ちくま学芸文庫（筑摩書房、一九九九）所収、二二七－二七九頁、「暴力批判論」、『暴力批判論他十篇――ベンヤミンの仕事1』野村修編訳、岩波文庫（岩波書店、一九九四）所収、二七－六五頁、「暴力の批判的検討」、『ベンヤミン・アンソロジー』山口裕之編訳、河出文庫（河出書房新社、二〇一一）所収、三八－八五頁〕

（3）ベンヤミンが「運命（fate）」として使っているのは *das Shicksal* という語で、これは「宿命（destiny）」と訳されたほうが適当だろう。

（4）ローゼンツヴァイクは戒律とは、民の愛を請い求めるための神の側からの言葉による、そして文字にされた努力なのだと *The Star of Redemption*, trans. William Hallo (Notre Dame, IN: University of Notre Dame Press, 1985), 267-70〔『救済の星』村岡晋一・細見和之・小須田健訳（みすず書房、二〇〇九）四一三－二〇頁〕で論じている。ローゼンツヴァイクの愛への注目は、規則の詳述とそうした規則を解釈する技法に焦点を絞るラビ教義改革に対抗しこれを越えるために、ユダヤ教の精神的側面を復興させようとする当時の動きと呼応している。精神運動としてのユダヤ教に対するローゼンツヴァイクの関心は、彼をして「〔ユダヤ民族は〕世界の他の民族が常にみずからの国家の機能において享受している満足を退けねばならない」(332〔五二〇頁〕) と論じるにいたらせた。さらに彼は「国家は国民に、時の制約のなかで、永続性をあたえようとする努力を象徴するものである」とも論じている。こうした永続性が確かなものになるためにはしかし、国民は常に再建されねばならず、そしてみずからを永続化するために戦争を必要とすることになる。ローゼンツヴァイクにとっては、生命は維持と再生によって構成されている。法が生命に対抗して持久性と安定性を確立し、国家の強制力の礎となるかぎりにおいて、法とは反－生命として立ち現れる。ローゼンツヴァイクは国民を苦しめる矛盾を超えてユダヤ教を理解することを、そしてそれによってユダヤ民族という概念をユダヤ国民と区別することを目指した (329〔五一六－一七頁〕)。

（5）Ibid., 176〔前掲書、三一五頁〕

(6) Rosentweig, *The Star of Redemption* (326, 351-52)〔ローゼンツヴァイク『救済の星』五〇八頁、五八四頁〕における、ユダヤ民族としての「イスラエル」と土地に対する権利の主張としての「イスラエル」についての重要な区分をみよ。さらに彼は「待つことと彷徨うこと」(Ibid., p.329〔前掲書、五一四頁〕) はどちらの意味の「イスラエル」にも付随するメシア的伝統の一部であるとして、ユダヤ教の重要なディアスポラ的性質を肯定している。シオニズムがみずからを国家の形態で実現しようとしたときの、一九四八年のブーバーによるシオニズムの「堕落」についての以下の発言を見よ。Martin Buber, "Zionism and 'Zionism'" in Paurl Mendes-Floh, ed., *A Land of Two Peoples: Martin Buber on Jews and Arabs* (Chicago: University of Chicago Press, 2005), 220-23.〔ブーバー「二通りのシオニズム」、『ひとつの土地にふたつの民――ユダヤ-アラブ問題によせて』合田正人訳(みすず書房)所収、二〇六-二〇九頁〕

(7) ベンヤミンのシオニズムに対する曖昧な関係の記録としては、*The Correspondence of Walter Benjamin and Gershom Scholem, 1932-1940* (New York: Schocken, 1989) に収録されたベンヤミンとショーレムの一九三三年夏の手紙のやり取りをみよ。〔ショーレム『ベンヤミン-ショーレム往復書簡　1933-1940』山本尤訳(法政大学出版局、一九九〇)〕

(8) Jacques Derrida, *Force de loi* (Paris: Gaillilée, 1994), 69〔デリダ『法の力』堅田研一訳(法政大学出版局、二〇一〇)八三〕を見よ。英語版の初出は Mary Quantaince による以下の翻訳である。"The Force of law", *Deconstruction and the Possibility of Justice*, a special issue of *Cardozo Law Review* 11.nos. 5-6 (July-August 1990) 919-1046.

(9) Hannah Arendt, "On Violence" in *Crises of the Republic* (New York: Harcourt Brace Jovanovich, 1972), 103-98〔アーレント「暴力について」、『暴力について――共和国の危機』山田正行訳(みすず書房、二〇〇〇)所収、九七-一九四頁〕

(10) ベンヤミンはこの論考だけでなくこの時期に書かれた他のいくつかのエッセイでも償いと報復を神話と関連づけている。また彼は明らかに神話に対する批判行為に対して、真実に対する戦争であるとして異を唱えている。たとえば Walter Benjamin, "Goethe's Elective Affinities" in *Walter Benjamin, Selected Writings*, 297-362 を見よ。このエッセイは一九一九年から一九二二年の間に執筆されている。〔「ゲーテの『親和力』」、『ベンヤミン・コレクション1――近代の意味』浅井健二郎編訳・久保哲司訳、ちくま学芸文庫(筑摩書房、一九九五)所収、三九-一八六頁〕

(11) Rosenzweig, *The Star of Redemption*, 191-92.〔ローゼンツヴァイク『救済の星』三二九頁〕

(12) Benjamin, "Goethe's Elective Affinities," 308〔ベンヤミン「ゲーテの親和力」六七頁〕

(13) Walter Benjamin, "Theologico-Political Fragment" in Walter Benjamin, *Reflections: Essays, Aphorisms, Autobiographical Writings*, ed, Peter Demetz, trans. Edmund Jephcott (New York: Schocken, 1986), 312-13. ドイツ語原典は Walter Benjamin, *Kritik der Gewalt und andere Aufsätze* (Suhrkamp, 1965), 95-96.〔ベンヤミン「神学的-政治的断章」、『ドイツ悲劇の根源(下)』浅井健二郎訳、ちくま学芸文庫(筑摩書房、一九九九)所収、二二三-二二六頁、「神学的・政治的断章」、『ベンヤミン・アンソロジー』山口裕之編訳、河出文庫(河出書房新社、二〇一一)所収、八三-八五頁〕

(14) ベンヤミンは、戒律の理由は「その行為が犠牲者に何をなしたのかではなく、それが神と行為者に何をしたのか」

に見出されると述べている（CV, 251〔1－二七四頁、2－六一－六二頁、3－七六頁〕）。

（15）「批評的暴力」についてのベンヤミンの言及はともに前掲の *Walter Benjamin, Selected Writings* に所収の一九一九－二〇年に書かれた "On Semblance" (224) と "Goethe's Elective Affinities" (341)〔「ゲーテの親和力」二二九－二三一頁〕を見よ。

（16）ベンヤミンはすべての言語とすべての言語的創造において、伝達されうるもののほかに、伝えられえないものが残る」と書き、それを「すべての言語の核心」と呼んでいる。"The Task of the Translator" in *Walter Benjamin, Selected Writings*, 261 を見よ〔ベンヤミン「翻訳者の使命」内村博信訳、『ベンヤミン・コレクション2　エッセイの思想』浅井健二郎編訳・三宅晶子・久保哲司・内村博信・西村隆一訳、ちくま学芸文庫（筑摩書房、一九九六）所収、三九九頁、「翻訳者の課題」『暴力批判論他十篇――ベンヤミンの仕事1』野村修編訳、岩波文庫（岩波書店、一九九四）所収、八〇頁、「翻訳者の課題」『ベンヤミン・アンソロジー』山口裕之編訳、河出文庫（河出書房新社、二〇一一）所収、九七頁ほか〕。

（17）Werner Hamacher, "Afformative, Strike" in Andrew Benjamin and Peter Osborne, eds., *Walter Benjamin's Philosophy—Destruction and Experience* (London: Routledge 1993).

（18）Walter Benjamin, "Theses on the Philosophy of History" in *Illuminations*, trans. Harry Zohn (New York: Schocken, 1969).〔ベンヤミン「歴史の概念について」浅井健二郎訳、『ベンヤミン・コレクション1――近代の意味』浅井健二郎編訳・久保哲司訳、ちくま学芸文庫（筑摩書房、一九九五）所収、ベンヤミン「歴史の概念について」、『ボードレール他五篇――ベンヤミンの仕事2』野村修編訳、岩波文庫（岩波書店、一九九四）所収、ベンヤミン「歴史の概念について」、『ベンヤミン・アンソロジー』山口裕之編訳、河出文庫（河出書房新社、二〇一一）所収〕

（19）Walter Benjamin, "The Meaning of Time in Moral Universe" in *Walter Benjamin, Selected Writings*, 286-87. 強調筆者。

（20）ベンヤミンにおける許しの問題についてのさらなる議論としては、私の "Beyond Seduction and Morality: Benjamin's Early Aesthetics" in Dominic Willsdon and Diarmuid Costello, eds., *The Life and Death of Images: Ethics and Aesthetics* (Ithaca: Cornell University Press, 2008) を見よ。

（21）Ibid., 287.

第4章　閃いているもの

（1）ウェストファリア条約（一六四八年）は、最終的な法的および政治的主権は国民国家にあるものとし、国民国家間のいかなる衝突も、司法レベルではなく社会レベルで解決されるべきであるとした。国際法と人権の主張は、主権を国民性によらない原則（ハンス・ケルゼンによって一九二〇年代に提示された理論）に則って確立しようとしたり、あるいは現存の国民国家に属することのない人びとや、その主張がまさに、みずからの属する国民国家に対立するかたちでおこなわれる人びとのために権利主張をする際に、このウェストファリア条約と格闘しなければならなかった。

(2) 私の"Hanna Arendt's Death Sentences," *Studies in Comparative Literature.* 48, no. 3 (2011): 280-95を参照。

(3) 二〇一〇年一月のUNRWA〔国連パレスチナ難民救済事業機関〕によれば、現在登録されているパレスチナ難民は占領地のみで一五五万一一四五人、さらにガザにも九五万一七〇九人いる。一九四八年（および一九六七年）の結果としてディアスポラのなかで四散している人びとに上記の人数を合わせると、パレスチナ難民は現在では五百万人にのぼるとされている。

(4) Walter Benjamin, "Über den Begriff der Geschichte" in Walter Benjamin, *Abhandlungen*, band 1.2 (Frankfurt: Suhrkamp, 1991), 695.〔ベンヤミン「歴史の概念について」浅井健二郎訳、『ベンヤミン・コレクション1——近代の意味』浅井健二郎編訳・久保哲司訳、ちくま学芸文庫（筑摩書房、一九九五）所収、六四九頁、ベンヤミン「歴史の概念について」、『ボードレール他五篇——ベンヤミンの仕事2』野村修編訳、岩波文庫（岩波書店、一九九四）所収、三三二頁、ベンヤミン「歴史の概念について」、『ベンヤミン・アンソロジー』山口裕之編訳、河出文庫（河出書房新社、二〇一一）所収、三六四頁〕

(5) Ibid., 703.〔前掲書、1—六六頁、2—三四三頁、3—三七五頁〕

(6) Franz Kafka, "Cares of a Family Man" in *The Complete Stories*, trans. Willa and Edwin Muir (New York: Schocken, 1976), 427-28.〔カフカ「家長の気がかり」『カフカ短篇集』池内紀訳、岩波文庫（岩波書店、一九八三）所収、『カフカ・コレクション——断食芸人』池内紀訳、白水Uブックス（白水社、二〇〇六）所収、「家父の心配」、『カフカ・セレクションIII——異形／寓意』平野嘉彦編訳・浅井健二郎訳、ちくま文庫（筑摩書房、二〇〇八）所収。他に「家長の心配」のタイトルの翻訳もあり〕

(7) Benjamin, "Uber den Begriff der Geschichte," 695.〔「歴史の概念について」1-648;2-331;3-363〕

(8) Gershom Scholem, *The Messianic Idea in Judaism* (New York: Schocken, 1971), 44 および *On the Kabbalah and Its Symbolism* (New York: Schocken, 1965), 100-5〔ショーレム『カバラとその象徴的表現』小岸昭・岡部仁訳（法政大学出版局、一九八五）一七〇—一七四頁〕を見よ。

(9) Jacques Derrida, *La Force de loi* (Paris: Galilee, 1994).〔デリダ『法の力』堅田研一訳（法政大学出版局、二〇一一）〕

(10) Walter Benjamin, "On the Mimetic Faculty" in Walter Benjamin, *Selected Writings, 1931-1934*, ed. Michael William Jennings (Cambridge: Harvard University Press, 2005).〔ベンヤミン「模倣の能力について」内村博信訳、『ベンヤミン・コレクション2——エッセイの思想』浅井健二郎編訳・三宅晶子・久保哲司・内村博信・西村龍一訳、ちくま学芸文庫（筑摩書房、一九九六）所収、「模倣の能力について」、『ベンヤミン・アンソロジー』山口裕之編訳、河出文庫（河出書房新社、一九九六）所収〕

（11） Walter Benjamin, "Doctrine of the Similar" in *Walter Benjamin, Selected Writings, 1931-34*, 697.〔ベンヤミン「類似しているものの理論」浅井健二郎訳、『ベンヤミン・コレクション5――思考のスペクトル』浅井健二郎編訳・土合文夫・久保哲司・岡本和子訳、ちくま学芸文庫（筑摩書房、二〇一〇）所収、一五五頁、「類似性の理論」、『ベンヤミン・アンソロジー』山口裕之編訳、河出文庫（河出書房新社、二〇一一）所収、一九六頁〕

（12） Walter Benjamin, "On Language as Such and on the Languages of Man" in Walter Benjamin, *Selected Writings*, vol.1: 1913-1926, ed. and trans. Michael W. Jennings (Cambridge: Harvard University Press, 1996)〔ベンヤミン「言語一般および人間の言語について」、『ベンヤミン・コレクション1――近代の意味』浅井健二郎編訳・久保哲司訳、ちくま学芸文庫（筑摩書房、一九九五）所収、「言語一般について　また人間の言語について」、『ベンヤミン・アンソロジー』山口裕之編訳、河出文庫（河出書房新社、二〇一一）所収〕

（13） こちらは私の訳。ドイツ語原文では"Die Jetztzeit, die als Modell der messianischen in einer *ungeheuren Abbreviatur* die Geschichte der ganzen Menschheit zusammenfasst." *ungeheuer* という語は不気味で、巨大で、どこか怪物的でもあるものを指す。

（14） 二〇一一年五月にニュースクール大学で発表された"Anarchism and Cohabitation"についての私の試論を参照。〔初版では原注13がふたつあるミスがあったため。二番目の原注13は、原注14として、以下、原注番号をずらした。〕

（15） Walter Benjamin, "Conversations with Brecht" in *Reflections: Aphorisms, Essays, and Autobiographical Writings*, ed. Peter Demetz, trans. Edmund Jephcott (New York: Harcourt, Brace Jovanovich, 1978), 210.〔ベンヤミン「ブレヒトとの対話」、『ヴァルター・ベンヤミン著作集9』石黒英男・野村修・川村二郎訳（晶文社、一九七一）所収、二〇六頁〕

（16） Ahmad H. Sa'di and Lila Abu-Lughod, *Nakba: Palestine, 1948, and the Claims of Memory* (New York: Columbia University Press, 2007).

（17） Haim Bresheeth, "The Continuity of Trauma and Struggle: Recent Cinematic Representations of the Nakba" in Sa'di and Abu-Lughod, *Nakba*, 161.

（18） Diana K. Allan, "The Politics of Witness: Remembering and Forgetting 1948 in Shatila Camp" in Sa'di and Abu-Lughod, *Nakba*, 253-84.

（19） 以下を参照。Cathy Caruth, ed., *Trauma: Explorations in Memory* (Baltimore: The Johns Hoplins University Press, 1995)〔カルース編『トラウマへの探求――証言の不可能性と可能性』下河辺美知子訳（作品社、二〇〇〇）〕; Cathy Caruth, *Unclaimed Experience: Trauma, Narrative, and History* (Baltimore: Johns Hopkins University Press, 1996)〔カルース『トラウマ・歴史・物語――持ち主なき出来事』下河辺美知子訳（みすず書房、二〇〇五）〕; Shoshana Felman and Dori Laub, eds., *Testimony: Crises of Witnessing in Literature, Psychoanalysis, and History* (New York: Routledge, 1992).

（20） 一九六二年に当初アラビア語で出版された Ghassan Kanafani, *Men in the Sun*, trans. Hilary Kilpatrick (London: Lynne

Rienner, 1998)〔カナファーニー『太陽の男たち』、『ハイファに戻って　太陽の男たち』黒田寿郎・奴田原睦明訳（河出書房新社、一九七八、二〇〇九）所収〕および Elias Khoury, *Gate of the Sun*, trans. Humphrey Davies (New York: Picador, 2006) なども同様に参照。

第5章　ユダヤ教はシオニズムか

本章の一部は、コーネル・ウェスト、チャールズ・テイラー、ユルゲン・ハーバーマスとともに二〇〇九年一〇月におこなったシンポジウム「公共圏における宗教（Religion in the Public Sphere)」で私が発表したものである。このシンポジウムは、以下の文献に再録された。Jonathan Antwerpen and Eduardo Mendieta, eds., *The Power of Religion in the Public Sphere* (NewYork: Columbia University Press, 2011)〔メンディエッタ＋ヴァンアントワーペン（編）『公共圏に挑戦する宗教――ポスト世俗世代における共棲のために』箱田徹・金城美幸訳（岩波書店、二〇一四)〕。

（1）David Biale, *Not in the Heavens: The Tradition of Jewish Secular Thought* (Princeton: Princeton University Press, 2011).

（2）Talal Asad, Wendy Brown, Judith Butler, and Saba Mahmood, *Is Critique Secular? Blasphemy, Injury, and Free Speech* (Berkeley: University of California Press, 2009) を参照。

（3）Theodore Herzl, *The Jewish State* (Rockville, MD: Wildside, 2008), 63-72〔ヘルツェル『ユダヤ人国家――ユダヤ人問題の現代的解決の試み』佐藤康彦訳（法政大学出版局、二〇一一)〕を参照。

（4）Hannah Arendt, *The Origin of Totalitarianism* (New York: Harcourt Brace Jovanovich, 1951), 66〔アーレント『全体主義の起原1』大久保和郎訳（みすず書房、一九九七）一〇四－一〇五頁〕、*Rachel Varnhagen: The Life of a Jewish Woman* (New York: Harcourt Brace Jovanovich, 1974), 216-28〔アーレント『ラーエル・ファルンハーゲン――ドイツ・ロマン派のあるユダヤ女性の伝記』大島かおり訳（みすず書房、一九九九）二二五－二三六頁〕。

（5）Jacques Rancière, *The Politics of Aesthetics: The Distribution of the Sensible* (London: Continuum, 2006)〔ランシエール『感性的なもののパルタージュ――美学と政治』梶田裕訳（法政大学出版局、二〇〇九)〕を参照。

（6）アーレントの思考はドイツ系ユダヤ思想の複雑な伝統に由来しており、私はここで彼女を理想化しようとしているわけではない。アーレントを理想化すべきではない理由は多くある。彼女の著作や発言には明確に人種差別的な信条が散見されるし、彼女は文化的差異を横断する理解のより包括的な政治の規範を提示しているとは言い難い。しかし彼女は十九世紀後半にはじまったシオニズムの価値と意味についてのドイツ系ユダヤ人たちの議論を受け継いでいるといえる。たとえば、ヘルマン・コーエン（コーエンの見解については後に検討する）とゲルショム・ショーレム間でなされたシオニズムの価値をめぐる有名な議論がその一例であり、コーエンはシオニズムに胚胎するナショナリズムを批判し、コスモポリタンとしての、あるいは帰化人としてのユダヤ民族の展望を提示した。コーエンは国家としてのドイツの一部となることこそユダヤ人にとっては最良の道筋だと論じたのだが、この見解はドイツのファシズムと陰惨な反ユダヤ主義の台頭とともに悲壮で不可能なものだと証明されることとなる。アーレントはドイツのナショナリズムをはっきりと拒否はしていたが、コーエンのドイツ文化の称揚と似たものはアーレントにもある。

（7） Susannah Young-ah Gottlieb, *Regions of Sorrow: Anxiety and Messianism in Hannah Arendt and W.H. Auden* (Palo Alto: Standord University Press, 2003) を参照。

（8） Hannah Arendt, *Love and Saint Augustine*, ed. Joanna Vecchiarelli Scott and Judith Chelius Stark (Chicago: University of Chicago Press, 2007)〔アーレント『アウグスティヌスの愛の概念』千葉真訳（みすず書房、二〇〇二）〕を参照。

（9） Hannah Arendt, "Jewish History, Revised" in *The Jewish Writings*, ed. Jerome Kohn and Ron H. Feldman (New York: Schocken, 2007), 305〔アーレント「ユダヤ人の歴史―改訂版」、『アイヒマン論争―ユダヤ論集2』齋藤純一・山田正行・金慧・矢野久美子・大島かおり訳（みすず書房、二〇一三）所収、九四頁〕

（10） Gabriel Piterberg, *The Returns of Zionism* (London: Verso, 2008), 179.

（11） Amnon Raz-Krakotzkin, "Jewish Memory Between Exile and History," *JQR* 97, no. 4 (2007), 530-43; "Exile Within Sovereignty," *Theory and Criticism*, no. 4 (2007), *Exil et souveraineté: Judaïsme, sionisme et pensée binationale* (Paris: Fabrique, 2007).

（12） 言うまでもなく、アーレント自身が指摘しているように、ユダヤ民族の「内的な」歴史を確立する必要性は、サルトル等がとった立場、すなわち、ユダヤ人の歴史的生命は反ユダヤ主義に負うところが多い、あるいは反ユダヤ主義のみによって形作られている、という立場に反論するひとつの方法である。

（13） Amnon Raz-Krakotzkin, "'On the Right Side of the Barricades': Walter Benjamin, Gershom Scholem, and Zionism," *Comparative Literature* (forthcoming).

（14） これはゼネストにみられるような「出来事の中止」と均質的なかたちの歴史の終結との間の関係について複雑な問題を提起する。どの時点で最初の中断は次の中断の前提条件となるのか、あるいは最初の中断とそれに続くものとはなんらかのかたちで連続しているのだろうか。

（15） Hannah Arendt, *Eichmann in Jerusalem* (New York: Shocken, 1963), 277-78.〔アーレント『新版　エルサレムのアイヒマン――悪の陳腐さについての報告』大久保和郎訳（みすず書房、二〇一七）三八四頁、アーレント『イェルサレムのアイヒマン――悪の陳腐さについての報告』大久保和郎訳（みすず書房、一九九四）二一五頁〕

（16） William Connolly, *The Ethos of Pluralization* (Minneapolis: University of Minnesota Press, 2005).

（17） Emmanuel Levinas, *Otherwise Than Being: or, Beyond Essence*, trans. Alphonso Lingis (Pittsburgh: Duquesne University Press, 1998)〔レヴィナス『存在の彼方へ』合田正人訳、講談社学術文庫（講談社、一九九九）〕を参照。

（18） Hala Khamis Nassar and Najat Rahman, eds., *Mahmoud Darwish, Exile's Poet: Critical Essays* (Northampton, MA: Olive Branch,

2008). ダルーウィッシュにおける「ここ」と「そこ」の議論については、前掲書の Jeffery Sacks による "Language Places" (253-61) を参照のこと。サックスはダルーウィッシュの「ここ」における移ろいゆく感覚に対する詩的言及と、ヘーゲルの『精神現象学』との関係性を指摘している。ヘーゲルの『精神現象学』における、移ろえる「ここ」についての議論は「感覚的確信」についてのセクションでなされている。G.W.F. Hegel, *Phenomenology of Spirit*, trans. A. V. Miller (New York: Oxford University Press, 1977) 60-61.〔ヘーゲル『精神現象学（上・下）』熊野純彦訳、ちくま学芸文庫（筑摩書房、二〇一八）:『精神現象学（上・下）』樫山欽四郎訳、平凡社ライブラリー（平凡社、一九九七）ほか〕

（19） 私の *Frames of War: When Is Life Grievable?* (London: Verso, 2009)〔バトラー『戦争の枠組――生はいつ嘆きうるものであるのか』清水晶子訳（筑摩書房、二〇一二)〕のイントロダクションを参照のこと。

（20） "Hannah Arendt on Hannah Arendt" Melvyn A. Hill ed, *Hannah Arendt: The Recovery of the Public World* (New York: St. Martin's, 1979) 333-34.

（21） 〔原書本文に原注番号21を見出すことはできるが、巻末注に原注21は存在しない〕

（22） 反対意見については Jacqueline Rose, *The Question of Zion* (Princeton: Princeton University Press, 2005) を参照のこと。ローズはメシア運動と、くり返されるシオニズムのカタストロフの追求とを結びつけている。私の疑問はメシア的なものが反軍事的立場を生み出しうるのか否かである。

（23） 本章の原注26を参照のこと。Steven E. Aschheim, ed., *Hanna Arendt in Jerusalem* (Barkley: University of California Press, 2001) 所収の Amnon Raz-Krakotzkin, "Binationalism and Jewish Identity: Hannah Arendt and the Question of Palestine" (165-180)、また Amonon Raz-Krakotzkin "Jewish Peoplehood, 'Jewish Politics,' and Political Responsibility: Arendt on Zionism and Partitions," *College Literature* 28, no. 1 (Winter 2011): 57-74 を参照。

（24） Hannah Arendt, *On Violence* (New York: Harcourt, Brace, 1969), 20, 67, 80, 18, 24, 65.〔アーレント『暴力について』山田正行訳（みすず書房、二〇〇〇）一一二—一一三頁、一一七頁、一五二頁、二四五頁〕

（25） Hannah Arendt and Karl Jaspers, *Correspondence, 1926-1969*, ed. Lotte Kohler and Hans Saner, trans. Robert Kimber and Rita Kimber (Newyork: Harcourt Brace Jovanovich, 1992) 所収のアーレントからヤスパースに宛てられた一九六一年四月十三日付けの letter 285 を参照（434-36）〔ケーラー＋ザーナー編『アーレント＝ヤスパース往復書簡　1962-1969 2』大島かおり訳（みすず書房、二〇〇四）所収〕。

（26） Raz-Krakotzkin, "Jewish Peoplehood" を参照。また Anne Norton, "Heart of Darkness: Africa and African Americans in the Writings of Hannah Arendt" Bonnie Honig, ed., *Feminist Interpretations of Hannah Arendt* (University Park: Pennsylvania State University Press, 1995) 所収の（247-62）を参照。

（27） Herman Cohen の *Deutschtum and Judentum* の抜粋の英語訳は Eva Jospe, ed. and trans., *Reason and Hope: Selections from the Jewish Writings of Hermann Cohen* (New York: Hebrew Union College Press, 1997) に見出される。

（28）この白書は一九三九年五月に公布された文書であり、パレスチナに「ユダヤ人の民族的な故郷」を設立することを目指したものだったが、同時にユダヤ人の自己統治という概念を裁可することは拒否していた。パレスチナへのユダヤ人の移民やその領土内での土地獲得に対して制限を課したこの白書は、シオニストのナショナリズム的な野望に対する攻撃として見なされた。Rashid Khalidi, *The Iron Cage: The Story of the Palestinian Struggle for Statehood* (Boston: Beacon, 2006), 31-64 参照。

（29）人権をめぐる言説内部の、人権の正当性を自然や自然権に求めようとする議論に対し、アーレントは明確に異を唱えている。しかしこのような立場に対してまったくアーレントは親和性を示さなかったというのは誤りだろう。「国民国家の没落と人権の終焉」でアーレントは、国家（the state）と国家による市民権の規定は近代の問題の一部をなすと論じる人びとに反論をしているようにみえる。しかし同様のことが国民国家にも言えるだろうか。確かなのは、アーレントにとって、ある種の啓蒙主義のテクストにみられるような自然の理想化には、とりたてて共感する部分はないということだ。そして彼女が、政治的生の文脈に私たちが求めるような、平等、正義、自由の原則を自然のなかに見出すことができるはずだという考えに対して疑義を提示していることも、明らかだ。彼女の考えでは、無国籍者たちは自然状態に暴力的に差し戻されているのであり、そのいわゆる自然状態には保護も権利もなく、またそこにおいては彼女が「人間性」と呼ぶものを維持することもできない。かりそめにも人間主体というものが存在するとすれば、それは政治的生の文脈のなかで作り出されるものであり、それも集合的に作り出されるのである。自由はポリス――平等と自由によって構造化される政治的な共同体――の外部には存在しない。もちろん、平等と自由は、さまざまな国家（states）によって実演されるその偶発的な表出に完全には依存しないような、なんらかの性質をもっているようにも思える。そして平等と自由はアーレントの著作のなかで規範として機能しており、それゆえ彼女とある種の自然法論者の間にはなんらかの近縁性が見られるようにも思われる。実際のところ、自然状態の仮説には自然法の推進力のようなものが欠如しているところがあるように思われるのだが、この推察を深めるのはまたの機会にゆずるべきだろう。だがここで明らかなのは、アーレントにとって、人間存在の人間性は、政治的共同体の文脈においてはじめて生まれるのだということだ。そしてまた、彼女の考えでは、疎外され、駆逐され、さらには殲滅される者たちは、市民権に対する権利が保留されたり破壊されたりしたその瞬間、人間性もまた剥奪されているのだ、ということも明らかである。

アーレントの見解では、二十世紀における膨大な人口駆逐の例の数々は、こうした状況を浮き彫りにするものである。アーレントはこの論考を書き始めるにあたり、第一次世界大戦終結の際に起こったことを想像するのは「ほとんど不可能」だろう、と私たちに告げる。彼女は「どこにも受け容れられず、どこにも同化することができなかった」人びとの移住を描写する。彼女はまた、『憎悪が……公共の問題のいたるところに影響を及ぼす』状況を、「すべてのひととすべてのものに対するぼんやりとした憎悪が蔓延し、その憎悪が熱烈な傾注の焦点を持たず、事態に対して責任を負うべきものも持たない」状況を描き出す。さらにアーレントは、ヨーロッパの文脈で、被害者となるふたつの集団、すなわち無国籍者と少数民族の出現を描写する（OT, 267〔2―二四〇頁〕）。このふたつの集団は、市民権に付随する権利を剥奪され、彼らをはっきりと部外者として、国家に帰属しない者としてみなすさまざまな国々のなかで、暫定的な適法性をあたえられて、不安のうちに居住する。このようにして人口は、十全な法的権利をもち市民として認識される者たちと、権利を剥奪されながらも国家権力の管轄下に置かれる者たちとの間で二分されることとなる。

（30）「国民国家の没落と人権の終焉」のこの時点で、アーレントが「人権」に対する痛烈とも思える批判——人権をめぐる教義がいかに無益で非力なものであるかが露呈したこと——に議論の矛先を向け始めるのは興味深い。私がここで示唆したいのは、アーレントは人権をめぐる言説が脆弱であることを難じてはいるが、こうした権利のある種の新たな概念化を提示しているということだ。そして彼女はこの人権の再概念化を自分自身の宣言によって、強力な発話とでも呼びうるようなものによっておこなっている。『人間の条件』においてアーレントが言葉と行為にかんして言わんとすることを理解する者にとっては、これは驚くに値しない——説得力のある発話はアーレントにとって、まさに政治領域を定義づけるもののひとつなのだから。しかしなお残されている疑問は、アーレントの見解において、誰がそのような権利を行使することができ、人間がどのようにその境界を定められているのか、という点である。「国民国家の衰退と人権の終焉」を、無国籍者の権利の制定とはいえないまでも、その擁護として読むことはできるかもしれないが、そのいっぽうでアーレントは、無国籍者は人間という存在に対する脅威であるということも明示している。論考の最後では、無国籍者——彼女の仮定によればパレスチナ人とパキスタン人をふくむわけだが——は「人間存在の殿堂」を攻撃する「野蛮な」力となりかかっている。この時点でイスラエルとインドは「人間」を保護する、そしてそれゆえにみずからが生み出した無国籍者から守られねばならない、ナショナルな国家として位置づけられている。これはこの論考の主調をなすように見られる議論——すなわち無国籍者は権利をもつ権利を有するという議論——と齟齬をきたす。

（31）アーレントがこの論考でおこなおうとしていることのひとつは、これらの権利を確信をもって定義付けることなのだと、私は最後に言っておきたい。言い換えれば、彼女は定義のレトリックを、毅然としたやり方で提示し、また実演しているのである。アーレントは自然法の論者ではないとはいえ、彼女はあらゆる個別的な政府や法に先立ち、またその必須条件となるような、人間の生命の条件を描き出し、そしてそれを規定しさえしている。彼女はこの視座を先行する原則の上に基礎付けるのではなく、自身の聴衆に対する語りかけの文脈において詳らかにしようとする。それゆえ彼女のレトリックは、彼女が表出しようとする社会的関係を体現することを目指している。さらに彼女はこうした条件を描き出すにあたって、一人称の「私」を明け渡す。アーレントはこのテクストを「私」として、つまり個人的な視座をもつ者として書いていない。代名詞があらわれるとき、それは「私たち」なのだが、しかしこの「私たち」とはいったい誰なのだろう。誰として、そして誰に向かって、彼女は語っているのだろう。彼女が「私たちは平等に生まれついているのではない。私たちは、ある集団の一員として、お互いに平等な権利を保証するという決断に基付いて、平等になるのだ」と主張するとき、彼女は「私たち」を代表しているのだろうか。それとも、「私たち」というものを召還しようとしているのだろうか。

（32）Hannah Arendt, *On Revolution* (New York: Penguin, 1990), 166.〔アレント『革命について』志水速雄訳、ちくま学芸文庫（筑摩書房、一九九五）二五六頁〕

第6章　複数的なるものの苦境

（1）Edward W. Said, *The Politics of Dispossession: The Struggle for Palestinian Self-determination, 1969-1994* (New York: Vintage, 1994)〔サイード『収奪のポリティックス——アラブ・パレスチナ論集成 1969-1994』川田潤・伊藤正範・齋藤一・鈴木亮太郎・竹森徹士訳（NTT出版、二〇一〇）〕を参照。

（2）Steven E. Aschheim, ed., *Hannah Arendt in Jerusalem* (Berkley: University of California Press, 2001) を参照のこと。

（3）Hannah Arendt, *Eichmann in Jerusalem: A Report on the Banality of Evil* (New York: Penguin, 1994).〔アーレント『新版　エルサレムのアイヒマン』大久保和郎訳（みすず書房、二〇一四）、『イェルサレムのアイヒマン』大久保和郎訳（みすず書房、一九九四）〕

（4）Yosal Rogat, *The Eichmann Trial and the Rule of Law* (Santa Barbara: Center for the Study of Democratic Institutions, 1961).

（5）Jacques Lacan, "Kant avec Sade" in *Ecris II* (Paris: Seuil, 1971).〔ラカン「カントとサド」、『エクリⅢ』佐々木孝次・海老原英彦訳（弘文堂、一九八一）所収〕

（6）Eva Jospe, ed. and trans., *Reason and Hope: Selections from the Jewish Writings of Hermann Cohen* (New York: Hebrew Union College Press, 1997).

（7）この論考に導いてくれたSusannah Gottlieb に感謝を捧げる。Susannah Young-ah Gottlieb, "Beyond Tragedy: Arendt, Rogat, and the Judges in Jerusalem," *College Literature* 28, no.1 (Winter 2011): 45-56.

（8）Ibid.

（9）アーレントはハイデガーの地球と世界の差に対し、暗に言及しているようにも見える（ハイデガーによる二者の区別に関してはMartin Heidegger, *Poetry, Language, Thought*, trans. Albert Hofsstadter (New York: Harper and Row, 1971) を参照のこと）。たとえばハイデガーは "Building, Dwelling, Thinking"〔『ハイデッガーの建築論——建てる・住まう・考える』、中村貴志訳（中央公論美術出版、二〇〇八）〕において、「人間であるということはこの地球に死すべきものとして在るということである」と述べる。しかし彼は "The Origin of the Work of Art"〔ハイデガー『芸術作品の根源』関口浩訳（平凡社、二〇〇八）〕では世界と地球は異なるものであると、はっきりと語っている。すなわち、地球は、その所与性のなかで「提示されている」、あるいは部分的に開示されているものであるが、世界は「提起されて」いるのであり、より広範な人間の行為主体性や構築の実践に帰属するのである（48-49）。ハイデガーは地球と世界は芸術作品の中で「闘争」に参入するような対立物であると論じるが、アーレントははっきりと、人間の世界構築の実践とは、地球上に共生する人間たちの死すべきさだめという所与の性格から、政治的な必然として生ずるのだとして理解している。

（10）Avraham Burg, *The Holocaust Is Over* (New York: Palgrave MacMillan, 2008) における議論を参照。

（11）Talal Asad, *On Suicide Bombing* (New York: Columbia University Press, 2007)〔アサド『自爆テロ』苅田真司訳・磯前順一解説（青土社、二〇〇八）〕における自死についての議論を参照。

（12）アーレントと死刑宣告についての考察としては、私の "Hannah Arendt's Death Sentences," *Comparative Literature Studies* 48, no.3 (2011): 280-95 を参照。

（13）Linda Zerilli, *Feminism and the Abyss of Freedom* (Chicago: University of Chicago Press, 2005).

（14）呼びかけ可能性にかんしては以下を参照。M. M. Bakhtin, "The Problem of Speech Genres," in *Speech Genres and Other Late Essays*, ed. Michael Holquist and Caryl Emerson, trans. Vern W. McGee (Austin: University of Texas Press, 1986). また Adriana Cavarero, *Relating Narratives*, trans. Paul Kottman (New York: Routledge, 2000) と *For More Than One Voice*, trans. Paul Kottman (Palo Alto: Stanford University Press, 2005) も参照。

（15）Hannah Arendt, *Responsibility and Judgment* (New York: Schocken, 2003), 95.〔アレント『責任と判断』中山元訳、ちくま学芸文庫（筑摩書房、二〇〇七）一五八頁〕

（16）Hannah Arendt, *The Human Condition* (Chicago: University of Chicago Press, 1998).〔アレント『人間の条件』志水速雄訳、ちくま学芸文庫（筑摩書房、二〇一四）〕

（17）Arendt, *Reponsibility and Judgment*, 41.〔アレント『責任と判断』六七－六八頁〕

（18）Ibid., 69.〔前掲書、一一四－一一五頁〕

（19）Ibid., 25.〔前掲書、四三頁〕

（20）Hannah Arendt, *Lectures on Kant's Political Philosophy* (Chicago: Chicago University Press, 1989), 76.〔アーレント『完訳　カント政治哲学講義録』仲正昌樹訳（明月堂、二〇〇九）一四〇頁〕

第7章　現在のためのプリーモ・レーヴィ

（1）Heyden White, "Figural Realism in Witness Literature," *Parallax* 10, no.1 (2004): 113-24.

（2）Primo Levi, *Survival in Auschwitz: The Nazi Assault on Humanity*, trans. Stuart Woolf (New York: Macmillan, 1961)〔レーヴィ『改訳完全版アウシュヴィッツは終わらない　これが人間か』（旧訳『アウシュヴィッツは終わらない――あるイタリ

ア人生存者の考察』竹山博英訳、朝日選書（朝日新聞社出版、一九八〇）〕、*The Drowned and the Saved*, trans. Raymond Rosenthal (New York: Random House, 1989).〔レーヴィ『溺れるものと救われるもの』竹山博英訳、朝日選書（朝日新聞社出版、二〇一四）〕

（3）*La Stampa*, June 24, 1982.

（4）Marco Belpoliti and Robert Gordon, eds, *The Voice of Memory: Interviews, 1961-1987* (Cambridge: Polity, 2001), 285.〔ベルポリーティ『プリーモ・レーヴィは語る――言葉、記憶、希望』多木陽介訳（青土社、二〇〇二）。引用されている一九八二年のインタヴュー（原注3参照）は日本語翻訳版には収録されていない。以下原注5、原注6、原注26も同じ〕

（5）Ibid.

（6）Ibid., 285-86.

（7）この苦渋に満ちた立場に関する、特に大きな視点をもった卓越した議論としては、Idith Zertal, *Israel's Holocaust and the Politics of Nationhood* (Cambridge: Cambridge University Press, 2005), 52-71.

（8）Lawrence Langer, "Introduction" in Charlotte Delbo, *Auschwitz and After*, trans. Rosette Lamonte (New Haven: Yale University Press, 1995), xiii より引用。

（9）Delbo, *Auschwitz and After*. ここで "truthful"〔「正直に嘘偽りなく」〕とした語のもとのフランス語は *veridique* であり、実証可能性（"verifiability"）との連関を指し示している。Charlotte Delbo, *Aucun de nous ne reviendra* (Paris: Minuit, 1970), 7.

（10）Cynthia Ozick, "The Modern Hep! Hep! Hep!" *New York Observer*, May 10, 2004.

（11）Avraham Burg, *The Holocaust is Over, We Must Rise from Its Ashes* (New York: Palgrave MacMillan, 2008), 11-26.

（12）Tom Paulin, "Killed in Crossfire," *Observer*, February 18, 2001.

（13）近年のガザからの撤退の文脈でこうした告発が召喚されたのは驚くにたらないことだ。ガザから退避したイスラエル人のなかにはホロコーストのレトリックを用い、自分たちはまたしても剥奪され駆逐さえされようとしているだけでなく、あらゆるユダヤ人がこの裁定によって脅かされているのだと述べるものもあった。現実には、約八千人のイスラエル人がガザの住居から退居することを余儀なくされた。一方で二〇〇〇年以降には一七一九人のパレスチナ人が殺害され、さらに九千人のパレスチナ人が負傷し、約二万人のパレスチナ人の住居であった二七〇四軒の家屋が破壊されてきた。これを言うことによって私は等価関係を示そうとしているのでも、圧倒的な不等値を示そうとしているのでもない。ただこれを提示することによって、この地域の人間の苦しみがどこでそしていかにして起こっているかについての理解の図が広げられることを願っているにすぎない。

（14）この現象は今にはじまったことではない。政治戦略のためのホロコーストの言説的流通はそもそものはじめから存在していた。ジャクリーン・ローズは、もし私が彼女の言っていることを正しく理解しているとしたらだが、ホロコーストはメシア的シオニズムにとってくり返される運命にある大破局の現代的な範例であって、こうした大破局の概念なしにユダヤ教のメシア的な傾向は延命されえないと論じている。いいかえれば、ユダヤ民族を集結させ国民としての権限をあたえるというメシアニックな目標を再活性化させるためには、現代の政治においてホロコーストがくり返し再生されねばならない。結果として、ローズにとってはシオニズムのメシア的目的の再生は大破局なしにはありえないということになる。Jacqueline Rose, *The Question of Zion* (Princeton: Princeton University Press, 2005) を参照。

(15) Ferdinando Camon, *Conversations with Primo Levi* (Evanston: Marlboro, 1989), 54.

(16) Belpoliti and Gordon, *The Voice of Memory*, 263. 〔引用されている一九七六年のインタヴューは日本語翻訳版には収録されていない〕

(17) Burg, *The Holocaust Is Over*, 78. 彼がここでおこなっている議論はイディス・ゼルタルによってすでになされており、ゼルタルの議論はより大きな歴史的な敷衍をおこなっている。ゼルタルはナチスによるユダヤ人大量虐殺はもはやその出来事として記憶されておらず、すでにトラウマ的で把握不可能な喪失としての適切な位置づけをあたえられなくなっていると論ずる。ホロコーストと呼ばれるものの神聖化は実際にはホロコーストの冒瀆である――それはトラウマ効果の持続をおこない、局所的な政治的議論に「超越的な、言うに言われぬ性質」をあたえているのだから (IH, 169)。問題はたんにホロコーストの召喚がイスラエルの軍事力と破壊性を是認し拡大する巧妙な戦略でもあるというだけではない。ゼルタルは実際の喪失が喪失されていることを悼んでいるのだ――醜悪で激甚な歴史的大量虐殺は駆け引きの材料や戦略へと変ぜられ、大規模で堪え難い歴史的犯罪を食い物にして「決して終わることなき過去」が作り上げられていることを。

もちろん、このような議論は、すべての「ホロコースト」に関する言及は戦略的な戦争のレトリックの一部にすぎないと論じる者たちのそれとは分けて考えられなければならない。ここで起こっているのはなにか他のことである――過去が過去となるのを拒み、現在を貪りさえし、非ユダヤ人の肉体的な可傷性を想像することもできなければ想像しようともしないような被害者意識を果てしなく不毛に作り出しているのだ。これはパレスチナ人がナチスになぞらえられる時に幾度となく起こることだ。ゼルタルが指摘するように、イスラエルの現首相のネタニヤフはパレスチナ人をイェルサレムのムフティー〔イスラムにおける最高位の法学者〕にたとえたが、ネタニヤフにとってムフティーは「ヒトラーに対して……何度も……ユダヤ人の殲滅を提案した」者である。バーグは、外交政策に関しては穏健派だと一般に思われていたアバ・エバンでさえ、「一九四九年の第一次中東戦争の停戦に際してひかれたイスラエル国境を「アウシュヴィッツ境界」と称し、この名称は現在でも使われている」と指摘する。バーグによれば、「六日間戦争はイスラエルとアウシュヴィッツの間にある仮想のユダヤ人強制移住区域のフェンスを取り払った」(23)。

(18) Burg, *The Holocaust Is Over*, 33.
(19) Ibid.,34.
(20) Ibid.,35.
(21) Ze'ev Schiff, *Israel's Lebanon War* (New York: Simon and Schuster, 1985), 220 に引用されている。
(22) Belopliti and Gordon, *The Voice of Memory*, 292-93〔『プリーモ・レーヴィは語る』三六〇頁〕.
(23) Carole Angier, *The Double Bond: Primo Levi, a Biography* (New York: Farrar, Straus and Giroux, 2002), 628 で引用されているような。
(24) Ibid.,629.
(25) Ian Thomson, *Primo Levi: A Life* (New York: Picacor, 2004), 433.
(26) Belpoliti and Gordon, *The Voice of Memory*, 285-86.

第8章　「エグザイルなくして、私たちはどうしたらよいだろう」

本稿は、最初、二〇一〇年一一月カイロのアメリカン・ユニヴァーシティにおけるエドワード・サイード記念講義として話したものである。

(1) 一九四八年以前のパレスチナ人に対するシオニストの攻撃と土地収奪については、Oren Yiftachel, *Ethnocracy: Land and Identity Politics in Israel/Palestine* (Philadelphia: University of Pennsylvania Press, 2006) を参照のこと。同様に Tom Segev, *One Palestine, Complete: Jews and Arabs Under the British Mandate* (New York: Henry Holt, 2001) も参照。一九四八年のパレスチナ人の収奪以降、排斥政策が頻繁に施行されてきた。この点については、http://www.badil.org/en/al-majdal/item/1278-recurring-dispossession-and-displacement-of-1948-palestinian-refugees -in-the-occupied-palestinian-territory を参照。また Edward W. Said, *The Politics of the Dispossessed* (New York: Vintage, 1994)〔『収奪のポリティックス――アラブ・パレスチナ論集成 1969-1994』、川田潤・伊藤正範・齋藤一・鈴木亮太郎・竹森徹士訳（NTT出版、二〇〇八）を参照。一九四八年以前には、一八八〇年代から一九一〇年代の間をのぞいてパレスチナ人がこの地域を去ることはほとんどなかった。この時期には困難な経済状況によりこの地域全般で移住移民が余儀なくされた。これによって、たとえば多数のパレスチナ人の南アメリカ移住が説明できる。
(2) この権利は一九四八年の国際連合総会決議の一九四項（Ⅲ）で明確に確認されている。
(3) Nasser Aruri, *Palestinian Refugees: The Right of Return* (London: Pluto, 2001) を参照。
(4) ゾフロット (zochrot.org/en) とは、ナクバのさなか、そしてそのあとにおわれたパレスチナの村や生活の破壊の実態を正確に詳述し、追悼し、公表することに取り組む組織である。

(5) ここでは Najat Rahman に多くを負っている。Rahman が Hala Khamis Nassar と共同編集した *Mahmoud Darwish, Exile's Poet: Critical Essays* (Northhampton, MA: Olive Branch, 2008) は私の読解の指針となってくれたし、Rahman とのメール上でのやりとりは、エグザイルのアラビア語の原語を理解するためにこのうえなく有益だった。同様に Najat Rahman, *Literary Disinheritance: The Writing of Home in the Work of Mahmoud Darwish and Assia Djebar* (Lanham, MD: Lexington, 2008) も参照のこと。

(6) パレスチナ問題の解決における離散パレスチナ人の重要性に関しては、*The Politics of Dispossession: The Struggle for Palestinian Self-Determination, 1969-1994* (New York: Vintage, 1995, xliii)〔サイード『収奪のポリティックス――アラブ・パレスチナ論集成 1969-1994』川田潤ほか訳(NTT出版、二〇〇八)四一頁〕のサイードの序論における発言を参照。この地域におけるポストナショナリスト的な政治の発展のための故国喪失知識人の重要性に関しては、つぎの論考などを参照せよ。*Waiting for the Barbarians: A Tribute to Edward Said*, ed. Müge Gürsoy Sükmen and Baçak Ertür (London: Verso, 2008) に所収された Elias Khoury, "The Intellectual and the Double Exile" (xxi-xx) および Ilan Pappé, "The Saidian Fusion of Horizons" (83-92). 収奪についての重要な省察は *Edward Said: A Legacy of Emancipation and Representation*, ed. Adel Iskander and Hakem Rustom (Berkley: University of California Press, 2010) 所収の Ghada Karmi, "Said and the Palestinian Diaspora: A Personal Reflection" (304-13) を見よ。

(7) アーレントにとっては、ひとつの国民集団を代表しようとする国民国家は構造的に無国籍者層を生産・再生産することになる。Hannah Arendt, *The Origins of Totalitarianism* (New York: Harcourt Brace Jovanovich, 1951) の "The Nation-State and the Rights of Man"〔アーレント「国民国家の没落と人権の終焉」、『全体主義の起原2』大島通義・大島かおり訳(みすず書房、二〇一七)〕を参照。

(8) Meron Benvenisti による http://kanan48.wordpress.com/2010/02/02/united-we-stand-by-meron-benvenisti/ と "The Inevitable Binational Regime" (http://www.americantaskforce.org/daily_news_article/2010/01/22/1264136400_13)、および Benvenisti と他数名を含む二〇〇九年に開かれた研究集会 "Israel/Palestine: Mapping Models of Statehood and Paths to Peace" (http://www.yorku.ca/ipconf/) を参照。さらに Mazen Masri, *Ali Abunimah, One Country: A Bold Proposal to End the Israel-Palestinian Impasse* (New York: Metropolitan, 2006), Asmi Bishara, "4 May 1999 and Palestinian Statehood: To Declare or Not to Declare?" *Journal of Palestine Studies* 28, no.2 (1999): 5-16, Daniel Elazar, *Two Peoples-One Land: Federal Solutions for Israel, the Palestinians, and Jordan* (Latham, MD: University of Press of America, 1999), Oren Yiftachel, "Neither Two States Nor One: The Disengagement and 'Creeping Apartheid' in Israel/Palestine," *Arab World Geographer* 8, no.3 (2005): 125-29 など。

(9) アダラーによるイスラエルのパレスチナ人の権利についての多くの刊行物を参照。たとえば二〇〇七年の報告書(http://www.adalah.org/eng/intl07/adalah-cerd-feb07.pdf) など。

(10) Nassar and Rahman, *Mahmoud Darwish, Exile's Poet*, 323.

(11) Edward W. Said, "The One-State Solution," *New York Times*, January 10, 1999. また Aldel Iskander and Hakem Ruston, eds., *Edward Said. A Legacy of Emancipation and Representation* (Berkley; University of California Press, 2010) のとくに第二部を参照。

(12) Martin Buber, *A Land of Two Peoples: Martin Buber on Jews and Arabs*, ed. Paul Mendes-Flohr (Chicago: University of Chicago Press, 2005)〔ブーバー『ひとつの土地にふたつの民――ユダヤ―アラブ問題によせて』合田正人訳（みすず書房、二〇〇六）〕。初期の二国民主義は「パレスチナ人」だけでなく「ユダヤ」民族についてもはっきりした均質性を前提としており、それゆえアシュケナジームのヘゲモニーを裁可し、両民族の離散的性格を見ていない。一九四〇年代後半から一九五〇年代の一部にかけてブーバーが二国民主義の枠組みを提示しようとした試みは、入植植民地主義を充分に批判しえていないという弱みがある。ブーバーは文化的シオニズムを政治的シオニズムから切り離すことで、文化的なシオニズムの枠組のなかで二国民主義を想像したが、それは結果として政治的シオニズムをそのままに据えおくこととなった。ブーバーがユダ・マグネスやハンナ・アーレントともに一九四六年から四七年にかけて提案した連邦当局も政治的シオニズムの植民地的前提に異議を申し立てるところにまではいたらなかった。実際ブーバー自身、パレスチナ人に対する「凝集的植民地主義」の諸形態について、あたかもそうした提言が政治的に中立で容認可能であるかのように言及していた。

(13) Edward W. Said, *Reflections on Exile and Other Essays* (Cambridge: Harvard University Press, 2000).〔サイード『故国喪失についての省察〈1〉』大橋洋一・和田唯・近藤弘幸・三原芳秋訳（みすず書房、二〇〇六）、『故国喪失についての省察〈2〉』大橋洋一・近藤弘幸・和田唯・大貫隆史・貞廣真紀訳（みすず書房、二〇〇九）〕

(14) Edward Said, *Freud and the Non-European* (London: Verso, 2003).〔サイード『フロイトと非‐ヨーロッパ人』長原豊訳・鵜飼哲解説（平凡社、二〇〇三）〕

(15) この話題については、イスラエル―パレスチナのエンカウンターグループにおける力関係の考察の排除についての Manal Al Tamini との会話に大いに影響を受けている。感謝をしたい。

(16) Mahmoud Darwish, "Edward Said: A Contrapuntal Reading," trans. Mona Anis, *Cultural Critique* 67 (Fall 2007): 175-82. 同様に Mahmoud Darwish, "Counterpoint: Homage to Edward Said," trans. Julie Stoker, *Le Monde Diplomatique* (January 2005), http://www.bintjbeil.com/articles/2005/en/0129_darwish/html そして "Counterpoint: For Edward Said," *If I Were Another*, trans. Fady Joudah (Farrar, Straus and Giroux), 1892-92 を見よ。サイード自身、*Culture and Imperialism* (New York: Knopf, 1993)〔サイード『文化と帝国主義〈1〉〈2〉』大橋洋一訳（みすず書房、一九九八、二〇〇一）〕で故国喪失における「場所」の揺らぐ条件を示すために対位法的分析という概念を用いている（60〔〈1〉一三六頁〕）。

(17) 興味深いことだが、ほかのなにもましてこの言明がカフカを離散の詩学に結びつけている。私の "Who Owns Kafka?" (*London Review of Books*, March 3, 2011) を参照のこと。

(18) Mahmoud Darwish, *The Butterfly's Burden*, trans. Fady Joudah (Port Townsend, WA: Copper Canyon, 2007), 89-91.

略号一覧

AE　Levinas, *Autrement qu'être*
エマニュエル・レヴィナス『存在の彼方へ』合田正人訳、講談社学術文庫（講談社、一九九九）。

CV　Benjaminm. "Critique of Violence"
1．ヴァルター・ベンヤミン「暴力批判論」、『ドイツ悲劇の根源（下）』浅井健二郎訳、ちくま学芸文庫（筑摩書房、一九九九）所収、二二七－二七九頁。
2．「暴力批判論」、『暴力批判論他十篇――ベンヤミンの仕事1』野村修編訳、岩波文庫（岩波書店、一九九四）所収、二七－六五頁。
3．「暴力の批判的検討」、『ベンヤミン・アンソロジー』山口裕之編訳、河出文庫（河出書房新社、二〇一一）所収、三八－八五頁。

DF　Levinas, *Difficult Freedom*
1．エマニュエル・レヴィナス『困難な自由――増補版・定本全訳』合田正人監訳・三浦直希訳（法政大学出版局、二〇〇八）。
2．『困難な自由――ユダヤ教についての試論』内田樹訳（国文社、一九八五）。

DS　Levi, *The Drowned and the Saved*
プリーモ・レーヴィ『溺れるものと救われるもの』竹山博英訳、朝日選書（朝日新聞社、二〇一四）。

EJ　Arendt, *Eichmann in Jerusalem*
1．ハンナ・アーレント『新版 エルサレムのアイヒマン』大久保和郎訳（みすず書房、二〇一四）。
2．『イェルサレムのアイヒマン』大久保和郎訳（みすず書房、一九九四）。

EN　Levinas, *Entre Nous*（英語訳）

EN-F　Levinas, *Entre nous*（フランス語原書）
エマニュエル・レヴィナス『われわれのあいだで――《他者に向けて思考すること》をめぐる試論』合田正人・谷口博史訳（法政大学出版局、一九九三）。

FNE　Said, *Freud and the Non-European*
エドワード・W・サイード『フロイトと非‐ヨーロッパ人』長原豊訳・鵜飼哲解説（平凡社、二〇〇三）。

FR　White, "Figural Realism in Witness Literature"

IH　Zertal, *Israel's Holocaust and the Politics of Nationhood*

JW　Arendt, *Jewish Writings*

1. ハンナ・アーレント『反ユダヤ主義――ユダヤ論集1』山田正行・大島かおり・佐藤紀子・矢野久美子訳（みすず書房、二〇一三）。
2. 『アイヒマン論争――ユダヤ論集2』齋藤純一・山田正行・金慧・矢野久美子・大島かおり訳（みすず書房、二〇一八）。

NTR　Levinas, *New Talmudic Readings*

OT　Arendt, *The Origins of Totalitarianism*

1. ハナ・アーレント『全体主義の起原1――反ユダヤ主義』大久保和郎訳（みすず書房、一九七二）。
2. 『全体主義の起原2――帝国主義』大島通義・大島かおり訳（みすず書房、一九七二）。
3. 『全体主義の起原3――全体主義』大久保和郎・大島かおり訳（みすず書房、一九七四）。

PP　Levinas, "Peace and Proximity"

PP-F　Levinas, "Paix et proximité"

エマニュエル・レヴィナス「平和と近さ」、レヴィナス『他性と超越』合田正人・松丸和弘訳（法政大学出版局、二〇〇一）所収、一三一―一四五頁。

TF　Benjamin, "Theologico-Political Fragment"

1. ヴァルター・ベンヤミン「神学的―政治的断章」、『ドイツ悲劇の根源（下）』浅井健二郎訳、ちくま学芸文庫（筑摩書房、一九九九）所収、二二三―二二六頁。
2. 「神学的・政治的断章」、『ベンヤミン・アンソロジー』山口裕之編訳、河出文庫（河出書房新社、二〇一一）所収、八三―八五頁。

TPH　Benjamin, "Theses on the Philosophy of History"

1. ヴァルター・ベンヤミン「歴史の概念について」浅井健二郎訳、『ベンヤミン・コレクション1――近代の意味』浅井健二郎編訳・久保哲司訳、ちくま学芸文庫（筑摩書房、一九九五）所収、六四三―六六五頁。
2. 「歴史の概念について」、『ボードレール他五篇――ベンヤミンの仕事2』野村修編訳、岩波文庫（岩波書店、一九九四）所収、三二五―三四八頁。
3. 「歴史の概念について」、『ベンヤミン・アンソロジー』山口裕之編訳、河出文庫（河出書房新社、二〇一一）所収、三五九―三八三頁。

謝辞

本稿を完成させることができたのは、アメリカ人文系学会評議会、フォード財団、カリフォルニア大学バークレー校人文学リサーチ・フェローシップ、メロン財団賞（人文学における卓越業績）による研究支援金によるものである。多くの同僚たちとの会話から私は、はかり知れぬほどの恩恵を得た。彼らのうち多くには、本書を構成することになった各章の原型となるヴァージョンを数年間にわたって読み聴いていただいた。私の見解は、彼らの見解とどんな場合も一致するというわけではなかったが、彼らの見解は執筆には重要であり、書きながらできるかぎり考慮することにした。ここでいう彼らには、Jacqueline Rose, Amnon Raz-Krakotzkin, Samera Esmeir, Michael Feher, Etienne Balibar, Idith Zertal, Saba Mahmood, Joan W. Scott, Wendy Brown, Anat Matar, Amy Hollywood らが含まれる。欧州大学院（European Graduate School）ならびにカリフォルニア大学バークレー校の学生たちには、ハンナ・アーレントとヴァルター・ベンヤミンのセミナーへの参加に対して感謝したい。私がまた学生たちや教授たちから多くを学ぶことができたのは、バークベック・カレッジ、ビルゼイト大学、パリ第七大学、ニューヨーク大学、ダートマス・カレッジ、ポモーナ・カレッジ、コロンビア大学であり、こうした場所で私は、本書の一部を披露し、以下の方々、Omar Barghouti, Joelle Marelli, Tal Dor, Manal Al Tamimi, Beshare Doumani, Mandy Merck, Lynne Segal, Udi Aloni, Leticia Sabsay, Kim Sang Ong Van Cung, Alexander Chasin, Frances Bartkowski との会話からも多くを得た。Amy Jamgochian, Colleen Pearl, Damon Young の三人には原稿整理に対して欠くことのできなかった助力をしていただいたことに対して感謝したい。また私がコロンビア大学出版局の Susan Pensak と Wendy Lochner のお二人には、このテクストを完成にいたるまで、たとえ私が書きあぐねているときですら、丁寧に目を通していただいたことに対し、とりわけ感謝したい。

本書を構成する各章のいくつかは、すでに発表されたものからとられたものだが、本書刊行に際してはすべて加筆修正している。「はじめに」と第1章はともに、以下のふたつの刊行物からとられている。"Jews and the Binational Vision〔ユダヤ人と二国民ヴィジョン〕," *Logos* 3, no. 1(Winter 2004)——これは最初、The Second International Conference on an End to Occupation, a Just Peace in Israel-Palestine: Towards an Active International Network in East Jerusalem, January 4-5,2004〔占領の終焉、イスラエル＝パレスチナにおける正義の平和に関する第二回国際研究集会「東イスラエルにおける活動的国際ネットワーク構築にむけて」（二〇〇四年一月四日~五日）〕において発表されたものである。もうひとつは "The Impossible Demand: Levinas and Said〔不可能な要求——レヴィナスとサイード〕," *Mitaam* 10(2007)——これは最初エドワード・サイード記念講演（プリンストン大学二〇〇六年）において発表されたものである。第2章は、以下の短い試論からとられている。"Être en relation avec autrui face à face, c'est ne pas pouvoir tuer〔他者と顔と顔をつきあわせる関係であること、これは殺せないこと〕," Bruno Clément and Danielle Cohn-Levinas, eds., *Emmanuel Levinas et les territoires de la pensée* (Paris: Presses Universitaires de France, 2007). 第3章は、以下の論文の改訂版である。"Critique, Coercion, and the Sacred Life of Benjamin's 'Critique of Violence,'〔ベンヤミン「暴力批判論」における批判、強制、神聖な生〕" 初出は Hent de Vries and Lawrence E. Sullivan, eds., *Political Theologies: Public Religions in a Post-Secular World* (New York: Fordham Unversity Press, 2006). 第5章は、*Hannah Arendt's Jewish Writings* に関する私の書評“'I merely belong to them'〔「私は彼らに所属しているにすぎません」〕,” *London Review of Books* 29, no.9 (May 10, 2007):26-30 でおこなったハンナ・アーレント論の議論を組み替えたものであるが、次の論文、“Is Judaism Zionism?”（初出 *The Power of Religion in Public Life*, with Cornell West, Jürgen Habermas, and Charles Taylor (New York: Columbia University Press, 2011)〔バトラー「ユダヤ教はシオニズムか」、メンディエッタ／ヴァンアントワーペン（編）『公共圏に挑戦する宗教——ポスト世俗化時代における共棲のために』箱田徹・金城美幸訳（岩波書店所収〕における私の議論の実質的な部分を組み込んでいる。第7章は、“Primo Levi for the Present〔現在のためのプリーモ・レーヴィ〕,” Frank Ankerschmitt, ed., *Refiguring Hayden White* (Stanford: Stanford University Press, 2008) の改訂版である。第8章は、最初、カイロのアメリカン・ユニヴァーシティにおけるエドワード・サイード記念講演（二〇一〇年一〇月）で発表されたものであるが、同時に *ALIF Journal of Comparative Poetics* 32(2012) にも掲載されることになっている。

訳者解説

岸まどか

本書はJudith Butler, *Parting Ways: Jewishness and the Critique of Zionism* (New York: Columbia UP, 2012)の全訳である。著者ジュディス・バトラーは、一九九〇年の『ジェンダー・トラブル』（竹村和子訳、青土社、一九九九）や一九九三年の『問題＝物質となる身体』などによって、セックス・ジェンダー・セクシュアリティというアイデンティティ・カテゴリーの一見した連続性と物質的事実性の言説的捏造を仮借なく晒しだし、またそうしたカテゴリーの境界を力強く揺り動かしながら、以降四半世紀以上に渡りポスト構造主義フェミニスト哲学とクィア・スタディーズの議論を牽引してきた論客のひとりである。それと同時に二〇〇〇年前後から、バトラーはアクチュアルな政治状況により密着したかたちで、哀悼と生存の政治のあり方を模索してきた。二〇〇四年の『生のあやうさ』（本橋哲也訳、以文社、二〇〇七）や二〇〇九年の『戦争の枠組』（清水晶子訳、筑摩書房、二〇一二）などでバトラーは、九・一一以降の「対テロ戦争」のロジックが防衛機制的に覆い隠し滅却しようとする自己と他者の生の根源的な傷つきやすさ《ヴァルネラビリティ》を、あやうさ《プレカリアスネス》を、そしてそれがいかに異なる人口集団のあいだで制度的に不均衡に配分され、維持され、諸規範に則った生を営まない／営めない者たちの生の喪失を嘆くことはおろか認識することすら不可能にしてきたかを、繰り返し思い起こさせてきた。

けれどむろんそれは、ジェンダー・セックス・セクシュアリティを巡る徹底的な理論的懐疑から現実の政治へというバトラーの批評的視座の「転換」を意味しはしない。相互依存と非選択性によって紡がれる生の「あやうさ」は、そしてそれが差別的なかたちでマイノリティ人口に分配された「不安定性《プレカリティ》」は、最新作『アセンブリ』（佐藤嘉幸・清水知子訳、青土社、二〇一八）でバトラーが次のように述べるとおり、彼女の仕事のふたつの領域を分かちがたく結びつけるものだ。[1] バトラーは言う――「不安定性《プレカリティ》は、女性、クィア、トランスジェンダーの人々、貧者、身体障害者、無国籍者、また宗教的、人種的マイノリティを集合させる概念である。それは社会的、経済的条件であるが、アイデンティティではない（実際、不安定性《プレカリティ》はこれらのカテゴリーを横断し、互いが帰属していることを認めていない人々の間に潜在的な連携を生み出す）」（七七頁）。こうしてバトラーは、アイデンティティが物質的事実性にもとづいて規定されているという言説に反駁しつづけながら、それでもなお物質的な諸身体が――傷つきやすく、相互に依存しあい、住居や食糧やケアを必要とする身体たちが――生存のために協同する政治を追い求めてきた。

本書においてバトラーがまなざすのは苛烈な暴力の連鎖のなかにあるパレスチナ・イスラエルの地であり、そこでも彼女は根源的な生のあやうさを共通の基盤とした協同の政治を、パレスチナ人・ユダヤ人が共生する二民族主義《バイナショナリズム》（binationalism――本文中ではふたつの民族《ネイション》をともにその国民《ネイション》として表象する政体を目指すものとして「二国民主義」の訳語をあてているが、本解説中では近年の表記慣例にしたがい、二民族主義とする）の可能性のなかに模索する。そしてパレスチナ人にたいするイスラエルの国家暴力にバトラーが対峙するとき、彼女はまたみずからを形成してきた「ユダヤ人」というアイデンティティ・カテゴリー自体を粘り強く問いなおすことになるのだが、それと同時にこの地を排他的なユダヤ人主権国家とすることを目指すイスラエル国家の思想基盤をなすシオニズムに対して「ユダヤ的」批判《クリティーク》を行うこととなる。その意味で本書は、それまで明示的に「ユダヤ人」として語ることのそう多くなかったバトラーが、二〇〇四年に出版された『生のあやうさ』の第四章、「反セム主義という嫌疑――ユダヤ人、イスラエル、公共的批判のリスク」で着手したイスラエル国家暴力批判を八年の歳月を経て十全に展開し、ユダヤ性とはなにかという問いを徹底的に主題化したものだと、とりあえずはいうことができる。(2)

バトラーのシオニズム批判が「ユダヤ性」の枠組みを揺り動かしながらなお「ユダヤ的」であるということの意味を理解するまえに、本書で議論されるこの地の歴史背景を、たとえどんなに単純化した、たどたどしく不十分なかたちであれ、ここでもう一度見ておくことには意味があるだろう――とりわけ、バトラーが本書で繰り返し言うように、ときに「歴史」として流通しているものは、失われた者たちの喪失自体を否認してつくられ、そうして否認されたものたちは往々にして私たちの可聴領域にすらはいってこないものなのだから。近代におけるシオニズムは十九世紀末、ヨーロッパおよび帝政ロシアで反ユダヤ主義が熾烈化するなか、ユダヤ人が迫害をのがれ「帰還」すべき故郷を「シオンの丘」、パレスチナ地方のエルサレム周辺に建設することを目指す運動として始まった。シオニズムが唱えられだした当時、ユダヤ教、キリスト教、そしてイスラム教にとって共通の聖地であるエルサレム周辺地域はオスマン帝国主権下にあり、諸民族が混淆した生を営むなか、パレスチナにおけるユダヤ系人口は十パーセントに満たなかった。しかし第一次世界大戦後、パレスチナ地方が英国委任統治下に置かれると、この地を巡る情勢は一挙に複雑化する。一九一七年に英国政府とシオニストの間で取り交わされたバルフォア宣言(これはそれ以前に英国によって結ばれていた、アラブ独立を支持するというフサイン=マクマホン協定や、中東地域の分割を仏露と約束したサイクス・ピコ協定と矛盾するものであり、それゆえしばしば英国の「三枚舌外交」とも呼ばれるものの一部なのだが）によって英国がパレスチナにおけるユダヤ人の民族的郷土《ナショナル・ホーム》の建設の支持を表明して以降、ユダヤ人のパレスチナ移民は増加した。だが一九三〇年代以降、ナチス政権下の迫害によってパレスチナへ向かうユダヤ人難民の数はさらに急増し、現地のアラブ民族との間で衝突が頻発するようになる。そして第二次世界大戦終結後、国連によるパレスチナ分割案決議の後に英国が委任統治から撤退した一九四八年五月、イスラエルの建国が宣言された。ホロコーストを生き延びた離散ユダヤ人たちの避難所の確保の名の下になされたイスラエル国家の創設はしかし、これに反発した周辺アラブ諸国との間で、即座に第一次中東戦争の勃発を招く。中東諸国、イスラエル、そして欧米諸国の利害関係が錯綜するなかで戦争が激化するなか、暴力的に土地を追われたまま（放火や爆破による居住地の破壊、そして虐殺やレイプを含むという暴力行為は、強制追放の手段としてのみならず、見せしめ的な脅迫としても作用した）、イスラエルによって帰還権を認められずに難民となったパレスチナ人の数は、実に七十五万人以上にのぼる。

　こうして一九四八年という、イスラエル建国年として言祝がれる年は、パレスチナ人にとってはナクバ――大破局――の名によって記憶されることとなる。その後七十年、パレスチナ・イスラエルを巡る情勢はいまだ解決の兆しを見せない。一九六七年のイスラエルによるヨルダン川西岸地区およびガザ地区の占領、それ以降やむことなく浸潤的に行われてきたイスラエルの入植地の拡大、それにともなうパレスチナ人の追放および占領地での収奪、そして一九八二年、当時PLO（パレスチナ解放機構）が置かれていたレバノンへのイスラエル軍侵攻に際して起こったサブラー・シャティーラ両難民キャンプでのパレスチナ難民虐殺事件に例示されるような、凄惨な暴力。こうしたイスラエルの圧倒的な武力と日々の構造的暴力による苛烈な権利剝奪のなかで高まりをみせたパレスチナ解放運動はやがて、一九八七年に「石の革命」として知られる第一次インティファーダ（民衆蜂起）をみちびき、一九九三年にはイスラエルとPLOの間でパレスチナの暫定自治をめぐるオスロ合意が締結された。しかし七年に及んだオスロ・プロセスの座礁と、「和平」の名の下に進行したさらなる力の不均衡が完全に露呈した二〇〇〇年には第二次インティファーダが起こり、右傾化をすすめるイスラエルによるパレスチナ弾圧とそれに対するパレスチナの抵抗運動の過激化は、二〇〇六年にパレスチナ人選挙によってハマース政権が選出されると、ますます先鋭化する。ハマース政権統治下にあるガザ地区のイスラエルによる過酷な完全封鎖、同地のイスラエル軍による二〇〇八年以降、三度にわたる大規模空襲による多数の民間人の死傷（二〇一四年には二〇〇〇人を超えるパレスチナ人が殺戮されたが、そのうちの四〇〇人以上は子供だったという）、ヨルダン川西岸地区に建設されたパレスチナ人の生活を隔離しつつ侵食する分離壁、そしてもっとも記憶に新しいところでは、ナクバから七十年目を迎えようとする二〇一八年三月三〇日、占領下のパレスチナ人の抵抗の日である「土地の日」を皮切りにはじめられた、封鎖の解除と難民の帰還を求めるデモ（そしてドナルド・トランプ政権下での在イスラエル米大使館のエルサレムへの移転に反対するデモ）にたいする、苛烈な武力弾圧。こうして列挙されるごく一部の事件だけでなく、数え切れない衝突（それは多くの場合、衝突と呼ぶにはあまりにも非対称な力のぶつかり合いだが）のなかで、この七十年余のうちにパレスチナ・イスラエル間で膨大な生命が脅かされ、失われ、そしてまた現在では五百万人を超えるというパレスチナ人難民の多くが経験している困窮、日常化した破壊や収奪は、今日にいたるまでとどまるところを知らない(3)。

こうして生のあやうさが生々しく剥き出しにされるパレスチナ・イスラエル情勢を前にバトラーは本書を執筆するのだが、原語での表題である*parting ways*という表現は、長くともに歩んできた相手とわかれ、別の道をゆく、という意味を持つ。むろんバトラーが本書でそうして訣別を告げる直接の対象はシオニズムなのだが、この表現はどこか、やるせない哀惜を、そしてそれでもなお袂を分かつほかないという覚悟を響かせる。しかし本書でバトラーが「ユダヤ人」としての自己と、みずからのシオニズムに対する関係を語る声は、次の引用にあるとおり文字どおり括弧にくくられた傍白のそれであり、parting waysという言葉に響く哀惜の源流をたどるのはそう容易ではない。バトラーは語る――

もちろん私にも個人史がある、それも複数の個人史が。しかし、この時点で自伝的なものを導入するのは、そうした特定の歴史を追求するためではない（もっとも、べつの場所で、ナチス体制下での私の家族の喪失について、そしてそれがいかにしてジェンダーに関する私の考察に、さらには写真や映画についての私の理解に、影響をあたえたかについて説明することもあろうかとは思う）。（四三－四四頁）

バトラーの苦境は、ひとつには、シオニズムとイスラエルの国家暴力に対する批判があまりにも頻繁に反ユダヤ主義と結び付けられ、そしてその批判がユダヤ人によってなされた場合には、その者のユダヤ性に疑義が突きつけられるという事態から生ずるものだ。実際、二〇一二年夏に『エルサレム・ポスト』をはじめ複数のイスラエルのユダヤ人批評家たちが、イスラエルに対するBDS（「ボイコット・投資ひきあげ《ダイベストメント》・制裁《サンクション》」）運動を支持するバトラーに対してアドルノ・プライズが授与されることを巡って抗議を行い、その中でバトラーが反ユダヤ主義の道具と揶揄されたことは、こうした言説のアクチュアリティを如実に物語る[4]。

　自身に向けられたこうした糾弾、そしてイスラエルの国家暴力を批判するユダヤ人の多くがみずからのユダヤ性そのものを否定せざるをえないように感じるという現状が、バトラーにとって身を切られる思いを引き起こすものだったことは想像に難くない。それはひとつには、本書が出版されたのちに行われたいくつかのインタビューで語られたように、若き日のバトラーの人生そのものが、シオニズムに固く結ばれていたものだったからでもある。母がたの家族の多くが一九四〇年代の初頭にハンガリーで殺害されたこと、彼女自身はオハイオ州クリーブランドのユダヤ系コミュニティに住むシオニスト色の濃い一家に生まれ、シナゴーグでユダヤ思想に深く根ざした教育を受けてきたこと、二十歳のときにイスラエルの現状はアパルトヘイト下の南アフリカと大差ないと言う友に対し彼の言葉を必死に否定しようと夜を徹して議論を交わしたこと、イスラエルの国家暴力を批判しつづけたパレスチナ系アメリカ人批評家エドワード・サイードの著作をはじめて家に持ち帰った時、激昂した母が夕食を囲んでいたテーブルをひっくりかえしたこと、やがてシオニズムとの繋がりからみずからを引き離すようになったのは彼女にとって「魂を引き裂くような、自分がばらばらになり、またみずからをずたずたに千切る」かのような経験だったこと、そして本書を執筆したいまなお、その引き裂かれがときに、彼女を眠らせずにいることもあること[5]——しかしこれらが本書で直接語られることはなく、みずからを引き裂いたというその裂傷のあとは、parting ways という表題のひそやかな哀切のなかにのみ留められている。

それでもなお、バトラーの言葉でいえば本書は彼女の「形成と断絶をめぐる間接的な記録」であり、彼女はそれが「同様の葛藤を経験してきた他の人びとにとっても有益であることを」希求する（五五頁）。それは、バトラーが二〇〇三年に出版した『自分自身を説明すること』（佐藤嘉幸・清水知子訳、月曜社、二〇〇八）で模索した、giving an account of oneself という行為、すなわち、みずからに責任＝説明《アカウンタビリティ》を与えることの、ひとつの実践だともいえる。『自分自身を説明すること』でバトラーは、ひとは常にみずからの外に存在する社会的規範・権力の「呼びかけ」や名付けによって認識可能な主体として（たとえば性別を、ジェンダーを、セクシュアリティを、人種を、国籍を、宗教を「持っ」存在として）創り出されるのであり、だからこそ自分について説明をしようとするときにひとは、こうして自分を形成している規範との関係を語る以外の言葉を持たないと言う。けれどもそれは、私たちの存在が規範によって完全に規定されていることを意味しない。むしろ、他者の苦痛を前にして、それに応答を迫られた私たちが自分自身に責任＝説明を与えようとするとき、私たちは自分を否応なく育むものとしての規範や権力について、批評的距離をもって検討せざるをえなくなる。それは私という主体を形成する規範を、そしてそれによって形成されたみずからを、批判し、ときには解体する行為でもある。そしてその批評行為のなかで私たちは熟慮する主体としての自己を再創造する――たとえそれが、私たちをずたずたに引き裂く行為であったとしても。

だからこそ本書のそれぞれの章のなかでバトラーは、みずからを育んできたユダヤ思想、ユダヤ人思想家、そしてパレスチナ人思想家の著作と四つに組み合い、ユダヤ性とはなにかを徹底的に問いながら、イスラエルの国家暴力に異を唱え続ける。だがそれはユダヤ性を否認、否定することでも、反ユダヤ主義に与することでも、けしてない。むしろバトラーは、国家暴力に対抗する契機をユダヤ的思想伝統の中に見出し、シオニズムに対するユダヤ的批判の可能性をユダヤ性の内部から、その境界を揺り動かしながら、追い求める。けれど同時にそれは、ユダヤ性を社会正義・平等・共存について考え二民族主義《バイナショナリズム》を実現するための特権的で排他的な資源とすることであってはならない——それではこの地におけるユダヤ的なものの覇権を拡大することになってしまうのだから。

逆説的ではあるが、バトラーにとってユダヤ性の際立った特徴とは、離散《ディアスポラ》によって非ユダヤ人世界に否応なく投げ込まれ、異種混淆的な世界の内部で非ユダヤ人との共生を目指さざるをえないこと、つまりユダヤ的なアイデンティティが常に他者との関係によって阻まれ、再構成を迫られるということにある。こうして捉えられたとき離散は、地理的な散逸のみを、すなわちシオニズムが目指す「故郷」への帰還の克服すべき前提条件であることをやめ、みずからの存在を他者との関係性をとおしてのみ理解し、構築しつづける、倫理的様態の礎となる。バトラーの言葉で言えばそれは、故郷喪失《エグザイル》が自己からの出立／離脱《セルフ・ディパーチャー》の契機となることだ。だからバトラーは言う。

> 言い換えれば、「主体」を世界の中心から引き離すようなことが「主体」に起こるのだ。別の場所からのなんらかの要請が、私に対する権利を主張し、私にのしかかり、さらには私を内部から切り裂くのだが、ありのままの私をこうしてずたずたにすることによってはじめて、私は他者と関係するチャンスをものにする。もしこれこそが、本書で提起されている「ユダヤ的倫理」の公式化であると主張するというのなら、その主張は部分的にしか正しいと言えないだろ

う。それはユダヤ的／非ユダヤ的の両方にまたがり、その意味は、まさにこの結合した不連続のなかに宿るのだから。（一八頁）

バトラーにとってユダヤ性を諾うこととは、他者との関係がみずからの存在の根幹に、自己の同一性を穿つようにして存在していることを受け入れることなのであり、そしてそれは、他者との共生のために、その場を築きあげるために、専一的な主権をみずから剥奪《ディスポゼス》することをさえ意味する。

パレスチナ・イスラエルの政治に照らしていえばそれは、一国家解決《ワンステイトソリューション》の追求である。パレスチナ・イスラエル問題のありうべき解決策として今日まで国際社会の政治で模索されることが多いのが、現在イスラエルが存在する土地を分割し、ユダヤ人とパレスチナ人それぞれの国家を樹立するという二国家解決《トゥーステイトソリューション》であるとすれば、バトラーが本書でその可能性を模索しようとする二民族主義《バイナショナリズム》に基づいた一国家解決策、すなわちパレスチナとユダヤの両民族がひとつの地に共生する政体の模索は、現実政治を省みない見果てぬ夢として、たびたび退けられてきたものである。しかし二民族の共生は、単なる来たるべき理想などではない、とバトラーは述べる。イスラエルという国家におけるパレスチナ人とユダヤ人の共存は、常なる暴力的対立と植民地的収奪の関係のなかで、望むと望まざるを問わず、あまりにも凄惨で、非対称的なかたちではありながら、実際に起きていることなのだから。私たちにできることは、違法な土地収奪によって恣意的に敷かれてきた境界線を受け入れて二つの異なる国民国家の基盤に据えることではなく、この「悲惨な二民族主義」の現実から出発し、より「悲惨でない」形の複数民族の共生を可能にする政体を招来すべく、ユダヤ人のみに「帰還権」を認めるイスラエルの思想的基盤としてのシオニズムを解体するために、公的な批判に声を与え続けることだ――本書でバトラーはそのための足がかりを提示する。以下、本書の内容を章ごとにすこし詳しく追いながら、バトラーの描く協働の政治の新たな地図の輪郭をたどってみたい。

*

ユダヤ性とはなにか、いかにして私たちはそれをシオニズムと切り離し、シオニズムを内部から批判するものとしてさえ理解できるのか――この問いに対するバトラーの答えのひとつが、ユダヤ性は「帰還」の理想ではなく離散の記憶そのものによって、そしてそこから導かれる他者との倫理的共生関係性の要請によって構成される、というものであるのなら、バトラーが本書で最初に対話を行おうとするのが、エルサレムにパレスチナ人として生まれ、生涯に渡り故郷喪失者として帝国主義とイスラエルの国家暴力に抵抗し続けたエドワード・サイードであることは、必然ですらあるのかもしれない。第1章「不可能で必要な責務――サイード、レヴィナス、そして倫理的要請」は、サイードの『フロイトと非‐ヨーロッパ人』（二〇〇三）を起点として、フランスのユダヤ人哲学者エマニュエル・レヴィナスのユダヤ思想を背景とした倫理学の可能性とその限界を考察する。『フロイトと非‐ヨーロッパ人』においてサイードは、エジプト人モーセをユダヤ民族の創始者とするフロイトの『モーセと一神教』を再考し、アラブ人であると同時にユダヤ人である存在としてのモーセをユダヤ教の始源に想像する。このモーセ像は、ドイツ・東欧圏出身のアシュケナジー系ユダヤ人（アシュケナジーム）をユダヤ民族・思想・歴史の中心に据え、イベリア圏出身のセファルディー系ユダヤ人（セファルディーム）、そして中東圏出身のミズラヒー系ユダヤ人（ミズラヒーム）を周縁化する現代のユダヤ人理解に疑問を突きつける。だがそれ以上に、エジプト人モーセという人物をとおして描かれるのは、ユダヤ性の基盤とされるユダヤ教の起源そのものにすでにアラブ性とユダヤ性とが分かちがたく結ばれているということであり、このようにして描かれる根元的なアラブとユダヤの混淆性は、パレスチナ・イスラエル問題の根底にあるユダヤ対アラブというアイデンティティの二項対立そのものを揺り動かす。この時、二つの民族を分かちそれぞれに主権国家を与えるという解決策はもはや立ち行かない――サイードはこうして、ユダヤ人とパレスチナ人という二つの民族の苦しみと故郷喪失の記憶が、やがて収斂する可能性を一国家解決策に見ている。

サイードが見出したユダヤ性の核が、ユダヤ性と非ユダヤ性の、自己と他者の分離不可能性であるとするならば、それは自律的主体という幻想を批判するエマニュエル・レヴィナスの倫理学に接合される。第1章の後半から第2章「殺すことはできない――レヴィナス対レヴィナス」でバトラーが焦点化するのは、レヴィナスが提示した、傷つきやすい「顔」を振り向けることによって否応なく私たちに応答を要求し、その応答責任をとおして私たちを主体化する他者という概念だが、同時にまた、そうしたレヴィナスの倫理が彼のシオニズム信奉の前では座礁し、パレスチナ人の「顔」を見そこなってしまう、という事態である。言い換えればバトラーはここで、レヴィナスが実際に支持したシオニズム的政治に抗いながら、レヴィナスの倫理とそれが導きえたはずの政治を想像しようとしている。レヴィナスにとって「顔」とは、みずからの傷つきやすさを無防備に晒しながら、「汝、殺すなかれ」という戒律を発する他者の形象である。この時

「顔」は他者の可傷性を——守られねばならない生の根源的なあやうさを——私たちに開示するだけでなく、他者を損傷しうる私たちの暴力性、そしてさらには自らの可傷性を隠蔽し、自己を防衛するために、この他者を損傷したいと願う私たちの暴力性をも晒け出す。それでもなお理不尽なまでに「殺すなかれ」と要請する「顔」が求める非暴力は、暴力の不在という静的状態を意味しない。それは私たちとみずからの内なる暴力衝動との闘争が引き起こす、絶え間ない緊張関係からのみ生ずるものである。しかしバトラーは問い直す——もしも「顔」の殺害禁止要請が汝と我の二者関係で発動するものであるとすれば、ただちに顔を見ることができない数多の他者によって構成される政治の領域において、この戒律はどのよう可能性を持ちうるのか、と。現にレヴィナスは、「汝、殺すなかれ」の戒律の要請に立脚するユダヤ・キリスト教伝統を倫理の基盤とし、シオニズムをこうした倫理を体現する超歴史的な運命としてとらえることによって、シオニズムによって迫害・追放されるパレスチナ人の「顔」から目を背けた——というよりむしろ、彼らに「顔」があるということを認識することを拒んだ、とバトラーは批判する。そのレヴィナスの身振りは私たちが、報道される遠くの他者の苦しみを、私が引き起こした苦しみではない、と退けるとき、自身の鏡像ともなるのであり、その「顔」の要請は間違いなく私たちへの呼びかけでもあるのだと認識することを求める。

それでもなおレヴィナスが、自己防衛の名において振るわれる暴力衝動とのうちなる闘争こそが倫理的主体の条件であると論じるとき、そこにはみずからの国家暴力を反ユダヤ主義からの防衛として正当化しようとするイスラエルを批判する契機が宿っている。けれど、国家による暴力はその国家の法によっては裁かれえない——必竟、法とは国家によって措定されるものであり、国家を維持するための装置なのだから。そうした暴力に対して、私たちはどう応答するべきなのだろう。第3章「ヴァルター・ベンヤミンと暴力批判論」はこの問いをめぐり、ベンヤミンの初期論考「暴力批判論」（一九二一）を考察する。ベンヤミン自身はシオニズムに対する立場を明確にすることを回避しつづけたが、バトラーはベンヤミンの「法的暴力」批判と、この暴力に対抗するものとしての「神的暴力」の概念に、国家暴力とそれを裏書きする法への抵抗可能性を見出す。ベンヤミンが「法的暴力」と呼ぶのは、法の制定と法の維持の名においてふるわれるものであると同時に、主体化の暴力——「神話的暴力」——の別名でもある。ベンヤミンが法措定の恣意性と暴力性を示すための寓話として参照するのは、ギリシャ神話の神々に対する挑発の罰として子を奪われ、涙にくれて石化したニオベーの物語だ。ニオベーが神々の措定する法による懲罰として与えられた彼女の子供の死に対し有責な存在として岩と化すように、ひとは罰に対する罪責感と恐怖の前に硬直し、法に服従することで法的責任をもつ主体として立ち上げられる。まさにそうした法的責任こそが法の前でひとが主体として認識される条件だからこそ、ひとはそれに従わざるをえず、自分こそがこの苦しみの原因なのだと、罪悪感に染め抜かれた責任でみずからを縛る。けれど石化しながらなお涙を流しつづけるニオベーを前にしたとき、問われるべきは「もはやこのような罰に値するどんなことを彼女がしたのかという問いではなく、いったいどのような懲罰システムが彼女にこんな暴力をふるうのか」である（二七一－七二頁）。こうした暴力に立ち向かうには法そのものを、そして法への服従によって成立せしめられた、岩のように硬直した存在である法的主体そのものを解体せねばならない。ベンヤミンがこの神話的暴力に抗う解体の力として思い描くのが「神的暴力」であり、それは破壊的でありながらも流血を伴わず——

ベンヤミンが用いた例によればゼネストのように――法の維持に与しないという「行為の拒否」によってなされうるシステムの内破である。それは国家暴力を裏書きする法を前にしたとき、「法維持権力を妨害し法維持権力に反駁すること、法順守をさしひかえ、法を維持せず、それゆえ法の破壊に従事するという暫定的な犯罪行為に身を置くこと」でさえあるとバトラーはベンヤミンを読み解く（一七五頁）。

「法の暴力」によって硬化せしめられた法－権力と法的主体の枠組みを解体しうるものが「神的暴力」であるとすれば、そのときこの境界侵犯的な「神的暴力」はベンヤミンの思考体系のなかで彼が「メシア的なもの」と呼んだものにも結びつく。第4章「閃いているもの――ベンヤミンのメシア的政治」は、シオニズムの完遂をメシアの訪れに結びつけるような目的論的歴史観に抗い、過去に散逸する苦しみの記憶のかけらを現代において想起する政治を呼び起こす。ベンヤミンにおけるメシア的なものは、彼の神秘主義的への傾倒を表すものとして時に読者をとまどわせてきたが、バトラーがベンヤミンのメシア的なものの形象として焦点化するのが、彼の多くの論考、わけても「歴史の概念について」（一九四〇）にあらわれる謎めいた「閃き《フラッシュ・アップ》」、一瞬の閃光である。ベンヤミンは、過去の真実のすがたは「束の間、閃きあがる像として」のみあらわれ、また過去について歴史的に語ることとは「危機の瞬間にある記憶が閃くとき、その閃く記憶を掴みとる」ことであると述べるが、バトラーはこの閃光に、擬人化や来たるべき救済の瞬間を超えたメシアの形象を見る。通常のメシアニズムがまだ見ぬ救済という未来を希求するのであれば、バトラーがこの閃きとしてのメシアに見いだすのはむしろ、一瞬の強烈な光として現在を照らし出す記憶、わけても未来へと向かう勝者の語りによって蹂躙され散逸した、物語にならない苦難の歴史である。それは国民国家の創出とその維持のために抑圧されつづける、先住民族や少数者、難民たちの記憶のことでもあり、失われた者たちを公けに追悼することを禁じられたイスラエルのパレスチナ人たちの記憶ももちろんこの例外ではない。こうして否認された喪失は、過去となることなく現在にフラッシュ・バックしつづけるだけでなく、喪失の否認自体が、現在においてもさらなる破壊を招きつづける。その閃光は、第1章でサイードが呼びかけていたように、ある苦しみの歴史がほかの苦しみの歴史と共鳴しあうことによってのみ認識されうるのであり、そしてその目を眩ませる強烈な光こそ、私たちの方向感覚を失わせ、進歩の名の下に進められる破壊の歩みを止めさせるものなのだ。

ベンヤミンにおけるメシア的なものが、均質的歴史を打ち砕き、現在を苦しみの記憶によって逆照射する光の名だとすれば、それはハンナ・アーレントの思い描いた複数性の中での共生、すなわち国民国家《ネイション・ステイト》の均質性を掘り崩す生の容態にもつながるものだろう。第5章「ユダヤ教はシオニズムか——あるいはアーレントと国民国家批判」は、アーレントの思想的変遷を辿りながら、アーレントにとってユダヤ性とは——そしてある種の信仰喪失の時代に世俗的ユダヤ人であるということは——何を意味するのかを問う。一九三〇年代にファシスト政権下のヨーロッパにおけるユダヤ人の無国籍状況に関する分析を中心的に行ってきたアーレントは、『全体主義の起原』(一九五一)に代表されるように、やがてユダヤ的状況の専一的な枠組みを離れ、国民国家が必然的に難民と無国籍者を生み出す構造そのものを検討するようになる。そしてアーレントが打ち出す無国籍者の権利を中心とする政治は、彼女をイスラエル建国と、その無国籍者・難民を産出しつづける政策に対する徹底した批判に導いた。難民の権利を尊重するために創設された国家が新たな難民を創出しているというアーレントのイスラエル批判は、シオニストであるゲルショム・ショーレムの彼女に向けられた「ユダヤ民族に対する愛の欠如」という難詰——それはバトラー自身に対する糾弾を思い起こさせるものでもあるが——に代表されるように、アーレントのユダヤ性に対する疑義によってしばしば応じられた。これに対してバトラーは、アーレントのユダヤ性の共同体的な枠組みからの離脱の中にこそ、世俗化されたユダヤ教的価値観が息づくのだと、そしてシオニズムの目的論的歴史観に抗うようなベンヤミン的メシアニズムが閃くのだと論ずる。イスラエルのナショナリズムに対するアーレントの批判は、彼女自身が経験したナチス・ドイツ政権下での強制退去の経験から導出されたものだ。だがそれは、断固としてイスラエルとナチスを同一視するものではない。すべての民族の苦しみの経験は徹底的に異なる状況で起こり、その特殊性を捨象して類比を行うことは、そうした集団を一枚岩のアイデンティティでまとめあげることになる。むしろ異なる苦しみと収奪の歴史は、それが異なるものであるからこそ、いかなる苦しみや収奪も許されるべきではないという普遍的原則を導き出しうるのだ。アーレントにとって彼女の個別的な収奪の記憶は彼女を、排除の論理によって形成される政体はいかなるものでも許されないという一般原則に導き、そしてそれはさらに、パレスチナ・イスラエルにおいて統一的で絶対的な主権を解体するような連邦的政体という共生のヴィジョンへと彼女を導いた。それはある意味で、そしてベンヤミンとサイードの想起の政治、すなわち、ある苦しみの記憶がほかの苦しみの記憶と出会うような政治のひとつの形だといえるのかもしれない。

続く第6章、「複数的なるものの苦境——アーレントにおける共生と主権」は前章を受け、アーレントにおける複数性と共生の可能性をさらに追究するが、それは共生の困難を正面から受け止めることでもある。バトラーは言う。異なるもの同士の共生は、目指すべき政治であるだけでなく、私たちの存在条件そのものだともいえる——私たちは、自分の選択も、他者からの承認も、社会的・政治的契約もないところで、この地上に生み落とされているのだから。けれどそうした共生の圧倒的な非選択性を受け入れるのは容易ではない。他者との近接性は同時に、「私」の行動に制限を課し、攻撃や敵意を生み出す。どうしたら「私」という一見主権的《ソヴリン》／独立的な存在は、「私たち」という複数性を諾うことができるのだろうか。この時バトラーが注目するのは、イスラエル法廷におけるアイヒマン裁判をめぐるアーレントの論考『エルサレムのアイヒマン』（一九六三）である。アーレントはアイヒマンに対する死刑判決自体に異を唱えることはなかったが、イスラエル法廷がアイヒマンをスケープゴート化するかたちで判決に至ったその過程を痛烈に批判した。最終部においてアーレントは、判事達が示すべきであった判決のあるべきかたちをみずから実演し、アイヒマンに語りかけ、もう一度彼に死刑を宣告する。アーレントが実演するアイヒマンの罪に対する判決は、いかなる実定法にも依拠しない。アーレントにとってアイヒマンの罪とは、共生の非選択性を否定して一部の人口を殲滅しようとしたことのみならず、彼が悪法に盲目的に服従してジェノサイドを行ったこと、さらにいえば、彼が思考しそこね、判断しそこねたことである。この「声」の曖昧性に関しては多くの議論が交わされてきたが、バトラーはこれをアーレントが「テクストの劇場」（三一六頁）において判事たちの多様な価値観をひとつの「声」として仮構し、不協和音のなかで判決／判断《ジャッジメント》、そして思考の過程を実演する試みであると読む。それは「「私たち」として語る声、しかも定義上、多数に分かたれているところの声」（三一九頁）であり、対立や軋轢を伴いながら共生してゆく複数性の隠喩ともなる。この時バトラーにとってアーレントが指し示しているのは、「私」の思考とは常に既に自己分裂をともなう私の中の複数の存在同士の対話だということであり、だからこそ思考することは、「私」がすでに「私たち」に担保された存在であることの証左となる。

　アーレントはイスラエル法廷における一九六三年のアイヒマン裁判におけるホロコースト／ショアーの呼び起こしが部分的にはイスラエルの国家暴力の正当化のための物語に使用されたと批判したが、それは他方で、それではホロコーストの歴史はどう語られるべきなのか、という問いを立ち上げる。第7章「現在のためのプリーモ・レーヴィ」はホロコーストをめぐる記憶と物語の間の緊張関係を探りながら、その苦しみに語りを与えようとする行為が、現代における倫理的・政治的枠組みに寄与しうる可能性を問う。バトラーは、ホロコーストの生存者である作家プリーモ・レーヴィが『これが人間か』（一九六一）や『溺れるものと救われるもの』（一九八九）でナチスの強制収容所の現実を証言者として語ろうとする時、彼はホロコーストの否認と政治的搾取の両者に抗うという二重の課題に直面していると言う。一方で、ホロコーストの記憶を抹消し、それは単なる物語にすぎないと否認しようとする歴史修正主義に抗うために、レーヴィは、通常の言語では把握することも説明することも不可能なトラウマ的記憶に説明を与えつづけなければならない。けれど、語れないものを語ろうとするとき、「苦しみの記憶は物語として「結晶化」する（三六〇頁）。結晶化は、さもなくば確固とした形を持ち得ない苦しみの記憶を、歴史のアーカイヴにとどめるための必須条件である。だが同時にそれが物語として固着する時、もとの記憶が変容され、失われ、「喪失そのものの喪失」（三六一頁）が起こりうるというディレンマにレーヴィは直面する。この問題が先鋭化するのは、物語化したホロコーストの記憶が現在に強制反復的に召喚され、イスラエルに対するあらゆる攻撃が「事実上のナチス」によるユダヤ人虐殺の企図に擬えられることによって、イスラエルの軍事行動を正当化するために利用される時である（三六九頁）。だが他方では、反ユダヤ主義に根ざしたイスラエル批判にもそうした政治的搾取が起こる――「イスラエル国がいまやトラウマ的にナチス政権を模倣している」という主張によって（三七〇頁）。ホロコーストの歴史の抹消、そしてイスラエルと反ユダヤ主義の両者によるホロコーストの政治的搾取の両者への抵抗に声を上げつづけるために、私たちはなにをするべきなのか。それはひとつには、ホロコーストが「あのときと今の間の歴史的区別を知らないトラウマではなく、歴史になることを」許すことだとバトラーいう。ふたたび私たちは、認識を迫られる――すべての迫害の歴史は、特殊で異なるものだということを。そして異なるものであるからこそ、それはいつどこでも起こりうるのであり、そこからはじめて、いかなる迫害も阻止されるべきだという政治が導かれるのだということを。

バトラーはここまで、イスラエルの国家暴力批判を可能にする資源を、ユダヤ性を構成する離散の記憶や、故郷喪失／自己からの出立そのものの再評価に見出してきた。レヴィナス、ベンヤミン、アーレント、そしてレーヴィという、通常ユダヤ思想のキャノンの中心に置かれることのないユダヤ系著述家たちの一見雑多にも見えるテクスト群のなかに反響しあう要請を――ユダヤ主権に基づくイスラエルという国民国家のナショナリズムを否定し、排他的で共同体主義的なアイデンティティと自己の論理を棄却し、国家が与える法と主体の枠組みを批評するように思考し、物語にならない苦しみの記憶の光に目を凝らし、共生の非選択性を、そして共有される生のあやうさを受け入れねばならないという要請を――バトラーは聞き取る。だがこうしてこだまする様々な自己離脱《セルフ・ディパーチャー》の要請の可聴性を開くものとして冒頭に置かれていたのがサイードの「不可能で必要な責務」への呼びかけであったとすれば、バトラーはサイードが提示した対位法的読解《コントラパンタル・リーディング》という、植民地支配者と被植民の声が多声的に響き結びつき合いながらひとつのテクストを奏でる様態へ耳をすます方法を、ここで実践しているともいえる。

だからこそ本書の最終章「『エグザイルなくして、私たちはどうしたらよいだろう』――サイードとダルウィーシュが未来に語りかける」でバトラーは、ふたたびサイードに回帰する。それはナクバによって土地を追われ、イスラエルに帰還権を認められることなく国外で離散したままのパレスチナ人のみならず、イスラエル国内でユダヤ人の人口的優位を保つために少数化され二級市民としての生を余儀なくされるパレスチナ人、占領地に封じ込められ、収奪と日常化した破壊を生きるパレスチナ人、そうしたすべての「離散」の記憶のこだまを可聴領域に引き入れるためだ。バトラーがここで主題化するのは、サイードの友人であるパレスチナ人詩人マフムード・ダルウィーシュによって書かれたサイードへの挽歌、「エドワード・サイード――対位法的読解」において、ダルウィーシュの呼びかけの声と、それに応じて現前するサイードの声が作り出す、ある種の対位法的音楽である。サイードはダルウィーシュに言う――「もし私がきみの先に死んだなら／私が遺すのは不可能なものだ」と。サイードが遺贈する不可能なものとはひとつには、日常化した絶え間ない収奪のなかで封殺され不可能にされるパレスチナ人の生を、それでもなお生きることで、不可能を志すことだ。しかしこの呼びかけに応ずることとは、同時に第1章で「不可能で必要な責務」と名指された一国家解決の可能性を、生きつづけることにも等しい。パレスチナ人とイスラエル人の共生は見果てぬ夢ではなく、植民地的収奪の関係の中ですでに両者は分かちがたく結ばれているのであり、この「意図せざる近接、そしてていがみあいながら鼻突きあわせ婚約もせずにくっつくという存在様態《モード》に、マフムード・ダルウィーシュほどはっきりと声をもたせた者はおそらくいない」(四一二頁)。ダルウィーシュの詩を彩る対位法と換喩の水平性は、その近接関係によって可能となるつながりの詩的形態であり、「あるものからもうひとつのものにそれも見たところたいして共通点のなさそうなものに、いかにして辿り着くか」の試みともなる(四一八頁)。それがユダヤ人とパレスチナ人が、否応なく隣り合わせになり、依存しあいながら、ほどきようもなく結ばれる様態であるならば、故郷喪失という別離を受け入れることなくして、連帯を生きることは不可能だということを意味する。

＊

「ひとつの苦難の歴史からもうひとつの苦難の歴史への外挿敷衍《エクストラポレイト》は、厳密なアナロジーに依拠するわけではない。まさにアナロジーが破綻するそのときにこそ翻訳がはじまり、ある種の一般化可能な原則が可能になるのである」(四〇九頁)。バトラーが本書において、パレスチナ・イスラエルの関係について繰り返すこの文化翻訳の困難と必要のテーゼを、九〇〇〇キロの距離を隔てた私たちはどう受け止められるだろう。私たちがいかに「反射的な否認(いやいやと振られる手、床に落とされた視線、憤慨のしぐさ)」(三九四頁)によって関与を払いのけようとしても、それがある民族ともうひとつの民族の二者関係にとどまりようがないのは、イスラエルの建国とナクバ、それに続く七〇年余の暴力の歴史が諸外国の政治に翻弄されるものでありつづけたこと、そしてバトラーがアーレントを介してたびたびうったえる国際法の「一般化可能な原則」としての位置付けにも明らかだ。そうした国家的枠組みを超えた原則を創出することに無関係なものが存在せず、無関心を装った関与の否認自体が倫理的問題であることが間違いないことには、中東情勢に対する無知を思い知らされながら本書の翻訳を進めるなか、アーレントを読むバトラーの「考えないこと〔nonthinking〕の帰結は、ジェノサイド的である」（二九一頁）という言葉に打たれながら、何度も気づかされた。

けれどまた、パレスチナ・イスラエルの苦難が放つ閃光を、私たちの「いまここ」に焼き付けることとは、それを日本語という言語に「翻訳」することとは、何を意味するのだろう。文化翻訳に限らず、字義通りの翻訳においてさえ、翻訳とはある種の「断裂」をともなってしか生起しえない、とバトラーは言う。「翻訳は、見慣れぬ／外国語的《フォーリン》なものを、なじみ深い《ファミリアー》ものにただたんに同化するものとはなりえない。翻訳は、見慣れぬ《アンファミリアー》ものへの開かれであり、先行する立脚点からの剥離であり、さらには確立した認識論的領野の内部において直接認知されないものに対する立脚点の自発的譲歩でなければならない」（二八―二九頁）。私たちのルビだらけの翻訳が指し示すのは、ひとつには私たちの能力の限界であるには違いないが、それは同時に私たちがバトラーの言葉を翻訳しようとしているこの言語の、認識枠組みの限界でもあるだろう。そのルビのひとつひとつに認識の断裂が記録されているのだとすれば、本書でもっともずたずたに日本語を切り裂いているのは、「国」という概念を巡る語彙、とりわけ、国家《ステイト》、国民／民族《ネイション》、国籍《ナショナリティ》と便宜的に訳し分けるほかないが、互いに絡み合い、時には分節化不可能に互いに意味の滑り込みを起こし、曖昧に「国」としか訳しえないような言葉だ。それはおそらくこの国における国家の概念が国民の概念とあまりにも密接に結びついていることの証左なのであり、もしも私たちのずたずたな翻訳が、その癒着のなかにその存在と苦難の歴史、そして喪失を抹消されている人びとがいることを、国民として認識されることを拒否されながらこの国に共生し、収奪を生きる人びとがいることを、たとえ一瞬でも閃かせくれるとするとすれば、それはまた、バトラーの批評行為が私たち自身の「私の徴候、私の誤謬、私の希望」（五五頁）の萌芽ともなり、そしていまここで、私たちの想起の政治を始動するのを助けてくれるのではないかと、願ってやまない。

本解説の執筆に際し、岡真理さんには多くの貴重なご教示をいただきました。それはパレスチナ・イスラエル問題についての知識にとどまらず、小さな言葉の選択がもちえる政治的意義、そして力についての教えでもありましたが、もしそれがじゅうぶんに活かされていないだけでなく、この解説のなかに誤った記述や不適当な表現があるとすれば、それは筆者の責任であることは言うまでもありません。心より御礼申し上げます。

（1）　バトラーのふたつの仕事領域の分かちがたさについてのより詳しい議論は、『戦争の枠組』の清水晶子による「訳者解題」（ジュディス・バトラー『戦争の枠組み――生はいつ嘆き得るものであるのか』、清水晶子訳、筑摩書房、二〇一二、二四一―二五一頁）、また藤高和輝『ジュディス・バトラー――生と哲学を賭けた闘い』の「結論に代えて――共にとり乱しながら思考すること」（以文社、二〇一八、二八七―三〇五頁）などを参照。

（2）　『生のあやうさ』の第四章およびその前身となる論文におけるバトラーのある種の歯切れの悪さについては、早尾貴紀『ユダヤとイスラエルのあいだ――民族／国民のアポリア』の第六章、「ジュディス・バトラーの『躊躇』」（青土社、二〇〇八、一八三―二〇六頁）を参照。

（3）　イスラエル建国とナクバの歴史については、イラン・パペ『パレスチナの民族浄化』（田浪亜央江・早尾貴紀訳、法政大学出版局、二〇一七）、オスロ合意以降のガザ地区の収奪の歴史と現状については、サラ・ロイ『ホロコーストからガザへ――パレスチナの経済学』（岡真理、小田切拓、早尾貴紀編訳、青土社、二〇〇九）、パレスチナ難民の日々の生活と抵抗については岡真理『ガザに地下鉄が走る日』（みすず書房、二〇一六）、また最近のパレスチナ・イスラエル情勢にかんする様々な論考集としては『現代思想　特集　パレスチナ―イスラエル問題』（青土社、二〇一八年五月号）などがある。

（4）　バトラーのアドルノ・プライズ授与をめぐって出された抗議の記事はたとえば、Weinthal, Benjamin. "Frankfurt to Award US Advocate of Israel Boycott." 26 Aug 2012. *The Jerusalem Post*. Web.; Alexander, Edward. "Judith Butler and the Theodore Adorno Prize." 29 Aug 2012. *The Jerusalem Post*. Web. ; Illouz, Eva. "Judith Butler Gets a Taste of Her Own Politics." 20 Sept 2012. *Haaretz*. Web. など。バトラーの応答としてはButler, Judith. "Judith Butler Responds to Attack: 'I Affirm a Judaism that Is Not Associated with State Violence'" 27 Aug 2012. *Mondoweiss*. Web

（5）　以上のバトラーの言葉は、つぎのドキュメンタリーから。Robbins, Bruce, dir. *Some of My Best Friends Are Zionists*. Some of My Best Friends Are Zionists, 2013. Web. 3 Apr. 2014. <http://www.bestfriendsfilm.com>.

訳者あとがき

大橋洋一

パレスチナ問題は、本書が出版された二〇一二年から現在にいたるまで、まったくというわけではないにしても、解決の糸口をみつけられてない。イスラエル政府の自己防衛の名のもとに継続されるパレスチナ人への暴力的政策は、人類／人道への犯罪と呼ぶにふさわしい過酷さをともなって、今この瞬間にも犠牲者を生みつづけ、今この瞬間にも即刻停止すべきものとなっている。こうした暴虐に対しては非難の声を抑えるのはむつかしい。

もちろんイスラエルのユダヤ人全員が他民族の浄化を目指しているわけではないし、イスラエル国内においても政府政権のパレスチナ人対策を批判したり非難しているユダヤ人が多いことも私たちは知っている。だから政権の暴挙を非難しても、私たちは、イスラエルのユダヤ人全員が人道／人類への罪を犯しているとは夢にも思わない（これは他人ごとではない——政権がそうだからといって日本人全体がファシストではないことは国際的に認知してもらわないと困る）。

ある対象（国民、民族、人種、ジェンダー、共同体、社会集団）を非難しても、その対象が大きければ、立場や意見の多様性を考慮して、その対象全体を非難する愚を犯してはならない。パレスチナ人を犠牲者の犠牲者というのは、今では使われなくなった表現かもしれないが、犠牲者であったユダヤ人が迫害者にかわり、パレスチナ人がその犠牲者になるとき、怒りにまかせてイスラエル国政府をナチスと同じだと罵ったとしたら、たとえ意図していなくとも、それは反ユダヤ主義的発言とみなされてしまう。これは感情的になって礼を失した暴言を吐くといったレベルの問題ではない。イスラエル＝ナチスのメタファーは、反ユダヤ主義陣営を勢いづかせるだけではない。イスラエル政府からも逆説的な歓迎を受ける。つまり政府への非難は悪辣な反ユダヤ主義勢力によるものとして、テロリストの戯言として、無効化されてしまうのだ。

非難するときは冷静に、そして言説の正当性に疑義をはさまれないように心掛けることは、むつかしいことではない。したがってシオニズム批判について、『分かれ道』という、ここまで大部の本を書く必要はあるのだろうかが疑問となる。著者は、シオニズムについて苦しい擁護をして七転八倒の末、議論を長引かせたということはない。議論は力強く緻密であるがシオニズムを批判する姿勢は首尾一貫していて、むしろ予想に反して爽快ですらある。

ただ本書が困難な本であったであろうことは予想される。それは著者がユダヤ人であるからで、外国人としてパレスチナ問題を外から見て憂いているのではなく、イスラエル国民ではないが、同じユダヤ人思想家として内部からの告発する姿勢は、当然、自虐的裏切り者という批判を覚悟の上であろう。本書を一読していただければ、そのような批判の不適切性は痛感できる――著者がパレスチナ問題の倫理的解決への示唆としてユダヤの知的精神的文化遺産について熱く語っているからである。ただ、この点においても著者は慎重である。

つまりパレスチナ問題へのもっとも重要かつ深い示唆をユダヤ的精神文化遺産があたえてくれることを、レヴィナス、ベンヤミン、アーレント、そしてプリーモ・レーヴィの緻密な読解（むしろこれこそが本書の最大の魅力を形成している）をとおしてただ立証するだけなら、それはイスラエルの右翼を喜ばせて終わりかねないからである（とはいえアーレント、レーヴィはイスラエル政府に批判的なのだが）。しかし著者は、ユダヤ思想に貢献する精神的文化遺産を、イスラエル政府支持のためのイデオロギー的支柱としてではなく、イスラエル政府の暴力を批判する根拠として提示するのである。レヴィナスの例が典型かもしれないが、レヴィナスの他者をめぐる限りなく深い思索は、パレスチナ問題への倫理的解答に対する重要なことこの上もない示唆をあたえてくれるものの、レヴィナスの思索はイスラエル国家の問題になると急に失速する、いやそれどころかただの右翼ナショナリストの言説へと変貌を遂げるようなところがある。この轍を踏まないためにも（あるいはレヴィナス研究者にとっては、それは蹉跌ではないのかもしれないが）、著者は、ユダヤ文化礼賛とシオニズム支持に転落しない姿勢を貫いている。

本書の魅力は、あるいは爽快さは、〈悪魔と深い青い海との間〉で、〈スキュラとカリュブディスの間〉で、停滞するどころか、その停滞（均衡といってもいい）を限りなく継続しながら新たな地平を切り拓くところにある。

＊

おそらく最初に書くべきはこの翻訳についての作業分担と遅れたことのアポロギアであろう。本書の翻訳を依頼されたのは原書の出版時であったと思うが、遅々として進まぬ翻訳作業を少しでも前に進めるために、新進気鋭のアメリカ文学研究者でバトラーをはじめとしてジェンダー理論・文化理論にも詳しい岸まどか氏に、共訳者として翻訳への参加をお願いすることになった。そしてこれはおそらく読者から私が褒められる快挙ではないかと自負しているのだが、岸氏には翻訳を快諾していただき、本書の後半を翻訳されることになった。岸氏は、忙しいなか、精力的に翻訳作業を進め、翻訳を短期間で完成されたのだが、それに比して、私のほうは遅々として翻訳が進まず、前半部の翻訳も少しお願いすることにした。いちはやく分担作業を終えられた岸氏の存在は、私にとっては翻訳を一日も早く完了するための有益な刺激となってくれたのだが、それでも遅れた私としては、岸氏にさらに追加の翻訳をお願いすることになった。

岸まどか氏がいなければ、この翻訳は完成しなかった。ひょっとしたら、もし単独訳にこだわっていたら、この翻訳は私がかかえているだけで日の目をみなかったかもしれず、出版社ならびに読者の方々に多大のご迷惑をおかけしたにちがいない。岸氏の原稿は完成度が高いもので、私が特に修正する必要を感じなかったが、ただ、前半部の私の稚拙な翻訳と後半部との差が大きく（これは誇張でもアイロニーでもなんでもない）、この差を均すべく私が手を入れることになった。本来なら岸氏に全体を統一してもらってもよかったのだが、アメリカ在住の彼女にそこまでお願いするのは迷惑かと思い、また私自身も自分の翻訳にむらができたため、推敲と修正に時間をかけたかったからである。

なお最終的に岸まどか氏も訳文全体を精査し、私の見落としや誤読を指摘していただき、また難解な箇所について貴重な指摘や文案も提示していただいたので、各章には最初に訳出したふたりのうちひとりの癖のようなものが文体に残っているかもしれないが、訳文全体は訳者ふたりが責任を負うと理解していただければと思う（不備があれば、それは最終統一者としての私、大橋の責任であるとしても）。

私の功績が、岸まどか氏に共訳者としての参加を要請したことであるとすれば、もうひとつの功績は、岸氏に解説をお願いしたことであろう。いただいた解説は、私が下手な解説を書いていいたら、絶対に出現することのない多くの洞察と情報が盛り込まれたもので、読者にとっても裨益することと大なる貴重な贈り物となるのではと、そう私は自負している。

また共訳者を許可していただき、さらに岸まどか氏の解説執筆に関しても快諾していただき、最後まで本書の完成を多くの適切な助言とともに見届けていただいた青土社書籍編集部の菱沼達也氏には、岸まどか氏とともに心より感謝したい。

*

ところで、最初に本書の翻訳の話をいただいたとき、私が、バトラーの新著を翻訳してよいのかどうか、能力と資格の点で躊躇したことを記憶している。非力である点はお許しを請うしかないが、私がテリー・イーグルトンの著書の翻訳を多く手掛けていることは少々気になった。テリー・イーグルトン著『反逆の群像』（大橋洋一・小澤英実ほか訳、青土社、二〇〇八）は、イーグルトンの書評を集めた本だが、このなかでイーグルトンはガヤトリ・スピヴァクについてユーモラスといってもいいし揶揄的といってもいいコメントを書いていた。『反逆の群像』の解説でも指摘されているのだが、バトラーは、このことに激怒、女性執筆者に対する差別的批評であると、その書評を掲載したアメリカの出版元に抗議したのである。そのイーグルトンの翻訳者でもある私が、バトラーの新著を翻訳してよいものかと悩んだが、私に翻訳依頼が来たのは、おそらくエドワード・サイードの翻訳者でもあったからだろう。サイードの最後の著書（遺著は除く）である『フロイトと非‐ヨーロッパ人』は、本書のなかでもとりわけ最初と最後で言及される重要な著作（講演記録）であり、最初はバトラーによるサイード批判が展開するのではと不安だった（『フロイトと非－ヨーロッパ人』のなかで、ユダヤ系批評家ジャックリーン・ローズは、サイードと論争している）、むしろそこにあるのはサイード礼賛であり、マフムード・ダルウィーシュの詩の読解との相乗効果でサイードの洞察の意味をあらためてまた刺激的に説くものであった。

だが同時に私は、もうひとりの死者についても思い浮かべていた。竹村和子氏である。二〇一一年一二月に亡くなられた竹村氏は、たとえ存命であっても、二〇一二年の段階では、バトラーに刺激を受けたり、バトラーを論じたりすることはあれ、バトラーの翻訳はしないだろうと思われたのだが、本来、竹村氏が翻訳する本が、その早すぎる死によって、私のほうにまわってきたという妄想に捕らわれた。根拠のない妄想で、そんな事実はないのだが、竹村氏の早すぎる死をいまなお悼む人たちのひとりでもある私にとって、それは、たとえ妄想とはいえ、死者からの貴重な委託であるような気がして、翻訳を引き受けることにした（実をいうと、竹村氏が翻訳されたジュディス・バトラー＋ガヤトリ・スピヴァク『国家を歌うのは誰か』（岩波書店、二〇〇八）のなかでバトラーはアーレントについてその人種差別的考察だけをとりあげ強く批判し、スピヴァクの冷静な語りとは好対照の語りを展開したのだが、ただ短い本であり、それだけで終わってしまってはアーレント読解としては空疎感が否めなかった。本書『分かれ道』における重厚なアーレント読解こそがバトラーの本領あるいは独自性そのものであり、本書がなければバトラーのアーレント論は未完のまま終わっていたかもしれないので、その意味でも本書は竹村氏の翻訳を補完するものではないかと思う）。

また、おそらく原著者のジュディス・バトラー氏も、竹村和子氏を悼むことから生まれた私の勝手な思い込みを支持してくれるものと思う。私はバトラー氏が、日本の講演会で亡き竹村氏の思い出を語るときに涙ぐんでいるのを見たことがある。氏もまた竹村氏の死をいまも悼む喪の共同体の一員である。

そしてそれゆえに、本書を故竹村和子氏に捧げたいと思う。

ただ、それにしても本書の刊行が遅れたことについては、出版社、読者に心からお詫びしなければいけない。死者からの委託を妄想するよりは、原著者あるいは死者からの叱責のほうを妄想せよと批判されてしかるべきだが。

*

ちなみに最近、本書の翻訳原稿が出そろったあと、ある本を翻訳していた。それは最近出版された動物論（アニマル・スタディーズ）関連の英語文献で、私が担当している箇所を翻訳していたら、ふいに本書『分かれ道』からの引用が出現して驚いた。バトラー自身、動物論に一家言あることはつとに知られているし、本書にもその片鱗がうかがわれるところがあるのだが、ただ、そこではなく、またパレスチナ問題やシオニズムやユダヤ思想とはまったく無関係の文脈のなかで、その引用――翻訳に関する一般論的評言――が登場した（最近、別の本にも本書からの引用をみつけた）。二〇一二年に原著刊行されてから、現在にいたるまで、本書は、パレスチナ問題やシオニズムに関心がある読者層のみならず、一般読者にもよく読まれるような本となっているようだ。レヴィナス、ベンヤミン、アーレント、プリーモ・レーヴィ、そしてサイードといった現在日本でも高い関心をもって読まれている、人気のある思想家たちについて、これほど掘り下げた、そして明晰な議論というのは、めったに遭遇することがないため、当然のことともいえようか。

時間が、本書を、現代の新しい古典にしていた。

索　引

本文の人名を中心に、いくつか事項を含めた。内容索引も兼ねているので、 該当ページに人名が記載されていないこともある。簡単な訳注を兼ねている――訳者。

ア行

アイスキュロス　Aeschylus（525-456BC）古代ギリシアの悲劇詩人。『オレステイア』は父を殺した母とその愛人の復讐をとげる息子オレステスが母殺しの罪を許されるまでを描く三部作　300

アイヒマン　Eichmann, Adolf（1906-1962）第二次大戦におけるドイツ親衛隊中佐。ユダヤ人移送局長官で、アウシュヴィッツの絶滅収容所へのユダヤ人大量移送を指揮。第2次世界大戦後はアルゼンチンで逃亡生活を送っていたが、1960年にイスラエルの諜報機関によってイスラエルに連行。1961年「人道に対する罪」などを問われて裁判にかけられ死刑判決が下る。翌年5月に絞首刑　49, 88, 190, 238, 251, 252, 258, 265, 266, 268, 280, 286-328, 335, 345, 372

アウグスティヌス　Augustine（354-430）初期キリスト教の神学者・哲学者　232

アサド　Asad, Talal（1932-）アメリカの文化人類学者　29, 31, 220

アブー・マーゼン（マフムード・アッバース）　Abu Mazen（Mahmoud Abbas）（1935-）パレスチナの政治家、第二代大統領、PLO 執行委員会議長　395

アブー・ルゴド　Abu-Lugod, Lila（1952-）アメリカの人類学者、大学教員　210, 213

――『ナクバ』　210, 213

アラン　Allan, Diana K. イギリス出身の人類学者、カナダの大学教員　212

アリストテレス　Aristotle（384-322BC）古代ギリシアの哲学者　129

アーレント　Arendt, Hannah（1906-1975）「アレント」の表記もある。ドイツ系ユダヤ人の哲学者・思想家。マールブルク大学でマルティン・ハイデッガーと出会い哲学に没頭。ハイデルベルク大学でヤスパースに師事、博士論文は『アウグスティヌスの愛の概念』。ナチスが政権を獲得すると1933年にフランスに亡命。フランスがドイツに降伏したあと1941年にアメリカに亡命。アメリカの大学で教え、ニュー・スクール・フォー・ソーシャル・リサーチの哲学教授に任命される。主著『全体主義の起原』（1951）でアメリカの学界で注目され評価される。また1963年に『ニューヨーカー』誌に『エルサレムのアイヒマン』を連載し、これが論争を引き起こした　32, 43, 49, 50. 51, 100, 101, 102, 147, 148, 188, 209, 228, 234, 235, 236, 238, 239, 382

――アイヒマン裁判について　286-329, 333, 334, 336, 372

――シオニズムについて　44, 72, 73, 192, 223-290, 375

――思考と判断について　266, 289-301, 305, 311, 320-335

――とイスラエル／パレスチナ政治　51, 71, 72, 73, 101, 192, 223, 229-233, 242, 250, 251,

252, 259-78, 281-91, 339, 340, 397
——と共生　49, 50, 88, 191, 192, 193, 213, 228, 231, 232, 233, 239, 240, 286-290, 314-19, 325, 334-336
——と国民国家批判　44, 50, 52, 72, 73, 190-194, 229, 230, 249, 250, 255-262, 269-284, 288-91, 397
——とユダヤ性　32, 223, 229, 254, 333
——のヨーロッパ中心主義　265, 266, 267, 268
——『エルサレムのアイヒマン』　101, 190, 239, 251, 264, 268, 286-340
——『革命について』　73, 281
——『戦争の枠組』　246
——『全体主義の起原』　189, 230, 269, 278, 284
——『人間の条件』　262, 330, 333
——『パーリアとしてのユダヤ人』　72
——『ユダヤ論集』　72, 254
ヴィーゼル　Wiesel, Elie（1928-2016）ハンガリー出身のアメリカのユダヤ人著述家。1986年にノーベル平和賞を受賞。代表作『夜』　359, 374
ウィニコット　Winnicott, Donald（1896-1971）イギリスの小児科医、精神分析家。対象関係論で名高い　18
ウォーナー　Warner, Michael　220
エスメイア　Esmeir, Samera アメリカの大学教員、批評理論、ポスコロニアル研究、中東研究などが専門分野　401

カ行

ガダマー　Gadamer, Hans-George（1900-2002）ドイツの哲学者、解釈学者　26
カフカ　Kafka, Franz（1883-1924）プラハ生まれのユダヤ人作家　25, 35, 82, 178-182,191, 196, 198, 234, 421
——とオドラデク Odradek　182, 191, 198-201, 205
カルース　Caruth, Cathy（1955-）アメリカの大学教員、トラウマ論で名高い　213
カント　Kant, Immanuel（1724-1804）ドイツの哲学者　87, 241, 267, 268, 289, 318, 332
——とアイヒマン 295-298, 335
グロジンスキー　Grodzinsky, Yosef テルアヴィヴ大学心理学教授、言語学者。ユダヤ人のナショナリズム運動の歴史研究にも従事　51
——『ホロコーストの影の下で』　51
コーエン　Cohen, Herman（1842-1918）「コーヘン」とも表記。ドイツのユダヤ人哲学者、マールブルク学派の創設者のひとり　142, 144, 266, 267, 268, 286, 296
——『純粋意志の倫理』142
コノリー　Connolly, William（1938-）アメリカの政治学者　220, 240
ゴールドストーン　Goldstone, Richard（1938-）南アフリカ出身の法律家。2008年から2009年にかけての〈キャストレッド作戦〉におけるガザ攻撃にかんし国連人権理事会が設置した国連調査団を率いて、報告書をまとめた　336-339

コーン　Kohn, Hans（1891-1971）プラハ生まれのユダヤ人歴史家。アメリカの大学教員。51

サ行

サァディ　Sa'di, Ahmad（1958-）パレスチナの社会学者、ベン＝グリオン大学教員。210
──『ナクバ』 210
サイード　Said, Edward（1935-2003）パレスチナ出身のアメリカの文学研究者、批評家。エルサレムに生まれるが、イスラエル建国とともに故郷を追われエジプトに移住。10代でアメリカの高校に入学、以後、アメリカで教育をうけ、大学教員に。比較文学、文学理論が専門だったが、主著『オリエンタリズム』によってオリエンタリズム批判研究、植民地言説分析研究の創始者と目されるようになる。アメリカのリベラルが総じてイスラエル支持を表明していた時代から、パレスチナ人の苦難と権利を訴え続け、パレスチナ問題に提言しつつ、白血病で没するまで、アメリカの外交政策を批判し平和思想家として活躍した　17, 54, 55, 58-64, 76, 97-100, 121, 188, 209, 214, 229, 230, 231, 239, 390, 396, 403, 407-410
──『オリエンタリズム』 63
──『フロイトと非‐ヨーロッパ人』 35, 58, 408
⇒ダルウィーシュ
サイモン・ヴィーゼンタール・センター　Simon Wiesenthal Center 米国の非政府組織。ホロコーストの記録保存や反ユダヤ主義を監視。寛容博物館の運営団体　122
サルトル　Sartre, Jean-Paul（1905-80）フランスの哲学者　119, 188, 259
ジャコブセン　Jakobsen, Janet　アメリカの大学教員（ジェンダー、セクシュアリティ）31, 220
シャロン　Sharon, Ariel（1928-2014）イスラエルの軍人、首相。タカ派と言われた　355, 385
シュミット　Schmitt, Carl（1888-1985）ドイツの政治学者　147
『消滅の年代記』（映画）*Chronicle of a Disappearance*（1996）　エリア・スレイマン監督・主演のパレスチナ映画　212
ショーレム　Scholem, Gershom（1897-1982）ドイツ生まれのイスラエルの思想家。ユダヤ神秘主義の世界的権威。エルサレムのヘブライ大学のユダヤ神秘主義・カバラ学の教授　101, 134, 142, 144, 146, 180, 289
──とアーレント 229, 233, 234, 251-258, 262, 268, 280, 282, 333
──『ユダヤ神秘主義の主流』 233
スピヴァク　Spivak, Gayatori Chakravorty（1942-）ベンガル出身のアメリカの文学理論家、批評家、比較文学者、ポストコロニアリズム研究家　29
ゼルタル　Zertal, Idith（1945-）イスラエルの歴史家　52, 371-373
『一九四八』（映画）*1948*　1997年のドキュメンタリー映画 *Al-Nakba: The Palestinian Catastrophe 1948*（英語タイトル）　212
ソクラテス　Socrates（469-399BC）古代ギリシアの哲学者　128

ソレル　Sorel, Georges（1847-1922）フランスの社会学者　142, 144
――『暴力論』 142

タ行

ダルウィーシュ　Darwish, Mahmoud（1941-2008）パレスチナの詩人。パレスチナの独立宣言の起草者でもあった。1948年のナクバで家族はレバノンに避難したが本人はパレスチナに残り国内難民となりイスラエル政府に抵抗、何度も投獄ののちにPLOに参加した。なお、その死去の際にはヤセル・アラファートに次ぐパレスチナで2人目の「国葬」がおこなわれ、3日間の喪服期間が宣言された。日本語訳に『壁に描く』（四方田犬彦編訳）がある　54, 55, 100, 101, 188, 390, 396, 402, 424, 425, 426
――サイードへの追悼歌　412-417
――パレスチナ人の暮らし　420-427
――「忘却への記憶」 102
タルムード　Talmud　ユダヤ教の聖典。モーゼ五書および社会全般の事項に対する口伝的解答を集大成したもので、本文ミシュナとその注釈ゲマラの2部からなる。4世紀末ごろ編集されたパレスチナタルムードと6世紀ころまでに編集されたバビロニアタルムードがあるが、通常、後者を指す　27　⇒レヴィナス
テイラー　Taylor, Charles（1931-）カナダの哲学者。『ヘーゲルとその時代』『自我の源泉』『今日の宗教の諸相』など　19, 31, 220
デリダ　Derrida, Jacques（1930-2004）フランスの哲学者　30, 79, 147, 203, 204, 365
――『マルクスの亡霊たち』 147
デルボ　Delbo, Charlotte（1913-85）フランスのユダヤ人著述家。アウシュヴィッツ生還者　192
――『アウシュヴィッツとその後』 364
トクヴィル　Toqueville, Alexis de（1805-59）フランスの政治学者　主著『アメリカのデモクラシー』 266
トーラー　Torah 創世記、出エジプト記、レビ記、民数記、申命記からなるモーセ五書を指し、ユダヤ教において「律法」と読む　131

ナ行

ニーチェ　Nietzsdhe, Friedrich（1844-1900）ドイツの哲学者　20

ハ行

ハイデガー　Heidegger, Martin（1989-1976）ドイツの哲学者　280, 315
バーグ　Burg, Avraham（1955-）イスラエルの著述家、政治家（労働党）、イスラエル議会議長（1999-2003）　375-379
――『ホロコーストは終わった』 375
白書（1939）White Paper 1939　本文に有名なとあるこの白書は、マクドナルド白書と呼ばれ、イギリスが委任統治領パエスチナの住民に対し、ユダヤ人とアラブ人が共同で統治する「統一パレスチナ国家」の10年以内の独立を求め、ユダヤ人の移民を制限し、

それまで規制がなかったアラブ人からユダヤ人への土地売却規制を求めたもの。当時のイギリスの植民地大臣マルカム・マクドナルドによって発表された　240
ハーシュカインド　Hirschind, Charles アメリカの人類学者、大学教員　31, 220
ハーバーマス　Habermas, Jürgen（1929-）ドイツの哲学者、社会思想家　19
ハーマッハー　Hamacher, Werner（1948-2014）ドイツの哲学者・文学研究者　174
ハマーミ　Hammami, Rema イスラエルの人類学者、ビルゼイト大学（女性学研究所）教員　210
バリバール　Balibar, Etienne（1942-）フランスの哲学者・思想家。アメリカの大学でも教え、アメリカでは著者バトラーの同僚でもある　35-37
パンサ　Pansa, Giampaolo　355
ヒズボラ　Hezbollah　1982年に結成されたレバノンを中心に活動している急進的シーア派イスラム主義組織で、イラン型のイスラム共和制をレバノンに建国することを目的とし、反欧米の立場からイスラエル殲滅を組織の目的の一つとして掲げる　184
ピーターバーグ　Piterberg, Gabriel（1955-）アメリカの歴史学者、大学教員（UCLA）だった　234
ヒトラー　Hitler, Adolf（1889-1945）　67, 73, 267, 380
ファノン　Fanon, Frantz（1925-61）フランス領マルチニク出身のフランスの精神分析・思想家　264
フェルマン　Felman, Shoshana アメリカの文学批評家。『ラカンと洞察の冒険』『語る身体のスキャンダル』『狂気と文学的事象』『女が読むとき女が書くとき - 自伝的新フェミニズム批評』　213
フォーク　Falk, Richard（1930-）アメリカの法学者、政治学者　338, 339
フーコー　Foucault, Michael（1926-84）フランスの哲学者、歴史家　63
ブーバー　Buber, Martin（1878-1965）オーストリア出身のユダヤ人宗教哲学者。主著『我と汝』。政治的シオニズム批判でも名高い　51, 73-78, 98-100, 145, 146, 229, 230, 256, 270, 275, 315, 407
――『ひとつの土地にふたつの民』　407
プラトン　Plato（427-347BC）古代ギリシアの哲学者　158,164
ブレシース　Bresheeth, Haim（1946-）イギリス在住のユダヤ人、映画監督・映画製作者・パレスチナを扱った映像と著作で知られ、『ホロコースト　コミック版』が日本語訳されている　212
ブレヒト　Brecht, Bertolt（1898-1956）ドイツの劇作家　210
フロイト　Freud, Sigmond（1856-1939）63,97
ベギン　Begin, Menachem（1913-1992）イスラエルの政治家。イスラエル首相（1977-1983）355, 385
ヘーゲル　Hegel, G.W.F.（1770-1831）ドイツの哲学者　202,228
ペリグリニ　Pellegrini, Ann アメリカのパフォーマンス研究者、宗教問題、LGBT 関連の大学教員・研究者　31, 220
ベルグソン　Bergron, Henri（1859-1941）フランスの哲学者　144
ヘルツェル　Herzl, Theodor（1860-1904）シオニズム運動の創始者　222

ベン＝グリオン　Ben-Gurion, David（1886-1973）イスラエルの政治家。首相（初代 1948-54 ならびに第 3 代 1955-63　52, 73, 174, 192
ベンヤミン　Benjamin, Walter（1892-1940）ドイツの文芸批評家、思想家。ユダヤ系の富豪の家に生れたが、マルクス主義に接近、ナチスに追われ、パリに亡命。アメリカに向う途上スペインのピレネーの山中で、ゲシュタポに引渡されることを恐れてで服毒自殺したとされる。ベンヤミンの思想についてはゲルショム・ショーレムらユダヤ系右翼のようにユダヤ神秘主義に引き寄せる陣営と、西洋マルクス主義の代表のひとりとみなすマルクス主義左翼勢力との間で綱引き状態にある。アーレントは、ユダヤ系右翼からみれば左翼にすぎないが、両陣営の中間に立つ評価をおこなっているとみなすことができる　30, 36, 82, 134, 135, 146, 147, 211, 237, 239, 245, 248, 329, 379, 395
——と神的暴力　140-144, 149-184
——とメシア（的）　135, 136, 141, 147, 148, 164-183, 189, 195-208, 214, 215, 245, 289
——と歴史　134, 135, 136, 164, 189-215, 236-238, 245
——とシオニズム　134, 145, 425
——『イリュミネーションズ』　236
——『ドイツ悲劇の根源』　236
——『パサージュ論』　193
——「暴力批判論」　135-186
——「翻訳者の使命」　135
——「歴史哲学テーゼ」／「歴史の概念について」　82, 135, 177, 189, 194, 208, 235, 237
ボードレール　Baudelaire, Charles（1821-67）フランスの詩人　208
ポーリン　Paulin, Tom（1949-）北アイルランド出身の詩人　370
ホワイト　White, Hayden（1928-2018）アメリカの歴史家。『メタヒストリー』『歴史の喩法』『実用的な過去』など　344, 346-350, 358-367, 386

マ行

マグネス　Magnes, Judah（1877-1948）アメリカのユダヤ人、国際連盟委任統治領時代のパレスチナにおいてイフード運動を設立した一人。初代ヘブライ大学学長　73, 229, 276
マディソン　Madison, James（1751-1836）アメリカの政治家、憲法起草者、第 4 代大統領　281
マフムード　Mahmood, Saba（1961-2018）アメリカの大学教、人類学者　31, 220
マールブルク学派　Marburg school 19 世紀の終わりから第一次世界大戦にかけて、ドイツを中心として起こった新カント学派のひとつ。自然科学的な認識批判をおこないコーエン、カッシーラーらを代表とした　266, 289
メンデルスゾーン　Mendelsohn, Moses（1729-1786）ドイツのユダヤ人哲学者・啓蒙思想家　257
モーセ　Moses　25, 130, 153
——エジプト人起源　58, 62-65, 78, 97, 408
モンテスキュー　Montesquieu（1689-1748）フランスの啓蒙思想家　67

ヤ行

ヤスパース　Jaspers, Karl（1883-1969）ドイツの哲学者。ハンナ・アーレントもハイデルブルク大学で教えを受けた　264, 308

ラ行

ラーブ　Laub, Dori（1937-2018）イスラエルとアメリカの精神病理学者・精神分析家。ホロコースト生還者。トラウマ研究　213
ラカン　Lacan, Jacques（1901-81）フランスの精神分析家　296
ラス＝クラコーツキン　Raz-Krakotzkin, Amnon（1958-）イスラエルの歴史家　234, 235
ラプランシュ　Laplanche, Jean（1924-）フランスの精神分析家・批評家　25, 26
リオタール　Lyotard, Jean-François（1924-98）フランスの哲学者・思想家　374
リスペクトール　Lispector, Clarice（1920-1977）ブラジルの作家。ウクライナ出身のユダヤ人。代表作『G・H の苦難』ほか短編が日本語に翻訳されている　36
ルーリア　Luria, Isaac（1534-1572）　ユダヤ教のラビ。16 世紀のオスマン・トルコ領パレスチナでカバラを再解釈した　233
レーヴィ　Levi, Primo（1919-1987）イタリアの化学者・作家・著述家。アウシュヴィッツ強制収容所からの生還者。アウシュヴィッツ体験を記録しつつ、その意味を生涯にわたり問いつづけた。また収容所帰還者の困難な生をとおして人間の暴力性やその超克を考察した。その死は一般に自殺と考えられている　43, 51, 213, 344-387, 395
——とイスラエル　344, 354-358, 374, 376-387
——『これが人間か』　351
——『宣言』　384
——『溺れるものと救われるもの』　351, 359, 386
レヴィナス　Levinas, Emmanuel（1906-1995）フランスの哲学者。リトアニア出身のユダヤ人。現象学とハイデガーの哲学をフランスに伝えた。強制収容所に収容された。この収容所体験から大きな影響を受け、その倫理学に他者論の 20 世紀における重要な展開をもたらした　18, 23, 25-30, 48, 49, 76-99, 108-132, 166
——と「顔」　25, 77, 79, 80, 87, 88, 94, 108-119, 121, 124
——と「顔」と顔のないこと　48, 79, 80, 95-99
——と迫害　86-97, 117-124, 299
——と身代わり　120-124
——とメシアニズム　80-86,96
——『困難な自由』　82, 84
——『新タルムード読解』　125, 126, 130, 131
——『存在の彼方へ』　108, 119
ロガト　Rogat, Yosal（1928-1980）アメリカの法学者　292, 299, 300, 301
——『アイヒマン裁判と法の規則』　299
ローズ　Rose, Jacqueline,（1949-）イギリスのユダヤ系批評家（文学、哲学、文化、精神分析）。『ピーターパンの場合』が翻訳されている　86
——『シオンの問い』　86

ローゼンツヴァイク　Rosenzweig, Franz（1886-1929）ドイツのユダヤ人哲学者　76, 143-145, 153, 229, 289, 408
——『救済の星』　76, 145, 229
ロック　Locke, John（1632-1704）イギリスの哲学者　67, 74
ロネル　onell, Avital（1952-）アメリカの哲学者、批評家、大学教員　25

分かれ道

ユダヤ性とシオニズム批判

2019 月 11 月 5 日 第 1 刷発行
2024 年 3 月 5 日 第 2 刷発行

著者――ジュディス・バトラー
訳者――大橋洋一＋岸まどか

発行者――清水一人
発行所――青土社

〒 101-0051 東京都千代田区神田神保町 1-29 市瀬ビル
［電話］03-3291-9831（編集） 03-3294-7829（営業）
［振替］00190-7-192955

組版――フレックスアート
印刷・製本――シナノ印刷

装幀――今垣知沙子

ISBN978-4-7917-7079-3 C0010
Printed in Japan